Dirk Müller
CASHKURS

So machen Sie das Beste aus Ihrem Geld:
Aktien, Versicherungen, Immobilien

Knaur Taschenbuch Verlag

Die Abbildungen auf den Seiten 161 und 247 wurden erstellt mit
TeleTrader Professional, die Abbildung auf Seite 306 entstammt
Morgen & Morgen, Hofheim, Stand: Mai 2010.
Wir danken für die freundliche Genehmigung der Verwendung.

Besuchen Sie uns im Internet:
www.knaur.de

Vollständige Taschenbuchausgabe November 2012
Knaur Taschenbuch
© 2011 Droemer Verlag
Ein Unternehmen der Droemerschen Verlagsanstalt
Th. Knaur Nachf. GmbH & Co. KG, München
Alle Rechte vorbehalten. Das Werk darf – auch teilweise –
nur mit Genehmigung des Verlags wiedergegeben werden.
Umschlaggestaltung: ZERO Werbeagentur, München
Umschlagabbildung: FinePic®, München
Satz: Wilhelm Vornehm, München
Druck und Bindung: GGP Media GmbH, Pößneck
Printed in Germany
ISBN 978-3-426-78462-4

2 4 5 3 1

Inhaltsverzeichnis

Vorwort 11

Level 1: Basiswissen für Einsteiger 15

So bekommen Sie den finanziellen Alltag in den Griff 18
Das Haushaltsbuch 19
Einsparpotenziale 23
Gebühren sparen beim Girokonto 26

Weshalb Sie mit Dispo- und Ratenkrediten vorsichtig
sein sollten 30
Dispokredite 31
Ratenkredite 33

Geldreserve und Sparen auf Anschaffungen 36

Ein paar Worte zu Risiko, Rendite und Verfügbarkeit 38

Einfache und sichere Bankprodukte 42
Sparbuch und Tagesgeldkonto 45
Festgeldkonten und Sparbriefe 47
Sparkonten mit steigendem Zins 49
Ratensparpläne 50

Sparen und Anlegen mit Bundeswertpapieren 52
Bundesschatzbriefe 54
Finanzierungsschätze des Bundes 55
Bundesobligationen 55
Tagesanleihen 57

Vermögenswirksame Leistungen (vL) 59

Abgeltungsteuer und Freistellungsauftrag 61

Richtig planen, Kosten sparen und Fallen vermeiden 64
Richtig planen in 7 Schritten 65
Kosten sparen und Erträge maximieren 67
Welche Fallen bei Geldanlage und Krediten lauern 69

Versicherungen: Was Sie brauchen und was
überflüssig ist 74

*Kfz-Versicherung: Ein Muss, schon von Gesetzes
wegen 76*

*Warum Sie unbedingt eine private Haftpflichtversicherung
brauchen 81*

Berufsunfähigkeitsversicherung: Teuer, aber sinnvoll 83

Die Unfallversicherung für Kinder 86

Gut versichert im Ausland unterwegs 87

Auf welche Versicherungen Sie verzichten können 88

Nützliche Planungshilfen für Finanzeinsteiger 90

Level 2: Finanzplanung für Fortgeschrittene 95

So funktioniert die betriebliche Altersvorsorge (bAV) 97

Die zulässigen Anlageformen 97

Was passiert bei einer Pleite des Arbeitgebers? 98

Wer zahlt: Arbeitgeber oder Arbeitnehmer? 99

Die Zillmerungs-Falle beim Jobwechsel 101

*Drei entscheidende Fragen zur betrieblichen Alters-
vorsorge 103*

Licht und Schatten bei der Riester-Rente 104

Was Sie vom Staat erwarten können 105

Wann die Zulage in Gefahr ist 106

Wer überhaupt riestern darf 107

Welche Anlageprodukte in Frage kommen 108

Die Rürup-Rente: Nur für wenige interessant 112

Der Kosten- und Steuerkrimi 114

Investmentfonds: Große Auswahl für kleine Raten 118

Die Investmentfonds-Gattungen im Überblick 122

Aktienfonds 122

Rentenfonds 124

Geldmarktfonds 130

Offene Immobilienfonds 131

Mischfonds 134

Dachfonds 136

Fonds-Exoten 138

Die Fondsauswahl: Rating, Größe, Kosten 142

Börsengehandelte Indexfonds als kostensparende
   Alternative 149

Wie Sie bei der Fondsverwaltung Bankgebühren sparen ... 153

Ihre Vorsorgestrategie: Gefördert oder nicht,
   konservativ oder risikobereit? 157

Kleiner Exkurs: Wenn Sie kurz vor der Rente stehen 164

Weshalb ein bisschen Gold und Silber nicht schadet 165

Versicherungen für Fortgeschrittene 171

Risikolebensversicherung 172

Hausratversicherung 173

Rechtsschutzversicherung 174

Private Krankenzusatzversicherung 177

Nützliche Planungshilfen für Fortgeschrittene 180

Level 3: Finanzplanung für Profis 185

Die Mär von der eingesparten Miete 186

Was Sie zuallererst bedenken sollten 195

Baufinanzierung: Die wichtigsten Grundregeln 197

Die richtige Strategie bei der Eigenkapitalbildung 199

Lohnt sich das Bausparen? 201

*Arbeitnehmersparzulage, Wohnungsbauprämie
und Riester-Förderung* 203

Was kann ich mir leisten? 205

Basiswissen zu den Finanzierungsformen 207

Die Grundschuld als Kreditsicherheit 208

Das Bankdarlehen 210

Das Riester-Bankdarlehen 212

Förderkredite 213

Der Bausparkredit 214

Welche Finanzierungsformen Sie meiden sollten 215

Was »Finanzierungs-Schutzbriefe« taugen 218

Worauf Sie beim Kreditvergleich achten sollten 219

Wie Sie die günstigste Anschlussfinanzierung finden 221

Forward-Darlehen 223

Vorfälligkeitsentschädigung bei vorzeitiger
Kreditauflösung 224

Aktien & Co.: Eine kurze Geschichte des Wertpapiers 225

Wie eine Aktiengesellschaft funktioniert 228

Vorstand, Aufsichtsrat, Aktionär: Wer ist wessen Boss? 232

Wo kommen die Börsenkurse her? 236

Wie die Aktie an die Börse kommt 247

Regulierter Markt und Freiverkehr 248

Der Prime Standard an der Frankfurter Börse 249

Der Telefonhandel mit unnotierten Aktien 250

Was ein Aktienindex aussagt – und was nicht 252

Kennzahlen, die Sie kennen sollten 256

Bilanzstruktur 256

Gewinn-Kennzahlen 258

Der Cashflow 260

Kurs-Gewinn-Verhältnis (KGV) 261

Die Dividendenrendite 262

Die wichtigsten Aktienstrategien 263

Warum Diversifikation so wichtig ist 269

Investieren im Club 271

Börsenweisheiten und ihr Wahrheitsgehalt 273

Anleihen und Pfandbriefe................................ 274

Wandelanleihen und Genussscheine 280

Informationsquellen: Wem kann man trauen, wem nicht? .. 283

Die Politik 283

Die Wirtschaftsweisen 284

Die Finanzmedien 284

Börsenbriefe 285

Bankberater/Anlageberater/Honorarberater 287

Nebenkosten minimieren beim Wertpapierinvestment 293

Die Ordergebühr 293

Die Börsengebühr 294

Die Depotgebühr 294

Der richtige Umgang mit Wertpapieren 295

Wohngebäudeversicherung 297

Der gleitende Neuwertfaktor 298

Private Krankenvollversicherung 303

Nützliche Planungshilfen zu Baufinanzierung und
Wertpapieranlage 308

Level 4: Gimmicks und Exoten 315

Derivate 315

Zertifikate 316

Futures 322

Optionsscheine 323

*Auf was Sie bei der Auswahl des passenden Verkaufs-
optionsscheins achten müssen* 328

Beteiligungsmodelle »geschlossene Fonds« 330

Die Risiken 331

Die Investment-Segmente bei Beteiligungsmodellen 333

Vermietete Immobilien als Kapitalanlage 337

Auswahl und Standort 338

Steuern und Finanzierung 340

Die richtige Vermietungsstrategie 341

Exotische Investments 342

Spekulation mit Lebensmitteln 346

Beratung, Haftung und Recht 353

Beratung: Die Mär vom kostenlosen Service 353

Über welche Kanäle Finanzprodukte verkauft werden 356

Banken 356

Versicherungen 358

Bausparkassen 358

Finanzvertriebe 358

Versicherungsmakler und Vermittler ohne feste Bindung 361

Honorarberatung: Nischenmarkt mit Zukunft 362

Haftung und Schadenersatz 364

Beraterhaftung 364

Prospekthaftung 366

Anlaufstellen beim Streit mit Finanzdienstleistern 367

Nützliche Internetseiten rund um die Finanzen 373

Schlusswort 377

Vorwort

Die Welt scheint mal wieder verrückt geworden zu sein. Die Tagesschau beginnt immer häufiger mit den Berichten über den Euro und die Staatsverschuldungen. Die Menschen auf der Straße spüren, dass irgendetwas nicht stimmt und wohl gewaltig schiefläuft, aber was? Jeder weiß, es ist jetzt dringender denn je, sich um sein Geld und seine finanzielle Zukunft zu kümmern. Dennoch bleibt es meist bei dem vagen Gedanken. Aus Furcht vor der Unkenntnis und der Sorge, etwas falsch zu machen, starrt man die Schlange an und unternimmt gar nichts. Das ist mit Sicherheit die schlechteste Variante. Um in gefährlichen Situationen richtig reagieren zu können, muss man die Situation zunächst einmal einschätzen können. Die Grundlage dazu habe ich mit meinem ersten Buch »C(r)ashkurs. Weltwirtschaftskrise – oder Jahrhundertchance« gelegt, dessen unterhaltsame Lektüre ich Ihnen zum tieferen Verständnis des Finanzsystems und der weiteren Entwicklung dringend ans Herz legen möchte. Viele Leser haben mir geschrieben, dass sie das Buch binnen zwei Tagen durchgelesen hatten und immer wieder irritierte Reaktionen ihrer Lebensgefährten erleben mussten, weil sie ständig zwischen spontanen Lachattacken und verblüfftem »... unglaublich!« schwankten.

Um es auf den allerwichtigsten Punkt für den Moment zu reduzieren: Geld entsteht in unserem System, indem jemand einen Kredit aufnimmt. Jeder Euro, jeder Dollar, der in Umlauf ist, steht irgendwo als Kredit in den Büchern der Finanzwelt. Dem Schuldenberg des Staates steht auf der anderen Seite ein gleich großes Guthaben gegenüber. Klar, wenn der Staat Zinsen zahlen muss, muss ja auf der anderen Seite einer stehen, der die Zinsen bekommt. Deutschland hat Schulden in Höhe von etwa 2 Billionen Euro (ziemlich große Zahl), die Bundesbürger haben aber auf der anderen Seite Geldvermögen in Höhe von 5 Billionen Euro (noch größere Zahl). Alles prima, möchte man meinen. Ist aber leider nicht so: Unser Finanzsystem ist so angelegt, dass sich im Laufe der Jahrzehnte immer mehr Geld bei immer weniger Menschen ansammelt. Daher besitzt die Hälfte der Deutschen praktisch nichts von diesen 5 Billionen Euro. Aber die reichsten 10 Prozent besitzen mehr als 60 Prozent dieses Geldes. Dennoch müssen alle Bürger gemeinsam die Zinsen für die wenigen erarbeiten. Das ist jetzt keine linke Parteinahme, sondern lediglich eine nüchterne Beschreibung des Finanzsystems. Das geht so lange gut, bis die Masse der Menschen, trotz aller Anstrengungen und Verzicht, diese Zinsen nicht mehr erarbeiten kann. Es kommt zu immer geringeren Reallöhnen, die Leistungen des Staates werden immer weiter gestrichen, und immer mehr Superreiche jetten um den Globus. Am Ende kommt es immer wieder zum Kollaps dieses Systems. Das geschieht alle paar Jahrzehnte. Dann kommt es zu einer erneuten Umverteilung von den »Reichen« zur Masse der Bevölkerung. Das geht mal mehr, mal weniger friedlich vonstatten, und das Spiel beginnt anschließend erneut von vorne. Wenn ein Staat pleitegeht und einen Teil seiner Schulden streicht (wir diskutieren das gerade für Griechenland und Spanien, aber hinter den Kulissen längst auch für die USA und sämtliche »entwickelten« Staaten), dann passiert Folgendes: Denen, die Ansprüche an den Staat haben (die mehr oder weniger Reichen also, die Staatsanleihen besitzen), wird etwas weggenommen, und diejenigen, die nichts haben, werden entlastet (sie müssen einen kleineren Anteil ihres Lohnes für die Zinsausgaben des Staates mit ihren Steuern bezahlen). Interessanterweise passiert das alle paar Jahrzehnte. Spanien war in den letzten 300 Jahren 13-mal pleite. Frankreich achtmal und Deutschland immerhin sechsmal. Im Schnitt also alle 50 Jahre. Der letzte Bankrott ist jetzt etwa 65 Jahre her. Es ist mal wieder an der Zeit, sich auf das Thema »Umverteilung« einzustellen. Das ist keine Katastrophe, kein Weltuntergang, aber eine Zeit mit großen Veränderungen und unglaublich großen Chancen. Darauf gilt es, sich in den nächsten Jahren bestmöglich einzustellen, dann kann man diese Phase durchaus erfolgreich meistern und am Ende besser dastehen als je zuvor.

Henry Ford pflegte zu sagen: »Wenn die Menschen unser Geldsystem verstehen würden, hätten wir die Revolution noch morgen früh.« Ich möchte Sie keineswegs zur Revolution aufrufen, aber ich möchte, dass Sie das Thema »Geld« und »Geldanlage« zumindest so weit verstehen, dass Sie nicht mehr zu den geschorenen Schafen gehören, sondern zu den schlauen Füchsen, die sich die Funktionsweisen des Systems zunutze machen. Auch mit Ethik und Anstand lässt sich in dieser verrückten Finanzwelt zurechtkommen. Dazu nehme ich Sie mit auf eine Reise durch Ihren eigenen Finanzdschungel und beweise Ihnen, dass es verdammt viel Spaß machen kann, sich um sein eigenes Geld zu kümmern. Es macht Spaß und ermöglicht Ihnen am Ende noch wesentlich größere Sprünge, als wenn Sie das nicht in Angriff genommen hätten. Sie können also nur profitieren, wenn Sie die folgenden Seiten lesen. Ihr einziges Investment: Wenige Stunden Lesezeit, die ich Ihnen obendrein noch möglichst vergnüglich aufbereiten möchte.

Es heißt so schön: »Geld allein macht nicht glücklich.« Das ist korrekt, aber ich habe noch niemanden getroffen, der gejammert hat: »Hätt ich doch nur weniger davon!« Ein gesunder finanzieller Status trägt sehr wohl zum Glück bei. Man lebt frei! Frei in seinen Entscheidungen, frei von der Sorge, ob auch morgen noch die Rechnungen bezahlt werden können. Das gibt einem die Freiheit, die anderen wunderbaren Dinge des Lebens wie Liebe, Familie, Gesundheit, Freunde, Kultur und Weizenbier zu genießen, ohne immer wieder an die Mahnbriefe der Handwerker oder der Bank denken zu müssen. Also, auf geht's, rein ins Vergnügen, und die Grundlage für ein glückliches und finanziell sorgenfreies Leben ist geschaffen, in dem Sie die Muße haben, sich um die wirklich wichtigen Dinge zu kümmern.

Level 1:

Basiswissen für Einsteiger

»Neun von zehn haben keinen Überblick über ihre Ausgaben.«
Nein, das ist nicht die Aussage des betreuenden Psychologen über den Zustand seiner Patienten im Therapiezentrum für Kaufsüchtige. Mit diesem Satz ließ sich der Finanzberater einer Verbraucherzentrale in der *Süddeutschen Zeitung* zitieren, der damit seine Beobachtungen im Klienten- und Bekanntenkreis zusammenfasste.

Jetzt aber erst einmal die gute Nachricht: Auch wenn Sie sich in gewisser Weise selbst betroffen fühlen, brauchen Sie sich keine Gedanken über Ihre Intelligenz zu machen. Immerhin stehen Sie ja im Berufsleben wahrscheinlich höchst kompetent Ihren Mann oder Ihre Frau, sei es als erfindungsreicher Ingenieur, als verlässliche Sekretärin, erfolgreicher Schulabgänger oder auf welche Weise auch immer.

Wenn Sie also das Gefühl haben, dass Ihre Finanzplanung so etwas Ähnliches ist wie ein Überraschungsei mit unbekanntem Inhalt, sind Sie lediglich mit dem Virus infiziert, der nicht nur in Deutschland, sondern in praktisch allen Industrieländern grassiert. Dieses Virus bringt das finanzielle Kompetenzzentrum im Hirn in Unordnung und dadurch viele Leute dazu, ziemlich widersprüchliche Dinge zu tun:

- Sie schließen einen Leasingvertrag ab, dessen Raten sie sich eigentlich nicht leisten können, um mit einem tollen Auto ihre Nachbarn und Bekannten zu beeindrucken.
- Sie verschieben die Schulden vom überzogenen Dispokredit auf einen Ratenkredit, damit sie den Dispokredit wieder aufs

Neue in Anspruch nehmen können – trotz des Gefühls, dass das irgendwie auf Dauer nicht gutgehen kann.

- Sie würden niemals im Leben eine Aktie an der Börse kaufen, unterschreiben aber einen Vertrag über eine vollkommen undurchsichtige fondsgebundene Versicherung, die ihnen ein guter Bekannter empfohlen hat (und der für diese selbstlose Tat von der Versicherung ein paar hundert Euro bekommt).

Kurz gesagt: Wenn es ums Geld geht, handeln wir häufig paradox, weil uns dieses ominöse Virus an einer Schwachstelle des Vernunft-Immunsystems angreift. Eine geregelte Finanzplanung anzugehen ist nicht gerade vergnügungssteuerpflichtig, aber ein flottes Auto oder eine stylische Einrichtung machen wenigstens eine Zeitlang Spaß. Deshalb kaufen wir Dinge, die wir nicht brauchen, mit Geld, das wir nicht haben, um Leuten zu imponieren, die wir nicht leiden können – so die Diagnose des Philosophen Richard David Precht.

Doch so wie die Pharmaproduzenten von einer echten oder vermeintlichen Grippewelle profitieren, weil sie massenhaft Medikamente verkaufen können, gibt es auch Profiteure des Finanzvirus.

Die Hersteller von Konsum- und Anschaffungsgütern können die Flut ihrer neuen Produkte nur absetzen, wenn ein großer Teil davon auf Pump finanziert wird. An der Kreditmaschine hängen manche Branchen inzwischen wie der Junkie an der Nadel. So etwa die Automobilindustrie, die in Deutschland mehr als die Hälfte ihrer Neuwagen per Kredit oder Leasing absetzt. Würden Verbraucher nur die Autos kaufen, die sie sich wirklich leisten können, stünde es schlecht für die deutsche Autoindustrie. Schauen Sie sich doch einfach mal an, wie oft in der Werbung nicht der Kaufpreis, sondern die monatliche Kreditrate im Vordergrund steht. Warum wohl …?

Auch die Banken fahren mit Raten- und Konsumkrediten satte Gewinne ein. Häufig zahlen Verbraucher für ihre Konsumschul-

LEVEL 1: BASISWISSEN FÜR EINSTEIGER

den zehn Prozentpunkte mehr Zinsen, als sie für ihre Guthaben erhalten – und die Differenz streicht die Bank ein, ohne mit der Wimper zu zucken. Selbst wenn man berücksichtigt, dass etwa 3 Prozent der Ratenkredite wegen Zahlungsunfähigkeit des Kunden ausfallen, bleibt immer noch ein eindrucksvoller Gewinn übrig – für die Bank.

Wo es Gewinner gibt, muss natürlich auch irgendjemand auf der Verliererseite stehen. Hier ist es ganz klar derjenige, der die hohen Kreditzinsen zahlen muss und damit nicht nur den Kaufpreis erheblich verteuert, sondern auch noch das Risiko eingeht, dass er am Ende in die Schuldenfalle rutscht.

Jetzt fragen Sie sich vielleicht, warum ich in diesem Thema herumbohre wie der Zahnarzt im hohlen Zahn. Ganz einfach: Bevor Sie sich über Altersvorsorge Gedanken machen, bevor Sie sich mit Aktienstrategien befassen und bevor Sie irgendwelche Investmentfonds vergleichen, brauchen Sie eine klare und durchdachte Geldstrategie für den Alltag.

Das bedeutet konkret: Sie haben nicht nur den Überblick über Ihre Einnahmen und Ausgaben, sondern können so frühzeitig an den Stellschrauben drehen, dass Ihnen Ihre Finanzen nicht aus dem Ruder laufen.

Sie nutzen sinnvolle Möglichkeiten, um ohne Einbußen bei der Lebensqualität weniger Geld auszugeben. Das hat übrigens nichts mit »Geiz ist geil« zu tun, sondern vielmehr mit vernünftigem Wirtschaften.

Sie verfügen über eine ausreichende Geldreserve, um nicht bei jeder ungeplanten Anschaffung teure Kreditzinsen an die Bank zahlen zu müssen.

Sie sind in der Lage, größere Ausgaben und Anschaffungen rechtzeitig zu planen und dafür eine sichere und kostengünstige Finanzierung auf die Beine zu stellen.

Liest sich langweilig? Ist aber hochinteressant: Hier können Sie nämlich mit wenig Mühe richtig Geld verdienen – und das auch noch steuerfrei. Sie brauchen dafür weder Studium noch Doktortitel, sondern nur eine ordentliche Portion gesunden Menschenverstand und den Mut, bei einem schlechten Angebot einfach nein zu sagen. Mehr nicht.

TIPP Ein halber Tag, den Sie mit klarer Planung und konsequenter Umsetzung verbringen, kann Ihnen im Lauf der Zeit locker 500 oder 1000 Euro Zusatzeinnahmen in Form eingesparter Kosten bringen. Und das ganz legal und ohne Steuerabzug bar auf die Hand. Ist doch kein schlechter Stundenlohn, oder?

Wenn Ihnen das als Motivation immer noch nicht genügt: Ich habe noch einen Motivationstipp für Sie: Eine aktuelle Studie hat ergeben, dass der Großteil der Frauen Männer mit Finanzkenntnissen bevorzugt. Was glauben Sie, warum ich Börsenmakler geworden bin!? Welche Frau will schon riskieren, dass der gutaussehende Fußballprofi in nur zwei Jahren die gesamten Siegprämien verdummdödelt, nur weil er sich aus Ahnungslosigkeit blind auf seinen Finanzberater verlassen musste. Als Mann ist das doch ein gutes Argument. Und wenn Sie als Frau mit Geld umgehen können, dürfen Sie auch ruhig ein Auge auf den Fußballprofi werfen. Seine Finanzverwaltung können ja dann Sie übernehmen.

Sie sehen also, es gibt eine Menge Gründe, sich um sein Geld zu kümmern, bevor es andere tun. Suchen Sie sich einen davon aus, und lassen Sie uns einsteigen.

So bekommen Sie den finanziellen Alltag in den Griff

Umsichtig wirtschaften – ist das die ultimative Spaßbremse für konsumfreudige Verbraucher? Eher umgekehrt, würde ich meinen. Wer ohne jeglichen Einsatz der einfachsten Rechenkünste munter drauflos konsumiert, hat zwar sicherlich eine gewisse Zeit lang Spaß am Leben. Aber wenn die Bank irgendwann einmal den Kredithahn zudreht, wird aus dem Spaß richtig übler Stress: Überschuldung, Pfändung, Zwangsversteigerung, Privatinsolvenz ... Ich will hier keine Angst verbreiten, aber wer seine Schuldnerkarriere auf diese Art krönt, fragt sich am Ende: War's das wirklich wert?

Das andere Extrem sind Leute, die aus purem Geiz lieber drei Pullover übereinander anziehen, anstatt die Heizung ein bisschen höherzudrehen, die sich die alte Zeitung vom Vortag beim Nachbarn holen und ihre Teebeutel zwei Mal aufkochen. Keine Angst: Dieser Lebensstil wird hier nicht propagiert, dazu habe ich selbst zu viel Spaß am Leben. Wenn man jedoch schon mit beiden Beinen im Sumpf steckt und Peter Zwegat bereits ratlos hinter sich die Tür ins Schloss geworfen hat, macht es durchaus Sinn, die Dinge mit einer zeitlich begrenzten »Operation Dagobert« wieder ins Lot zu bringen.

Aber jetzt sorgen wir erst mal dafür, dass es dazu erst gar nicht kommt. Wenden wir uns den ersten beiden wichtigen Schritten in der Finanzplanung zu:

Einnahmen und Ausgaben im Griff behalten und Anschaffungen mitsamt der optimalen Finanzierung richtig planen.

Das Haushaltsbuch

Für das Managen der Einnahmen und Ausgaben empfehle ich die Führung eines Haushaltsbuchs, zumindest über ein halbes Jahr hinweg. Ein kürzerer Zeitraum bringt Ihnen wenig, weil sich viele Erfahrungswerte erst im Lauf der Zeit ergeben. Ob Sie das Haushaltsbuch ganz traditionell auf Papier oder lieber am PC führen, hängt von Ihren persönlichen Vorlieben ab.

»Haushaltsbuch« klingt ziemlich altbacken, aber wenn's um das schnöde Geld geht, kann man von den lieben Großeltern sicherlich mehr lernen als von den vollmundigen Versprechungen heutiger Finanzinstitute. Ein Haushaltsbuch, das Ihnen übersichtlich zeigt, was an Geld reinkommt, was rausgeht, und vor allem verdeutlicht, wie viel für was rausgeht, ist die absolute Grundlage jeder Finanzplanung. Da spielt es keine Rolle, ob Sie Schüler mit 20 Euro Taschengeld oder Oligarch mit dreistelligem Millioneneinkommen sind. Das Geld ist beiden schneller durch die Finger gerieselt, als man meinen mag. Ich führe heute noch ein Haushaltsbuch und habe das bereits als Schüler getan. Es ist faszinierend und erschreckend, wenn man sich die Ausgaben einmal vor Augen führt, die man sonst kaum beachtet.

Kleines Beispiel: Jeden Morgen auf dem Weg zum Büro einen Latte macchiato von Starbucks: 3,40 Euro. Bringt mich ja nicht um. Bei 220 Arbeitstagen sind es immerhin schon 748 Euro im Jahr. In 20 Jahren sind das 14960 Euro. Für Kaffee!!! Sie hätten eine luxuriöse Weltreise für zwei Personen mal eben für Milchschaum aus dem Pappbecher ausgegeben. Gut, Sie können sich jetzt entscheiden, dass Ihnen der morgendliche Koffeinschub aus dem Designerladen statt aus der Büroküche dieses Opfer wert ist, aber Sie sollten diese Entscheidung wenigstens bewusst treffen. Jetzt denken Sie vermutlich an die vielen anderen kleinen Alltäglichkeiten, die so im Vorbeigehen ausgegeben werden. Wie viel ist das doch gleich? Welche Doppelhaushälften kommen damit im Lauf der Jahre zusammen? Ich habe keine Ahnung. Das können nur Sie selbst herausfinden. Mit einem einfachen klassischen Haushaltsbuch.

Für die Papier-Buchhaltung gibt es Vordrucke, die beispielsweise in gut sortierten Schreibwarengeschäften oder auch in den Beratungsstellen der Verbraucherzentralen erhältlich sind. Aufwendig dabei ist, dass Sie die Einzelposten »mit der Hand am Arm« eintragen und zusammenrechnen müssen – das bedeutet ein Mehr an Schreib- und Tipparbeit.

Mehr Automatisierung ist bei der digitalen Version drin, da dort gleichbleibende Ausgaben wie Monatsmiete und Abos sowie die Umlage jährlich anfallender Aufwendungen wie die Kfz-Versicherungsprämie mit einer einzigen Angabe fürs ganze Jahr angelegt sind. Die einfachste Variante ist eine entsprechend angepasste Vorlage für die Excel-Tabellenkalkulation. Falls Sie das Office-Programmpaket von Microsoft nicht besitzen, tut es auch die kostenlose Konkurrenz in Form von OpenOffice (zu finden unter http://de.openoffice.org), für deren Tabellenkalkulation es ebenfalls kostenlose Haushaltsbuch-Vorlagen gibt. Darüber hinaus gibt es auch einige andere kostenlose eigenständige Programme sowie Online-Haushaltsbücher, die Sie über Ihren Internetbrowser führen können. Dann allerdings liegen Ihre Daten nicht auf dem PC zu Hause, sondern auf dem Server des Dienstanbieters.

VORSICHT Ich will zwar keinem Online-Anbieter Böses unterstellen, aber es sind auch schon bei großen Internetfirmen Kundendaten gehackt worden. Die eindeutig sicherere Variante ist das elektronische Haushaltsbuch auf dem hoffentlich gut geschützten PC zu Hause.

Der Erfolg beim Führen des Haushaltsbuchs hängt weniger davon ab, wie detailreich Sie einzelne Rubriken aufdröseln. Ob Sie Restaurantbesuche und Konzertkarten getrennt verbuchen oder zusammen mit anderen Lebenslust-Extras in einer gleichnamigen Rubrik zusammenfassen, ist ziemlich egal. Wichtiger ist, dass es möglichst keine Ausgaben gibt, die überhaupt nicht erfasst sind. Sonst fragen Sie sich womöglich, warum die roten Zahlen auf dem Girokonto immer größer werden, obwohl Sie laut Haushaltsbuch weniger ausgegeben als eingenommen haben.

Ich persönlich habe verschiedene Varianten ausprobiert und festgestellt, dass ein selbstgebasteltes Excel-Formular am praktischsten ist. Das kann man genau an die eigenen Bedürfnisse anpassen und schnell optimieren. Aber egal wie Sie das Haushaltsbuch führen: Hauptsache, Sie tun es.

Wenn Sie – sei es als Formular oder Tabellenkalkulations-Vorlage – Ihr Haushaltsbuch selber stricken wollen, sollten Sie Ihre monatlichen Ausgabenbereiche zumindest ungefähr wie folgt aufteilen:

- **Wohnen:** Miete/Darlehensrate, Wohnnebenkosten, Nebenkosten-Nachzahlungen, Einrichtung, Haushaltsgeräte, Deko.
- **Auto & Mobilität:** Kredit-/Leasingrate, Versicherung, Steuer, Reparaturen, Sprit, Fahrkarten.
- **Medien und Kommunikation:** GEZ, Kabelfernsehen, Telefon, Internet, Handy, Abos, PC und Zubehör.
- **Lebenshaltung:** Nahrungsmittel, Körperpflege, Friseur, Kleidung etc.
- **Bildung & Soziales:** Schulgeld und -material, Kindergarten-/Hortgebühren, Bücher, Vereinsbeiträge, Spenden.
- **Genießen:** Ausgehen, Restaurantbesuche, Kino, Konzerte, Urlaub etc.
- **Finanzen:** Versicherungen, Kontogebühren, Dispozinsen, Sparraten.
- **Sonstiges**: Unterhaltszahlungen (nein, den Posten gibt es in meinem Excel-Sheet nicht …!), Diverses.

Wichtig dabei: Manche Ausgaben fallen nur ein oder zwei Mal im Jahr an, so etwa die Ausgaben für Versicherungen oder den Urlaub. Dieses Problem lösen Sie ganz einfach, indem Sie das dafür vorgesehene Jahresbudget durch 12 teilen und diesen Betrag monatlich als Ausgabe einsetzen.

TIPP Wahrscheinlich haben Sie nicht die Zeit, nach jedem Einkauf den Computer hochzufahren und Ihren Beleg zu erfassen. Und womöglich haben Sie nach einem gemütlichen Abend im Restaurant auch keine Lust dazu. Daher empfiehlt sich die Schuhkarton-Lösung: Alle Belege und Kontoauszüge wandern in einen Karton und werden ein bis zwei Mal pro Monat ins Haushaltsbuch übertragen. Das ist meist weitaus zeitsparender als die tägliche Stückelei.

Einsparpotenziale

Sinn und Zweck des Haushaltsbuchs ist es, das »gefühlte Ausgabenverhalten« durch klare Fakten zu ersetzen. Wahrscheinlich werden Sie überrascht sein, dass Sie manche Lebensbereiche deutlich teurer zu stehen kommen, als Sie vermutet haben. In diesem Fall bestehen gute Chancen, dass Sie recht schnell den dicken Geldfresser lokalisieren – und dann sollten Sie sich über Einsparmöglichkeiten Gedanken machen.

Als Anregung zunächst einmal ein paar Überlegungen zu den großen Ausgaben und Investitionen:

Braucht wirklich jeder Haushalt einen Zweitwagen? Alles in allem kostet schon ein Kleinwagen inklusive Wertverlust, Reparaturen, Versicherungen, Benzin und allem weiteren Drumherum schnell mal 300 bis 400 Euro pro Monat. Für dieses Geld kann man sich etliche Taxifahrten leisten, von Bus- und Bahntickets ganz zu schweigen.

Lässt sich die Anschaffung neuer Möbel verschieben, wenn die Finanzierung nur auf Pump möglich ist? Es soll ja ein paar interessante Mittel geben, um im Do-it-yourself-Verfahren mit geringen Kosten alte Möbel zumindest übergangsweise aufzupeppen.

Lifestyle-Elektronik hat sich zu einem ebenso verführerischen wie kostspieligen Markt entwickelt. Es soll ja Leute geben, die lieber von trocken Brot und Wasser leben würden, als auf den extrabreiten Flachbildschirm zu verzichten. Aber macht das Sinn? Ich habe schon oft Unterhaltungselektronik »auf dem Zweitmarkt« gekauft und beste Erfahrungen damit gemacht. Auch ein Neuwagen ist völliger Unfug. Ein ein oder zwei Jahre alter Wagen vom Markenhändler hat oft ebenfalls zwei Jahre Garantie. Wer einen Neuwagen kauft, wirft Tausende von Euro aus dem Fenster in jenem Moment, in dem er vom Hof des Händlers fährt. Haarsträubender Unfug, den ich seit sehr vielen Jahren nicht mehr betreibe. Zuletzt habe ich einen anderthalb Jahre alten Wagen eines deutschen Autobauers mit Vollausstattung und 12 000 Kilometer zum halben Listenpreis samt Garantie bekommen. Schneller und einfacher kann auch ein Börsenmakler sein Geld nicht verdienen.

Doch der Ausgabenteufel kann auch im Detail lauern, und manchmal zeigt sich erst bei der Hochrechnung auf mehrere Jahre, wie viel hundert Euro fast unbemerkt verdunsten – und wohin. Solche heimlichen Geldfresser lassen sich schwerer ermitteln, weil sie gut getarnt und scheinbar nebensächlich sind.

Ein beliebter Lebensraum dieser Spezies ist der Bereich »Medien und Kommunikation« mit seinen Abos und Tarifen. Lesen Sie wirklich jede Zeitung und Zeitschrift, die Sie abonniert haben, oder haben Sie nur aus Bequemlichkeit ein einstiges Probeabo nicht gekündigt? Das ist übrigens genau der Grund, warum Verlage so gerne Probeabos anbieten. Oder haben Sie sich schon so sehr an die hohe Handyrechnung gewöhnt, dass Sie weder Telefonverhalten noch Tarif ändern?

Auch bei den ganz alltäglichen Lebenshaltungskosten gibt es jede Menge Sparmöglichkeiten, die jedoch zuweilen nur mit Änderungen des Lebensstils umsetzbar sind. Beispiel Ernährung: Selber zu kochen, statt das Fertiggericht in der Mikrowelle aufzuwärmen, schmeckt nicht nur besser, sondern ist auch viel preisgünstiger – aber wer keinen Spaß am Kochen hat, hat wahrscheinlich nur eine ziemlich begrenzte Motivation, umzusteigen.

Während für viele Menschen das Führen eines Haushaltsbuchs und die darauffolgenden Einsparungen dazu dienen, den finanziellen Spielraum zu vergrößern und entweder das Sparen auf Anschaffungen zu intensivieren oder sich ab und zu mal einen kleinen Luxus zu gönnen, ist in manchen Situationen der kräftige Tritt auf die Ausgabenbremse ein absolutes Muss. Das ist dann wie beim Autofahren: Eine Vollbremsung ist unangenehm und lässt Ihnen einiges um die Ohren fliegen, aber sie verhindert einen gefährlichen Crash.

Angesagt ist die Vollbremsung dann, wenn Sie Schulden haben und Ihre Ausgaben höher sind als Ihre Einnahmen. Die Schuldnerberater in den sozialen Einrichtungen nennen diesen Mechanismus »Schuldenspirale« und können ein trauriges Lied davon singen. Zu den alten Schulden kommen immer mehr neue dazu, dadurch steigen die Zinszahlungen, was wiederum die Neuverschuldung immer schneller anwachsen lässt, und am Ende klingelt der Gerichtsvollzieher an der Tür.

Bevor es so weit kommt, ist radikaler Ausgabenverzicht angesagt: »Operation Dagobert«. Streichen Sie alles, was nicht unbedingt lebensnotwendig ist, von Ihren Einkaufszetteln. Stecken Sie jeden Euro, den Sie auftreiben können, in die Schuldenrückzahlung. Suchen Sie frühzeitig Kontakt zu den Schuldnerberatern bei sozialen Einrichtungen oder Landratsämtern. Lassen Sie sich rechtzeitig helfen, denn das Abrutschen in die Schuldenfalle ist keine Schande, sondern ein persönliches Unglück.

VORSICHT Meiden Sie bei finanziellen Engpässen gewerbliche Schuldenregulierer und Kreditvermittler, die Ihnen überteuerte »Kredite ohne Schufa« oder irgendwelche Umschuldungen aufschwatzen wollen.

Wenden wir uns nun wieder den angenehmeren Dingen zu, denn in einem Bereich können Sie ohne jeglichen Spaßverzicht knausern: nämlich dann, wenn es um Finanzen und Versicherungen geht.

Beispiel Versicherungen: Rund 3700 Euro geben deutsche Haushalte Jahr für Jahr für ihre Versicherungen aus – und zahlen laut einer Studie des Finanzforschungsunternehmens Evers & Jung jährlich 20 Milliarden Euro zu viel. 400 Euro lassen sich jährlich einsparen, indem überflüssige Policen gekündigt und bei den notwendigen Versicherungen konsequent der günstigste Anbieter ausgewählt wird, so das Ergebnis der Studie. Also: Wenn

Sie die Tipps und Hinweise zu Versicherungen in diesem Buch beherzigen, haben Sie gute Chancen, sich von der Ersparnis schon bald einen netten Wochenendtrip leisten zu können.

Auch bei der Geldanlage und der Kreditaufnahme lassen sich zusätzliche Einnahmen erwirtschaften oder überflüssige Zinskosten und Gebühren vermeiden. Im Durchschnittshaushalt geht es auch hier jährlich um mindestens dreistellige Beträge, die Sie entweder der Bank schenken oder selber behalten können. Einen besonderen Stellenwert hat dabei das Girokonto.

Gebühren sparen beim Girokonto

Für viele Bankkunden ist das Girokonto ein kleiner, aber gemeiner Geldfresser. 8 Euro monatliche Kontoführungsgebühr, 50 Cent pro Überweisung, 10 Euro pro Jahr für die EC-Karte und nochmals 25 Euro Jahresgebühr für die Kreditkarte – jeder Betrag für sich genommen scheint gering zu sein. Doch aufs Jahr gesehen sind Sie mit einem solchen Konto schnell bei 160 Euro jährlichen Gesamtkosten angelangt. Das ist angesichts der Tatsache, dass viele Banken das Ganze zum Nulltarif anbieten, hinausgeworfenes Geld.

Doch nun stehen Sie da mit Ihrem teuren Konto und haben ein Problem: Wenn Sie die Bank wechseln, verursacht das eine Menge Papierkrieg. Einzugsermächtigungen müssen geändert werden, die laufenden Daueraufträge sind neu einzurichten, und wenn Sie etwas vergessen haben, flattern Ihnen Lastschriftrückgabe und Mahnung ins Haus. Daher gibt es verständlicherweise eine gewisse Hemmschwelle, die kontoführende Bank zu wechseln. (Das wissen die Banker natürlich genau, und sie versuchen deshalb häufig, die Kostenbelastung möglichst knapp unter dieser Schwelle anzusiedeln.)

Bevor Sie Aktivitäten entfalten, sollten Sie zuallererst Ihr Verhalten bei der Kontoführung analysieren. Dabei geht es konkret um diese Fragen:

- Erledigen Sie Ihre Überweisungen noch auf Papier oder online – und wie wollen Sie es in Zukunft halten?
- Haben Sie zusätzlich zur EC-Karte eine Kreditkarte, und benötigen Sie diese auch wirklich?
- Ist für Sie die Höhe der Dispokreditzinsen zweitrangig, oder nehmen Sie Ihren Kreditrahmen öfter mal in Anspruch?

Wenn Sie Ihr Konto noch auf die traditionelle Art und Weise führen, sich jedoch mit der Online-Kontoführung anfreunden können, brauchen Sie zum Kostensparen nicht unbedingt die Bank zu wechseln. Viele Banken bieten ihren Kunden an, dass beim Umstieg aufs Online-Banking die laufenden Gebühren entfallen.

Allerdings sollten Sie bei solchen Offerten auch die Fußnoten lesen, sonst kann es unangenehme Überraschungen geben. Meistens sind bei Online-Kontomodellen die Gebühren für Papier-Überweisungen exorbitant hoch – in Einzelfällen werden bis zu 5 Euro kassiert. Wenn Sie auf die Kontoführung per Internet umsteigen, sollten Sie dabei folglich so konsequent wie möglich sein. Eine weitere Kostenfalle kann beim Mindest-Geldeingang lauern: Wird dieser unterschritten, verlangt die Bank plötzlich Kontoführungsgebühren.

Auch ein Blick auf den Zinssatz für Dispokredite ist immer lohnenswert. Ist Ihr Konto übers Jahr gesehen durchschnittlich vier Monate lang mit 2500 Euro im Soll, kostet Sie das bei einem Zinssatz von 9 Prozent 75 Euro. Verlangt die Bank 13 Prozent, steigen die Zinskosten auf 108 Euro. So schnell geht das.

Ein weiterer Kostenfaktor sind die Karten, die beim Konto dabei sind – je nach Bank kostenlos oder auch nicht. Eine EC-Karte zählt zur Standardausstattung im Geldbeutel und kostet meist überhaupt nichts, ansonsten 5 bis 6 Euro pro Jahr. Kostenlose Kreditkarten sind hingegen seltener zu finden, hier liegt die Jahresgebühr oft bei 20 bis 30 Euro.

Ob Sie eine Kreditkarte brauchen, hängt vor allem von Ihren

Vorlieben auf Auslandsreisen ab. Bequemes Zahlen von Hotelrechnungen, keine Bar-Kaution bei Mietwagen – das sind die Annehmlichkeiten, die eine Kreditkarte auf Reisen mit sich bringt. Für diese Zwecke reicht jedoch die allereinfachste Ausführung, die bei manchen Banken in Form einer Visa- oder Mastercard-Kreditkarte zum Nulltarif mit dabei ist.

VORSICHT Wenn man Ihnen teure »Gold«- oder »Platin«-Karten verkaufen will: Vergessen Sie's. Die eingebauten Extras – meistens irgendwelche Versicherungen mit unzähligen Ausschlussklauseln – sind so gut wie nutzlos. Oder was halten Sie von einer Verkehrsmittel-Unfallversicherung, die beim Straßenbahnunfall nur zahlt, wenn Sie das Ticket mit der dazugehörigen Kreditkarte bezahlt haben? Das ist kein Witz, die gibt es wirklich.

Hüten sollten Sie sich auch vor Kreditkarten, die einen Ratenkredit gleich mit eingebaut haben. Statt dass die Beträge gleich oder am Monatsende von Ihrem Girokonto abgebucht werden, stottern Sie Ihre Kartenzahlungen in kleinen Monatsraten ab. Das verursacht nicht nur immense Zinskosten für die meist extrem teuren Kredite, sondern verleitet dazu, immer neue Schulden-Baustellen aufzumachen. Das nennt sich im Fachjargon übrigens »Revolving Credit« und ist ungefähr so empfehlenswert wie russisches Roulette.

Zu guter Letzt ist der kostenlose Zugang zum Geldautomaten ein nicht zu verachtendes Argument. Üblicherweise können die Kunden von Sparkassen und Genossenschaftsbanken jeweils die gruppeneigenen Automaten kostenlos nutzen. Einige große Privatbanken bieten den sogenannten »Cash Pool«, der ebenfalls die gegenseitige gebührenfreie Automatennutzung ermöglicht. Und wieder andere Banken gewährleisten mit der Kreditkarte die europaweit kostenlose Nutzung von beliebigen Geldautomaten. Wie dem auch sei: Die Bank, für die Sie sich entscheiden, sollte

Ihnen in gut erreichbarer Nähe Bares ohne Nebenkosten bieten können.

Wenn Sie all diese Kostenpunkte verglichen haben, finden Sie ziemlich schnell entweder bei der Hausbank oder bei der Konkurrenz ein kostengünstigeres Kontomodell. Ab welchem Kostenvorteil Sie den Wechsel der Bankverbindung in Angriff nehmen, hängt von Ihnen selbst ab. Doch ich würde mal behaupten, dass sich für 50 Euro Gebühreneinsparung pro Jahr der Aufwand für den Bankwechsel lohnt.

Doch Vorsicht – wechseln sollten Sie immer nur mit Guthaben und nicht dann, wenn Ihr Konto in den roten Zahlen steckt. Sie müssen nämlich damit rechnen, dass Ihnen die neue Bank erst nach ein paar Monaten einen Dispokredit einräumt.

TIPP Führen Sie das Konto immer möglichst nahe an der »Null-Linie« im Guthabenbereich. Weil der Dispokredit zu den teuersten Kreditarten zählt, sollten Sie ihn nur in Ausnahmefällen in Anspruch nehmen. Es sollte daher immer genügend Geld für die anstehenden Abbuchungen auf dem Girokonto stehen, aber auch nicht wesentlich mehr. Fürs Guthaben auf dem Girokonto zahlt nämlich so gut wie keine Bank Zinsen, so dass Sie parallel dazu ein verzinstes Tagesgeldkonto führen sollten, das als »Manövriermasse« dient. Mehr dazu im Kapitel »Geldreserve und Sparen auf Anschaffungen«.

Checkliste zum Kostensparen beim Girokonto

- Bestehendes Konto:
- Wie viel kostet mich derzeit mein Girokonto pro Jahr?
- Welche Karten sind dabei?
- Welche davon setze ich auch regelmäßig ein?
- Wie hoch ist der aktuelle Dispokreditzins?
- Wie hoch waren in den letzten zwölf Monaten meine Zinskosten?
- Nutze ich Online-Banking?
- Bietet meine Hausbank ein günstigeres Kontomodell an?

Vor dem Bankwechsel:

- Ist das Konto ohne Sternchen und Fußnoten kostenlos, oder werden beim Unterschreiten eines bestimmten Geldeingangs Gebühren verlangt?
- Welche Karten sind inklusive und welche kosten extra?
- Sind genügend Geldautomaten in der Nähe kostenlos nutzbar?
- Bei Online-Konten: Wie hoch sind die Gebühren für Papier-Überweisungen?
- Wie hoch ist der Dispokreditzins?

Weshalb Sie mit Dispo- und Ratenkrediten vorsichtig sein sollten

»Sind Sie auf der Suche nach einem schnellen, einfachen, unkomplizierten und sicheren Kredit, um Ihren finanziellen Spielraum zu erweitern?«

»Erfüllen Sie sich Ihre Wünsche hier und jetzt!«

»Ob Traumurlaub oder Einbauküche – mit unserem Kredit sind Sie so flexibel wie mit Bargeld!«

Das sind Originalzitate aus der Kreditwerbung von Banken. Der Tenor zwischen den Zeilen ist klar: Warten Sie mit Ihren Ausgaben nicht, bis Sie das Geld haben – wir leihen es Ihnen jetzt gleich (und verdienen prächtig daran). Auffällig dabei ist, dass man den Begriff »Schulden« in der Kreditwerbung vergebens sucht. Man spricht gerne von »Finanzierungsmodellen«, aber Schulden …?

Wer Schulden hat, ist einem anderen etwas schuldig – aber genau das ist der Sachverhalt bei der Aufnahme eines Kredits. Es hört sich clever an, wenn jemand für sein flottes neues Auto ein »attraktives Finanzierungsmodell« genutzt hat. Eher uncool ist der wahre Sachverhalt: Solange er seine Schulden nicht zurückgezahlt hat, wird ihm das Auto von der Bank praktisch leihweise und nur gegen Zahlung von Zins und Tilgung zur Verfügung gestellt, denn in deren Tresor liegt der Fahrzeugbrief als Kreditsicherheit.

Deshalb: Lassen Sie sich von den verlockenden Werbesprüchen kein X für ein U vormachen. Schuldenmachen ist teuer und riskant. Ein Ratenkredit mit drei Jahren Laufzeit kann aufgrund der Zinskosten den Preis der damit finanzierten Anschaffung um 10 bis 20 Prozent verteuern. Wer in finanzielle Engpässe gerät und seine Raten nicht mehr regelmäßig bezahlen kann, verwandelt sich im Handumdrehen vom umworbenen »Finanzierungskunden« zum per Kreditkündigung aussortierten Abschreibungsfall.

In diesem Zusammenhang auch ein Wort zu den Nullzins-Finanzierungen, die gerne von Autoherstellern ganz groß ins Schaufenster gehängt werden. Da bekommen Sie natürlich nichts geschenkt, weil Hersteller und Händler die Kosten für die Zinssubvention elegant im Kaufpreis versteckt haben. Und der Finanzierungskunde wundert sich, dass er im Gegensatz zum Barzahler den Kaufpreis nicht mehr herunterhandeln kann …

Dispokredite

Mit dem Dispokredit verfügen Sie über einen Kreditrahmen auf dem Girokonto, dessen Höhe vor allem von Ihrem Einkommen und der Bonitätseinschätzung der Bank abhängt. Innerhalb dieses Rahmens können Sie ohne vorherige Rücksprache mit der Bank Ihr Konto in die roten Zahlen rutschen lassen. Jeder Geldeingang auf dem Girokonto reduziert wiederum den Kreditsaldo.

In diesem Zusammenhang spricht man gern davon, das Konto »überzogen« zu haben. Das stimmt so nicht ganz: Überzogen ist das Konto erst, wenn Sie das Limit des Dispo-Kreditrahmens überschritten haben. Dann wird es richtig teuer und gefährlich, denn die Bank kassiert nicht nur einen Zinsaufschlag von 4 bis 5 Prozent, sondern piesackt Sie auch unangenehm, indem sie etwa

die Ausführung von Daueraufträgen, Überweisungen und Last-
schriften verweigert.

Wofür ist der Dispokredit gut? Eigentlich nur, um einen kurzen Zeitraum bis zum nächsten größeren Geldeingang zu über-
brücken. Beispielsweise dann, wenn Sie eine Woche vor der Ge-
haltszahlung noch eine größere Rechnung für die Reparatur Ihres
Autos überweisen. Passabel ist dieser Kredit auch noch dann,
wenn Sie im Urlaub etwas tiefer in die Tasche gegriffen haben
und innerhalb von zwei bis drei Monaten das Konto wieder ins
Plus bringen können.

Nicht gut ist der Dispokredit für praktisch alles andere. Er
taugt weder für die Finanzierung einer Einbauküche noch für den
Autokauf und schon gleich gar nicht für den Dauerzustand.

Warum? Ganz einfach: Er ist viel zu teuer. Im Sommer 2010,
als Geldanleger Mühe hatten, für ihr Tagesgeldkonto mehr als
1 Prozent Zins herauszuholen, kassierten die Banken im Schnitt
11,2 Prozent Zinsen für Dispokredite. Der Durchschnittszins für
Ratenkredite lag zu diesem Zeitpunkt bei deutlich günstigeren
7,5 Prozent.

Viel billiger als Dispokredite sind übrigens die sogenannten
Rahmenkredite, die genauso funktionieren – nur mit dem Unterschied, dass Sie dafür kein neues Girokonto eröffnen müssen.
Meistens werden Rahmenkredite von Direktbanken angeboten.
Das Ganze funktioniert recht einfach: Sie beantragen den Rahmenkredit und bekommen je nach Einkommen und Bonität von
der Bank ein bestimmtes Limit eingeräumt. Innerhalb dieses Li-
mits können Sie jederzeit Kredit aufnehmen, wobei der Kreditbetrag auf Ihr normales Girokonto überwiesen wird. Mit einer
einfachen Rücküberweisung können Sie dann beliebige Beträge
tilgen.

Das verursacht zwar etwas mehr Aufwand, aber die Zins-
ersparnis ist es allemal wert. Dazu kommt ein weiterer Vorteil:
Wenn Sie mit Ihrem Girokonto die Bank wechseln, müssen Sie

nicht monatelang warten, bis Ihnen die neue Hausbank einen Dispokredit einräumt, sondern können bei Bedarf den Rahmenkredit weiter in Anspruch nehmen, denn dieser ist unabhängig von Ihrer aktuellen Bankverbindung.

VORSICHT Auch wenn es verlockend erscheint: Nutzen Sie den Rahmenkredit niemals dazu, um zusätzlichen Spielraum zum Schuldenmachen zu haben. Ein Rahmenkredit ist immer ein Ersatz für den Dispokredit und keine Ergänzung – es lohnt sich, diesen Satz wie ein Mantra auswendig zu lernen. Im Ernstfall schützt er Sie nämlich davor, in die Schuldenfalle zu tappen.

Sie machen sich Gedanken, wie Sie am besten fürs Alter vorsorgen? Wo Sie die beste Rendite bekommen? Ich garantiere Ihnen 12 Prozent Rendite nach Steuern, und das völlig ohne Risiko!

Unmöglich? Unseriös? Im Gegenteil. Die beste Anlageempfehlung lautet: Gleichen Sie Ihr Girokonto aus. Welchen Sinn macht es, in einen monatlichen Fondssparplan mit risikoreichen 6 Prozent Rendite vor Steuern einzuzahlen und im gleichen Augenblick 12 Prozent Zinsen nach Steuern für das überzogene Girokonto zu bezahlen? Richtig. Gar keinen. Bevor Ihr Girokonto nicht mindestens auf null steht, brauchen Sie sich über Ansparpläne gar keine Gedanken zu machen … und wehe, Sie klappen an dieser Stelle das Buch zu!

Ratenkredite

Ratenkredite kommen dann zum Einsatz, wenn Sie eine größere Investition vorhaben und Ihre Ersparnisse dafür nicht ausreichen. Das kann zum Beispiel ein neues Auto sein, eine Einbauküche oder die Renovierung des Reihenhäuschens. Gut, solche Ausgaben sollten Sie prinzipiell nur dann tätigen, wenn Sie das Geld dafür bereits auf dem Konto haben. Aber manchmal geht es nicht anders. Wer eine neue Stelle annimmt, die er nur mit dem Auto sinnvoll erreichen kann, der hat eben kaum eine andere Möglichkeit, als diese Investition auf Kredit zu tätigen.

Die Laufzeit von solchen Krediten liegt je nach Bedarf zwischen einem und sieben Jahren, und hier erscheint eine simple Tatsache verlockend: Je länger Sie Ihren Ratenkredit strecken, umso niedriger wird die Monatsrate. Manche Banken werben sogar mit diesem Argument für länger laufende Kredite. Doch diese Milchmädchenrechnung birgt gleich zwei kapitale Denkfehler in sich.

Zuerst einmal wird bei längerer Laufzeit zwar die Monatsrate niedriger, aber dafür haben Sie am Ende viel höhere Gesamtkosten. Ein Beispiel: Wenn Sie 10 000 Euro zu 6,3 Prozent Effektivzins über drei Jahre abstottern, zahlen Sie insgesamt 971 Euro an Zinsen. Strecken Sie den Ratenkredit über sieben Jahre, summieren sich die Zinskosten auf 2319 Euro – der Zinseszins lässt grüßen.

Dazu kommt, dass Sie die maximale Laufzeit des Kredits niemals davon abhängig machen sollten, wie viel Rückzahlung Sie sich monatlich leisten können. Entscheidend für die Kreditlaufzeit ist die Frage, welche Investition Sie damit finanzieren. Würden Sie etwa einen Luxusurlaub mit einem zweijährigen Ratenkredit finanzieren, haben Sie – sofern Sie nicht ein paar urlaubsfreie Jahre verbringen wollen – im nächsten Jahr ein dickes Problem. Sie sind zwar schon wieder urlaubsreif, aber gleichzeitig stottern Sie noch die Kosten für die Reise vom Vorjahr ab.

Daraus lässt sich ohne große Mühe ableiten, dass die Lebensdauer Ihrer Investition immer deutlich länger sein muss als die Laufzeit des Kredits, den Sie dafür aufnehmen. Je schneller Sie von den Schulden herunterkommen, umso geringer wird auf Dauer das Risiko, dass Sie mit jeder größeren Anschaffung ein Kreditkarussell in Gang setzen. Die folgende Tabelle gibt Ihnen dazu ein paar Richtwerte an die Hand.

Welche Kreditlaufzeit für welche Investition?

Investition	maximale Kreditlaufzeit
Renovierung des Eigenheims	5 – 7 Jahre
Einbauküche im Eigenheim	4 – 5 Jahre
Kauf eines Neuwagens	3 – 4 Jahre
Wohnungseinrichtung	1 – 2 Jahre

Ratenkredite können Sie außerhalb der regulären Rückzahlung jederzeit ganz oder teilweise tilgen, und ich empfehle Ihnen wärmstens, genau das zu tun, wann immer es möglich ist. Keine, wirklich keine Geldanlage ist so sicher und gleichzeitig so rentabel wie die Rückzahlung eines Kredits. Sie gehen absolut kein Verlustrisiko ein und erhalten in Form eingesparter Kreditzinsen eine Rendite, die Ihnen keine Bank für ein sicheres Geldanlageprodukt bieten würde.

Zwar dürfen die Banken bei der vorzeitigen Kreditrückzahlung eine Vorfälligkeitsentschädigung verlangen, doch deren Höhe ist auf 1 Prozent der noch ausstehenden Kreditsumme begrenzt. Damit lohnt es sich übrigens auch, bei günstigen Angeboten auf einen billigeren Kredit umzusatteln.

Wenn Sie einen Kredit abgezahlt haben, können Sie mit einem einfachen Trick Ihren zukünftigen Kreditbedarf senken. Lassen Sie einfach die Rate, an die Sie sich ja schon gewöhnt haben, in Form eines Banksparplans weiterlaufen. Wenn dann irgendwann die nächste Anschaffung fällig wird, haben Sie schon ein ordentliches Kapitalpolster zur Verfügung.

Dazu ein kleines Beispiel: Ihr neues Auto kostet 25 000 Euro, und Sie nehmen dafür einen Kredit über 15 000 Euro auf, den Sie drei Jahre lang mit 450 Euro pro Monat abzahlen. Weitere zwei Jahre lang lassen Sie die Rate einfach auf ein Tagesgeldkonto weiterlaufen, was Ihnen zu einem zusätzlichen Guthaben von 11 000 Euro verhilft. Wenn Sie dann Ihr Auto für 12 000 Euro verkaufen können, haben Sie für den nächsten Autokauf schon 23 000 Euro zur Verfügung und brauchen nur noch einen Mini-Kredit. Es sei denn, Sie werden übermütig und wechseln in die automobile Oberklasse ...

TIPP Das Wichtigste zu Dispo- und Ratenkrediten lässt sich in einem kurzen Satz unterbringen: Bevor Sie mit der Geldanlage beginnen, zahlen Sie alle Kredite zurück – je schneller, umso besser.

Geldreserve und Sparen auf Anschaffungen

Wenn Sie wegen jeder größeren Anschaffung Ihren Dispokredit in Anspruch nehmen oder einen Ratenkredit abschließen, freut sich die Bank, denn sie kassiert bekanntermaßen hohe Zinsen von Ihnen. Doch dieses Buch soll nicht der Bank Freude machen, sondern Ihnen. Und Grund zur Freude haben Sie dann, wenn Sie auch bei größeren Anschaffungen auf die Kredithilfe der Bank pfeifen können und das Ganze aus eigener Tasche finanzieren. Keine Schulden zu haben bedeutet, frei zu sein.

Sobald Sie eventuell noch vorhandene Schulden bereinigt haben, sollten Sie sich daher zuallererst darum kümmern, dass für geplante und nicht geplante größere Ausgaben genügend Geld auf der Seite ist.

Nun fragen Sie sich vielleicht: Und was ist mit der Altersvorsorge? Natürlich ist die finanzielle Vorsorge wichtig, aber noch wichtiger ist es, mit den alltäglichen Ausgaben und Investitionen auf der sicheren Seite zu sein. Die schönste Riester-Zulage nützt Ihnen wenig, wenn Sie mit Ihren Krediten nicht aus den roten Zahlen herauskommen. Aus diesem Grund kommt in diesem Buch die Altersvorsorge erst an späterer Stelle zur Sprache.

Beginnen wir mit dem Geldpolster, das gerne auch als »Notgroschen« oder »eiserne Reserve« bezeichnet wird. Das brauchen Sie nämlich, wenn mal eine größere Ausgabe fällig wird, die Sie nicht vorgesehen haben. Das kann passieren, wenn am Auto eine größere Reparatur notwendig wird, wenn es plötzlich zum Dach hereinregnet oder wenn Waschmaschine und Gefrierschrank beschlossen haben, gemeinsam den Geist aufzugeben. Oder wenn Ihnen der Zahnarzt eröffnet, dass Sie ein teures Implantat brauchen. Gut, wenn Sie dann nicht mit Schmerzen im hohlen Zahn über Kreditzinsen feilschen müssen …

Zur Höhe der eisernen Reserve gibt es zwar eine Faustregel, nach der etwa drei Netto-Monatsgehälter eingeplant werden sollten. Aber das kann je nach persönlicher Lebenslage variieren. Bei kinderlosen Doppelverdienern können auch zwei Monatseinkommen genügen, während bei einer Familie mit mehreren Kindern der Notgroschen durchaus großzügiger ausfallen kann. Darüber hinaus spielen weitere Gesichtspunkte eine Rolle – so etwa die Frage des Wohneigentums: Wer als Mieter in einem Mehrfamilienhaus wohnt, kann entspannter kalkulieren als der Eigentümer eines älteren Hauses, bei dem es nicht nur immer was zu tun, sondern auch immer was zu bezahlen gibt.

Wichtig ist nicht nur, dass die eiserne Reserve halbwegs ordentliche Zinsen bringt – womit Girokonto und die meisten Sparbuchangebote schon mal wegfallen. Das Geld sollte auch vor Verlusten geschützt und täglich verfügbar sein. Damit kommt in den allermeisten Fällen ein Tagesgeldkonto in Betracht. Wie das funktioniert, lesen Sie einige Seiten später.

Bleiben wir zunächst bei den strategischen Überlegungen. Wenn Sie für ungeplante Anschaffungen vorsorgen, sollten Sie natürlich auch die planmäßigen Investitionen nicht vernachlässigen. Zu den dicksten Brocken zählt dabei der Autokauf, der alle paar Jahre fällig wird. Aber auch das Sparen auf eine neue Wohnzimmereinrichtung gehört ebenso in diese Kategorie wie die vorausschauende Finanzplanung für den nächsten Sommerurlaub.

Am besten setzen Sie sich zusammen mit Ihren Lieben einfach mal in einer ruhigen Stunde an einen Tisch, und überlegen Sie gemeinsam, was Sie sich in den nächsten Jahren gerne zulegen möchten. Dann – die Zinsen können Sie dabei erst mal vernachlässigen – legen Sie den dafür angepeilten Betrag auf die Monate um, die Ihnen bis zum geplanten Kaufzeitpunkt bleiben. So bekommen Sie recht schnell ein Gespür dafür, was Sie sich wann leisten können.

Der Knackpunkt ist, dass es nicht bei der schönen Theorie bleiben sollte, sondern dass Sie Ihre Planungen so konsequent wie möglich in die Tat umsetzen. Der Trick beim Sparen besteht darin, die Geldanlage so weit wie möglich zu automatisieren – sprich: am besten einen monatlichen Sparplan mit festen Raten einzurichten. Das ist in aller Regel zielführender als der Vorsatz, am Monatsende auf ein Anlagekonto einzuzahlen, was übrig ist. Allzu oft, das zeigt die Praxis immer wieder, ist bei dieser Strategie nämlich nichts übrig.

Ein paar Worte zu Risiko, Rendite und Verfügbarkeit

Wenn Sie mit dem Auto durch eine langgezogene Kurve fahren, können Sie dabei langsam und vorsichtig fahren. Oder Sie können ordentlich Gas geben. Tun Sie Letzteres, dann kommen Sie zwar erheblich schneller durch die Kurve. Aber dafür steigt auch die Gefahr, dass Sie rausfliegen und im Straßengraben landen.

Genauso verhält es sich bei der Geldanlage mit der Renditechance und dem Verlustrisiko. Wenn Sie Ihr Geld bei der Bank anlegen, dann müssen Sie sich mit dem Zins bescheiden, der Ihnen geboten wird. Aber dafür brauchen Sie sich keine großen Gedanken darüber zu machen, ob Ihr Geld morgen vielleicht nur noch die Hälfte wert ist. Guuut, zugegeben, das gilt in diesen Tagen des Jahres 2011 vielleicht nur eingeschränkt, wenn wir den Blick auf die Finanzmärkte und die Staatsverschuldungen werfen, aber das wäre eher ein Thema für mein erstes Buch *Crashkurs* und soll uns hier jetzt nicht weiter verwirren.

Viel größere Gewinnchancen haben Sie natürlich am Aktienmarkt, wo Sie an einem guten Tag so viel Gewinn einstreichen können wie mit einem Banksparbrief in einem ganzen Jahr. Aber dafür sehen Sie an schlechten Tagen Ihr Kapital dahinschmelzen wie Butter in der Sonne.

Bei der Geldanlage ohne bestimmten Zweck – dem freien Vermögensaufbau – können Sie das mit entsprechendem Nervenkostüm recht locker sehen. Ein Blick auf die historischen Renditen zeigt, dass Sie bei 30 Jahren oder noch längeren Anlagezeiträumen mit Aktien gute Gewinne machen, weil sich auf lange Sicht die Schwankungen allmählich ausgleichen. Und wenn einmal die Kurse besonders günstig stehen, können Sie aussteigen und Ihr Kapital in sichere Anlageformen umschichten.

Das funktioniert aber nicht, wenn Sie das Geld in absehbarer Zeit für einen ganz bestimmten Zweck einsetzen wollen. Nehmen wir mal an, Sie hätten Anfang 2007 für den späteren Autokauf einen Betrag von 25 000 Euro in einen Aktienfonds gesteckt, der exakt den Dax nachbildet. Hätten Sie Ihr Auto sechs Monate später gekauft, wären Ihre Fondsanteile gut 30 000 Euro wert gewesen – das hätte für Ledersitze, ein paar PS mehr und eine tolle Soundanlage gereicht. Hätten Sie mit dem Autokauf bis März 2009 gewartet, wären Ihnen gerade mal 14 000 Euro übrig geblieben, und der Kombi wäre zum Kleinwagen geschrumpft.

TIPP Lesen Sie den folgenden Satz ganz sorgfältig, und lernen Sie ihn am besten auswendig: Je höher die Gewinnchance eines Anlageproduktes, umso größer ist auch im ungünstigen Fall das Verlustrisiko. Wenn Sie diese elementare Regel nicht nur begriffen haben, sondern auch beherzigen, dann können Sie bei der Geldanlage schon mal die schlimmsten Fehler vermeiden.

Risiko und Rendite sind eineiige Zwillinge und wachsen absolut gleichmäßig. Wenn Ihnen ein Anlageverkäufer etwas anderes erzählen will und meint, er könne Ihnen 8 Prozent Rendite ohne Risiko bei einer Investition in einen kaukasischen Getreidespeicher mit Solarbedachung und Geothermieölförderung anbieten, kommt hier die beste Anlageempfehlung: Schmeißen Sie den Quacksalber raus.

Nun könnte man sagen: Wenn eine verzinste Anlage mit 15 Prozent garantiertem Festzins angeboten wird, ist das ja keine Gewinnchance, sondern ein kalkulierbares Angebot. Lassen Sie sich nicht ins Bockshorn jagen – wenn nämlich derjenige, der Ihnen die Zinsen »garantiert«, den »Lehman« macht, ist das Geld weg. Und glauben Sie mir, das passiert gar nicht selten.

Fürs Erste begnügen wir uns also mit eher bescheidenen Renditen und konzentrieren uns im Bereich der eisernen Reserve und des Sparens auf Anschaffungen mit sicheren Anlageprodukten.

Hier kommt noch ein weiterer Aspekt ins Spiel: die Verfügbarkeit. Wenn Sie Ihr Geld so anlegen, dass Sie erst nach fünf Jahren wieder darauf zugreifen können, erhalten Sie höhere Zinsen als bei einem jederzeit verfügbaren Tagesgeldkonto. Für Ihre Bereitschaft, eine Zeitlang auf das Geld zu verzichten, zahlt Ihnen die Bank also einen Zinsaufschlag.

Das kann bei längerfristig geplanten Anschaffungen eine Überlegung wert sein – allerdings mit gewissen Einschränkungen. Den Anblick Ihrer alten Wohnzimmereinrichtung können Sie möglicherweise so lange ertragen, bis Sie auf Ihr Guthaben wieder zugreifen können. Doch was ist, wenn es zum Dach hereinregnet und die Renovierung früher als erwartet nötig wird? Dann müssen Sie unter Umständen Ihr Geld zwangsweise für 3 Prozent liegenlassen und die Investition mit einem Kredit für 10 Prozent zwischenfinanzieren. In solchen Fällen ist der Zinsvorteil für die feste Bindung schnell wieder aufgefressen.

Dieses Spannungsfeld zwischen Renditechance, Sicherheit

EIN PAAR WORTE ZU RISIKO, RENDITE UND VERFÜGBARKEIT   41

und Verfügbarkeit bezeichnen Fachleute übrigens als »magisches Dreieck«. Als Dreieck deshalb, weil Sie das Maximum bei allen drei Eigenschaften niemals auf einen gemeinsamen Punkt bringen können, sondern immer Kompromisse eingehen müssen. Und magisch, weil hinter allen Versprechungen, dass Sie es mit einem geheimnisvollen Anlageprodukt trotzdem hinbekommen, nichts als fauler Zauber steckt.

Wenn Sie in diesem Buch die Erläuterungen zu einzelnen Anlageformen lesen, sollten Sie Ihr Augenmerk immer auch auf die Risikoeinstufung der jeweiligen Produkte richten. Hier schon mal ein ganz kurzer Vorgriff, damit Sie einzelne Anlagegattungen besser einschätzen können:

- Risikoarm sind alle Guthaben, die bei inländischen Banken und Bausparkassen geführt werden, sowie Bundeswertpapiere. Mit einem kritischen Blick auf die Kosten können auch Versicherungssparpläne hier eingeordnet werden. Wohlgemerkt: Dies gilt für normale Zeiten an den weltweiten Finanzmärkten. In der Situation des Jahres 2011 bin ich weit davon entfernt, Bundeswertpapiere, Versicherungsguthaben oder Festgeldkonten für risikoarm zu halten.
- Moderat riskant sind Investmentfonds, die vorrangig auf Staatsanleihen setzen, und langfristig Edelmetalle.
- Riskant sind kreditfinanzierte Immobilien (warum, können Sie an späterer Stelle lesen), Aktien und ähnliche börsengehandelte Wertpapiere sowie Investmentfonds mit entsprechendem Anlageschwerpunkt.
- Hochriskant sind Derivate und andere Wettgeschäfte und alle Kapitalanlagen oder Wertpapiere, die nicht an einem offiziellen Börsenplatz gehandelt werden.

Wirklich risikoarme Anlageformen sucht man in dieser aktuellen Ausnahmelage leider vergeblich. Noch vor zwei Jahren hätte ich Ihnen Bundeswertpapiere und Festgeld als absolut sichere, wenn auch wenig renditestarke Anlageformen empfohlen. Doch nicht nur viele Bürger machen zu viele Schulden und leben über ihre Verhältnisse, sondern auch viele Staaten haben das in den letzten Jahrzehnten getan. Wir haben in der aktuellen Finanzkrise erlebt, wie schnell Banken pleitegehen können, und selbst europäische Staaten gelten als Konkurskandidaten. Geldanlage war also selten so schwierig und gefährlich wie heute. Wenn ich im Folgenden daher von »sicheren« Anlageformen spreche, gilt das für normale Zeiten, die wir hoffentlich bald wieder sehen, bis dahin aber nur mit der Einschränkung, dass heute nichts absolut sicher ist. Das sollte aber niemanden dazu verleiten, das Buch zuzuklappen mit der Ausrede »dann isses ja eh egal ...«. Niemand weiß wirklich, was die Zukunft bringt. Man muss nur auf jede Form der Zukunft vorbereitet sein. Und das ist die Grundlage all unserer Geldanlagen. Man sollte nie alles auf eine Karte oder ein Szenario setzen, sondern sich so aufstellen, dass man bei jeder künftigen Entwicklung zurechtkommt. Das ist gar nicht so kompliziert.

Einfache und sichere Bankprodukte

Für die Liquiditätsreserve und das Sparen auf Anschaffungen kommen sowohl Bankangebote wie auch Bundeswertpapiere – zu denen wir später kommen – in Frage. Lassen Sie sich dabei von der scheinbaren Vielfalt der Bankofferten nicht verwirren: Auch wenn jede Bank oder Bankengruppe eine andere Bezeichnung verwendet, sind viele Angebote häufig ähnlich gestrickt.

Beim Vergleich einzelner Angebote sollten Sie auf die folgenden Eigenschaften achten:

EINFACHE UND SICHERE BANKPRODUKTE 43

- Ist das Produkt fürs regelmäßige Sparen, für die Einmal-
  anlage oder für beides geeignet?
- Gibt es eine Mindestanlagesumme?
- Ist der Zugriff jederzeit möglich – und falls nicht: Welche
  Laufzeiten bzw. Kündigungsfristen gibt es?
- Sind mit der Geldanlage irgendwelche Gebühren verbunden?
- Ist der Sitz der Bank im Inland, so dass im Pleitefall das Gut-
  haben von der deutschen Einlagensicherung abgedeckt ist?
  (… auch hier gibt es große Irrtümer und Fallen, doch mehr
  dazu später.)
- Und natürlich: Wie hoch ist die Rendite?

VORSICHT Den letzten Punkt der Aufzählung möchte ich nicht
unkommentiert stehen lassen, denn hier greifen Banken gerne in die
Trickkiste. Anstatt der tatsächlichen Rendite wird nämlich zuweilen so
etwas wie eine »durchschnittliche Verzinsung« ausgewiesen. Dreh- und
Angelpunkt ist dabei der Zinseszins, wie das folgende Beispiel zeigt.

Angenommen, Sie haben einen Sparbrief mit Zinsansammlung,
der Jahr für Jahr 4 Prozent Zins bringt. Bei einer Anlage von 100
Euro führt das am Jahresende zu einem Guthaben von 104 Euro.
Dieser Betrag wird im darauffolgenden Jahr wieder verzinst, und
dann sind es nicht exakt 108 Euro, sondern 108,16 Euro, weil
die 4 Euro Zinsen aus dem ersten Jahr wieder aufs Neue verzinst
werden – das ist der Zinseszinseffekt. Eine jährlich gleichbleibende Rendite führt damit automatisch zu einem stetigen Anstieg
der Zinssumme.

Genau hier setzt der Trick mit der »durchschnittlichen Verzinsung« an. Im obigen Beispiel hätten Sie bei 4 Prozent konstanter
Verzinsung nach zehn Jahren ein Guthaben von 148,02 Euro. Nun
sagt die Bank: Der Sparbrief hat in zehn Jahren eine Zinssumme
von 48,02 Euro gebracht – und das entspricht einer durchschnittlichen Verzinsung von 4,8 Prozent (bei einer korrekten Rendite

von 4,0 Prozent!). Damit will die Bank ihren Kunden weismachen, dass sie den Zinseszins extra aus eigener Tasche bezahlen würde, was natürlich blanker Unsinn ist.

Dagegen hilft nur eines: Verlangen Sie bei der Abgabe des Angebots von der Bank, dass entweder der »Effektivzins« oder die »jährliche Rendite« ausgewiesen werden. Diese beiden Begriffe sind nämlich finanzmathematisch klar definiert und erlauben es der Bank nicht, mit dem Zinseszins irgendwelchen Unfug zu treiben.

Hier noch eine spannende Geschichte, um Ihnen einen der faszinierendsten und spannendsten Punkte der Geldanlage anschaulich zu machen: der Zinseszinseffekt.

Begeben wir uns gedanklich 2000 Jahre in die Vergangenheit, und stellen Sie sich vor, Joseph hätte für seinen Sohn Jesus einen einzigen Eurocent – so es ihn damals gegeben hätte – angelegt bei der Volksbank von Judäa. Er hat ein Sparbuch eröffnet und einen tollen Zins von 5 Prozent ausgehandelt. Dann ging das Sparbuch in den Wirren der Geschichte verloren, und Sie finden dieses Sparbuch nun beim Aufräumen im Keller. »Hey, schau mal! Ein alter Papyrus ... mit Volksbanklogo ...« Am nächsten Morgen stehen Sie erwartungsvoll vor dem Bankverkäufer Ihres Vertrauens und bitten ihn: »Tragen Sie mir bitte die Zinsen nach.« Vergessen wir solch Nebensächlichkeiten wie Verjährungsfristen und Inflation. Was schätzen Sie, welches Vermögen Ihnen nun nach 2000 Jahren Zins und Zinseszins zur Verfügung stehen würde?

Beim aktuellen Goldpreis von etwa 1000 Euro pro Unze (31,1 Gramm) wären das grob 191 Millionen Weltkugeln aus purem Gold. Wer es gerne wärmer hätte, für den wären es alternativ 573 000 Sonnen und ein paar Monde je nach Wechselkurs.

Sie sehen, dass der Zinseszinseffekt unvorstellbare Explosionskraft hat. Denn schauen wir uns doch mal an, was passiert wäre, wenn Joseph bei dem gleichen Bankprodukt die Zinsen nicht hätte stehenlassen, sondern jedes Jahr die Zinsen abgehoben und unters Kopfkissen gelegt hätte. Dann würden Sie jetzt

EINFACHE UND SICHERE BANKPRODUKTE   45

ein Sparbuch mit eben jenem einen Cent vorfinden. Und was glauben Sie, wie viel Geld unter dem Kopfkissen zum Vorschein kommt? Ein einziger Euro. Das ist der Unterschied zwischen Zins und Zinseszins. Faszinierend und selbst von Profis immer wieder unterschätzt.

Sie sehen, der Zinseszinseffekt macht auf einen Zeitraum von 2000 Jahren den Unterschied zwischen einem Euro und 573 000 Sonnen aus purem Gold. Jetzt werden Sie zu Recht sagen: »Die Wahrscheinlichkeit, dass ich 2000 Jahre alt werde (und das auch noch, ohne dass es dazwischen eine Währungsreform gibt) ist doch recht überschaubar!« Dennoch hat der Zinseszinseffekt auch bei deutlich eingeschränkter Lebenserwartung eine völlig unterschätzte Wirkung. Wenn Sie einen Kredit aufnehmen und Ihr Konto überzogen ist, wirkt der Effekt mörderisch gegen Sie, wenn Sie Geld anlegen, gibt er Ihrer Anlage einen Rückenwind, der kontinuierlich stärker wird.

Gut, dieses Zinseszinssystem sorgt mit dafür, dass unsere Finanzsysteme in der schönen Regelmäßigkeit einiger Jahrzehnte immer wieder zusammenbrechen und neu gestartet werden müssen. Daher gibt es in Ihrer Nachbarschaft auch niemanden, dessen Ahnen vor 2000 Jahren einen Cent angelegt haben und der heute mehrere Milchstraßen sein Eigen nennt. Doch die traurige Tatsache, dass wir dieses System nicht ändern können, sollte uns nicht daran hindern, wenigstens das Beste daraus zu machen und die geheimen Tricks des Finanzsystems für unser Wohl und Abendbrot zu nutzen.

Sparbuch und Tagesgeldkonto

3 Prozent Zinsen gab es für das erste Sparbuch, als im Jahr 1778 in Hamburg eine Gruppe sozial engagierter Bürger die »Ersparungscasse der Allgemeinen Versorgungsanstalt« als Vorläufer der Sparkassen gründete. Zweck des Unternehmens: Auch arme Leute sollten mit dem Sparbuch in die Lage versetzt werden, ihre

bescheidenen Ersparnisse nicht im Sparstrumpf unter der Matratze verstecken zu müssen, sondern zinsbringend anzulegen.

Heute fallen die Zinsen meist deutlich magerer aus, und das Sparbuch gerät gegenüber anderen Anlageprodukten mehr und mehr ins Hintertreffen. Das liegt nicht nur am mickrigen Zins, sondern auch an der eingeschränkten Verfügbarkeit. 2000 Euro können pro Monat von heute auf morgen abgehoben werden, bei größeren Beträgen gilt eine dreimonatige Kündigungsfrist. Wer sofort mehr Geld braucht, muss als Strafgebühr den sogenannten Vorschusszins an die Bank zahlen.

Bringen wir es auf den Punkt: Das Sparbuch ist eines der miesesten Produkte, das Ihnen Ihre Bank anbieten kann. Die geringen Zinsen von oft weniger als 1 Prozent gleichen nicht einmal die Inflationsrate aus. Wenn Sie Ihr Geld auf einem Sparbuch parken, verbrennen Sie Jahr für Jahr einen Teil dieses Geldes. Finger weg vom Sparbuch, und wenn Ihr Bankverkäufer Ihnen wirklich zu diesem Produkt rät, sollten Sie spätestens hier über einen Bankwechsel nachdenken.

Moderner, flexibler und meist auch mit besseren Zinsen ausgestattet ist das Tagesgeldkonto. Dieses Anlagekonto kann bei einem beliebigen Geldinstitut angelegt werden, wobei die Anlage ganz einfach per Überweisung und der Abruf aufs Girokonto telefonisch oder über Online-Banking erfolgt. Einschränkungen bei der Verfügbarkeit oder Kündigungsfristen gibt es nicht. Tagesgeldkonten werden ebenso wie Sparbücher kostenlos geführt, und kaum ein Anbieter verlangt eine Mindestanlagesumme. Die Zinsen werden quartalsweise oder jährlich gutgeschrieben.

Damit ist das Tagesgeldkonto der ideale Parkplatz für Ihr Geld, sei es für die schnell verfügbare eiserne Reserve oder für Beträge, über deren Anlage Sie erst in ein paar Wochen oder Monaten entscheiden wollen. Ebenso gut können Sie es für das regelmäßige Sparen nutzen, wenn das Geld in maximal drei bis vier Jahren wieder zur Verfügung stehen soll.

EINFACHE UND SICHERE BANKPRODUKTE 47

Beim Eröffnen eines Tagesgeldkontos sollten Sie nicht das erstbeste Angebot Ihrer Hausbank unterschreiben, sondern die Zinsen mit anderen Instituten – vor allem auch Direktbanken – vergleichen.

TIPP Sortieren Sie beim Vergleich die Lockvogelangebote aus: Manche Banken bieten für Neukunden ein paar Monate lang besonders hohe Zinsen und stufen danach den Kunden wieder auf die Standardkonditionen zurück. Verwenden Sie deshalb beim Vergleich immer die regulären Zinsen für Bestandskunden als Messlatte. Wenn eine Bank dabei vorne liegt und dann noch Extrazinsen für Neukunden zahlt, können Sie dieses Bonbon gern mitnehmen.

Festgeldkonten und Sparbriefe

Sie erinnern sich an den Zusammenhang zwischen Rendite und Verfügbarkeit: Je länger Sie auf Ihr Guthaben verzichten, umso höhere Zinsen zahlt die Bank im Vergleich zum jederzeit verfügbaren Tagesgeldkonto. Und weil eine Bank dafür auch die passenden Produkte anbieten sollte, gibt es Festgeldkonten und Sparbriefe.

Mit dem Festgeldkonto entscheiden Sie sich für eine bestimmte Anlagedauer, die meistens zwischen drei Monaten und mehreren Jahren liegt. Während dieser Frist können Sie nicht auf Ihr Geld zugreifen, und am Ende müssen Sie aufpassen: Viele Banken haben in ihren Festgeldverträgen die Klausel, dass sich das Festgeld automatisch um den gleichen Zeitraum verlängert, wenn Sie nicht vor der Fälligkeit kündigen.

Das bedeutet: Sind Sie beim Ablauf Ihres einjährigen Festgeldes gerade im Urlaub und haben vor der Abreise vergessen zu kündigen, liegt Ihr Geld wieder ein ganzes Jahr fest. Solche Pannen können nicht nur ärgerlich sein, sondern richtig Geld kosten. Etwa wenn Sie gleich nach dem Urlaub Ihre Wohnung renovieren wollten und nun für die Überbrückung einen teuren Kredit brauchen.

TIPP Als Festgeld-Anleger sollten Sie sich irgendwo einen Fälligkeitswecker einbauen, der Sie zwei bis vier Wochen vor Ablauf ans Kündigen erinnert. Egal ob im Kalender, im Computer oder im Handy – Hauptsache, er funktioniert.

Je nach Bank werden bei Festgeldkonten unterschiedlich hohe Mindestanlagesummen vorausgesetzt. Das können mal 1000 Euro sein oder auch 10 000 Euro, ein einheitliches Vorgehen gibt es nicht. Manche Banken bieten darüber hinaus bei größeren Anlagebeträgen höhere Zinsen.

Für die längerfristige Anlage offerieren Banken meist Sparbriefe, die ebenfalls eine feste Laufzeit haben und keine vorzeitige Zugriffsmöglichkeit vorsehen. Hier reicht die Laufzeit üblicherweise von einem Jahr bis zu zehn Jahren, und die Mindestanlagesumme ist im Vergleich zum Festgeld häufig niedriger – 500 bis 1000 Euro sind eher die Regel als die Ausnahme.

Bei Fälligkeit wird der Sparbrief auf das Konto ausgezahlt, das Sie beim Abschluss angegeben haben. Wenn Sie zwischenzeitlich die Bankverbindung gewechselt haben, müssen Sie dies vor der Auszahlung mitteilen.

Festgeldkonten und Sparbriefe eignen sich ausschließlich für die Einmalanlage. Sparpläne sind nicht möglich.

Daher kommen diese Anlageformen in Frage, wenn Sie sicher sind, dass Sie den betreffenden Teil Ihres Geldvermögens erst in ein paar Monaten oder Jahren benötigen.

Bei der jetzigen Situation der Finanzmärkte machen Festgelder fast gar keinen Sinn. Der Zinssatz für Geld, das auf ein Jahr festgelegt wird, ist nur unwesentlich höher, als die ohnehin mickrigen Zinsen auf dem Tagesgeldkonto. Sie haben aber den Nachteil, ein Jahr lang definitiv nicht an Ihr Geld heranzukommen, selbst wenn die Hölle einfriert. Und lassen Sie sich vom Bankverkäufer nicht erzählen: »Wenn es drauf ankommt, sind wir natürlich kulant und flexibel!« So mancher Kunde hat erlebt, dass die

Bank gerade dann, wenn es »drauf ankommt«, so flexibel ist wie ein gusseiserner Amboss.

Sollte in der Zwischenzeit eine starke Veränderung der Finanzmärkte oder Ihrer persönlichen Situation eintreten, haben Sie keine Chance zu reagieren – und das wegen einem Vorteil von Null-Komma-hast-Du-nicht-gesehen Prozent gegenüber dem Tagesgeld. Sollten während dieser Monate die Zinsen weltweit ansteigen, was bei dem historisch niedrigen aktuellen Niveau sehr wahrscheinlich ist, können Sie mit Ihrem Tagesgeldkonto davon profitieren. Das Festgeld aber bleibt wie die Titanic auf tiefem Grund liegen bis zum bitteren Ende. Wer dann sein Geld als Tagesgeld oder Sparbrief auf vier Jahre angelegt hat, wird sich diverse Monogramme in den Allerwertesten beißen.

Sparkonten mit steigendem Zins

Zwischen dem jederzeit verfügbaren Tagesgeld und den harten Festgeldern und Sparbriefen gibt es bei manchen Banken einen recht eleganten Kompromiss. Dieser nennt sich häufig »Wachstumssparen« oder »Zuwachssparen« und bietet bessere Zugriffsmöglichkeiten als der Sparbrief und höhere Zinsen als das Tagesgeldkonto.

Je nach Anbieter liegen die Laufzeiten solcher Verträge zwischen drei und sieben Jahren. Gemeinsam ist allen Angeboten, dass sie mit einem Festzins ausgestattet sind, der Jahr für Jahr ansteigt. Für den Anleger ist dies ein Anreiz, sein Geld möglichst lange liegenzulassen.

Der vorzeitige Zugriff ist aber bei Bedarf möglich, wenn auch zu unterschiedlichen Konditionen. Meist gilt eine dreimonatige Kündigungsfrist, wobei manche Banken das sofortige Abheben von bis zu 2000 Euro pro Monat erlauben. Andere Institute lassen keine Teilkündigungen zu – wer Geld braucht, muss den ganzen Vertrag auflösen. Darüber hinaus gibt es manchmal eine neunmonatige Kündigungssperrfrist. Konkrete Auswirkung: Sie können frühestens nach neun Monaten den Vertrag kündigen und müssen dann noch die dreimonatige Kündigungsfrist abwarten, so dass der Zugriff auf das Geld nach frühestens einem Jahr möglich ist.

Die meisten Angebote eignen sich nur für die Anlage fester Beträge, Zuzahlungen während der Laufzeit sind nur bei wenigen Anbietern möglich.

Doch auch hier gilt zu beachten, dass man sein Geld in solch einer ungewöhnlich extremen Niedrigzinsphase, wie wir sie gerade erleben, nicht länger festschreiben sollte als unbedingt nötig. Die meisten Anleger werden in dieser Phase mit dem Tagesgeldkonto den besten Griff tun. In Zukunft mag das durchaus anders aussehen.

Ratensparpläne

Ratensparpläne von Banken sind – wen wundert's – vor allem für das regelmäßige Sparen auf längerfristig geplante Anschaffungen geeignet. Hier sollten Sie die Angebote sehr genau vergleichen, denn unter Umständen können scheinbare Nebensächlichkeiten handfeste Nachteile bringen.

Zum Beispiel bei den Modalitäten zur Monatsrate: Gut, wenn sie je nach Bedarf erhöht, reduziert oder auch mal für eine gewisse Zeit ausgesetzt werden kann, ohne dass Ihnen Nachteile in Form von Zins- oder Prämienkürzungen entstehen. Nicht alle Banken sind so flexibel.

Oder die Verzinsung: Handelt es sich um einen variabel oder um einen fest verzinsten Sparplan? In Zeiten niedriger Marktzinsen können Sie mit variabler Verzinsung von einem Zinsanstieg profitieren, in Hochzinsphasen sind oft festverzinste Angebote die bessere Wahl. Variable Zinsen dürfen von der Bank übrigens nicht nach Gutdünken erhöht oder gesenkt werden. In einigen Urteilen hat der Bundesgerichtshof die Banken dazu verpflichtet, ihre Zinsen an eine neutrale Messlatte zu koppeln. Der Maßstab ist üblicherweise eine Mischung aus den kurz- und mittelfristigen Zinsen am europäischen Bankenmarkt.

EINFACHE UND SICHERE BANKPRODUKTE

Hier lauert – nebenbei bemerkt – eine neue Sauerei auf den geneigten Sparer. Dieser »Referenzzinssatz« heißt wahlweise LIBOR oder EURIBOR und ist nichts anderes als der Zins, den sich die Banken in London (London Inter Bank Offered Rates) oder Europa gegenseitig berechnen. Dieser Zinssatz wird durch telefonische Befragung weniger Banken ermittelt. Die europäischen Finanzaufsichtsbehörden ermitteln gerade gegen mehrere Banken, ob sie bei diesen telefonischen Umfragen nicht regelmäßig und bewusst zu niedrige Zinssätze angegeben haben, um den vielen Sparern, die ebensolche Produkte gekauft haben, weniger Zinsen bezahlen zu müssen. Bislang sind es nur Untersuchungen, aber was es nicht alles für Sauereien gibt ...

In Verbindung mit einer meist recht geringen Grundverzinsung bieten viele Banken eine Prämie an, die je nach Spardauer steigt. Dieses Terrain eignet sich hervorragend zum Schönrechnen von Angeboten, denn mit ein paar einfachen Tricks kann eine niedrige Rendite mit eindrucksvollen Prozentzahlen garniert werden.

Nehmen wir mal als Beispiel einen Ratensparplan, der mit einer Grundverzinsung von 1,0 Prozent ausgestattet ist. Dafür wirbt die Bank mit einer »Zinsprämie«, die in den ersten beiden Jahren jeweils 30 Prozent und in den beiden Folgejahren jeweils 40 Prozent beträgt. Wahnsinn! – denkt der geneigte Kunde und hört schon die Kasse klingeln. Doch welche tatsächliche Jahresrendite streicht der Anleger nach vier Jahren ein? Ernüchternde 1,37 Prozent ...

Der Trick dabei ist, dass mit der Prämie nur die Grundverzinsung im jeweiligen Jahr erhöht wird. Steigt der Zins von 1,0 Prozent um 30 Prozent an, ergibt das nicht 31 Prozent, sondern 1,3 Prozent. Merke: Wenn sich Prozente auf Prozente beziehen, kommen dabei meistens nur Promille heraus. Prost!

Auch bei den Sparprämien, die sich auf das eingezahlte Kapital beziehen, steht die tatsächliche Rendite in keinem Verhältnis zu den schönen Prämienprozenten. Grund dafür ist, dass es in den ersten Jahren nur minimale Prämienzahlungen gibt. Dieses Manko schleppen Sie als Anleger natürlich in den Folgejahren mit, so dass der reale Ertrag längst nicht so schnell ansteigt wie die Prämien.

TIPP Lassen Sie sich von Prämienprozenten nicht blenden, und verlangen Sie, dass die Bank für die in Frage kommende Spardauer den Effektivzins ausweist. Bei variabler Verzinsung achten Sie darauf, dass die Bank von einem konstanten Basiszins ausgeht, damit die einzelnen Angebote vergleichbar bleiben.

Sparen und Anlegen mit Bundeswertpapieren

Schätzchen oder Schulden – es kommt auf den Blickwinkel an: Was privaten Anlegern in Form von Bundesschatzbriefen (auch als »Schätzchen« bezeichnet), Finanzierungsschätzen des Bundes, Bundesobligationen oder Tagesanleihen angeboten wird, das sind die Schulden von Vater Staat. Allerdings nur ein kleiner Teil davon, denn nach Expertenschätzungen halten private Sparer nur etwa ein Prozent der Bundesschulden. Den überwiegenden Rest borgt sich die Bundesrepublik Deutschland über Anleihen und Kredite bei Banken, Investmentfonds, Versicherungen, Pensionskassen und anderen Großinvestoren.

Wenn Sie Geld in Bundeswertpapiere investieren, leihen Sie dem Staat Geld. Ihr Risiko als Gläubiger hält sich dabei in Grenzen, denn seit ihrer Gründung hat die Bundesrepublik ihre Schulden brav und pünktlich zurückgezahlt. Gut, das sind nun gerade einmal etwas mehr als 60 Jahre, und die Geschichte aller Staaten ist seit Beginn des Schuldenmachens von Staatspleiten durchzogen. In den letzten 300 Jahren war Deutschland sechsmal pleite, alleine im letzten Jahrhundert zweimal. Im Schnitt also alle 50 Jahre eine deutsche Pleite. Jetzt sind schon wieder 60 Jahre um … Daher

SPAREN UND ANLEGEN MIT BUNDESWERTPAPIEREN 53

kann man auch hier immer nur von relativer Sicherheit sprechen. Doch was bleibt uns übrig, das einzig Sichere ist nun mal der Tod, und das ist nun wirklich keine Investmentalternative.

Immerhin sind die Zinszahlungen auf die Staatsschulden inzwischen der zweitgrößte Posten im Bundeshaushalt. 2010 waren das beeindruckende 39 Milliarden Euro. Da sind die Bundesländer und Gemeinden noch nicht mal mit einbezogen. Das bezahlen Sie mit Ihren Steuern, na ja, zumindest einen kleinen Teil davon. Was liegt also näher, als sich diese Zinsen vom Staat wieder auszahlen zu lassen.

Ob sich die Bundesschulden als Geldanlage auch finanziell für Sie rechnen, hängt davon ab, wie die Konditionen im Vergleich zu ähnlich gestrickten Bankangeboten sind. Denn die Bundesrepublik muss sich hier dem Wettbewerb stellen und hat dabei längst nicht immer die Nase vorn. Grund dafür ist die im Jahr 2000 gegründete Deutsche Finanzagentur, deren alleiniger Zweck es ist, als zentrale Stelle die Plazierung von Bundesschulden am Kapitalmarkt zu verwalten: Ziel sei es, so hieß es damals, bis zum Jahr 2014 die Zinskosten um 500 bis 750 Millionen Euro zu senken. Und das funktioniert nur, wenn man die Investoren nicht mit üppigen Zinsen verwöhnt.

Immerhin zeigt sich die Deutsche Finanzagentur noch bescheiden, wenn es um das Kassieren von Gebühren geht. Weil Bundeswertpapiere eigentlich ganz normale Wertpapiere wie Aktien oder Anleihen sind, müssen sie in einem Wertpapierdepot verwaltet werden. Doch das kann bei der Hausbank vor allem für Kleinanleger teuer werden: Wenn für Bundeswertpapiere im Volumen von 1000 Euro pro Jahr 30 Euro Depotführungsgebühr verlangt werden, liegen die jährlichen Kosten bei 3 Prozent und können schnell den Zinsertrag übersteigen.

Weil sich angesichts solcher Nebenkosten Otto Normalsparer mit Grausen von den niedrig verzinsten, aber äußerst risikoarmen Bundeswertpapieren abwenden würde, ist die Deutsche Finanzagentur gleichzeitig auch eine Bank – zumindest ein bisschen. Sie können dort zwar weder ein Girokonto führen noch einen Ratenkredit aufnehmen, aber immerhin können Sie Ihre Bundeswertpapiere zum Nulltarif verwalten lassen.

Kauf, Depotführung und Rückgabe sind kostenfrei, und die einzige Ausnahme ist der Verkauf von noch nicht fälligen Bundesobligationen, für den die Finanzagentur eine Provision von 0,4 Prozent des Kurswertes berechnet.

Die Depotführung bei der Deutschen Finanzagentur erfolgt per Telefon, Internet oder Brief. Sie müssen sich bei der Depoteröffnung legitimieren, indem Sie sich über das PostIdent-Verfahren bei der Deutschen Post ausweisen. Damit funktioniert das Verfahren ähnlich wie die Kontoeröffnung bei einer Direktbank.

Die Geldanlage erledigen Sie mit einer Überweisung, wobei Sie im Überweisungstext die Kennnummer des gewünschten Bundeswertpapiers eingeben müssen. Auch Verkauf, Rückgabe, Umtausch in andere Bundeswertpapiere oder die Wiederanlage fällig gewordener Papiere können unkompliziert und ohne Zwischenschaltung der Hausbank ganz direkt abgewickelt werden.

Bundesschatzbriefe

Das »Schätzchen« ist die Geldanlage mit der berühmten Zinstreppe, die im Jahr 1969 erstmals auf den Markt gebracht wurde, um für Kleinanleger die Lücke zwischen dem traditionellen Sparbuch und den eher für größere Anlagesummen gedachten festverzinslichen Wertpapieren zu schließen. Bundesschatzbriefe gibt es in zwei Varianten: Typ A läuft sechs Jahre lang und schüttet die Zinsen jährlich aus, während Typ B bei einer Laufzeit von sieben Jahren die Zinsen ansammelt.

Die Mindestanlagesumme beträgt 52 Euro, und das ist auch die Mindestsparrate beim regelmäßigen Sparen. Nach einer Sperrfrist von einem Jahr können Bundesschatzbriefe jederzeit zurückgegeben werden, allerdings nur bis zu einem Betrag von

SPAREN UND ANLEGEN MIT BUNDESWERTPAPIEREN   55

maximal 5000 Euro monatlich pro Person. Größere Rückgaben müssen über mehrere Monate verteilt werden.

Damit sind Bundesschatzbriefe in erster Linie mit den Anlageprodukten von Banken vergleichbar, die mit jährlich steigenden Zinsen ausgestattet sind. Etwas besser als viele Bankangebote schneiden die Bundeswertpapiere in Bezug auf die Verfügbarkeit ab, weil nach Ablauf des ersten Jahres innerhalb des Monatslimits von 5000 Euro keine Kündigungsfrist eingehalten werden muss. Je nach Marktlage liegen mal die »Schätzchen« und mal die Bankprodukte vorne – da sollten Sie die Konditionen auf jeden Fall vergleichen.

Finanzierungsschätze des Bundes

Ganz anders gestrickt als der recht flexible Bundesschatzbrief ist trotz seines ähnlichen Namens der Finanzierungsschatz. Dieses Anlageprodukt gibt es in zwei Varianten, nämlich mit einer Laufzeit von einem oder zwei Jahren. Daran gibt es auch nichts zu rütteln, denn eine vorzeitige Rückgabe oder Kündigung ist nicht möglich.

Die Zinsen werden beim Erwerb vom Nennwert, der am Ende der ein- oder zweijährigen Laufzeit zurückgezahlt wird, abgezogen. Beispiel: Wenn Sie zweijährige Finanzierungsschätze im Wert von 1000 Euro erwerben, zahlen Sie bei 2 Prozent Zins dafür nur 961,17 Euro ein und bekommen bei Fälligkeit 1000 Euro ausgezahlt. Die Mindestanlagesumme ist deutlich höher als bei den »Schätzchen«: Sie liegt bei 500 Euro.

Damit sind Finanzierungsschätze eine Alternative zu den Festgeld- oder Sparbriefangeboten der Banken und Sparkassen.

Bundesobligationen

Während Bundesschatzbriefe und Finanzierungsschätze nur direkt über die Deutsche Finanzagentur gekauft werden können, haben Sie bei Bundesobligationen die Wahl: Sie können entweder die jeweils aktuelle Serie kostenlos im Direkterwerb bei der Finanzagentur kaufen oder ältere Serien über Ihre Hausbank an der Börse. Möglich ist dies, weil neben der Daueremission (so nennt man den Direktkauf bei der Finanzagentur) die Papiere auch in den Börsenhandel eingeführt werden.

In Anbetracht der Kosten für Anleihenkauf und Depotverwaltung ist es für Normalsparer sinnvoll, den gebührenfreien Direktkauf zu wählen und die Bundesobligationen bei der Deutschen Finanzagentur verwalten zu lassen.

Die Papiere sind mit einem Festzins ausgestattet und haben eine Laufzeit von fünf Jahren. Die Mindestanlagesumme beträgt 110 Euro.

Wenn Sie das Geld vor der Fälligkeit wieder benötigen, können Sie die Wertpapiere gegen eine Gebühr von 0,4 Prozent des Kurswertes wieder verkaufen. Allerdings gelten hier die Gesetze der Börse – und das bedeutet, dass Sie unter Umständen Renditeeinbußen hinnehmen müssen.

Grund dafür sind die Schwankungen am Zinsmarkt. Weil Bundesobligationen eine feste Verzinsung haben, passt sich ihre Rendite über den Kurs an den aktuellen Marktzins an. Kompliziert? Also, dann ein konkretes Beispiel:

Nehmen wir an, Sie besitzen Bundesobligationen mit einem Jahreszins von 3,0 Prozent und drei Jahren Restlaufzeit. Mittlerweile ist jedoch der Marktzins für dreijährige Anlagen auf 5,0 Prozent gestiegen. Nun brauchen Sie das Geld und wollen Ihre Bundesobligationen verkaufen – aber wer will schon 3,0 Prozent, wenn er um die Ecke 5,0 Prozent bekommt? Also sagt der potenzielle Käufer: »Ich würde ja kaufen, aber als Ausgleich für die entgangenen 2,0 Prozent Jahreszins will ich einen Preisnachlass in ebendieser Höhe für jedes Jahr Restlaufzeit.« Also müssen Sie Ihre Bundesobligationen im Nennwert von 100 Euro bei drei Jahren Restlaufzeit für 94 Euro feilbieten, um sie auch loszukriegen.

Natürlich funktioniert dieser Mechanismus auch umgekehrt: Sind die Marktzinsen im Sinkflug, verbuchen festverzinsliche Bundesobligationen Kursgewinne.

TIPP Weil Bundesobligationen mit einem gewissen Risiko verbunden sind, wenn Sie vorzeitig wieder an Ihr Geld herankommen wollen, sollten Sie auf Nummer sicher gehen: Investieren Sie nur dann in Bundesobligationen, wenn Sie davon ausgehen können, dass Sie nicht vor deren Fälligkeit das Geld wieder benötigen.

Aber immer wieder zur Erinnerung: All diese Produkte, in denen Sie nicht nur Ihr Geld auf mehrere Jahre unerreichbar wegparken, sondern auch noch diese extrem niedrigen und künstlich verfälschten Zinsen festbetonieren, sollten Sie in diesen Tagen des Jahres 2011 meiden.

Tagesanleihen

Nicht nur beim längerfristigen Sparen macht der Staat mit seinen Angeboten den Banken Konkurrenz, sondern auch bei der jederzeit verfügbaren Tagesgeldanlage. Das Produkt der Deutschen Finanzagentur nennt sich »Tagesanleihe« und funktioniert ähnlich wie ein Tagesgeldkonto.

Sie eröffnen als Anleger ein Depot bei der Finanzagentur und können dann per Überweisung die variabel verzinste Tagesanleihe kaufen. Mindestens 50 Euro müssen Sie anlegen, danach kann fast jeder beliebige Betrag eingezahlt oder abgerufen werden. Der Ordnung halber hier noch das Limit: Die Neuanlage ist auf 250 000 Euro und der Abruf auf eine Million Euro pro Anleger und Tag begrenzt. Ich wage jedoch zu behaupten, dass dies in Bezug auf die Anlage der eisernen Reserve unerheblich ist.

Ein wichtiger Unterschied zu den Tagesgeldangeboten der Banken: Während eine Bank ihren Tagesgeldzins nach Belieben festlegt und ändert, koppelt Vater Staat die Rendite seiner Tagesanleihe an den Marktzins.

Basis ist der sogenannte EONIA, was die Abkürzug ist für »Euro OverNight Index Average«. Es geht also um den durchschnittlichen Zinssatz, den sich Banken gegenseitig in Rechnung stellen, wenn sie untereinander Geld ausleihen, das am nächsten Tag wieder zurückgezahlt werden muss.

Der Bund hängt die Rendite seiner Tagesanleihe einfach an den EONIA an, und weil dieser täglich ausgewiesen wird, ist die Tagesanleihe jeden Tag ein kleines bisschen mehr wert. Exakt 92,5 Prozent der EONIA-Rendite werden an den Anleger weitergegeben, sagen die Anlagebedingungen. Sollte der Index einmal negativ sein (in Extremfällen kann es am Markt Minuszinsen geben), bleibt der Tagesanleihenzins auf null.

Damit macht sich der Anleger zwar unabhängig von der Willkür der Banken – allerdings nicht immer zu seinem eigenen Vorteil. Kurz nach der Erstausgabe im Juli 2008 konnte die Tagesanleihe noch gut mit den Spitzenangeboten der Banken mithalten. Ganz anders war die Situation zwei Jahre später. Im ersten Halbjahr 2010 brachte die Tagesanleihe nur noch eine aufs Gesamtjahr hochgerechnete Rendite von 0,21 Prozent, während etliche Banken für ihre Tagesgeldkonten zwischen 1,0 und 1,5 Prozent Zins boten.

Aus Angst, Kunden zu verlieren, legten die Banken in dieser extremen Niedrigzinsphase lieber ein bisschen Extrazins drauf, während bei der Tagesanleihe die automatisierte Koppelung an den Marktzins das Produkt für Privatanleger weitgehend uninteressant machte. Das Blatt kann sich allerdings auch schnell wieder wenden, wenn die Marktzinsen ansteigen. Dann nämlich ist häufig zu beobachten, dass die Banken erst mal abwarten und ihre Zinsen mit deutlicher Verspätung anheben. Ist der Zins dagegen an den EONIA gekoppelt, profitiert der Anleger noch am selben Tag von einem Anstieg.

Das Tagesgeldkonto der Bundesfinanzagentur mit dem Namen »Tagesanleihe« ist also in der Tat eine der sinnvollsten und einfachsten Möglichkeiten, seine eiserne Reserve zu parken. Was glauben Sie, warum Ihre Bank Sie in aller Regel nicht darauf hinweist? Richtig … sie verdient nichts daran.

Vermögenswirksame Leistungen (vL)

Auch wenn es in diesem Abschnitt eigentlich noch nicht um Altersvorsorge und Vermögensbildung geht, möchte ich eine Anlageform nicht unerwähnt lassen, die praktisch für alle Arbeitnehmer hervorragend geeignet ist: das Sparen mit vermögenswirksamen Leistungen (vL).

Und ja, es kommt tatsächlich vor, dass man etwas geschenkt bekommt. Die vL sind genau solch ein Geschenk, und jeder, der diese Möglichkeit hat, sollte sich bücken und das Geld von der Straße aufheben.

Je nach Anlageform und Einkommen können Sie nicht nur mit staatlicher Förderung in Form der Arbeitnehmersparzulage rechnen. Auch der Arbeitgeber beteiligt sich häufig mit einem Zuschuss an den monatlichen Sparraten seiner Angestellten. Wie hoch dieser ausfällt, wird entweder im Tarifvertrag oder in einer Betriebsvereinbarung geregelt. Bis zu 40 Euro pro Monat kann in günstigen Fällen der Zuschuss vom Chef betragen, häufig sind immerhin 10 bis 20 Euro drin.

Allerdings können Sie das Geld nicht auf irgendeinen beliebigen Sparplan fließen lassen, denn es kommen nur ganz bestimmte Anlageformen in Frage:

Banksparpläne, die eine sechsjährige Einzahlungszeit und im Anschluss daran eine einjährige Sperrfrist vorsehen.

Bausparverträge (alternativ dazu ist auch die direkte Tilgung eines Eigenheimdarlehens möglich, wenn sich die Bank auf solch häppchenweise Sondertilgungen einlässt).

Aktienfonds, die für das vL-Sparen zugelassen sind. Auch Belegschaftsaktien fallen in diese Kategorie.

Kapitallebensversicherungen (die können Sie gleich wieder vergessen, weil sie nicht mit Arbeitnehmersparzulage gefördert werden und auch keine Anlageform sind, die auf meiner Empfehlungsliste steht).

Beteiligungen an Genossenschaften, sofern es sich um Kredit- oder Wohnungsbaugenossenschaften handelt – eine eher seltene Variante.

Bei manchen dieser Anlageprodukte können Sie zusätzlich zum Geschenk Ihres Chefs noch die staatliche Arbeitnehmersparzulage erhalten, sofern Sie als Lediger nicht mehr als 20 000 Euro und als verheiratetes Paar zusammen nicht mehr als 40 000 Euro pro Jahr verdienen. Zum Glück müssen Sie diese Zahlen nicht mit dem Bruttogehalt gleichsetzen, denn Maßstab ist das sogenannte »zu versteuernde Einkommen«. Das ist das Bruttogehalt abzüglich diverser Freibeträge wie etwa Arbeitnehmer-Pauschbetrag, Sonderausgaben oder Kinderfreibetrag. Am besten schauen Sie mal, welchen Betrag das Finanzamt im letzten Steuerbescheid als »zu versteuerndes Einkommen unter Berücksichtigung der Kinderfreibeträge« ausgewiesen hat – daran können Sie sich orientieren.

Wie hoch die Sparzulage ausfällt, hängt davon ab, wie Sie Ihr Geld anlegen.

Fürs Beteiligungssparen – also Aktien, Aktienfonds und Genossenschaftsanteile – zahlt Vater Staat 20 Prozent auf eine maximale jährliche Sparleistung von 400 Euro.

Beim Bausparen oder der Eigenheim-Darlehenstilgung können Sie mit 9 Prozent pro Jahr rechnen, hier liegt die maximale jährliche Sparleistung bei 470 Euro. Und: Hier gilt eine reduzierte Einkommensgrenze von 17 900 Euro für Ledige und 35 800 Euro für Verheiratete.

Beides können Sie auch kombinieren. Die Arbeitnehmersparzulage wird erst nach sieben Jahren auf einen Schlag dem Anlagekonto gutgeschrieben, bei vorzeitiger Kündigung erlischt Ihr Anspruch darauf. Bank- und Versicherungssparpläne werden nicht gefördert.

Wenn Sie chronisch knapp bei Kasse sind, können Sie mit einem Banksparplan auf zukünftige Investitionen sparen. Das funktioniert auch risikolos mit einem Bausparvertrag, der die günstigere Variante ist, wenn Sie aufgrund Ihres Einkommens Arbeitnehmersparzulage erhalten. Das Bausparguthaben können Sie nach Ablauf von sieben Jahren und der Vertragszuteilung nach Belieben verwenden.

TIPP Ich empfehle Ihnen, die vL-Sparraten ganz aus der kurz- und mittelfristigen Finanzplanung auszuklammern und in einen Aktienfonds fließen zu lassen. Die Arbeitnehmersparzulage und die vom Arbeitgeber gesponserten Anteile dienen in gewisser Weise als Risikopuffer, so dass Sie netto auch in nicht ganz so rosigen Börsenjahren in der Gewinnzone bleiben. Lassen Sie diese kleine Sparrate einfach so nebenher laufen, und Sie können davon ausgehen, dass sich nach einigen Arbeitnehmer-Jahrzehnten ein schönes Geldpolster ansammelt.

Abgeltungsteuer und Freistellungsauftrag

Wenn Anleger Gewinne machen, freut sich auch der Fiskus: Gut fünf Milliarden Euro flossen allein im Jahr 2009 in Form der Abgeltungsteuer in die klammen Kassen des Bundes.

Und nun die gute Nachricht: Steuern auf Zinsen, Dividenden oder Kursgewinne von Aktien und Fonds werden erst fällig, wenn deren Höhe den sogenannten Sparerpauschbetrag übersteigt. Dieser liegt pro Jahr bei 801 Euro für Ledige und 1602 Euro für Verheiratete. Erst wenn die Kapitalerträge über dieser Grenze liegen, wird Abgeltungsteuer fällig. Diese beträgt 25 Prozent – aber das ist nicht alles: Dazu kommt der Solidaritätszuschlag (derzeit 5,5 Prozent auf die Abgeltungsteuer), so dass schon mal reale 26,375 Prozent an Steuern kassiert werden. Je nach Konfessionszugehörigkeit wird dann darauf noch die Kirchensteuer gepackt, so dass der Gesamtsteuersatz am Ende auf bis zu 28 Prozent steigen kann.

Bei der Abgeltungsteuer gilt das Prinzip »kassiert wird, wenn Geld fließt«. Das ist der Fall, wenn Dividenden und Zinsen entweder ausgezahlt oder gutgeschrieben werden. Bei der Besteuerung von Kursgewinnen wird die Steuer bei deren Realisierung – sprich: beim Verkauf der Aktien oder Fondsanteile – fällig.

Den Steuerabzug können Sie vermeiden, indem Sie dem konto- oder depotführenden Geldinstitut einen Freistellungsauftrag erteilen. Haben Sie alle Guthaben bei Ihrer Hausbank, genügt es, wenn Sie dem Institut den maximalen Sparerpauschbetrag von 801 bzw. 1602 Euro als Freistellungsauftrag erteilen. Ist Ihr Geld über mehrere Banken verteilt, müssen Sie die einzelnen Freistellungsaufträge aufsplitten – und zwar so, dass in der Summe der Pauschbetrag eingehalten wird. Das Finanzamt kontrolliert die verteilten Aufträge nämlich stichprobenartig und rückt den Steuerzahlern auf die Pelle, die beim Erteilen ihrer diversen Freistellungsaufträge den Sparerpauschbetrag überschritten haben.

Abgeltungsteuer, Sparerpauschbetrag und Freistellungsauftrag gelten bei den gängigsten Arten von Kapitalerträgen wie beispielsweise Zinserträge, Dividendenausschüttungen und Kursgewinne bei Wertpapieren und Fonds. Allerdings gibt es folgende Ausnahmen:

- **Versicherungssparverträge:** Gewinne aus kapitalbildenden Lebens- und Rentenversicherungen bleiben steuerfrei, wenn die Verträge vor dem 1.1.2005 abgeschlossen worden sind und mindestens zwölf Jahre laufen. Bei später abgeschlossenen Verträgen, die ebenfalls wenigstens zwölf Jahre laufen und nach dem 60. Geburtstag ausgezahlt werden, ist der Gewinn zur Hälfte steuerpflichtig. Allerdings greift dann nicht der vergleichsweise günstige Satz der Abgeltungsteuer, sondern der oftmals höhere persönliche Einkommensteuersatz.
- **Wertpapiere aus Altbeständen:** Wenn Sie Aktien oder Fondsanteile besitzen, die Sie vor dem 31.12.2008 erworben

haben, können Sie auch zukünftig die Kursgewinne steuerfrei einstreichen. Bei Dividenden gilt hingegen die Abgeltungsteuer.

- **Offene Immobilienfonds:** Bei Auslandsimmobilien, die sich im Besitz von Fonds befinden, werden die Erträge nach den Regeln des Landes besteuert, wo sich die Immobilie befindet. Das kann zu steuerbegünstigten Ertragsanteilen führen.
- **Staatlich geförderte Altersvorsorge:** Betriebliche Altersvorsorge, Riester- und Rürup-Rente haben ihre eigenen Steuerregeln und bleiben von der Abgeltungsteuer unberührt. Deshalb müssen Sie für solche Sparverträge auch keinen Freistellungsauftrag erteilen.
- **Edelmetalle:** Hier kommt es darauf an, in welcher Form Sie in Gold & Co. investieren. Bewahren Sie physisches Gold zu Hause oder im Banktresor auf, müssen Sie keine Gewinne versteuern. Goldfonds und -zertifikate unterliegen hingegen der Abgeltungsteuer, weil sie als Wertpapiere und nicht als Edelmetall eingestuft werden.

Auch wenn das Steuerzahlen bei vielen ein gewisses Maß an Frustration hervorruft, empfehle ich, diesem Thema nicht allzu viel Bedeutung zuzumessen. Bis Verheiratete Abgeltungsteuer zahlen müssen, brauchen sie bei einem Durchschnittszins von 3 Prozent schon mal ein Geldvermögen von mehr als 50 000 Euro, und die Erträge aus diesem Grundstock bleiben schließlich auch bei größerem Vermögen steuerfrei.

Der augenbrauenbewehrte Ex-Finanzminister Theo Waigel soll ja mal gelästert haben, dass in Deutschland der Drang zum Steuersparen ausgeprägter sei als der Sexualtrieb. Und ich wage zu behaupten, dass sich viele Kapitalanleger über einen knickrigen Steuerbeamten mehr ärgern als über einen windigen Finanzvermittler, der ein paar tausend Euro ihres hart erarbeiteten Vermögens in halbseidenen Steuersparmodellen versenkt hat.

TIPP Bleiben Sie cool, wenn es um die Besteuerung Ihrer Kapitalerträge geht – viel wichtiger als die Steuervermeidung ist eine sinnvolle und auf Ihren Bedarf abgestimmte Aufteilung des Vermögens.

Richtig planen, Kosten sparen und Fallen vermeiden

Stellen Sie sich vor, Ihr Nachbar baut ein neues Haus und hat gerade mit den Aushubarbeiten angefangen. Sie stehen mit ihm am Rand der Baugrube, und weil Sie neugierig sind, wie es später einmal aussehen soll, fragen Sie ihn nach dem Bauplan. »Bauplan?«, fragt Ihr Nachbar zurück. »Nee, so was brauche ich nicht. Ich lege jetzt einfach mal los, und der Rest ergibt sich beim Bauen.«

So einen Quatsch macht doch kein Mensch, denken Sie jetzt wahrscheinlich. Aber genau mit dieser Einstellung geht ein großer Teil der Menschen an die eigene Finanzplanung heran – und glauben Sie nicht, dass die Folgen im schlimmsten Fall weniger dramatisch sind als beim Bauen ohne Plan. Genauso wie beim Bauen kommt es nämlich darauf an, dass

- die Statik stimmt und Ihre Finanzstrategie nicht irgendwann wie ein Kartenhaus zusammenfällt,
- Ihre Planung so wasserdicht ist, dass Sie möglichst unbeschadet durch Schlechtwetterphasen – sprich: finanzielle Engpässe oder Stürme am Kapitalmarkt – kommen und
- Sie zu einem möglichst günstigen Preis-Leistungs-Verhältnis ein ordentliches Produkt erhalten.

Und jetzt die gute Nachricht: Im Vergleich zum Bauplan für ein Haus ist der Plan für die Finanzen mit viel weniger Aufwand verbunden.

Richtig planen in 7 Schritten

Die einzelnen Bestandteile der Finanzplanung in der Einstiegs-
phase habe ich Ihnen bereits am Beginn dieses Buchabschnitts
gezeigt, und Sie kennen jetzt auch die Finanzprodukte, deren Einsatz für Einsteiger sinnvoll ist. Nun gilt es, all dies in die richtige
Reihenfolge zu bringen, damit am Ende ein vernünftiger Plan
herauskommen kann.

Schritt 1: Der Kassensturz

Wie schon am Anfang dieses Buchteils beschrieben, nehmen Sie
sich zuerst einmal Zeit für die Bestandsaufnahme. Ermitteln Sie
Ihre Einnahmen und Ausgaben, und stellen Sie Ihre Guthaben
und Schulden einander gegenüber. Das gelingt Ihnen am besten, indem Sie zumindest einige Monate lang ein Haushaltsbuch
führen.

Schritt 2: Geldfresser ausschalten

Wenn Sie das Gefühl haben, dass ein Teil Ihres Geldes auf ge-
heimnisvolle Weise verdunstet: In diesem Schritt sollten Sie die
Gelegenheit nutzen, um diese Geldfresser ausfindig zu machen.
Typische Kandidaten sind teure Girokontomodelle und unnötige
Versicherungen (dazu kommen wir gleich noch), nicht mehr be-
nötigte Abos und unwirtschaftliches Einkaufsverhalten. Starten
Sie bei Bedarf eine gründliche Säuberungsaktion, damit das Feng
Shui auf dem Konto wieder stimmt.

Schritt 3: Den finanziellen Spielraum bestimmen

Idealerweise sollten Sie nun zu dem Ergebnis gekommen sein,
dass nach Abzug Ihrer Lebenshaltungskosten noch Geld übrig
ist, das Sie für künftige Anschaffungen oder für Notfälle auf die
Seite legen können. Aber bevor Sie einen Sparvertrag abschließen, sollten Sie den nächsten Schritt beachten.

Schritt 4: Runter von den Schulden

Wenn Sie Schulden in Form von Dispo- oder Ratenkrediten haben, dann sollten Sie zuallererst jeden frei werdenden Euro in deren Tilgung stecken. Die eingesparten Zinsen liefern Ihnen eine Rendite, die keine auch nur halbwegs sichere Geldanlage bieten kann.

Schritt 5: Notfallreserve auffüllen

Ungefähr drei Netto-Monatsgehälter sollten Sie für ungeplante größere Ausgaben ständig verfügbar haben. Richten Sie dazu ein Tagesgeldkonto ein – alternativ dazu ist auch die Tagesanleihe der bundeseigenen Deutschen Finanzagentur geeignet – und zahlen Sie so lange Monat für Monat Ihr übriges Geld ein, bis die Reserve aufgefüllt ist.

Schritt 6: Zeitplan für Investitionen erstellen

Wann soll das nächste Auto gekauft werden? Stehen in den nächsten Jahren größere Ausgaben für die Wohnungseinrichtung an? Das sind Fragen, mit denen Sie sich befassen sollten. Klar: Die Investitionen lassen sich nicht über Jahre hinaus auf den Tag genau planen. Das ist aber auch gar nicht nötig, denn allein schon die geschätzte Höhe der Ausgaben ist eine brauchbare Basis für den nächsten Schritt.

Schritt 7: Mit dem Kapitalaufbau beginnen

Nun wissen Sie, wann Sie ungefähr wie viel Geld brauchen, und können mit minimalem Aufwand daraus die notwendige monatliche Sparrate ableiten. Wählen Sie dafür einen Sparvertrag, der Ihnen zeitlichen Spielraum lässt, wenn der Zeitpunkt der geplanten Investition nicht exakt einschätzbar ist. Wenn Sie nur über zwei oder drei Jahre planen, können Sie auch die einfache Variante wählen und auf dem Tagesgeldkonto weitersparen.

TIPP Womöglich merken Sie recht schnell, dass sich Schritt 6 und 7 nicht immer unter einen Hut bringen lassen, weil nicht genügend Geld zum Ansparen zur Verfügung steht. Wenn das der Fall ist, müssen Sie überlegen, ob sich die geplanten Investitionen aufschieben lassen oder vielleicht eine Nummer kleiner ausfallen können.

Kosten sparen und Erträge maximieren

Im Jahr 2009, ein Jahr nach dem Ausbruch der Finanzkrise, haben die Banken in Deutschland schon wieder dicke Gewinne eingefahren. Die Deutsche Bank meldete einen Erlös von 5,2 Milliarden Euro, die insgesamt 431 Sparkassen immerhin 4,6 Milliarden Euro, und der Bundesverband der Volks- und Raiffeisenbanken verkündete, dass die ihm angehörenden genossenschaftlichen Finanzinstitute 6,6 Milliarden Euro verdient haben.

Wow! Aber irgendjemand, so dämmert es dem durchschnittlichen Anleger, muss dafür bezahlt haben. Ein Blick in die Konditionenverzeichnisse der Banken lässt ahnen, woher ein guter Teil der Gewinne stammt. Nullverzinsung beim Girokonto-Guthaben und 12 Prozent Dispozins, ein gnädiges Viertelprozent fürs Sparbuchguthaben und 8 Prozent Zins für den Ratenkredit – solche Differenzen bilden den Stoff, aus dem die sprudelnden Erträge der Banken im Privatkundengeschäft gestrickt sind.

Wenn Sie nicht Jahr für Jahr Geld an Ihre Bank verschenken möchten, sollten Sie daher die Angebote sorgfältig vergleichen. Jeder Prozentpunkt, den Sie weniger an Kreditzins berappen müssen oder mehr an Guthabenzins erhalten, zahlt sich über Jahre hinweg oft aus.

Die Einsparmöglichkeiten bei Krediten sind teilweise bereits im Kapitel »Weshalb Sie mit Dispo- und Ratenkrediten vorsichtig sein sollten« erwähnt. Der wichtigste Rat: Nehmen Sie den Dispokredit möglichst nicht länger als ein paar Tage in Anspruch, und satteln Sie bei längerfristigem Bedarf auf einen zinsgünstigen Rahmenkredit um.

Großes Einsparpotenzial gibt es auch bei Ratenkrediten, denn eine teure Bank verlangt schon mal doppelt so hohe Zinsen wie ein besonders preisgünstiger Konkurrent. Damit diese Aussage nicht graue Theorie bleibt, hier konkretere Zahlen: Für einen 10 000-Euro-Ratenkredit mit drei Jahren Laufzeit zahlen Sie bei 11 Prozent Kreditzins insgesamt 11 786 Euro zurück, während die Gesamtsumme bei 7 Prozent Zins nur 11 116 Euro beträgt. Das ist eine Ersparnis von 670 Euro und entspricht bei einem Zeitaufwand von drei Stunden für den Vergleich der Angebote einem steuerfreien Stundenlohn von 223 Euro – da wird selbst der Zahnarzt neidisch!

VORSICHT Besonders teuer sind oft die Kredite, die im Versand- oder Fachhandel für die scheinbar bequeme Finanzierung größerer Einkäufe angeboten werden. Meiden Sie solche Ratenzahlungsmodelle, und nehmen Sie bei größeren Investitionen lieber einen Rahmen- oder Ratenkredit bei einem günstigen Bankanbieter in Anspruch.

Auch beim Guthaben gilt es, die Bank kurzzuhalten – diesmal natürlich in Form maximaler Zinsen. Deshalb gilt hier gleichfalls die Devise »vergleichen, vergleichen, vergleichen«. Das beginnt schon beim Tagesgeldkonto, das Sie nicht zwangsläufig bei Ihrer Hausbank führen müssen, wenn diese bei den Zinsen knausert. Auch Sparbriefe, Festgeldanlagen oder Ratensparpläne lassen sich mit geringem Aufwand bei jeder x-beliebigen Bank abschließen – Hauptsache, Ihr Geld ist durch den Hauptsitz der Bank in Deutschland ordentlich abgesichert und bringt die bestmöglichen Zinsen.

Darüber hinaus sollten Sie darauf achten, dass die Anlageprodukte der Banken nicht mit irgendwelchen Gebühren belastet sind. Dass Tagesgeldkonten, Festgelder sowie Sparbriefe und -verträge kostenlos geführt werden, ist in der Bankenbranche absoluter Usus. Vereinzelt gibt es immer wieder mal Ausreißer, aber die sollten Sie besser gleich aussortieren. Lesen Sie deshalb nicht nur die in der Werbung hervorgehobenen Zinsen, sondern auch das Kleingedruckte!

Welche Fallen bei Geldanlage und Krediten lauern

Als Heinrich Heine einmal gefragt wurde, weshalb er ein armer Dichter geblieben sei, während sein Onkel es zum wohlhabenden Bankier gebracht habe, soll er geantwortet haben: »Meine Mutter hat eben immer gern Gedichte gelesen und seine Mutter lieber Räubergeschichten.«

In der Tat liest sich so manches, was besonders gierige Banker mit ihren Kunden angestellt haben, wie ein echter Krimi. Und zuweilen bewegen sich die Praktiken hart an der Grenze des Kriminellen – so etwa die Dreistigkeit einer großen Sparkasse, die einer 85-jährigen schwerbehinderten Kundin ohne deren Einverständnis Zertifikate der Pleitebank Lehman im Wert von 100 000 Euro ins Depot gebucht hatte und dafür gerichtlich zu Schadenersatz verdonnert wurde. Aber auch bei vermeintlichen Kleinigkeiten langen Banken gerne mehr oder weniger subtil zu, und ehe man sich's versieht, wird das vermeintliche Schnäppchenangebot zur teuren Kostenfalle.

Deshalb: Halten Sie die Augen offen, und seien Sie wachsam. Achten Sie beim Vergleich von Angeboten vor allem auf die nachfolgend beschriebenen Fallstricke:

Ratenkredite: Die »bonitätsabhängigen Zinsen«

Flattern Ihnen auch ständig diese Werbezettel ins Haus? »Gönnen Sie sich was! Sofort Geld für nur 6 Prozent Zinsen! Komm' Se ran, komm' Se näher, gewinnen Se ne' Teddybär!« Das ganze dann auch noch präsentiert von einem debilen Volltrottel mit Diamantgebiss und Goldschuhen. Klar, so muss einer sein, der auf diese Bauernfängereien reinfällt.

In der Werbung wird ein günstiger Kreditzins herausgestellt, und beim Vertragsabschluss soll der Kunde das Doppelte zahlen.

Betrug? Nein, das ist gängige Praxis beim Anpreisen von Raten-krediten. Je nach Bonitätseinschätzung der kreditgebenden Bank sollen die Kunden ganz unterschiedliche Zinsen zahlen, wobei Spannen von 6 Prozent für die Kunden mit erstklassiger Kredit-würdigkeit und 13 Prozent für die unteren Bonitätsklassen keine Seltenheit sind.

Dabei haben einige Banken den Bogen überspannt, denn in Testanfragen haben Verbraucherschützer vor einiger Zeit heraus-gefunden, dass praktisch kaum ein Kunde die billigen Traumzin-sen bekam. Das hat den Gesetzgeber auf den Plan gerufen, und seit Einführung der Verbraucherkreditrichtlinie im Juni 2010 gilt: Banken dürfen für ihre Ratenkredite nur noch mit Zinsen werben, die mindestens zwei Drittel der Kunden auch tatsächlich erhalten. Doch das letzte Drittel bleibt weiterhin der Willkür der Banken ausgeliefert, die entscheidet, um wie viel der individuelle Zins höher ist als der Werbezins.

Ratenkredite: Die Restschuldversicherung

Warum einmal kassieren, wenn es auch doppelt geht? Frei nach diesem Motto jubeln Banken ihren Kreditkunden gerne noch eine Restschuldversicherung unter. Wenn der Kreditnehmer stirbt, ar-beitslos oder arbeitsunfähig wird, dann springt die Versicherung ein. Klingt zwar gut, aber die Policen taugen trotzdem wenig. Im Todesfall wird nämlich nur der Ratenkredit abgelöst, aber die private Arbeitslosenversicherung springt erst nach einer mehrwö-chigen Wartezeit ein und stoppt die Ratenzahlungen nach 12 bis 18 Monaten. Dafür sind diese Versicherungen extrem teuer: Die Restschuldversicherung für einen vierjährigen Ratenkredit über 10000 Euro kann locker 1000 bis 1400 Euro kosten und damit die Kreditkosten verdoppeln. Viel sinnvoller und im Verhältnis zu den Leistungen günstiger ist es, eine private Berufsunfähigkeits-versicherung (eine der sinnvollsten und dennoch viel zu wenig verbreiteten Versicherungen, doch dazu später mehr) und bei Bedarf eine Risikolebensversicherung abzuschließen, deren Schutz umfassend gilt.

Banken müssen diese Versicherungen in der Effektivzinsberechnung nicht berücksichtigen – unter einer Voraussetzung: Der Kunde muss auch ohne Versicherung dieselben Zinsen erhalten. So sagen es die Spielregeln der Verbraucherkreditrichtlinie.

TIPP Wenn Ihnen der Kreditberater weismachen will, dass Sie ohne Versicherung keinen Kredit bekommen, sollten Sie sich auf die Verbraucherkreditrichtlinie berufen und auf einen versicherungsfreien Kreditvertrag zu ansonsten gleichen Konditionen bestehen.

Tages- und Festgeld: Koppelung mit Fonds

Dieser Bankentrick fällt nicht sofort in die Rubrik »doppelt kassieren«, denn hier bietet die Bank dem Kunden ein kleines Bonbon … und holt sich die Kosten durch die Hintertür wieder herein.

Das geht so: Im Schaufenster hängt ein weit überdurchschnittlicher Zinssatz fürs Tages- oder Festgeld, der jedoch nur gilt, wenn der Kunde gleichzeitig über die Bank Investmentfonds im selben Umfang kauft. Dafür zahlt er einen Ausgabeaufschlag, der zur Folge hat, dass ein Teil des Fondsinvestments gleich weg ist. Bei einem Ausgabeaufschlag von 5 Prozent werden beispielsweise von 5000 investierten Euro nur 4761,90 Euro angelegt. Den Rest kassiert – Sie vermuten es vielleicht schon – zum größten Teil die Bank als Vermittlungsprovision.

Damit stimmt dann auch die Rechnung für die Bank: 2,5 Prozent Extrazins für 5000 Euro kosten bei sechs Monaten Zinsgarantiezeit 62,50 Euro, während analog zum obigen Beispiel 238,10 Euro Vermittlungsprovision auf der Habenseite stehen. Damit hat der Anleger nicht nur seinen Extrazins aus eigener Tasche gezahlt, sondern der Bank auch noch mehr als 175 Euro geschenkt.

Und der Kunde? Der hat Anteile eines Investmentfonds im

Depot, dessen Funktionsweise er möglicherweise nicht versteht und für den er, so er ihn hätte haben wollen, einen viel zu hohen Ausgabeaufschlag gezahlt hat. Bei Direktbanken oder Fondsdiscountern gibt es nämlich auf den Aufschlag meist kräftig Rabatt. Mehr dazu lesen Sie dann später im Kapitel »Wie Sie Bankgebühren bei der Fondsverwaltung sparen«.

Vergessen Sie grundsätzlich alle Formen von Koppelgeschäften. Die Wahrscheinlichkeit, dass ein solches Geschäft am Ende zu IHREM Vorteil ausgeht, ist ausgesprochen gering. Kaufen Sie nur das, was Sie wirklich brauchen und wollen, und nicht noch den stinkenden Fisch zum halben Preis dazu, nur weil der Verkäufer ihn loswerden will.

Beratung: Teure Produkte statt bedarfsgerechte Lösung

Mit schönster Regelmäßigkeit fallen Banken durch schlechte Noten auf, wenn Institutionen wie die Stiftung Warentest die Qualität der Anlage- und Kreditberatung unter die Lupe nehmen. Knackpunkt ist dabei, dass Banken in erster Linie am Verkauf von Produkten interessiert sind, die hohe Provisionserträge bringen. Das sind unter anderem Versicherungssparverträge, Bausparverträge, Investmentfonds und Anlagezertifikate. Da kommt es schon mal vor, dass ein Kunde nach der Beratung mit einem Bauspar- oder Riestervertrag nach Hause kommt – und der Bankmitarbeiter ihm wohlweislich verschwiegen hat, dass er das Geld besser in die vorzeitige Rückzahlung seines Ratenkredits gesteckt hätte.

Auf ähnliche Weise, nur meist deutlich aggressiver, agieren die Verkaufstruppen der Finanzvertriebe. Da werden im Namen der Altersvorsorge auf Teufel komm raus Abschlüsse mit Versicherungs- und Fondssparverträgen durchgeboxt, ohne dass auf die grundlegenden Fragen – nämlich Reservenbildung und Sparen auf Anschaffungen – auch nur mit einer Silbe eingegangen wird. Das passiert natürlich nicht immer, aber viel zu oft.

TIPP Nehmen Sie Ihre Planung selbst in die Hand, und seien Sie sich vor dem Gang zur Bank im Klaren darüber, was Sie brauchen und wollen. Solange es um die Bildung der Geldreserve und ums Sparen auf Anschaffungen geht, kommen die in diesem Buchabschnitt beschriebenen Anlageformen in Frage. Beenden Sie das Gespräch, wenn man Ihnen etwas anderes verkaufen will – das spart Zeit und Geld.

Richtig unangenehm wird es, wenn Vertriebskolonnen mit unseriösen Finanzprodukten auf Kundenfang gehen. Organisiert wird das oft in Form des sogenannten »Network Marketing«, als da sind Strukturvertriebe, deren Mitarbeiter sich selbst gegenseitig als »Strukkis« verhöhnen, wenn kein Kunde in der Nähe ist. Dabei handelt es sich um pyramidenförmige Verkäuferhierarchien, bei denen sowohl Kunden als auch weitere Verkäufer angeworben werden. Jeder Verkäufer, der in der Hierarchie höher steht, kassiert dann bei Abschlüssen mit. Geworben und verkauft wird zumeist im Bekannten- und Verwandtenkreis.

Nicht nur Kosmetika und Mittelchen für ein langes Leben werden auf diesem Weg vertickt, sondern auch Finanzprodukte. Dazu kann ich nur sagen: Finger weg! Im günstigsten Fall sind die Produkte mit teuren Nebenkosten und extrem hohen Provisionen belastet, und im ungünstigsten Fall handelt es sich um betrügerischen Anlegerfang mit anschließendem Totalverlust.

VORSICHT Egal ob es sich um Versicherungen, Edelmetalle, Fonds oder irgendwelche Beteiligungsgeschäfte handelt – der Wohnzimmertisch ist der denkbar ungeeignetste Tresen, über den Finanzprodukte wandern sollten. Schmeißen Sie jeden aus der Telefonleitung oder dem Treppenhaus, der Ihnen mit Finanzprodukten egal welcher Art auf die Pelle rückt, und wenn es Ihr alter Kumpel aus der 10b ist. Sie entscheiden, wann und wo Sie was kaufen. Sonst niemand. Es sei denn, Sie wissen nicht wohin mit dem vielen Zaster und wollen dem Schorsch ein Erfolgserlebnis und eine gute Provision gönnen. Dann bitten Sie ihn herein. Ansonsten empfehle ich Ihnen: Hohen Bogen!

Versicherungen:
Was Sie brauchen und was überflüssig ist

Dass es durchaus sinnvoll sein kann, wenn eine Gemeinschaft die Risiken für einzelne Mitglieder übernimmt und jeder dafür seinen Obolus leistet, wussten schon die alten Römer. Weil für die ärmeren Bevölkerungsschichten das Ausrichten von Beerdigungen eine teure Angelegenheit war, riefen die Römer Gemeinschaftskassen ins Leben, in die zu Lebzeiten regelmäßig Geldbeträge eingezahlt wurden und die im Sterbefall die Finanzierung der Trauerfeier übernahmen. Diese »collegia funeratica« waren vor rund zwei Jahrtausenden die ersten Sterbegeldversicherungen. Ende des 16. Jahrhunderts wurden in Deutschland die ersten Feuerversicherungen abgeschlossen, und seit Anfang des 18. Jahrhunderts trafen sich Geschäftsleute auf dem heute noch existierenden Versicherungsmarktplatz Lloyd's in London, um untereinander Versicherungspolicen abzuschließen.

Heute ist die Versicherungslandschaft ein undurchschaubares Dickicht geworden. Mehr als 450 Versicherungsunternehmen sind am deutschen Markt aktiv und bieten eine Vielzahl an Policen für private und gewerbliche Kunden an. Der Verbraucher steht vor der Frage: Welche Policen sind notwendig, und welche sind überflüssig? Die passende Antwort darauf sollten Sie jedoch nicht vom Versicherungsvertreter erwarten, denn dieser ist daran interessiert, möglichst viele Versicherungsverträge zu verkaufen.

Natürlich lassen sich die Bedürfnisse jedes Einzelnen nicht

VERSICHERUNGEN: WAS SIE BRAUCHEN UND WAS ÜBERFLÜSSIG IST 75

über einen Kamm scheren. Aber wir können die Versicherungen dennoch in drei Kategorien einteilen: Die »Muss«-, die »Kann«- und die »Lassen-Sie's-bleiben«-Kategorie.

In diesem Kapitel widmen wir uns den »Muss«-Versicherungen und den Policen, auf die Sie ohne Not verzichten können. Die »Kann«-Kategorie wird in den beiden nachfolgenden Buchabschnitten abgehandelt, denn bei solchen Versicherungen hängt der Nutzen von individuellen Faktoren ab und erfordert eine tiefergehende Analyse Ihrer Lebens- und Finanzsituation.

TIPP Hier schon mal zwei Hinweise, wie Sie generell bei Ihren Versicherungspolicen sparen können und flexibel bleiben. Zahlen Sie Ihre Versicherungsprämien nicht monatlich oder vierteljährlich, sondern einmal pro Jahr. Damit vermeiden Sie den teuren Ratenzahlungszuschlag, der beispielsweise bei 3 Prozent Zuschlag für die vierteljährliche Zahlung einem Effektivzins von 8,27 Prozent entspricht. Darüber hinaus sollten Sie nur Jahresverträge abschließen. Zwar gibt es bei länger laufenden Verträgen zunächst mal einen Beitragsrabatt, aber dafür können Sie bei steigenden Prämien – und die werden steigen, das kann ich Ihnen versichern! – nur bei einem Schadensfall aus dem Vertrag aussteigen.

Diese »Muss-Versicherungen«, die ich Ihnen allesamt wärmstens ans Herz legen möchte, erkennen Sie daran, dass es Sie Ihre Existenz bis an Ihr Lebensende kosten kann (die siebenjährige Privatinsolvenz ist da auch kein erstrebenswertes Ziel), wenn Sie so eine Versicherung nicht haben. Ohne Privathaftpflichtversicherung durchs Leben zu gehen grenzt an Wahnsinn, während das Herunterfallen eines Handys ohne Handy-Herunterfall-Versicherung in den seltensten Fällen zu existenzbedrohenden Situationen führt, ... wobei ich da eine junge Dame im Bekanntenkreis kenne, die das durchaus anders sehen könnte – aber der Reihe nach:

Kfz-Versicherung:
Ein Muss, schon von Gesetzes wegen

Ein unversichertes Auto zu fahren ist ein teurer Spaß: Wer dabei erwischt wird, kassiert nicht nur eine saftige Geldbuße, sondern riskiert eine einjährige Freiheitsstrafe und sammelt dazu noch satte 6 Punkte in Flensburg. Zumindest die Haftpflichtversicherung ist absolut unverzichtbar für alle Autobesitzer. Darüber hinaus kann es sinnvoll sein, weitere Versicherungsbausteine wie den Kaskoschutz oder einen Schutzbrief zu integrieren.

Die Haftpflichtversicherung fürs Auto

Dass Sie die Haftpflichtversicherung fürs Auto brauchen, ist klar. Aber wofür? Die Antwort ist recht einfach: Immer dann, wenn Sie als Autofahrer bei jemand anderem einen Schaden verursacht haben, können Sie dafür haftbar gemacht werden. Bei kleinen Blechschäden hält sich die Schadenssumme in Grenzen. Aber wenn es Verletzte gibt, wird es richtig teuer. Die Krankenkasse des Unfallopfers holt sich nämlich alle Behandlungskosten vom Verursacher zurück. Wenn es um Operationen, mehrwöchige Krankenhausaufenthalte oder langwierige Reha-Maßnahmen geht, können die Summen schon mal sechsstellig werden. Um in solchen Fällen den finanziellen Ruin des Verursachers zu vermeiden und die Ansprüche der Geschädigten zu gewährleisten, gibt es die Haftpflichtversicherung.

Egal ob Sie Unfälle verursachen oder nicht, zahlen Sie Jahr für Jahr Ihren Versicherungsbeitrag. Je länger Sie unfallfrei fahren, umso niedriger wird der Beitrag – das ist unter dem Begriff »Schadenfreiheitsrabatt« bekannt. Melden Sie jedoch der Versicherung einen Schaden, dann wird Ihr Beitrag ruck, zuck wieder hochgestuft. In diesem Fall bezahlt dann die Versicherung den Schaden, und Sie müssen lediglich die Selbstbeteiligung von üblicherweise 300 Euro aus eigener Kasse übernehmen.

VERSICHERUNGEN: WAS SIE BRAUCHEN UND WAS ÜBERFLÜSSIG IST 77

TIPP Die Hochstufung erfolgt nicht dann, wenn Sie einen Unfall verursacht haben, sondern wenn Sie den Schaden zur Übernahme bei der Versicherung einreichen. Bei kleineren Schäden von weniger als 1000 Euro ist es deshalb oft sinnvoller, den Betrag aus eigener Tasche zu zahlen. Rechnen Sie aus, wie teuer Selbstbeteiligung plus die Zusatzkosten für die kommenden Jahre aufgrund der Hochstufung werden, dann sehen Sie schnell, ob es für Sie günstiger ist, auf die Meldung beim Versicherer zu verzichten.

Die Kaskoversicherung

Während die Kfz-Haftpflichtversicherung obligatorisch ist, können Sie frei entscheiden, ob Ihr Auto zusätzlich kaskoversichert werden soll. Die Leistungen der Kaskoversicherung sind auf Schäden an Ihrem eigenen Auto begrenzt – und damit ist der schlimmste Schadensfall, der ohne den Abschluss dieser Versicherung eintreten kann, der Kauf eines neuen Autos im Falle eines Totalschadens.

Dabei unterscheidet man zwischen Teil- und Vollkaskoversicherung. Die Teilkaskoversicherung übernimmt unverschuldete Schäden durch Brand, Diebstahl, Unwetter, Glasbruch und Unfälle mit Wildtieren. Die Vollkaskoversicherung bezahlt Schäden, die Sie selbst verursacht haben, sowie Schäden, bei denen sich der Verursacher nicht ermitteln lässt, also etwa bei Fahrerflucht. Die Teilkaskoversicherung können Sie immer auch ohne Vollkaskoschutz abschließen, bei der Vollkaskoversicherung ist hingegen die Teilkaskoversicherung immer mit enthalten.

Und nun die entscheidende Frage: Ist der Kaskoschutz sinnvoll oder nicht? Wenn Sie einen neun Jahre alten koreanischen Kleinwagen fahren, für den Ihnen der Gebrauchtwagenhändler vielleicht noch 2500 Euro zahlen würde: Vergessen Sie's. Den können Sie nämlich im Do-it-yourself-Verfahren kaskoversichern, indem Sie die eingesparte Kaskoprämie auf die Seite legen und im Bedarfsfall daraus eine Unfallreparatur finanzieren. Mehr als den aktuellen Zeitwert des Autos kriegen Sie von der Versicherung sowieso nicht.

Ganz anders liegt der Fall, wenn Sie einen teuren Neuwagen fahren und womöglich noch einen Teil des Kaufpreises mit einem Kredit finanziert haben. Hier kann ein selbst verschuldeter Totalschaden nicht nur fünfstellig Geld kosten, sondern bei einer Kreditfinanzierung noch Restschulden hinterlassen. Konkret: Wer einen 40 000-Euro-Audi zerlegt, für den er noch 20 000 Euro Schulden abstottern muss, hat ohne Vollkasko ein dickes Problem. Das ist auch der Grund, weshalb die allermeisten Banken bei der Kreditfinanzierung eines Autos den Abschluss einer Vollkaskoversicherung verlangen.

VORSICHT Während jeder Versicherer jedes zugelassene Auto auf Antrag haftpflichtversichern muss, gibt es diesen Annahmezwang bei der Kaskoversicherung nicht. Das kann bedeuten, dass Sie bei mehreren Schäden kurz hintereinander vom Versicherer hinausgeworfen werden und auch bei anderen Versicherungen keine Kaskoversicherung mehr erhalten, weil Sie dort Ihre Vorschäden angeben müssen. Mehr noch als bei der Haftpflichtversicherung sollten Sie sich daher überlegen, ob Sie kleinere Voll- oder Teilkaskoschäden dem Versicherer melden, denn Sie gefährden damit nicht nur Ihren Schadenfreiheitsrabatt, sondern auch den völligen Verlust des Kaskoschutzes. Manche Versicherer bieten einen »Freischuss« an. Sie haben einen Unfall frei, ohne hochgestuft zu werden. Wenn Sie sich also nicht bremsen können ...

Wie Sie bei der Autoversicherung Geld sparen können

Mit etwas Geschick beim Vergleichen und Verhandeln sind bei der Autoversicherung jährliche Einsparungen bis zu mehreren hundert Euro möglich. Aber zunächst einmal machen die Versicherer dem Verbraucher das Vergleichen so schwer wie möglich. Nicht nur Fahrzeugtyp, schadenfreie Jahre und der Wohnort fließen in die Tarifberechnung mit ein, so dass der Kunde beim gleichen Versicherer fürs gleiche Auto in Kiel eine andere Prämie zahlt als in Köln oder Konstanz. Auch weitere Faktoren beeinflussen den Preis. Ein paar Beispiele wären:

- besonders niedrige Prämien bei jährlichen Fahrleistungen von weniger als 20 000 Kilometern,
- Beitragsrabatt für Beamte und Angestellte im öffentlichen Dienst,
- Rabatte für Eltern von minderjährigen Kindern, Eigenheimbesitzer und Garagennutzer oder
- Beitragsnachlässe, wenn der jüngste Fahrer des Fahrzeugs älter als 24 Jahre ist.

Gerüchten zufolge bieten demnächst die ersten Versicherer Rabatte für Fahrzeughalter, deren Großtante mütterlicherseits zwischen 1970 und 1980 einen Wellensittich hatte. Das ließ sich aber bis dato nicht bestätigen ;-)

Manches erscheint noch nachvollziehbar wie beispielsweise die niedrigeren Prämien für Wenigfahrer. Doch ob Eigenheimbesitzer, Beamte und Eltern von Schulkindern (die ja öfter mal besonders hektisch durch die vielen Termine des Tages chauffiert werden) wirklich weniger Versicherungsschäden verursachen, weiß alleine der Statistiker.

Trotz dieser Widrigkeiten sollten Sie die Kosten der Kfz-Versicherung nicht dem Zufall überlassen. Weil die Verträge immer für ein Kalenderjahr abgeschlossen werden und mit einer Frist von einem Monat kündbar sind, können Sie jedes Jahr zum 30. November Ihre alte Versicherung kündigen und den Anbieter wechseln. Rund vier Wochen Vorlauf sollten Sie für das Einholen der Angebote und die Wechselformalitäten einplanen, so dass Anfang November ein guter Zeitpunkt ist, um sich mit eingesparten Versicherungskosten ein vorgezogenes Weihnachtsgeschenk zu gönnen.

Der erste Schritt: Prüfen Sie, ob Ihre aktuelle Kfz-Versicherung noch die günstigste ist. Dafür nutzen Sie am besten ein Vergleichsportal im Internet – und zwar ein Portal, bei dem Sie den Preis je Anbieter direkt ausrechnen können, ohne dass Sie Ihre Adressdaten eingeben und auf die Zusendung eines Angebotes warten müssen. Passende Internetadressen finden Sie im Serviceteil am Ende dieses Buchs.

Achten Sie bei der Dateneingabe darauf, dass Sie sich nicht den Preis für einen schlechteren Versicherungsschutz ausrechnen lassen. Will heißen: Selbstbeteiligung, Teil- oder Vollkaskoschutz, Deckungssummen und die persönlichen Merkmale wie Anzahl und Mindestalter der möglichen Fahrer oder die jährliche Kilometerleistung sollten Ihrer aktuellen Police entsprechen. Zählt Ihre derzeitige Versicherung nicht zu den günstigsten Anbietern, ist Handeln angezeigt.

TIPP Zunächst einmal sollten Sie einen Trick ausprobieren, der Ihnen eventuell die Wechselformalitäten erspart: Rufen Sie bei Ihrer Versicherung an und verlangen Sie, dass Sie von Ihrem jetzigen Tarif in einen Neukundentarif umgebucht werden. Die meisten Versicherer verlangen nämlich keinen einheitlichen Preis, selbst wenn alle Fahrzeug- und Halterdaten identisch sind, sondern errechnen für jedes Jahr neue Tarife für Neukunden. Die »alten« Tarife verteuern sich immer mehr, weil die Bestandskunden durch die steigenden Preise die vergünstigten Tarife für die Kundengewinnung praktisch subventionieren. Damit wird in der Versicherungslogik Treue nicht belohnt, sondern bestraft. Aus Angst, Kunden zu verlieren, stufen jedoch viele Versicherungen Bestandskunden wieder in Neukundentarife um – allerdings nicht automatisch, sondern nur auf Anfrage.

Ist auch der Neukundentarif zu teuer oder verweigert die Versicherung eine günstigere Einstufung, sollten Sie den Anbieter wechseln. Das ist gar nicht schwierig. Viele Versicherer bieten

Online-Rechner für die Ermittlung der Jahresprämie an, und darüber hinaus gibt es im Internet jede Menge Vergleichsportale. Für den Vergleich sollten Sie Ihren Fahrzeugschein sowie die letzte Abrechnung Ihres Versicherers zur Hand haben, weil Sie einige dort zu findende Angaben wie Typklasse, Baujahr oder Anzahl der schadenfreien Jahre eingeben müssen. Nun können Sie den Versicherungsantrag stellen und erhalten wenige Tage später die Deckungszusage. Sicherheitshalber sollten Sie bis zu deren Eintreffen warten, bevor Sie Ihren bestehenden Versicherungsvertrag kündigen – daher die erwähnte Zeitreserve vor dem 30. November. Die Kündigung schicken Sie dem Versicherer am besten per Einschreiben mit Rückschein und bitten ihn um eine schriftliche Kündigungsbestätigung.

Warum Sie unbedingt eine private Haftpflichtversicherung brauchen

Sie kennen das: Will Ihnen der Versicherungsvertreter eine Police verkaufen, dann kennt er zufällig jemanden, dem ausgerechnet das dazu passende Missgeschick widerfahren ist und der finanziell ruiniert wurde, weil ihm genau diese Versicherung gefehlt hat. Das sind die üblichen Schauergeschichten, denn Angst ist bekanntlich die perfekte Motivation für den Abschluss eines Versicherungsvertrags.

Ich will Ihnen jetzt weder Angst einjagen noch eine Versicherung verkaufen. Aber wenn Sie keine private Haftpflichtversicherung haben, riskieren Sie im schlimmsten Fall wirklich den finanziellen Ruin. Meistens sind es kleinere Missgeschicke wie die heruntergestoßene Vase oder das beim Fußballspielen zerdepperte Fenster des Nachbarn, für die am Ende die Versicherung geradesteht. Aber wenn es Verletzte oder größere Sachschäden gibt, dann wird es ohne Versicherungsschutz zappenduster.

Die private Haftpflichtversicherung springt ein, wenn Sie oder jemand aus Ihrer Familie einen anderen Menschen zu Schaden bringen – egal ob im Inland oder im Ausland. Allerdings ist einiges ausgeklammert:

- Für Autos, Motorräder und die meisten anderen motorisierten Fahrzeuge benötigen Sie eine eigene Haftpflichtversicherung.
- Fahrradunfälle sind hingegen in der privaten Haftpflichtversicherung abgedeckt.
- Bei E-Bikes kommt es übrigens darauf an, ob das Rad als »Fahrrad mit Motorunterstützung« eingestuft ist oder als Mofa bzw. Motorroller eine eigene Versicherung braucht.
- Nicht alle Haustiere sind mitversichert. Unter anderem brauchen Hunde- und Pferdehalter eigene Versicherungen.
- Bei Baumaßnahmen kommt es darauf an, wie umfangreich das Bauvorhaben ist. Missgeschicke bei kleineren Renovierungen sind meist mit abgedeckt, bei Neubau oder größeren Umbauten sollten Sie eine Bauherren-Haftpflichtversicherung abschließen.
- Selbständige und Unternehmer benötigen eine Berufs- oder Betriebshaftpflichtversicherung, um sich auch im Beruf abzusichern. Für Angestellte haftet dagegen während der Arbeitszeit der Arbeitgeber.
- Für gefährliche Hobbys wie Surfen, Segeln, Jagd oder Drachenfliegen brauchen Sie ebenfalls eine Extra-Haftpflichtversicherung.

Private Haftpflichtversicherungen sind nicht teuer. Schon für gut 50 Euro im Jahr erhalten Sie einen ausreichenden Schutz, und dieser Ausgabeposten ist ein absolutes Muss. Achten Sie darauf, dass die Deckungssumme – das ist der Höchstbetrag, den die Versicherung im Schadensfall übernimmt – mindestens drei Millionen Euro beträgt. Besonders preisgünstig sind oft Policen, bei denen es ähnlich wie bei der Kfz-Versicherung eine Selbstbeteiligung gibt. Allerdings ist es nicht unbedingt ratsam, für eine Einsparung von 10 oder 20 Euro pro Jahr bei jedem Schadensfall eine Selbstbeteiligung von 250 oder 500 Euro in Kauf zu nehmen. Normalerweise gilt die Versicherung immer für die Familie inklusive aller im Haushalt lebenden Kinder ohne eigenes Einkommen. Für Singles bieten manche Versicherer verbilligte Tarife an.

TIPP Wenn Sie kleine Kinder haben, gibt es bei der Haftpflicht einen Haken: Verursacht ein Kind unter sieben Jahren einen Schaden, müssen die Eltern – und damit auch die Versicherungen – dafür keine Haftung übernehmen. Das kann für Ärger sorgen, wenn bei einem Missgeschick der Geschädigte in die Röhre guckt, weil er sozusagen »höherer Gewalt« zum Opfer gefallen ist. Manche Versicherungen übernehmen gegen einen Aufpreis auch die Haftung bei Schäden, die durch Kleinkinder verursacht worden sind. Trotz der etwas höheren Kosten ist das für Familien mit kleinen Kindern zweckmäßig.

Berufsunfähigkeitsversicherung: Teuer, aber sinnvoll

Okay, ich gebe zu: Dieses Kapitel ist nicht unbedingt vergnügungssteuerpflichtig. Erstens, weil es sich bei der privaten Berufsunfähigkeitsversicherung um eine ebenso teure wie nur schwer zu vergleichende Versicherung handelt. Und zweitens, weil sich kaum jemand gerne damit befasst, wie die eigene Lebenssituation aussehen könnte, wenn aufgrund von Krankheit oder Unfall der Beruf nicht mehr ausgeübt werden kann.

Aber der Schutz, den in solchen Fällen die gesetzliche Rentenversicherung bietet, ist ein schlechter Witz. Nur wer weniger als drei Stunden pro Tag arbeiten kann, hat Anspruch auf die staatliche Erwerbsunfähigkeitsrente. Bei drei bis sechs Stunden gibt es die Hälfte, und wer länger arbeiten kann, bekommt überhaupt kein Geld von der gesetzlichen Rentenversicherung. Dabei wird nicht berücksichtigt, ob der Versicherte in seinem angestammten Beruf arbeiten kann oder auf eine weniger qualifizierte Tätigkeit umsatteln muss. Das kann dazu führen, dass ein berufsunfähig gewordener Arzt als

Pförtner arbeiten muss, weil er dazu eben noch in der Lage ist. Ausgleich für die Einbußen beim Einkommen? Fehlanzeige.

Merke: Wer keine private Berufsunfähigkeitsversicherung hat, kann nach Unfall oder Krankheit mit bleibenden gesundheitlichen Schäden genauso schnell aus der sozialen Hängematte fallen wie derjenige, der seinen Job verliert und arbeitslos bleibt.

Die private Berufsunfähigkeitsversicherung schließen Sie auf die Summe ab, die bei Berufsunfähigkeit monatlich oder jährlich als Rente gezahlt werden soll. Die Zahlungen erhalten Sie unabhängig davon, ob Sie trotz Berufsunfähigkeit noch eine geringer qualifizierte Teil- oder Vollzeitbeschäftigung ausüben. Kalkulieren Sie die Versicherungssumme so, dass Sie damit zumindest die laufenden Lebenshaltungskosten abdecken könnten.

Die Versicherungsleistungen enden mit Ablauf der Vertragslaufzeit – und hier tappen viele Schnäppchenjäger in die Falle: Policen, die nur bis zum 55. oder 58. Lebensjahr laufen, sind meistens viel billiger als länger laufende Versicherungen. Aber im Bedarfsfall hören dann die Zahlungen der privaten Versicherung einige Jahre vor dem Beginn der Altersrente auf – und wovon wollen Sie in der Zwischenzeit leben? Wenn Sie schon eine Versicherung abschließen, dann geben Sie gerade in dieser Sparte lieber etwas mehr Geld aus, damit Sie Anspruch auf vernünftige Leistungen haben, wenn es hart auf hart kommt.

Es gibt noch weitere Gründe, weshalb Sie beim Vergleich der einzelnen Versicherungen nicht nur auf den Preis fixiert sein sollten. Eine wichtige Klausel, die für die Qualität der Berufsunfähigkeitsversicherung entscheidend ist, nennt man »abstrakte Verweisung« – denn mit ihr hält sich der Versicherer eine Hintertür offen. Wie bei der gesetzlichen Versicherung können nämlich die Kunden, die dieser Klausel zugestimmt haben, dazu verpflichtet werden, im Fall der Berufsunfähigkeit auf einen geringer qualifizierten und schlechter bezahlten Job umzusatteln. Verzichtet der Anbieter auf diese Klausel, muss er schon dann bezahlen, wenn der Versicherungsnehmer, also Sie, seinem Beruf oder einer vergleichbaren Tätigkeit nicht mehr nachgehen kann. Achten Sie daher darauf, dass der Leistungsfall eintritt, wenn entweder ein konkret bezeichneter Beruf oder der »Beruf, der der bisherigen Lebensstellung entspricht« nicht mehr ausgeübt werden kann.

Gerade für junge Leute ist die Nachversicherungs-Garantie eine wichtige und kundenfreundliche Klausel. Bei solchen Verträgen kann der Versicherte bei bestimmten Anlässen wie Heirat, Geburt eines Kindes oder veränderten beruflichen Verhältnissen seine Berufsunfähigkeitsversicherung erhöhen, ohne dass eine erneute Gesundheitsprüfung durchgeführt wird. Wer sich dann zwischenzeitlich Rückenprobleme oder Allergien eingefangen hat, braucht dafür keinen Preisaufschlag zu befürchten.

VORSICHT Ein heikler Knackpunkt bei der Berufsunfähigkeitsversicherung sind die Angaben zum Gesundheitszustand. Hier dürfen Sie auf keinen Fall schummeln: Wenn Sie beispielsweise eine Allergie verschweigen, um eine günstigere Prämie zu erhaschen, darf die Versicherung bei der Berufsunfähigkeit aufgrund einer verschwiegenen Krankheit die Rentenzahlung verweigern. Aus diesem Grund ist es übrigens sinnvoll, diese Versicherung in möglichst jungen Jahren abzuschließen und nicht erst dann, wenn Sie den ersten Bandscheibenvorfall schon hinter sich haben.

Wenn Sie diese Versicherung gleich zu Beginn Ihrer Karriere abschließen, ist der Beitrag noch überschaubar, doch je länger Sie warten, umso größer wird die Gefahr, dass Sie gar keinen Versicherer mehr finden, der Sie überhaupt versichert. Dann stehen Sie plötzlich eiskalt im Wind mit Ihrem kurzen Röckchen. Die Versicherer reißen sich keineswegs um diese Sparte und legen die Hürden oft sehr hoch an. Ich selbst habe jahrelang vergeblich versucht, als Börsenmakler eine BU abzuschließen. »Diese Berufsgruppe versichern wir grundsätzlich nicht. Burn-out-Gefahr«, hieß es.

Und überlegen Sie es sich gut, ob sie wegen Prüfungsstress einen

Psychologen aufsuchen. »Sie waren bereits in psychologischer Behandlung? Tut uns leid, in den nächsten fünf Jahren können wir Sie leider nicht versichern!« ... das war jetzt keine Selbsterfahrung, sondern der Erfahrungsbericht eines befreundeten Versicherungsmaklers.

Angeboten wird die Berufsunfähigkeitsversicherung entweder als eigenständige Police oder in Kombination mit einer Lebens- oder Privatrentenversicherung. Obwohl die BU in Kombination mit einer Risikolebensversicherung oft kaum teurer ist als bei der eigenständigen Variante, taugt die Verknüpfung mit einem Lebens- oder Rentenversicherungs-Sparvertrag nichts. Denn müssen Sie wegen eines finanziellen Engpasses den Sparvertrag aussetzen, erlischt nämlich bei solchen Kombi-Policen auch der Schutz gegen die Berufsunfähigkeit, und sie stehen im Bedarfsfall im Regen.

Die Unfallversicherung für Kinder

Ähnlich wie die private Haftpflichtversicherung ist auch die Unfallversicherung eine Police, die wenig kostet, aber im Ernstfall viel bringt. Hier geht es in erster Linie um die finanzielle Absicherung von Kindern, wenn nach einem Unfall dauerhafte gesundheitliche Schäden zurückbleiben.

Wie hoch bei einem Unfall die Leistung der Versicherung ausfällt, hängt nicht nur von der Versicherungssumme ab, sondern auch von einer Einstufung, die im Versicherungs-Gruseldeutsch als »Gliedertaxe« bezeichnet wird. Dies ist eine Tabelle zur Bemessung der Invalidität und gibt für den Fall des vollständigen Verlustes oder der Funktionsunfähigkeit bestimmter Gliedmaßen oder Körperteile feste Invaliditätsgrade an. So ergibt beispielsweise der Verlust eines Daumens einen Invaliditätsgrad von 20 Prozent, der Verlust der Sehkraft auf einem Auge 50 Prozent oder der Verlust eines Beines 60 bis 70 Prozent. Je nach Tarif können die Invaliditätsgrade auch höher sein. Ob die Auszahlung als Einmalbetrag oder als lebenslang garantierte Monatsrente erfolgt, können Sie beim Vertragsschluss selbst bestimmen.

Links liegenlassen sollten Sie die sogenannte Unfallversicherung mit Beitragsrückgewähr. Dabei handelt es sich um Unfallversicherungen mit eingebautem Sparplan, bei denen Sie am Ende die eingezahlten Beiträge zurückbekommen. Allerdings sind die Kosten viel höher als bei einer reinen Risikoversicherung und die Renditen zumeist unterirdisch. Sie erinnern sich?! Vergessen Sie Koppelgeschäfte, auch wenn sie noch so gut getarnt sind.

Gut versichert im Ausland unterwegs

Wenn einer eine Reise macht, dann kann er was erzählen. Manchmal auch von Arztbesuchen oder Krankenhausaufenthalten im Ausland, weil ein Unfall passiert ist oder im Hotel die Salmonellen ausgebrochen sind. Zwar übernimmt zumindest im europäischen Ausland die gesetzliche Krankenversicherung die Kosten, die den von der dortigen Sozialversicherung gezahlten Honoraren entsprechen. Aber manche wichtige Leistungen wie beispielsweise der Rücktransport nach Hause werden von der Krankenkasse nicht übernommen, und in exotischeren Ländern gibt es keinen Versicherungsschutz. Das kann teuer werden: In den USA kostet ein Aufenthalt im Krankenhaus immerhin umgerechnet rund 2000 Euro pro Tag.

Deshalb macht es Sinn – sofern Sie nicht Ihre Ferien grundsätzlich zwischen Schwarzwald und Sylt verbringen – eine private Reisekrankenversicherung abzuschließen. Damit sind Sie bei ihren Urlaubsreisen zu einem geringen Preis weltweit krankenversichert, denn die Versicherung kostet weniger als 20 Euro pro Jahr. Abgedeckt sind innerhalb des versicherten Kalenderjahrs bei den meisten Anbietern alle Reisen bis zu einer Dauer von sechs Wochen pro Reise. Wer länger am Stück unterwegs ist, muss eine Zusatzversicherung abschließen.

Auf welche Versicherungen Sie verzichten können

Versicherungsverkäufer haben ja dieses besondere Talent zum Drohgeschichtenerzählen.

Wenn Sie ihnen alles glauben und brav die Verträge unterschreiben, stellen Sie jedoch schnell fest, dass Sie selbst der Ruinierte sind – denn dann können Sie Ihrem Chef getrost sagen, er möge die Hälfte Ihres Gehalts gleich an die Versicherung überweisen.

Prüfen Sie daher genau, ob Ihnen eine Versicherung wirklich nützt. Und nützlich ist eine Versicherung nur dann, wenn sie zu vertretbaren Kosten ein existenzbedrohendes Risiko umfassend abdeckt.

Um Ihnen die Auswahl zu erleichtern, stelle ich Ihnen hier ein paar Versicherungen vor, die kein Mensch braucht:

- **Kapitallebensversicherungen.** Ich höre schon den Aufschrei aus der Versicherungsbranche, aber die Kombination aus Sparvertrag und Lebensversicherung brauchen Sie nicht. Sie ist zu intransparent, weil Sie nie genau wissen, wie viel Geld die Versicherung wirklich für Sie anlegt. Sie ist zu unflexibel, weil Sie ohne Verluste bei der Rendite und ihrem Versicherungsschutz die Beiträge weder ändern noch aussetzen können. Wenn Sie Ihre Angehörigen für den Fall Ihres Ablebens finanziell absichern wollen, dann lesen Sie im nächsten Buchabschnitt, was eine reine Risikolebensversicherung für Sie bringt.
- **Glasversicherungen.** Die werden gerne zusätzlich zur Hausratversicherung (über die Sie im nächsten Abschnitt mehr erfahren) verkauft, sind aber so überflüssig wie Zahnschmerzen. Sollte tatsächlich mal eine Fensterscheibe zu Bruch gehen, bringen die Kosten Sie nicht ins Armenhaus. Und die richtig teuren Glasobjekte, nämlich Module von Fotovoltaikanlagen, sind dort sowieso nicht mitversichert.
- **Reisegepäckversicherung.** Diese Versicherung ist recht teuer, wäre aber sinnvoll, wenn sie weniger Lücken hätte. Sie müssen nämlich praktisch Tag und Nacht auf Ihren Koffern sitzen,

wenn Sie den Versicherungsschutz nicht verlieren wollen. Wer am Flughafen mal kurz zum Kiosk geht und das Gepäck aus den Augen lässt, kriegt bei Diebstahl keinen Cent von der Versicherung. Da die meisten Gepäckstücke nicht den Reisenden aus der Hand gerissen werden, sondern in einem unbeaufsichtigten und damit nicht versicherten Moment verschwinden, können Sie auf diese Versicherung getrost verzichten.

- **Kreditkartenversicherungen.** Der Vollständigkeit halber hier nochmals die Wiederholung dessen, was schon in den Tipps zur Kreditkarte genannt wurde: Lassen Sie sich nicht mit scheinbar nützlichen Reiseversicherungen zum Kauf einer teuren »Gold«- oder »Platin«-Kreditkarte verleiten. Die Versicherungen haben so viele Lücken und Ausschlussklauseln, dass sie die Bezeichnung eigentlich gar nicht verdienen.
- **Restschuldversicherungen.** Im Ratenkredit-Kapitel können Sie nachlesen, wie teuer und nutzlos diese mit einem Kredit gekoppelten Versicherungen sind.
- **Reparaturversicherungen.** Ob Handy, Notebook oder Waschmaschine – mit sogenannten Reparaturversicherungen legen Sie in aller Regel drauf. Sonst würde ja der Versicherer kein Geld verdienen.

Zu Ihrer Unterhaltung hier ein paar Schmankerln aus den Versicherungsbedingungen eines real existierenden Kreditkartenanbieters, der in seine teuren Kartenversionen noch allerlei Policen eingebaut hat:

Die Warenversicherung bezahlt Dinge, die nach dem Kauf beschädigt oder geklaut werden – allerdings nur innerhalb von 90 Tagen nach dem Kauf und wenn die Rechnung mit der passenden Kreditkarte bezahlt wurde. Auch bei der Verkehrsmittel-Unfallversicherung gibt es nur Geld, wenn bei einem Unfall mit einem öffentlichen Verkehrsmittel das Ticket mit der Kreditkarte bezahlt wurde. Oder die Geldautomaten-Raub-Versicherung:

Hier gilt nicht nur das Abheben mit der Kreditkarte als zwingende Voraussetzung, sondern auch, dass es sich um einen tätlichen Angriff innerhalb von zwei Stunden nach dem Geldabheben handelt. Taschendiebstahl ist ebenso wenig mitversichert wie der Diebstahl nach dem Abheben an einem von Betrügern manipulierten Geldautomaten. Liebe Versicherungs-Marketingleute, wer von euch denkt sich bloß solchen Blödsinn aus?

Nützliche Planungshilfen für Finanzeinsteiger

Checkliste Girokonto

Zuerst prüfen Sie Ihr bestehendes Konto:
- Wie viel kostet mich derzeit mein Girokonto pro Jahr?
- Welche Karten sind dabei?
- Welche davon setze ich auch regelmäßig ein?
- Wie hoch ist der aktuelle Dispokreditzins?
- Wie hoch waren in den letzten zwölf Monaten meine Zinskosten?
- Nutze ich Online-Banking?
- Bietet meine Hausbank ein günstigeres Kontomodell an?

Was Sie vor der Eröffnung eines neuen Kontos beachten sollten:
- Ist das Konto ohne Sternchen und Fußnoten kostenlos, oder werden beim Unterschreiten eines bestimmten Geldeingangs Gebühren verlangt?
- Welche Karten sind inklusive und welche kosten extra?
- Sind genügend Geldautomaten in der Nähe kostenlos nutzbar?
- Bei Online-Konten: Wie hoch sind die Gebühren für Papier-Überweisungen?
- Wie hoch ist der Dispokreditzins?

NÜTZLICHE PLANUNGSHILFEN FÜR FINANZEINSTEIGER

Berechnungshilfe für den Kostenvergleich beim Girokonto

Monatliche Kontogebühr: _____ × 12 = _____ Euro

Jahresgebühren für EC-Karte: _____ Euro

Jahresgebühren für Kreditkarte: _____ Euro

Zahl der Buchungen pro Monat: _____

Gebühr pro Buchungsposten _____ × Anzahl × 12 = _____ Euro

Höhe des Dispokreditzinses: _____ %

_____ Monate ist das Konto pro Jahr im Minus

mit durchschnittlich _____ Euro

Minusstand × Dispokreditzinssatz × Monate ÷ 12 = _____ Euro

Jährliche Gesamtkosten: _____ *Euro*

Berechnungshilfe für die Investitionsplanung

Auto:

Nächster Kauf ist in _____ Jahren geplant

Voraussichtlicher Restwert des aktuellen Autos: _____ €

Bereits dafür eingeplantes Guthaben: _____ €

Noch anzusparendes Guthaben: _____ €

Diesen Betrag durch (Jahre × 12) teilen = ___ € monatliche Sparrate

Andere Investitionen, z. B. Einrichtung, Renovierung:

Kauf/Maßnahme ist in ___ Jahren geplant

Bereits dafür eingeplantes Guthaben: ___ €

Noch anzusparendes Guthaben: ___ €

Diesen Betrag durch (Jahre × 12) teilen = ___ € monatliche Sparrate

Checkliste für den Vergleich von Ratensparplänen

- Hat die Bank ihren Hauptsitz in Deutschland und gehört damit der deutschen Einlagensicherung an?
- Wie lange soll die gewünschte Spardauer sein?
- Wie hoch ist die Mindestsparrate?
- Kann die Sparrate während der Laufzeit ausgesetzt werden?

92   LEVEL 1: BASISWISSEN FÜR EINSTEIGER

- Kann die Sparrate während der Laufzeit erhöht oder reduziert werden?
- Kann auf das Guthaben auch vorzeitig zugegriffen werden?
- Ist die Grundverzinsung fest oder variabel?
- Auf welche Basisgröße bezieht sich die Prämienzahlung?
- Wie hoch ist der Effektivzins bzw. die jährliche Rendite für die gewünschte Laufzeit?

Checkliste für vermögenswirksame Leistungen (vL)
- Bietet der Arbeitgeber einen Zuschuss fürs vL-Sparen an?
- Wenn ja: Wie hoch ist der Zuschuss, und gelten bei Bedarf für Azubis oder Teilzeitkräfte Sonderregelungen?
- Besteht aufgrund des Einkommens Anspruch auf Arbeitnehmersparzulage?
- Für welches Sparziel (z. B. spätere Anschaffungen oder freier Vermögensaufbau) soll das Guthaben einmal verwendet werden?
- Welche Anlageform kommt aufgrund des Sparziels und eventuellem Anspruch auf Arbeitnehmersparzulage am ehesten in Frage?

Kompaktübersicht Versicherungen: Wer was braucht
- *Kfz-Haftpflichtversicherung:* Alle Autobesitzer.
- *Kfz-Kaskoversicherung:* Besitzer von neueren oder kreditfinanzierten Autos.
- *Private Haftpflichtversicherung:* Alle, die nicht bei ihren Eltern in der Haftpflichtversicherung mitversichert sind.
- *Berufsunfähigkeitsversicherung:* Alle Arbeitnehmer und Selbständigen.
- *Unfallversicherung:* Sinnvoll für Kinder. Eventuell geeignet für Erwachsene, die sich keine Berufsunfähigkeitsversicherung leisten können.
- *Reisekrankenversicherung:* Alle, die im Ausland Urlaub machen.

Schritt für Schritt: So wechseln Sie die Kfz-Versicherung

Bis zum 30. November können Sie jeweils zum Jahreswechsel die Kfz-Versicherung kündigen und sich einen neuen Anbieter suchen, wenn die Verträge – was überwiegend der Fall ist – jeweils bis zum Ende des Kalenderjahres laufen und sich ohne Kündigung automatisch verlängern. Nur wenige Versicherer schließen Verträge ab, die unterjährig jeweils für zwölf Monate laufen. In diesem Fall müssten Sie spätestens einen Monat vor Vertragsablauf kündigen.

Schritt 1:
Holen Sie bis Anfang November bzw. zwei Monate vor Vertragsablauf Angebote ein, und filtern Sie den günstigsten Versicherer heraus.

Schritt 2:
Stellen Sie beim neuen Versicherer den Antrag, und schummeln Sie nicht, wenn nach Punkten in Flensburg oder früheren Schäden gefragt wird – das könnte Sie nämlich den Versicherungsschutz kosten.

Schritt 3:
Kündigen Sie nicht, bevor kein unterschriftsreifes persönliches Angebot der neuen Versicherung vorliegt. Insbesondere bei der Kaskoversicherung kann es vorkommen, dass Sie bei zu hohen Vorschäden als Neukunde abgelehnt werden.

Schritt 4:
Ist der neue Vertrag unterschriftsreif, dann können Sie schriftlich bei Ihrer alten Versicherung kündigen. Auf Nummer sicher gehen Sie, indem Sie das per Einschreiben tun.

Level 2:
Finanzplanung für Fortgeschrittene

Glückwunsch – wenn Sie den ersten Abschnitt dieses Buchs gelesen und idealerweise bereits in die Praxis umgesetzt haben, brauchen Sie den täglichen Umgang mit Geld nicht mehr dem Zufall zu überlassen. So, und jetzt zünden wir die zweite Stufe, bei der es vor allem um Ihren langfristigen Vermögensaufbau und die Altersvorsorge geht.

Seit uns der einstige Bundesarbeitsminister Norbert Blüm in schönstem Hessisch erklärt hat, dass die Rente sicher sei, wissen wir, dass Vater Staat auch in Zukunft Renten zahlen will. Nur wissen wir leider nicht, in welcher Höhe.

Zwar wurde mit den Rentenreformen der vergangenen Jahre versucht, die Finanzierbarkeit der gesetzlichen Rente auf ein langfristig kalkulierbares Fundament zu stellen. Aber ob die Rechnung in zehn oder zwanzig Jahren immer noch mit denselben Formeln aufgeht, kann heute niemand genau sagen.

Bitte nicht falsch verstehen: Ich will hier nicht den Sozialstaat kaputtreden, und die deutsche Variante der gesetzlichen Rentenversicherung ist im Vergleich zu den Systemen in anderen Ländern noch eine der besseren Alternativen. Aber dass es Grenzen gibt, sollte Lieschen Müller (weder verwandt noch verschwägert) schon bei den einfacheren Überlegungen zur gesetzlichen Rente klar sein. Wenn immer mehr Ausbildungs- und Studienabsolventen erst mit knapp 30 Jahren voll ins Erwerbsleben einsteigen und die Lebenserwartung in Richtung 90 Jahre geht, lassen sich die Alternativen auch ohne Taschenrechner ermitteln: Wer mit 60 Jahren in Rente gehen will, muss entweder zuvor hohe Summen auf die Seite gelegt haben oder sich als Rentner vorwiegend von den Früchten seines Schrebergartens ernähren. Und wer beides nicht will oder kann, muss eben länger arbeiten.

Vor diesem Hintergrund war übrigens der alte Bismarck kein Sozialheld, sondern eher ein knallharter Knauser, der mit seiner Methode selbst Dagobert Duck vor Neid die Tränen in die Augen getrieben hätte: Die Bismarcksche Einführung der gesetzlichen Altersrente sah die Rentenzahlung erst ab dem 70. Lebensjahr vor – und das bei einer damaligen Lebenserwartung von nicht einmal 50 Jahren. Das würde gemäß der heutigen Lebenserwartung der Rente mit 105 entsprechen. ... würde Frau von der Leyen mit diesem Vorschlag heutzutage um die Kurve kommen, würde der Begriff »Wutbürger« vermutlich erneut Wort des Jahres.

Neben dem Sparen auf konkrete Investitionen ist es deshalb absolut sinnvoll, an später zu denken und auf lange Sicht Vermögen aufzubauen. Wie man das anfängt? Da gibt es gleich mehrere, unterschiedliche Möglichkeiten:

1. Die betriebliche Altersvorsorge (bAV), bei der ein Teil des Gehalts in Vorsorgeguthaben umgewandelt wird.
2. Die staatlich geförderten Riester- und Rürup-Sparpläne, für die es Zulagen und Steuervergünstigungen gibt.
3. Den privaten Vermögensaufbau mit Investmentfonds oder anderen langfristigen Anlageformen.

TIPP Dazu gleich vorweg: Bei der langfristigen Geldanlage weiß man nie genau, welche Produkte sich auf Sicht der nächsten zehn oder zwanzig Jahre am besten entwickeln werden. Mit der Mischung unterschiedlicher Anlageformen werden Sie zwar nicht die maximal mögliche Rendite erreichen – aber Sie können im schlimmsten Fall verhindern, dass Sie am Ende alles auf die falsche Karte gesetzt haben.

So funktioniert die
betriebliche Altersvorsorge (bAV)

»Hey, Chef, ich will mehr Rente« – das kommt möglicherweise besser an als eine Forderung nach mehr Gehalt. Nicht nur weil der brave Angestellte damit Weitblick beweist, sondern auch ganz profan wegen des Verhältnisses von Brutto zu Netto. Während bei der klassischen Gehaltserhöhung schon mal die Hälfte von den mitwachsenden Sozialabgaben und Steuern aufgefressen werden kann, landet die betriebliche Altersvorsorge quasi »Brutto für Netto« auf dem Vorsorgekonto des Arbeitnehmers. Weil nämlich, natürlich im Rahmen bestimmter Grenzen, die Umwandlung von Gehaltsbestandteilen in Vorsorgeguthaben von der Sozialversicherung und Einkommensteuer befreit ist, spart nicht nur der Arbeitnehmer diese Abzüge, sondern auch das Unternehmen spart: die Arbeitgeberbeiträge. Da ist also Spielraum vorhanden.

Voraussetzung für diese Vergünstigungen ist allerdings, dass der Betrieb das Vorsorgeguthaben so bildet, wie es den Vorgaben des Betriebsrentengesetzes entspricht.

Die zulässigen Anlageformen

Welche Anlageformen in der betrieblichen Altersvorsorge möglich sind, ist gesetzlich festgeschrieben und wird dort als »Durchführungsweg« bezeichnet.

- **Direktzusage**. Hier sichert das Unternehmen dem Arbeitnehmer zu, beim Eintritt in den Ruhestand eine Rente zu zahlen. Das Unternehmen braucht das Geld dabei nicht auf einem Sonderkonto anzulegen, muss aber in der Bilanz Rückstellungen bilden. Dieser Durchführungsweg wird oft von größeren Unternehmen beschritten, befindet sich aber eher auf dem Rückzug.
- **Direktversicherung**. Das Unternehmen schließt für den Arbeitnehmer eine private Rentenversicherung ab und zahlt dort Bei-

träge ein. Diese einfach zu handhabende Variante ist vor allem bei kleineren und mittelständischen Unternehmen beliebt.

- **Pensionskasse**. Eine Pensionskasse ist ein Versicherungsverein und entspricht im Wesentlichen der privaten Rentenversicherung. Dieses Modell ist ebenfalls einfach zu verwalten und wird von Betrieben gerne angeboten.
- **Pensionsfonds**. Hier handelt es sich um Mischfonds, bei denen der Aktienanteil wesentlich höher sein kann als bei einer Pensionskasse oder einer Direktversicherung. Allerdings gilt hier: Wenn bis zum Renteneintritt Verluste zu verzeichnen sind, muss der Arbeitgeber die Kapitallücke aus der eigenen Tasche stopfen. Bei den beiden zuvor beschriebenen Durchführungswegen steht hingegen der jeweilige Anbieter für den Kapitalerhalt ein.
- **Unterstützungskasse**. Bei dieser ziemlich komplizierten Konstruktion verwaltet ein Verein, eine GmbH oder eine Stiftung – eben die Unterstützungskasse – die Einzahlungen von einem oder mehreren Unternehmen. Die eingezahlten Beiträge können frei angelegt werden, in Frage kommen somit auch Aktien oder Investmentfonds. Wenn eine Unterstützungskasse das Geld bei einer Versicherung anlegt und die Versorgungsansprüche an diese überträgt, spricht man von einer »rückgedeckten Unterstützungskasse«.

Was passiert bei einer Pleite des Arbeitgebers?

Wenn ein Arbeitgeber auf dem Trockenen sitzt, dann sind nicht nur Arbeitsplätze in Gefahr. Wurde die Finanzierung der Betriebsrenten nicht an Versicherungen oder Pensionskassen ausgelagert, sondern erfolgt aus dem Unternehmenskapital, bangen alle nicht nur um den Job, auch die ehemaligen Mitarbeiter sorgen sich um ihre Betriebsrente. Eine ziemlich blöde Situation, denn im Zweifel ist nicht nur der Arbeitsplatz und somit vielleicht das Einkommen der nächsten Jahre weg, sondern die sichergeglaubte Altersvorsorge gleich mit.

SO FUNKTIONIERT DIE BETRIEBLICHE ALTERSVORSORGE (BAV)   99

Um die Betriebsrenten vor einer Insolvenz zu schützen, gründeten der Arbeitgeberverband und die Versicherungswirtschaft den Pensions-Sicherungs-Verein (PSV), der im Januar 1975 seinen Betrieb aufnahm und wie eine Versicherung funktioniert: Die Unternehmen zahlen Beiträge ein, deren Höhe sich nach den zu finanzierenden Betriebsrenten richtet, und dafür zahlt im Insolvenzfall der PSV die Renten weiter. PSV-Beiträge werden immer dann fällig, wenn keine direkte Kapitalerhaltsgarantie durch die Versicherung oder Pensionskasse erfolgt – also für Pensionsfonds, Direktzusagen und Unterstützungskassen.

Wie viel die Unternehmen in den großen Topf einzahlen müssen, hängt auch von den Schadenssummen des Vorjahres ab. Spektakuläre Großpleiten haben immer wieder die PSV-Umlage nach oben getrieben. Das teuerste Schadensjahr war für den Sicherungsverein übrigens das Jahr 2002, als gleich reihenweise Großunternehmen wie Babcock-Borsig, Fairchild Dornier und Philipp Holzmann dichtmachten und der PSV auf einen Schlag die Renten von Tausenden ehemaligen Arbeitnehmern weiterzahlen musste. Betriebsrentner haben also eigentlich wenig zu befürchten, denn sie können auf den PSV-Solidartopf vertrauen.

Das war im Übrigen hinter den Kulissen eines der Haupterpressungsargumente bei den Verhandlungen um Staatshilfen für Opel im Jahre 2009. Hätte der Mutterkonzern General Motors die Tochter Opel pleitegehen lassen, wären auf den deutschen Pensionssicherungsverein Forderungen in Höhe von vermutlich 4 Milliarden Euro zugekommen, die die deutsche Wirtschaft hätte tragen müssen. Ein gutes Argument bei den Verhandlungen mit dem Staat, finden Sie nicht?

Wer zahlt: Arbeitgeber oder Arbeitnehmer?

Wenn Sie Glück haben, müssen Sie für Ihre betriebliche Altersvorsorge keinen Cent selbst in die Hand nehmen. In manchen Unternehmen sehen die Betriebsvereinbarungen nämlich eine sogenannte unternehmensfinanzierte Betriebsrente vor. Je länger Sie dort angestellt sind, umso mehr Rente können Sie einmal vom Arbeitgeber erwarten.

Doch was passiert bei einer Kündigung? Nun, dann kommt es darauf an, ob Ihnen der Ex-Arbeitgeber bereits aufgelaufene Rentenansprüche wieder wegnehmen darf oder nicht – diesen Knackpunkt bezeichnet der Gesetzgeber in seinem schönen Beamtendeutsch als »Unverfallbarkeit«. Wenn Ihre Ansprüche »unverfallbar« sind, können sie nicht mehr einbehalten werden, also nicht mehr verfallen.

Nun können Sie aber keinen Antrag auf Erteilung eines Unverfallbarkeitsformulars einreichen, sondern dieser Zustand tritt, wenn überhaupt, dann automatisch ein. Die gesetzlichen Spitzfindigkeiten diesbezüglich sind ziemlich heftig, und weil es sich hier nicht um ein juristisches Fachbuch handelt, übe ich mich lieber in der schönen Tugend der praxisnahen Vereinfachung: Wenn Sie den Job wechseln, können Sie davon ausgehen, dass Sie die unternehmensfinanzierten Rentenansprüche verlieren, wenn die Versorgungszusage noch keine fünf Jahre bestanden hat. Die älteren Ansprüche bleiben dagegen bestehen. Und: Wenn Sie bei der Kündigung jünger als 25 Jahre sind, gibt es nichts. Wohlgemerkt, die Rede ist immer von den Betriebsrentenansprüchen, die nur aus Zahlungen des Arbeitgebers finanziert wurden.

Die andere Form der Finanzierung nennt sich Gehaltsumwandlung und funktioniert genau so, wie Sie es jetzt wahrscheinlich vermuten.

Sie gehen einfach zu Ihrem Chef und vereinbaren mit ihm, dass ein bestimmter Teil Ihres Gehalts – das können auch Sonderzahlungen wie Weihnachts- und Urlaubsgeld sein – direkt in die betriebliche Altersvorsorge fließt. Wegen des schon erwähnten »Brutto-für-Netto«-Effektes reduziert die Gehaltsumwandlung Ihr Nettogehalt nur teilweise. Wenn Sie etwa monatlich 100 Euro in die betriebliche Altersvorsorge umleiten, werden von

Ihrem Gehalt weniger Lohnsteuer und Sozialabgaben abgezogen, und Sie haben unten auf dem Lohnzettel vielleicht nur 55 oder 60 Euro weniger stehen.

Die Obergrenze für die steuer- und sozialversicherungsfreie Gehaltsumwandlung wird durch die Beitragsbemessungsgrenze der gesetzlichen Rentenversicherung definiert, die für das Jahr 2010 bei einem Bruttomonatsgehalt von 5500 Euro lag. Von dieser Summe dürfen Sie maximal 4 Prozent, also 220 Euro, in die Gehaltsumwandlung einbringen. Weitere 1800 Euro pro Jahr können Sie von Ihrem Bruttogehalt steuerfrei, aber sozialversicherungspflichtig in eine Direktversicherung, eine Pensionskasse oder einen Pensionsfonds einzahlen. Otto Normalverdiener hat damit jede Menge Spielraum für die betriebliche Altersvorsorge.

Im Gegensatz zur unternehmensfinanzierten Vorsorge haben Sie ein Recht auf Gehaltsumwandlung – immerhin zahlen Sie die Beiträge aus eigener Tasche. Dafür darf der Arbeitgeber den Anbieter und das Anlageprodukt aussuchen. Dank der Absicherung durch den PSV hält sich dabei für Sie das Risiko in Grenzen. Und: Wählen Sie die Gehaltsumwandlung, so kann Ihr Vorsorgeguthaben bei einem Jobwechsel nicht verfallen. Doch trotzdem tappt man auch in diesem Fall leicht in eine Falle.

Die Zillmerungs-Falle beim Jobwechsel

Zillmer... was?! Klingt so langweilig, dass man das Kapitel gleich überblättern will, aber das Thema ist eines der wichtigsten, unbekanntesten und gemeinsten im Anlagebereich. Scheuen Sie also nicht, das Thema mit mir anzugehen. Der alte Zillmer kann ja nichts dafür, dass sein Name nicht nach wilden Partys klingt. August Zillmer lebte im 19. Jahrhundert und mag sich gedacht haben: »... was macht man mit so einem langweiligen Namen am besten beruflich? ... Werd ich eben Versicherungsmathematiker.« Wenn Sie sich mal wieder für irgendeine Ausschweifung selbst kasteien wollen, lesen Sie sich auf Wikipedia den Abschnitt »Zillmerung« durch. Danach empfinden Sie Topflappen-Klöppeln als Adrenalin-Event. Wenn Sie nichts zu kasteien haben, reicht es aber völlig, wenn wir uns hier gemeinsam auf die Gemeinheit konzentrieren, mit der der liebe August heute meistens in Verbindung gebracht wird.

Versicherungs- und Finanzvermittler leben von den Provisionen, die sie beim Verkauf der verschiedenen Anlageprodukte vom Anbieter erhalten. Das ist auch bei der betrieblichen Altersvorsorge nicht anders. Nun ist es so, dass die Provisionen eigentlich parallel zu den Einzahlungen des Kunden fließen müssten, so dass ein Versicherungsvertreter für den Abschluss einer Rentenversicherung 30 Jahre lang Monat für Monat einen kleinen Betrag erhalten würde.

Doch in der Praxis gibt es für die Verkäufer von Versicherungen – und dazu zählen auch die in der betrieblichen Altersvorsorge beliebten Direktversicherungen – auf einen Schlag die Provision für den ganzen Sparplan gleich nach dem Vertragsabschluss. Konkret: Wenn Sie einen Versicherungssparplan mit 25 Jahren Laufzeit und 100 Euro Monatsrate unterschreiben, kassiert der Vermittler direkt nach dem Abschluss rund 1000 Euro Provision.

Diese Gebühren werden Ihnen – hübsch verteilt – über die ersten Jahre von Ihrem Guthaben abgezogen, und zwar nach einer Formel, die vor rund 130 Jahren von ebenjenem Versicherungsmathematiker August Zillmer erfunden wurde. Das hat zur Folge, dass vor allem in den ersten Jahren das Guthaben, das im Versicherungsdeutsch als »Rückkaufswert« bezeichnet wird, mit den Einzahlungen nicht Schritt halten kann. Da kann es durchaus vorkommen, dass Sie bei einer Vertragsauflösung nach zwei oder drei Jahren zwar ein paar tausend Euro eingezahlt haben, aber nur ein paar hundert Euro herausbekommen.

Machen Sie sich das ruhig bildhaft klar: Sie zahlen beim Abschluss eines solchen gezillmerten Produktes wie zum Beispiel einer Lebensversicherung bis zu drei Jahre jeden Monat jeden Cent nur für die Abschlussprovision des netten Versicherungsvertreters mit dem schicken Kugelschreibergeschenk. Mitunter erst nach 3 Jahren und einigen tausend Euro legen Sie den ersten Cent auf Ihr eigenes Ansparkonto, und auch erst jetzt beginnt das Zins- und Zinseszinsspiel für Sie. Sind Sie sicher, dass Sie das so wollen?

Genau das kann bei einem Jobwechsel nämlich fatal werden, denn der neue Arbeitgeber ist nicht verpflichtet, Ihre alte Pensionskasse oder Direktversicherung zu übernehmen. Das bedeutet dann: Den alten Vorsorge-Sparvertrag stilllegen, einen neuen abschließen – und beim nächsten Jobwechsel geht das Spiel wieder von vorne los. So sammeln Sie nicht nur Referenzen, sondern auch mehr oder weniger nutzlose Verträge, bei denen die Einzahlungen größtenteils als Provision in die Taschen der Vermittler geflossen sind.

TIPP Vor allem für Berufseinsteiger, die sich am Beginn ihrer Karriere befinden, stellt sich die Frage nach der Sinnhaftigkeit der Gehaltsumwandlung. Wenn Sie vorhaben, erst einmal bei verschiedenen Unternehmen Erfahrungen zu sammeln, können Sie auf diese Form der Altersvorsorge verzichten, weil sie Ihnen außer Verlusten nichts bringt. Ausnahme: Manche Arbeitgeber bieten bei der Gehaltsumwandlung auch »ungezillmerte« Tarife an, bei denen das Guthaben von Beginn an mitwächst – und die lohnen sich nicht erst nach fünf oder zehn Jahren fleißigen Einzahlens.

Drei entscheidende Fragen zur betrieblichen Altersvorsorge

Sie sehen: Ob sich die betriebliche Altersvorsorge lohnt, hängt sowohl von den Angeboten des Arbeitgebers als auch von Ihrer persönlichen Karriereplanung ab. Fassen wir daher die Sachlage in den drei Fragen zusammen, auf die es wirklich ankommt:

- *Gibt es ein arbeitgeberfinanziertes Angebot?* Wenn ja, nehmen Sie es einfach mit, denn beim Verzicht darauf haben Sie keinen Anspruch auf eine Ersatzleistung. Zwar gehen bei einem

Jobwechsel möglicherweise alle Ansprüche verloren, aber das ist kein Grund zum Klagen – Sie haben ja nichts dafür bezahlt.

- *Gibt es Gehaltsumwandlung ohne Zillmerung?* Mit dieser Frage bringen Sie die Personalabteilung oft ganz schön ins Schleudern, denn dort weiß man selber nicht immer ganz genau, wie die Rahmenverträge mit dem Versicherer oder der Pensionskasse in diesem wichtigen Detail aussehen. Und: Argumentieren Sie hier mit Vorsicht, denn sonst könnte ein spitzfindiger Personalchef in Ihre Frage die Ankündigung einer Kündigung hineininterpretieren ...
- *Wie sieht Ihre Karriereplanung aus?* Es ist immer schwierig herauszufinden, ob die aktuelle Stelle der »Job fürs Leben« ist – zumal sich die aussichtsreichste Position in Krisenzeiten nur allzu schnell in Wohlgefallen auflösen kann. Erst wenn hier einigermaßen Klarheit herrscht, reduziert sich das Verlustrisiko bei Verträgen mit Zillmerung.

Licht und Schatten bei der Riester-Rente

Wer ist Deutschlands bekanntester Fliesenleger? Mit ziemlicher Sicherheit ist es Walter Riester, der diesen Job bis zu seiner zweiten Karriere in der Gewerkschaft ausübte und in seiner dritten Karriere als Bundesarbeitsminister unter Bundeskanzler Gerhard Schröder die nach ihm benannte Riester-Rente auf den Weg brachte. Ein Anlageprodukt, das vor allem die Versicherungswirtschaft begeistert, denn die hat bislang rund 80 Prozent aller Riester-Sparverträge verkauft.

Doch trotz staatlicher Zulagen ist das Riester-Sparen nicht unumstritten, und das zu Recht: Komplizierte Vertragsklauseln und undurchsichtige Gebührenstrukturen können am Ende die Freude an den Zulagen ganz schön eintrüben. Zum Renditebringer wird

LICHT UND SCHATTEN BEI DER RIESTER-RENTE 105

das Riestern erst dann, wenn Sie es mit Sorgfalt in Ihre langfristige Planung einbauen und mit derselben Sorgfalt den passenden Anbieter heraussuchen.

Was will ich damit sagen? Wenn die Bank gerade ihre »Riester-Wochen« veranstaltet und ihre Kunden nach dem Geldholen am Schalter noch kurz mal einen Riester-Vertrag unterschreiben lässt, ist das Risiko einer Fehlentscheidung ziemlich hoch. Wenn Sie sich jedoch erst einmal durchrechnen, ob ein Riester-Sparplan für Sie generell taugt, und im zweiten Schritt nicht nur auf die staatlichen Zulagen schielen, sondern die Kostenstruktur und Solidität des Anbieters unter die Lupe nehmen, dann ist das Floprisiko deutlich reduziert.

Was Sie vom Staat erwarten können

Beginnen wir mit dem angenehmsten Teil des Riesterns, nämlich mit den staatlichen Zulagen und Steuervergünstigungen. Zunächst einmal gibt es die Grundzulage, die für Singles 154 Euro pro Jahr beträgt. Ehepaare erhalten das Doppelte, wenn jeder Ehepartner einen eigenen Vertrag abschließt. Dann gibt es noch die Kinderzulage in Höhe von 185 Euro für jedes Kind, für das Sie auch Kindergeld bekommen. Wurde ein Kind nach dem 31. Dezember 2007 geboren, beträgt die Zulage sogar 300 Euro.

Allerdings erhalten Sie nur dann die volle Zulage, wenn die gesamten jährlichen Sparleistungen auf den Riester-Vertrag 4 Prozent des Vorjahres-Bruttoeinkommens betragen. Zahlen Sie weniger ein, dann kürzt der Staat die Zulagen im entsprechenden Verhältnis.

Das bedeutet im konkreten Beispiel: Ein Ehepaar – beide berufstätig – hat ein gemeinsames Jahresbruttoeinkommen von 60 000 Euro und ein zulagenberechtigtes Kind, das vor dem 1. Januar 2008 geboren worden ist. Daraus errechnet sich bei zwei separaten Riester-Verträgen der für die volle Zulage notwendige Eigenanteil wie folgt:

Bruttoeinkommen gemeinsam:	60 000 Euro
davon 4 %	2 400 Euro
– Grundzulage Ehepaar	308 Euro
– Kinderzulage	185 Euro
= Eigenanteil für volle Zulage	**1 907 Euro**

Wenn Sie jährlich nicht den vollen Eigenanteil, sondern beispielsweise nur zwei Drittel – also 1271 Euro – einzahlen, dann kürzt der Staat die Zulagen ebenfalls um ein Drittel. So weit zu den Zulagen. Aber es gibt fürs Riestern auch Steuervergünstigungen: Sie können die Riester-Sparraten als Einzahlungen in Altersvorsorgeverträge im Rahmen der Sonderausgaben bei Ihrer Steuererklärung geltend machen. Doch Vorsicht, hier lauert eine Denkfalle, denn es gibt nicht beides, Zulage plus Steuervergünstigung: Ob die Zulage oder die Steuerersparnis für den Riester-Sparer am günstigsten ist, wird vom Finanzamt automatisch geprüft. Anleger mit hohem Einkommen und keinem oder nur einem Kind können dann zusätzlich zur eher mageren Zulage auf eine ergänzende Einkommensteuer-Rückzahlung hoffen.

Bei geringem Einkommen könnte es rein rechnerisch vorkommen, dass der Riester-Sparvertrag praktisch nur aus den Zulagen gespeist wird. Dem hat jedoch Vater Staat einen Riegel vorgeschoben: Mindestens 60 Euro pro Jahr müssen aus eigener Tasche eingezahlt werden, sonst wird die Zulage anteilig gekürzt.

Wann die Zulage in Gefahr ist

»Hab ich sicher!« – das kann der Torwart nach einer Glanzparade sagen, aber nicht der Riester-Sparer nach Gutschrift der Zulage. Die Riester-Zulage ist nämlich alles andere als unwiderruflich, auch wenn sie bereits auf Ihrem Anlagekonto gutgeschrieben ist. Sobald Sie das Geld für etwas anderes als für Ihre spätere Zusatzrente verwenden, müssen Sie alle bislang erhaltenen Zulagen und Steuervergünstigungen wieder zurückzahlen!

Der Gesetzgeber nennt das eine »schädliche Verwendung« – schädlich in erster Linie für Ihr Riester-Guthaben, das vor der Auszahlung um die darin enthaltenen Zulagen erleichtert wird. Damit ist die scheinbar anlegerfreundliche Klausel, dass Sie Ihren Riester-Sparvertrag jederzeit kündigen können, mit äußerster Vorsicht zu genießen. Aber was ist diese »schädliche Verwendung« konkret? Hier die typischen Fälle:

- Sie lösen Ihr Riester-Guthaben auf und verwenden es für Anschaffungen oder für die Umschichtung in einen privaten Sparvertrag. Doch nur wenn das Geld direkt in einen anderen Riester-Sparplan fließt, können Sie die Zulage retten.
- Sie ziehen als Rentner ins Ausland außerhalb der EU um und sind nicht mehr in Deutschland unbeschränkt steuerpflichtig. Das kostet Sie die bisher gutgeschriebenen Riester-Zulagen.
- Sie sterben und Ihre Angehörigen lassen sich das Vertragsguthaben auszahlen.
- Sie lassen sich bei Rentenbeginn mehr als 30 Prozent des Guthabens sofort auszahlen und wandeln nur den weniger als 70-prozentigen Rest in eine Rentenversicherung um.
- Sie kaufen sich von dem Riester-Geld den dringend notwendigen dritten Flachbild-Fernseher für die Kellerbar.

TIPP Weil Sie bei einer »schädlichen Verwendung« Ihre Zulagen in den Kamin stecken können, sollten Sie nicht einmal eine Sekunde daran denken, Ihr Riester-Guthaben vor der Rente auch nur mit spitzen Fingern anzutasten. Tun Sie bis zum Rentenbeginn einfach so, als würden Sie das Geld nicht besitzen – das ist die sicherste Methode, um dem Verlust der Zulagen zu entgehen.

Wer überhaupt riestern darf

Riestern dürfen viele, aber nicht alle. Am wenigsten Gedanken müssen Sie sich machen, wenn Sie Arbeitnehmer sind, denn dann gehören Sie auf jeden Fall dazu. Auch diejenigen, die sogenannte Lohnersatzleistungen beziehen, können Riester-Zulage erhalten. Das sind zum Beispiel Empfänger von Elterngeld, Krankengeld sowie Arbeitslosengeld und Hartz IV – wobei sich bei Letzteren die berechtigte Frage stellt, ob sie sich das Riesterspar-Minimum von 60 Euro im Jahr überhaupt leisten können.

Und: Auch Beamte dürfen die finanziellen Annehmlichkeiten des Riester-Sparens in Anspruch nehmen. Hier dürfte sich allerdings die Notwendigkeit – zumindest bislang noch – dank üppiger Pensionsaussichten relativ in Grenzen halten.

Selbständige sind dagegen zunächst einmal vom Kreis der Riester-Berechtigten ausgeschlossen. Aber keine Regel ohne Ausnahme: Wenn Sie als selbständiger Kreativer in der Künstlersozialkasse versichert sind oder als Landwirt bzw. Handwerker der gesetzlichen Rentenversicherungspflicht unterliegen, dann dürfen auch Sie einen Riester-Sparplan unterschreiben und die Zulagen kassieren.

Welche Anlageprodukte in Frage kommen

Ohne Zertifikat geht nichts: Dieser urdeutsche Grundsatz gilt auch beim Riestern. Und so können Sie nur dann die Zulage bekommen, wenn der dazugehörige Sparvertrag mit Stempel und Aktennummer von Vater Staat als riestertauglich eingestuft worden ist. Der Anbieter muss bei solchen Anlageprodukten flexible Einzahlungen ermöglichen und – das dürfte eine der für Anleger wichtigsten Klauseln sein – garantieren, dass beim Erreichen des 60. Lebensjahrs zumindest die in den Vertrag eingezahlten Guthaben noch vorhanden sind.

VORSICHT Das Argument des Kapitalerhalts sollten Sie nicht überbewerten, denn gerade beim langfristigen Sparen ist diese »Garantie« von Jahr zu Jahr weniger wert. Schuld daran ist die Inflation, die am Geldwert knabbert wie der Rost am alten Auto. 2 Prozent Inflation lassen einen Kapitalwert von 1000 Euro im Lauf von 25 Jahren auf real nur noch knappe 610 Euro schrumpfen. Das Geld auf Ihrem Konto wird natürlich nicht weniger, aber in 25 Jahren können Sie mit 1000 Euro nur noch Waren kaufen, für die Sie heute 610 Euro bezahlt hätten. ... wenn es den Euro dann überhaupt noch gibt und die Inflationsrate zwischenzeitlich nicht ganz andere Drehzahlen annimmt.

Riester ist nicht gleich Riester. Die Riester-Angebote lassen sich in drei Anlagekategorien aufteilen: den Banksparplan, das Fondssparen und den Versicherungssparplan. Natürlich käme noch das Wohn-Riestern hinzu, aber das erkläre ich besser an späterer Stelle im Zusammenhang mit der Baufinanzierung.

Riester-Banksparpläne sind am einfachsten zu durchschauen, denn sie funktionieren wie ein ganz normaler Ratensparvertrag – mit dem Unterschied, dass die Einzahlungen variieren können und der undurchsichtige laufzeitabhängige Bonus entfällt. Die Riester-Banksparpläne werden zumeist variabel verzinst und entweder an die Umlaufrendite am Anleihenmarkt oder an eine Mischung von kurz- und langfristigen Marktzinsen gekoppelt. Die Entwicklung Ihres Geldes ist somit abhängig von der Gesamtentwicklung am Geldmarkt. Die meisten Banken verlangen keine Verwaltungsgebühren – und wenn, dann liegen sie bei moderaten 10 bis 15 Euro pro Jahr. Höhere Gebühren werden nur dann fällig, wenn Sie den Vertrag kündigen und dann mit dem Guthaben zu einem anderen Anbieter umziehen. Größtes Manko: Nur wenige Banken, darunter vor allem regional tätige Sparkassen und Genossenschaftsbanken, bieten überhaupt solche Banksparpläne für Riester-Sparer an.

TIPP Beim Riester-Banksparplan wachsen die Bäume nicht in den Himmel, aber er erwirtschaftet von Beginn an eine sichere und transparente Rendite. Das macht die Anlageform empfehlenswert für ältere Arbeitnehmer und für Sparer, die das Guthaben mittelfristig für die Eigenheimfinanzierung mitverwenden wollen.

Kommen wir nun zum Investmentsparen mit Riester-Förderung. Auf den ersten Blick scheint das eine nicht mit dem anderen kompatibel zu sein, denn bekanntermaßen müssen beim Riestern zumindest auf lange Sicht Verluste ausgeschlossen sein, während Investmentfonds die Schwankungen am Kapitalmarkt mitmachen.

Dennoch haben sich ein paar Fondsgesellschaften an die Herausforderung gewagt und Produkte entwickelt, die Sicherheit und Kapitalmarkt unter einen Hut bringen sollen. Herausgekommen sind dabei sogenannte Mischfonds, die in der Anfangsphase verstärkt in Aktien und später in sichere Bundeswertpapiere oder Bankguthaben investieren. Zusätzliche Sicherheit für den Anleger: Wenn trotz der sicheren Beimischungen beim Rentenbeginn unterm Strich ein Minus bleibt, muss die Fondsgesellschaft die Differenz aus eigener Tasche auffüllen.

TIPP Riester-Fonds eignen sich für jüngere Arbeitnehmer, die beim Riestern langfristig die Chancen der Aktienmärkte nutzen wollen. Fürs kurzfristigere Sparen ist diese Variante wenig geeignet, weil von Beginn an das Fondsguthaben überwiegend aus Zinsanlagen besteht – Sie entscheiden sich dann besser gleich ohne Umweg über den Fonds für einen Banksparplan.

Bleibt also das Versicherungssparen, das ich zugegebenermaßen immer mit etwas spitzen Fingern anfasse. Um es ganz grob zu vereinfachen: Ein Versicherungssparplan ist eine große Wundertüte, bei der niemand genau weiß, was drin ist und was am Ende rauskommt. Ja, ich höre jetzt den Aufschrei der Versicherungsleute. Aber mal ehrlich: Kann mir ein einziger Versicherungsvertreter sagen, welche konkreten Kosten und Provisionen von meiner nächsten Monatsrate abgezweigt werden und welche ganz konkreten Wertpapiere und sonstigen Anlagen die aktuellen Kundenguthaben decken?

Ganz generell kann man sagen, dass ein Versicherungssparplan zum größten Teil mit Staatsanleihen und Bankschuldverschreibungen und zu kleineren Teilen mit vermieteten Immobilien und Aktien abgedeckt wird. Diese Mischung soll nicht nur Verluste vermeiden, sondern der Sparer erhält sogar noch eine Garantieverzinsung. Diese liegt für Vertragsabschlüsse seit 1.1.2012 bei 1,75 Prozent – allerdings nicht bezogen auf die tatsächlichen Einzahlungen, sondern nur auf den Sparanteil der Raten nach Abzug der internen Vertriebs- und Verwaltungskosten, ... und wie hoch waren die noch mal? Richtig, das weiß niemand genau ...

Damit sind wir beim größten Nachteil des Versicherungssparens angelangt: Die Verträge sind mit hohen Nebenkosten verbunden, und den Versicherungsgesellschaften ist viel daran gelegen, dass der Verbraucher die tatsächliche Höhe der Gebühren nicht erfährt. Deshalb werden Gebührenposten bunt zusammengewürfelt, und was aus dem Durcheinander von festen Abschlusskosten, variablen und weiteren festen laufenden Gebühren am Ende herauskommt, kann fast nur noch ein Finanzmathematiker zuverlässig ermitteln.

Ein wichtiger Knackpunkt ist ähnlich wie bei den Versicherungsmodellen der betrieblichen Altersvorsorge die Zillmerung der Vermittlerprovision, die dazu führt, dass das Vertragsguthaben in den ersten Jahren trotz regelmäßiger Einzahlungen kaum wächst. Damit passt eine Riester-Versicherung nur zu Ihnen, wenn Sie langfristig sparen wollen und bei der Auswahl des Versicherers die Kosten und Ertragschancen ganz genau unter die Lupe nehmen.

TIPP Die Redakteure der von der Stiftung Warentest herausgegebenen Zeitschrift »Finanztest« machen sich in regelmäßigen Abständen viel Mühe, um aus dem Dschungel der Riester-Anbieter günstige Offerten herauszufiltern. Der einfachste Weg, um an die Ergebnisse zu kommen, führt über das Internet: Suchen Sie auf der Website www.test.de nach der Riester-Rente. Die Original-Artikel mitsamt Tabellen können Sie für wenige Euro als PDF-Dokument kaufen.

Unabhängig vom gewählten Anlagemodell gilt: Die Riester-Rente dient in erster Linie der Ergänzung der gesetzlichen Rente und sollte daher nicht auf einen Schlag, sondern in Form einer lebenslangen Rente ausgezahlt werden. Maximal 30 Prozent des Endguthabens dürfen entnommen werden, der Rest muss in eine Rente umgewandelt werden. Wird dieses Limit überschritten, muss der Sparer die bereits erhaltenen Zulagen und Steuervorteile zurückzahlen.

Die Rürup-Rente: Nur für wenige interessant

Bert Rürup war bis Februar 2009 einer der »Wirtschaftsweisen«, die der Bundesregierung ökonomischen Rat liefert. Darüber hinaus leitete er die Rürup-Kommission, die ebenfalls im Auftrag der Bundesregierung das System der deutschen Rentenversicherung auf den Prüfstand stellte. Und als ob das noch nicht genug wäre, stand er mit seinem Namen Pate für die Rürup-Rente, die neben betrieblicher Altersvorsorge und Riester-Rente die dritte Alternative bei der staatlich geförderten Altersvorsorge darstellt.

Allerdings ist Rürup in Bezug auf die Altersvorsorge der am wenigsten attraktive Kerl bei der Damenwahl: Man nimmt ihn nur, wenn man an die anderen beiden nicht rankommt.

Die Rürup-Rente, die häufig auch als »Basisrente« bezeichnet wird, ist nämlich eine ziemlich unflexible Rentenversicherung. Zwar können die Beiträge während der Ansparphase verändert werden, doch ab Rentenbeginn ist es vorbei mit der Flexibilität. Das Rürup-Rentenguthaben kann nur in eine lebenslange Leibrente umgewandelt werden, eine 30-prozentige Sofortauszahlung wie bei der Riester-Rente ist nicht drin. Eine Weiterzahlung nach dem Ableben des Rentners an die Hinterbliebenen ist nur dann möglich, wenn eine extra Hinterbliebenenversicherung mit abgeschlossen wurde. Und Sie vermuten richtig: Die kostet. Beim

Inhalt der Sparverträge gilt dasselbe wie bei Riester-Versicherungen: Man weiß nicht genau, was drin ist und welche Kosten der Anbieter für sich selbst und für seine Vertriebstruppen abzweigt.

Die Einzahlungen in die Rürup-Rente können im Rahmen der Sonderausgaben steuerlich abgesetzt werden. Dabei gibt es ziemlich komplizierte Regelungen, die ich an dieser Stelle vereinfacht wiedergeben möchte.

Zunächst einmal gilt, dass Ledige bis zu 20 000 Euro und Verheiratete bis zu 40 000 Euro pro Jahr als Aufwendungen für die Altersvorsorge im Rahmen der Sonderausgaben geltend machen können. Aber: Der volle Abzug ist erst im Jahr 2040 möglich, und vorher gibt es stufenweise Abschläge. Für das Jahr 2011 lassen sich 72 Prozent der Einzahlungen geltend machen, im Jahr 2012 sind es 74 Prozent und so weiter. Nein, ich habe mich nicht verrechnet: Ab 2020 steigt der Satz nur noch um einen Prozentpunkt pro Jahr, und damit ist die volle Abzugsfähigkeit erst 2040 erreicht.

VORSICHT Auch die Beiträge zur gesetzlichen Rentenversicherung fließen in den 20 000-Euro-Sonderausgabentopf, so dass für gesetzlich Versicherte von vornherein nicht allzu viel Spielraum bleibt, um die Steuervorteile der Rürup-Rente zu nutzen.

Für wen kommt dann die Rürup-Rente überhaupt in Frage? Zielgruppe sind in erster Linie die Selbständigen, die sich komplett aus der gesetzlichen Rentenversicherung verabschiedet haben und weder Riester-Rente noch betriebliche Altersvorsorge nutzen können. Hier macht es Sinn, über einen Rürup-Rentenvertrag zumindest das Existenzminimum im Rentenalter abzudecken. Wer den Begriff »Basisrente« in diesem Sinne interpretiert, ist auf der richtigen Spur. Allzu viel Kapital sollten Sie jedoch mit dieser Vorsorgeform nicht binden, denn außer einer festen Monatsrente im Rentenalter hat Ihnen das Rürup-Sparen nichts zu bieten.

Der Kosten- und Steuerkrimi

Der Mörder ist immer der Gärtner, und am Ende war's doch der Butler: So wie ein Krimi oft ganz anders ausgeht, als man denkt, ist es auch bei der Altersvorsorge. Die Steuervorteile nehme ich mit, denkt der Sparer und unterschreibt den Vertrag, der mit so schönen Begriffen wie »FörderRente« oder »Riester Meister« daherkommt. Wenn der Staat beim Sparen Zulagen zahlt oder Steuervorteile gewährt, dann muss ja die Rendite am Ende zwangsläufig höher sein als bei einem normalen Anlageprodukt ohne Förderung – diese Annahme ist ebenso simpel wie falsch.

Falsch ist sie, weil die Gesamtrendite einer Rentenversicherung nicht nur vom Anlagegeschick des Versicherers und den staatlichen Zulagen bestimmt wird, sondern vor allem von der Frage, wie lange der Versicherte lebt.

Falsch ist sie, weil ungünstige Kostenstrukturen die staatlichen Bonbons schneller auflutschen können, als dem Anleger lieb ist.

Und sie ist falsch, weil sich Vater Staat die scheinbar großzügigen Zuschüsse im Rentenalter über eine höhere Besteuerung wieder zurückholt. Ja, so isser der Staat, oder wie man bei uns im Süden sagt: »'s gibt nix umsonst, der Herr Schenker ist schon lange g'storben!«

Lassen wir mal die Frage nach der persönlichen Lebenserwartung außer Acht, obwohl Sie mit ein bisschen Sport und dem Verzicht auf die Zigaretten Ihre Rendite vermutlich gewaltig steigern könnten, und wenden uns den Kosten und der Besteuerung im Rentenalter zu. Die nachfolgenden Rechenbeispiele sind stark vereinfacht, damit sie besser nachvollziehbar sind. Allzu sehr ins Detail zu gehen ist ohnehin fragwürdig, weil weder die langfristigen Renditen und schon gleich gar nicht die steuerliche Situation in 20 oder 30 Jahren vorhersagbar sind.

Das nachfolgende Beispiel ist – ich gebe es zu – kompliziert, soll aber detailliert zeigen, dass das Totschlagargument »Außer

Riester gibt es keine vernünftige Altersvorsorge« nicht stimmt. Wenn Ihnen die Beweisführung zu dröge ist, dann blättern Sie einfach weiter bis zum Ende der Tabelle auf Seite 111 und lesen die Moral von der Geschichte.

Nehmen wir also an, Sie stehen vor der Entscheidung, einen Riester-Fondssparplan oder einen ungeförderten Sparplan – zum Beispiel mit börsennotierten Indexfonds (auch »ETF« genannt, mehr dazu später im Kapitel »Börsengehandelte Indexfonds als kostensparende Alternative«) – einzurichten. Möglicherweise können Sie aufgrund der geringeren Nebenkosten und der besseren Flexibilität mit einem ETF-Sparplan langfristig 5 Prozent Rendite herausholen, während der Riester-Sparplan nur 3 Prozent bringt, aber dafür im Schnitt zu einem Viertel über die Zulage gespeist wird. Das könnte dann bedeuten, dass Sie sich dank der Zulage eine jährliche Riester-Rate von 1000 Euro und bei einem ETF-Sparplan nur 750 Euro leisten können. Dann sieht die erste Rechnung so aus:

	Riester-Fonds	ETF-Sparplan
Eigene Sparleistung pro Jahr	750 Euro	750 Euro
Zulage/Steuerersparnis	250 Euro	0 Euro
Gesamte Sparleistung pro Jahr	1 000 Euro	750 Euro
Sparplanrendite	3 %	5 %
Guthaben nach 25 Jahren	**37 553 Euro**	**37 585 Euro**

Trotz deutlich niedrigerer Sparleistung hat jetzt der ETF-Sparplan sogar einen winzigen Tick besser abgeschnitten – aber Moment mal: War da nicht was mit der Abgeltungsteuer?

Richtig: Das Riester-Guthaben lassen wir mal so stehen und rechnen nach, was der Fiskus kassiert, wenn es die Abgeltungsteuer in 25 Jahren noch in heutiger Form geben sollte. Dabei unterstellen wir eine steuerschonende Vorgehensweise, indem Sie das ETF-Guthaben beispielsweise über drei Jahre verteilt auflö-

116 LEVEL 2: FINANZPLANUNG FÜR FORTGESCHRITTENE

sen und damit Reserven beim Sparerpauschbetrag in Höhe von
insgesamt 2000 Euro nutzen können. Wie gesagt: Alles ist eine
Hypothese, aber nicht unrealistisch.

	Riester-Fonds	ETF-Sparplan
Summe der Sparraten	25 000 Euro	18 750 Euro
Zinsen, Dividenden und Gewinne	12 553 Euro	18 835 Euro
Sparerpauschbetrag	0 Euro	2 000 Euro
abgeltungsteuerpflichtig	0 Euro	16 835 Euro
Abgeltungsteuer inkl. Soli in %	–	26,375 %
Abgeltungsteuer in Euro	–	4 440 Euro
Verbleibendes Guthaben	**37 553 Euro**	**33 145 Euro**

Also doch lieber Riester-Sparen? Nicht so hastig, denn wenn Sie
Ihr Guthaben in eine Monatsrente umwandeln, werden die Auszahlungen unterschiedlich besteuert. Die Riester-Rente ist in voller Höhe steuerpflichtig, während Sie bei einer privaten Leibrente
nur den sogenannten Ertragsanteil versteuern müssen.

Eine kurze Erläuterung hierzu: Der Ertragsanteil unterstellt,
dass Sie das Rentenguthaben aus komplett versteuertem Einkommen gebildet haben und die Rentenzahlung nicht nur aus
Erträgen, sondern auch aus nicht zu versteuerndem Kapitalver-
zehr besteht. Im Paragraph 22 des Einkommensteuergesetzes
gibt es eine Tabelle, die abhängig vom Alter bei der ersten
Rentenzahlung den Ertragsanteil festlegt. Dabei gilt: Je älter der
Versicherte bei Beginn der privaten Rentenauszahlung ist, umso
niedriger wird der Ertragsanteil. Bei einer Erstauszahlung mit
65 Jahren gelten nur 18 Prozent der Privatrente als steuerpflich-
tiges Einkommen.

So, und daraus resultiert nun unser nächstes Kunststück bei
der Rentenakrobatik. Nehmen wir an, dass Sie als Rentner einmal
inklusive Solidaritätszuschlag einen persönlichen Einkommensteuersatz von 27 Prozent haben.

	Riester-Rente	Privatrente
Rentenguthaben	37 553 Euro	33 145 Euro
daraus resultierende Monatsrente	208 Euro	184 Euro
davon steuerpflichtig	208 Euro	33 Euro
persönlicher Steuersatz inkl. Soli	27 %	27 %
Steuerabzug	56 Euro	9 Euro
Netto-Monatsrente	**152 Euro**	**160 Euro**

Und die Moral von der Geschichte? Ganz sicher nicht, dass Sie 8 Euro mehr Monatsrente bekommen, wenn Sie einen ETF-Sparplan statt einen Riester-Vertrag unterschreiben. Sondern …

- erstens: Die Zulagen und Steuervergünstigungen bekommen Sie vom Fiskus nicht geschenkt, sondern nur bis zum Rentenbeginn geliehen.
- zweitens: Schon kleine Änderungen bei Rendite, Kostenstruktur und individueller Zulage bzw. Steuerersparnis können das Endergebnis stark beeinflussen – und manche davon sind nicht vorhersehbar.
- drittens: Sie müssen bei der Altersvorsorge nicht auf Teufel komm raus die staatlich geförderten Programme mitmachen. Aber dann sollten Sie auf jeden Fall Ihren privaten Vermögensaufbau konsequent vorantreiben.

Ich erspare es Ihnen und mir an dieser Stelle, die betriebliche Altersvorsorge in gleicher Weise durchzudeklinieren. Nur so viel: Das Prinzip ist dasselbe wie bei der Riester-Rente, nur dass die Vergünstigungen aus eingesparter Lohnsteuer und niedrigeren Sozialversicherungsabgaben bestehen. Auch hier kommt das dicke Ende mit dem Renteneintritt, weil dann die Zahlungen nicht nur in voller Höhe steuerpflichtig sind, sondern auch mit Krankenkassenbeiträgen belegt werden.

TIPP Angesichts der vielen Unwägbarkeiten wie etwa künftige Steuerregelungen und Renditeentwicklungen macht es wenig Sinn, die Gegenüberstellung von geförderter und nicht geförderter Altersvorsorge bis zum letzten Euro aufzudröseln. Machen Sie Ihre Entscheidung lieber von Ihrer persönlichen Einstellung abhängig: Wenn Sie eher auf Sicherheit setzen und langfristig Arbeitnehmer bleiben wollen, dann riestern Sie oder nutzen Sie die betriebliche Altersvorsorge. Wenn Sie Ihr Vorsorgevermögen aktiv und flexibel aufbauen wollen, Risiken gut einschätzen können und beruflich vielleicht zwischen dem Arbeitnehmer- und Freelancerdasein pendeln, dann kann der ungeförderte Vermögensaufbau mit Investmentfonds oder anderen Anlageformen die sinnvollere Alternative sein.

Investmentfonds:
Große Auswahl für kleine Raten

Wenn Sie in Eigenregie in Aktien oder andere Wertpapiere investieren wollen, brauchen Sie erstens Erfahrung und zweitens einen ordentlichen finanziellen Grundstock. Erfahrung deshalb, weil Sie sich nicht unbedingt auf die Empfehlungen von Bankverkäufern – »kaufen Sie eine Daimler und eine Siemens, da kann nichts schiefgehen« – verlassen, sondern die in Frage kommenden Unternehmen selber gründlich unter die Lupe nehmen sollten. Eigenständiges Denken ist für Aktienanleger nicht nur hilfreich, sondern geradezu überlebenswichtig. Doch dazu später mehr. Der zweite Punkt betrifft Kosten und Risiken. Selbst wenn Sie über eine preisgünstige Direktbank kaufen, sollten Sie mindestens 2000 Euro pro Aktie anlegen, damit die Nebenkosten nicht allzu sehr an der Rendite knabbern. Dann gilt noch die abgedroschene, aber goldene Regel, dass man gerade bei der Aktienanlage nicht alle Eier in einen Korb legen soll. Wenigstens fünf bis sieben unter-

INVESTMENTFONDS: GROSSE AUSWAHL FÜR KLEINE RATEN

schiedliche Unternehmen, idealerweise aus verschiedenen Branchen und Nationen, sollte Ihr Depot enthalten.

Damit wird schnell klar: Für die Direktanlage in Wertpapiere sollten Sie eine fünfstellige Summe mitbringen – und die sollte wohlgemerkt nicht fürs Anschaffungssparen oder die Reservenbildung vorgesehen, sondern wirklich langfristig frei verfügbar sein. Auch macht das regelmäßige Sparen mit Wertpapieren im Direktkauf wenig Sinn, wenn Sie erstens für 50 Euro vielleicht gerade einmal zwei Drittel einer Aktie kriegen könnten und dafür dann noch 15 Euro Ordergebühr zahlen.

Dieses Problem war offenbar bereits den Urgroßvätern des Kapitalismus bekannt, denn schon im Jahr 1849 wurde in der Schweiz von mehreren Bankern der erste Investmentfonds ins Leben gerufen. Die sparsamen Schotten zogen 20 Jahre später nach und wandten sich mit der Idee, gemeinsam in Wertpapiere zu investieren, direkt an Kleinanleger. Sinngemäß heißt es im Gründungsvertrag des »Foreign & Colonial Government Trust« (der übrigens heute noch als Aktiengesellschaft an der Londoner Börse gelistet ist):

»Die Gesellschaft soll den kleinen Sparern dieselben Vorteile verschaffen wie den Reichen, indem das Risiko durch die Streuung der Kapitalanlage auf eine Vielzahl verschiedener Aktien vermindert wird.«

Genau hier liegt die wichtigste Stärke der Investmentfonds: Sie brauchen als Anleger nur die Mindestanlagesumme mitbringen und können die Börsenluft der großen weiten Welt schnuppern. Bei vielen Fonds können Sie schon ab 25 Euro pro Monat einsteigen, was für den langfristigen Vermögensaufbau mit kleinen regelmäßigen Raten eine ideale Konstellation ist. Und: Fondssparpläne sind flexibel, denn Sie können ohne Strafgebühren oder ähnliche Sanktionen die Monatsraten jederzeit aussetzen, ändern oder mit Einmalzahlungen aufstocken. Außerdem können Sie den Zeitpunkt, zu dem Sie auf Ihr Fondsguthaben zugreifen wollen, ganz flexibel und frei bestimmen.

Gut 140 Jahre nach der Gründung des schottischen Kleinspa-
rerfonds ist aus der Fondsbranche ein ganzer Industriezweig mit
unzähligen Einzelprodukten geworden. Allein in Deutschland
sind rund 7000 Investmentfonds aus aller Herren Länder zum
Vertrieb zugelassen – für den Anleger ist das ein schier undurch-
dringlicher Dschungel.

Auch wenn immer neue Modetrends die Fondsbranche heim-
suchen, hat sich das Grundprinzip seit den schottischen Gründer-
vätern kaum verändert. Der Fonds ist sozusagen der große Topf,
in den alle Anleger ihr Geld hineinwerfen. Was damit angestellt
wird, darüber entscheidet das Fondsmanagement, das den Ka-
pitaltopf treuhänderisch verwaltet. Als Lohn für die Arbeit darf
die Fondsgesellschaft Jahr für Jahr einen bestimmten Anteil des
Fondsvermögens als Verwaltungshonorar entnehmen.

Für jede noch so kleine Modeerscheinung gibt es eigene Fonds,
die sich nur mit diesem speziellen Thema befassen. So gibt es
Fonds, die sich nur um Unternehmen der Solarbranche kümmern,
andere wiederum nehmen nur Aktien von Firmen ins Depot, die
besonders hohe Dividenden zahlen. Es gibt aber durchaus Skurri-
les. So gibt es Fonds, die nur Aktien von Unternehmen einkaufen,
die wahlweise den Vorschriften der katholischen Kirche oder dem
Koran entsprechen. Wieder andere kümmern sich um koschere
Aktien. Eines Tages kommt bestimmt der Fonds für ugandische
Handyhersteller mit ausgeglichener Ökobilanz, deren Vorstands-
vorsitzende im Nebenerwerb als Imker tätig sind. Kein Spleen ist
zu verrückt, als dass die Fondsbranche ihn nicht bedienen würde,
wenn sich nur genug Dumme …Verzeihung … Anleger dafür
begeistern lassen. Ob das Sinn macht oder nicht, das muss am
Ende jeder selbst entscheiden. Bei den auf den nächsten Seiten
vorgestellten Fonds handelt es sich um sogenannte »gemanagte
Fonds«. Das bedeutet, dass dort ein Fondsmanager oder gleich
eine ganze Mannschaft damit beschäftigt ist, den lieben langen
Tag die besten Aktien aus dem jeweiligen Bereich zu ermitteln,

INVESTMENTFONDS: GROSSE AUSWAHL FÜR KLEINE RATEN

zu kaufen, schlechtere zu verkaufen und ständig den Markt zu beobachten. Ja, Sie haben recht, … diese Menschen kosten Geld … viel Geld … und das zahlt wer? Richtig. Sie! Also überlegen Sie es sich gut, ob Ihnen diese Leistung das viele Geld wert ist.

Wenn Sie einfach nur an der mehr oder weniger begeisternden Entwicklung des Deutschen Aktienindex (Dax) oder seines japanischen Bruders (Nikkei) teilhaben wollen, sparen Sie sich den Fondsmanager, und lesen Sie im entsprechenden Kapitel zu den »Börsengehandelten Indexfonds«, wie Sie Ihr Geld einem solchen Indexfonds anvertrauen können.

Ein aktiv gemanagter Aktienfonds macht nur dann Sinn, wenn Sie dem jeweiligen Fondsmanager besondere Fähigkeiten zutrauen oder auf ein heißes Spezialthema setzen wollen, das besondere Fachkenntnisse und eine ständige Neuauswahl von Aktien voraussetzt. Hier ist der Fondsmanager mit den guten Kontakten zur ugandischen Brauereiszene klar im Vorteil.

Doch was geschieht, wenn die Fondsgesellschaft pleitegeht? In diesem Fall ist das Geld der Anleger durch eine clevere Konstruktion geschützt: Denn das Fondsvermögen ist ein sogenanntes »geschütztes Sondervermögen«, aus dem die Fondsgesellschaft – mit Ausnahme der Verwaltungshonorare – keinen Cent in das eigene Betriebsvermögen umbuchen darf. Das gilt auch im Fall der Fälle für den Insolvenzverwalter.

Doch Sie dürfen beruhigt sein: Auch mit diesem Insolvenzschutz bleibt die Anlage in Fonds immer noch spannend genug.

Während es für Sparbriefe oder Festgeldkonten feste Zinsen gibt, hängt die Rendite bei der Beteiligung an Investmentfonds vom Anlagegeschick des Fondsmanagements ab. Je nachdem, welche Wertpapiergattung den Anlageschwerpunkt bildet, sind mehr oder weniger große Schwankungen an der Tagesordnung. Da gibt es Geldmarkt- und Rentenfonds, die bescheidene Renditen im niedrigen einstelligen Prozentbereich produzieren, aber nur in Ausnahmefällen mal ein Verlustjahr vorzuweisen haben.

Und es gibt hochspekulative Aktienfonds, die auf exotische Länder oder Branchen setzen und im einen Jahr 80 Prozent Gewinn und im Folgejahr 70 Prozent Verlust einfahren.

Sie sehen also: »Investmentfonds« ist ein ebenso einheitlicher Begriff wie »Gemüse«. Ob rot oder grün, scharf oder mild – das entscheiden Sie als Anleger mit der Auswahl des einzelnen Fondsproduktes.

Die Investmentfonds-Gattungen im Überblick

Bevor Sie sich erschlagen lassen von der schieren Masse der Fondsprodukte, gleich an dieser Stelle ein paar tröstende Worte: Es reicht, wenn Sie einen kleinen Bruchteil der Fonds kennen, und auch bei den Fondsgattungen erlitt noch kein Anleger ernsthafte Schäden aufgrund eines verpassten Modetrends. Einen Großteil der Fonds-Marketingkampagnen können Sie locker an sich vorbeiziehen lassen – frei nach dem Motto des Kabarettisten Rüdiger Hoffmann: »Kann man machen, muss man aber nicht.«

Nehmen Sie deshalb die nachfolgenden Beschreibungen der einzelnen Fondsgattungen ganz entspannt als Bereicherung Ihres Wissens, denn auch darüber müssen Sie nicht in jeder Sparte und Unterkategorie verfügen.

Aktienfonds

Klar: Aktienfonds legen das Geld ihrer Kunden in Aktien an. Aber weil Aktie nicht gleich Aktie ist, können auch die einzelnen Fonds mit ganz unterschiedlichen Chancen und Risiken daherkommen. Da investiert der eine Fonds weltweit in die großen global aufgestellten Konzerne, und der ganz andere Fonds lässt Sie an den Kapitalmarktabenteuern der vietnamesischen Aktienbörse teilhaben. Es gibt diesen Fonds übrigens wirklich.

Zunächst einmal sollten Sie daher Aktienfonds anhand der nachfolgenden drei Grundkriterien in die passende Schublade einsortieren.

Größe der ausgewählten Unternehmen

Aktienfonds setzen oft auf Unternehmen einer bestimmten Größe. Die sogenannten Standardwerte-Fonds konzentrieren sich auf Großkonzerne, die in ihrer Branche sozusagen den Standard setzen und meistens auch in ihrem Segment international führend sind. Das Gegenstück dazu sind Nebenwerte-Fonds, bei denen kleinere Aktiengesellschaften im Fokus stehen. Die Fondsmanager hoffen dann darauf, vom Wachstum innovativer kleinerer Unternehmen zu profitieren. Zwar ist Größe nicht von vornherein gut, und es gibt auch bei kleineren Unternehmen viele hochsolide und anständig geführte Firmen. Aber erfahrungsgemäß durchpflügen die »Dickschiffe« häufig – nicht immer! – mit weniger Schwankungen als Kleinunternehmen die rauhe See an den Börsenmärkten.

Branchenfokussierung

Manche Aktienfonds beschränken sich auf bestimmte Branchen wie Rohstoffproduzenten oder High-Tech-Unternehmen, während andere Fonds das Geld ihrer Kunden über alle wichtigen Wirtschaftszweige verteilen. Hier ist die Sachlage klar: Je enger der Branchenfokus gefasst ist, umso stärker schwankt der Wert des Fonds. Wenn bestimmte Segmente aus der Mode kommen, können die Aktien einzelner Branchen viel stärker in Mitleidenschaft gezogen werden als der Gesamtmarkt. Denken Sie an die Finanzkrise 2008, als die Aktien von Banken und Versicherungen noch schlimmer in den Keller rauschten als die Kurse von Industrieunternehmen oder Dienstleistern.

TIPP Bevorzugen Sie auf jeden Fall Aktienfonds mit breiter Branchenmischung, und verwenden Sie Branchenfonds allenfalls als Beiwerk. Und das auch nur, wenn Sie von den Zukunftsaussichten des betreffenden Anlagesegments hundertprozentig überzeugt sind.

Regionale Fokussierung

Ob Europa, Nordamerika, Ostasien, Schwellenländer, Exoten wie Russland und die Türkei oder gleich die ganze Welt: Auch bei der regionalen Eingrenzung gibt es alles, was Sinn macht. Und alles, was wenig Sinn macht.

Auch hier gilt die Devise, dass weniger Eingrenzung die bessere Risikostreuung bringt. Am sinnvollsten ist die Wahl eines Aktienfonds, der zumindest in den weltweit wichtigsten Märkten Europa, Nordamerika und Ostasien investiert.

Rentenfonds

Rentenfonds haben nichts mit der gesetzlichen oder privaten Rentenversicherung zu tun – woher kommt also der Begriff? Der Inhalt dieser Fonds, nämlich festverzinsliche Anleihen, wird am Kapitalmarkt auch als »Rentenpapiere« bezeichnet. Und hier gibt es nun doch einen gewissen Bezug zur Rente: Traditionell werden diese Wertpapiere von vermögenden Anlegern genutzt, um sich mit den regelmäßigen Zinszahlungen ein festes Einkommen – sprich: eine Zinsrente – zu sichern. Daraus leitet sich auch der etwas altmodische Begriff des »Rentiers« ab, der in diesem Fall kein skandinavischer Hirsch ist, sondern ein finanziell gut gepolsterter Mensch, der von den Zinsen seines Kapitals leben kann.

Wie sicher Rentenpapiere und damit auch die dazugehörigen Fonds wirklich sind, hängt von der Zahlungskraft des Herausgebers ab. Anleihen sind ja nichts anderes als Schuldscheine, die an der Börse gehandelt werden. Mit Kreditsicherheiten sind die allermeisten Papiere nicht verbunden, so dass der Anleger praktisch dem Unternehmen oder Staat einen Blankokredit gewährt. Ausnahme: Pfandbriefe, die von Immobilienbanken herausgegeben werden und mit Grundschulden von deren Finanzierungskunden abgesichert sind.

Nun gibt es Schuldner wie beispielsweise die Bundesrepublik Deutschland mit ihren Bundesanleihen und -obligationen oder namhafte Industrieunternehmen, bei denen man die Rückzahlung der Anleihen zum Fälligkeitstermin und bis dahin die pünktliche Ausschüttung der Zinsen – seit der Finanzkrise muss man hier schon vorsichtig formulieren – mit einer gewissen Berechtigung als durchaus wahrscheinlich bezeichnen kann. Solche soliden Papiere bezeichnet man als »Anleihen mit Investmentqualität«.

Dann gibt es aber auch Schuldner, die hart am Limit fahren und deshalb auch mal über die Klippe springen. Das sind beispielsweise hoch verschuldete Unternehmen, bei denen schon das nächste Verlustjahr die Insolvenz auslösen kann. Oder Staaten, für die der Begriff »Schuldenbremse« ein Fremdwort ist und deren Regierungschefs sich wenig darum scheren, ob Zins und Tilgung langfristig verlässlich geleistet werden können. Weil man die Papiere bei einem Ausfall des Schuldners in die Tonne treten kann, nennt man sie im Börsenjargon »Junk Bonds« oder »Ramschanleihen«.

Jetzt kommt die spannende Frage: Wie kann Otto Normalanleger Investmentqualität von Ramsch unterscheiden?

Bei der Direktanlage in Anleihen kommen hier die Ratingagenturen ins Spiel, mehr dazu lesen Sie an späterer Stelle. Als Fondsanleger haben Sie es relativ einfach, denn die Fondsgesellschaften müssen offenlegen, welche Strategie sie bei ihren Anleiheninvestments verfolgen. Ähnlich wie bei Aktienfonds ist es somit auch hier unerlässlich, zuerst die Fondsstrategie unter die Lupe zu nehmen und dann zu entscheiden, ob das Risikoprofil zu den eigenen Vorstellungen passt.

Leider sind diese Ratings (Bonitätsbeurteilungen durch die zwei großen Ratingagenturen) in letzter Zeit keine besonders große Hilfe mehr, da sie stark politisch motiviert sind. Da werden Staaten wie die USA oder Japan, deren Verschuldungssituation nur als katastrophal bezeichnet werden kann, mit der besten Bonitätsnote AAA (ist kein Stotterer, das heißt wirklich so) bewertet, während andere Staaten mit durchaus tragfähiger Finanzperspektive abgestraft werden. Man sollte diese Ratings heute nicht mehr sonderlich ernst nehmen. Überdies gibt es bei den Rentenfonds trotz aller sicheren Zinszahlungen ganz erhebliche Kursrisiken, die vom geneigten Verkäufer bei der Beratung gerne übersehen werden.

KURZER EXKURS ZU DEN RATINGAGENTUREN: Die beiden großen amerikanischen Agenturen S&P und Moodys teilen sich über 90 Prozent des Weltmarktes. Diese beiden entscheiden mit ihrem Kreditwürdigkeitsurteil darüber, wer auf dieser Welt Geld bekommt und wer nicht und wenn ja, zu welchem Preis. Ihr Urteil müssen sie kaum begründen, es unterliegt dem Betriebsgeheimnis. Dass ein solches Rating ein Unternehmen, aber auch einen ganzen Staat ruinieren kann, macht es zu einer mächtigen Waffe. Man könnte behaupten: Die Ratingagenturen haben mehr Macht als die sechste US Flotte. Inwieweit eine solche Macht auch politisch motiviert eingesetzt wird, darüber kann trefflich spekuliert werden. In meinem ersten Buch »C(r)ashkurs« wird dieses Thema mit interessanten Details beleuchtet, hier würde es den Rahmen sprengen.

Der Rentenfonds, man könnte auch sagen Anleihefonds, legt das Geld in Anleihen an. Daher der Name Bratkartoffel, wie mein alter Mathelehrer Taulien immer zu sagen pflegte. Hier eine kurze Erklärung, wie eine Anleihe funktioniert. Sie kaufen einem Unternehmen eine Anleihe für 100 Euro mit einem Zinsversprechen von sagen wir 3 Prozent und einer Laufzeit von zehn Jahren ab. Das bedeutet, Sie geben dem Unternehmen ein Darlehen über 100 Euro. Das Unternehmen verspricht, Ihnen diese 100 Euro in zehn Jahren wieder zurückzuzahlen und Ihnen jedes Jahr 3 Prozent (also 3 Euro) Zinsen zu überweisen. So weit, so gut. Wenn jetzt aber im nächsten Jahr die Zinsen weltweit kräftig anziehen, sagen wir auf 5 Prozent, dann sind Sie ziemlich enttäuscht, weil alle anderen 5 Euro im Jahr bekommen und Sie nur 3. Also entscheiden Sie sich, Ihre Anleihe zu verkaufen. Aber wieso sollte jemand Ihnen diese alte Anleihe mit 3 Prozent Zins abkaufen, wenn er am Markt auch Anleihen mit 5 Prozent bekommen kann? Er wird sagen: »Okay, ich kaufe dir die Anleihe ab, aber nur, wenn ich sie entsprechend billig bekomme, sagen wir für 82 Euro.« Dieser Käufer bekommt am Ende der Laufzeit von dem herausgebenden (emittierenden) Unternehmen 100 Euro ausbezahlt. Er macht also für jedes der noch verbleibenden neun Jahre 2 Euro Gewinn. Zusammen mit den jährlichen 3 Euro Zinsen erhält er also insgesamt doch seine marktüblichen 5 Prozent Verzinsung. Und Sie? Sie haben plötzlich auf Ihre ach so sichere Anleihe gerade einmal 18 Prozent Kursverlust erlitten. Mathematiker verzeihen mir die Ungenauigkeiten, es geht mir um eine sehr einfache Darstellung der Zusammenhänge und nicht um eine komplexe Abzinsungsberechnung mit Zinseszinseffekt und Durationsschwurbeleien.

Sie sehen, wenn die Zinsen steigen, fallen die Kurse der Anleihen. Das gilt natürlich auch für jene Anleihen, die in einem Anleihefonds (Rentenfonds) zinsarm herumlungern. Wenn Sie sich jetzt noch darüber im Klaren sind, dass die momentanen Zinsen so niedrig sind wie noch nie in der Geschichte der letzten Jahrzehnte und Zinssteigerungen (vermutlich sogar drastische) sehr wahrscheinlich sind, dann können Sie sich in etwa vorstellen, welches Schlachtfest in den nächsten Jahren auf die Anleihekurse, die Rentenfonds und all jene Banken und Versicherungen zukommt, die stark in diese Anleihen investiert haben.

Sehen Sie daher Renten und Rentenfonds keineswegs als sicheren Spartresor an. Das könnte sich als ein gefährlicher Irrglaube herausstellen.

Jetzt mag der eine oder andere von Ihnen denken: »Pffft, mir doch egal, ich verkaufe die Anleihen einfach nicht und behalte sie bis zum Ende der Laufzeit in zehn Jahren.« Das kann man machen, wenn aber in der Zwischenzeit die Inflation bei 5 Prozent liegt, verdient man jedes Jahr die 3 Prozent Zinsen, verliert aber gleichzeitig 5 Prozent an Kaufkraft. Am Ende hat der Anleger also 20 Prozent weniger Brötchen für sein Geld kaufen können als zehn Jahre zuvor, als er sein Geld in die tollen Rentenpapiere angelegt hatte. Keine euphorisierenden Aussichten.

Inflationsgesicherte Anleihen

Manch durchaus informierter Anleger sieht die Rettung vor dieser Unbill in sogenannten inflationsgesicherten Anleihen. Hier bekommen Sie einen jährlichen Zinssatz, der nicht auf zehn Jahre festgeschrieben ist, sondern der jedes Jahr neu anhand der Inflationsrate festgelegt wird.

Die offizielle Inflationsrate entspricht allerdings meist nicht der realen Inflation, weshalb Ihnen der kleine Aufschlag nicht viel weiterhelfen wird. Bei der Berechnung der offiziellen Inflationsrate wird nämlich getrickst und schöngerechnet, dass es eine wahre Freude für den begabten Statistik-Studenten ist.

Dass die internationale Finanzaufsicht gerade Untersuchungen gegen namhafte Banken führt, weil diese angeblich den Libor (der Zins, zu dem sich Banken in London angeblich gegenseitig Geld leihen und an dem sich so manche variabel verzinste Anleihe orientiert) künstlich niedrig gehalten haben, um die Anleger zu behumpsen, sei hier daher kopfschüttelnd und nur am Rande erwähnt.

Da jeder Anleger auf die Zinsen der angeblich inflationsgesicherten Anleihe noch die Kapitalertragsteuer abführen darf, hat es sich ganz schnell erledigt mit der Hoffnung auf eine inflationsstabile Anlageform.

Ein weiterer Aspekt, den Sie berücksichtigen sollten, ist die Frage der Währung. Denn unabhängig davon, welches Land oder Unternehmen Anleihen herausgibt, können diese auf verschiedene Währungen lauten. So kann die Bundesrepublik Deutsch-

DIE INVESTMENTFONDS-GATTUNGEN IM ÜBERBLICK

land ebenso gut eine Anleihe in türkischer Lira herausgeben wie die Türkei eine Euro-Anleihe.

Dass sich das auf die Rendite auswirken muss, dürfte schnell klar sein. Zunächst einmal können in unterschiedlichen Währungsräumen auch die Zinsen unterschiedlich hoch sein. Dazu kommt, dass Zins und Tilgung in der jeweiligen Währung gezahlt werden – und wenn es beim Devisenkurs zu starken Schwankungen kommt, kann unterm Strich selbst die Schuldverschreibung mit Top-Bonität Achterbahn fahren. Etwas gedämpft werden diese Bewegungen bei internationalen Rentenfonds, die von vornherein auf einen ausgewogenen Währungsmix achten und bei denen sich die Schwankungen der einzelnen Devisenkurse zumindest teilweise ausgleichen.

Und Sie sollten sich mit Blick auf die durchschnittliche Restlaufzeit der Anleihen die Frage stellen, ob es sich um kurz- oder langfristig anlegende Fonds handelt. Je nach Laufzeit können nämlich unterschiedlich hohe Wertschwankungen auftreten, wenn sich die Marktzinsen ändern. Wie das funktioniert, steht im Kapitel zu den Bundeswertpapieren beim Thema »Bundesobligationen«, die ja ebenfalls zur Gattung der festverzinslichen Anleihen zählen. Merken können Sie sich diesen Satz: Je länger die durchschnittliche Restlaufzeit der Anleihen im Fonds ist, umso höher sind die Gewinne bei sinkenden Zinsen und die Verluste bei einem Zinsanstieg.

TIPP Fraglich ist, ob Sie überhaupt Rentenfonds brauchen. Wenn Sie auf Sicherheit setzen, sind Sie mit einfachen Bundesobligationen im kostenlosen Depot der Deutschen Finanzagentur besser bedient, weil beim Fonds die Kosten an der Rendite zehren und die Alternativen bei der Anleihenauswahl überschaubar sind. Sinnvoll sind höchstens noch Rentenfonds mit entsprechendem Anlageschwerpunkt, wenn Sie durch internationale Unternehmens- oder Schwellenländeranleihen Ihr Anleihendepot mit etwas Pfeffer würzen wollen.

Hier profitieren Sie dann von der fondstypischen breiten Streuung des Anlagekapitals schon bei kleineren Anlagesummen.

Noch mal zur Klarstellung: Das ist eine Darstellung für »normale« Zeiten, wie wir sie hoffentlich bald wieder bekommen. Bis dahin fasse ich Anleihen und Rentenfonds nicht einmal mit der Kneifzange an, und wenn mir jemand welche schenkt, verklage ich ihn. Die Zinssätze sind so niedrig, die können praktisch nur steigen, und dann hagelt es Kursverluste, bis der Arzt kommt. Vom wahrscheinlichen Platzen diverser Anleihen (heute Griechenland, morgen die USA?) mal ganz abgesehen. Wenn das »Ding« durch ist und wir einmal kräftig durch das internationale Geld- und Finanzsystem durchgekärchert haben, kann man sich diesen Anleihen gerne wieder für einige Jahrzehnte zuwenden. Doch bis dahin: Finger weg!

Geldmarktfonds

Geldmarktfonds mischen Anleihen mit kurzer Restlaufzeit und kurzfristig verfügbare Bankguthaben, um eine möglichst stabile Wertentwicklung zu erzielen. Die Fonds bieten zwar äußerst bescheidene Renditen, haben aber auch nur ein geringes Verlustrisiko. Sie kamen in den neunziger Jahren auf, als nur wenige Banken ihren Privatkunden gutverzinste Tagesgeldkonten zu bieten hatten, und waren im Vergleich zum Sparbuch damals eine gute Alternative.

Doch mittlerweile finden Sie bei fast jeder Bank ein ordentliches Tagesgeldangebot, und in den vergangenen Jahren haben viele Geldmarktfonds weniger Gewinn gebracht als ein gutverzinstes Tagesgeld bei einer Direktbank. Als Anlageinstrument für die eiserne Reserve empfehle ich deshalb lieber das Tagesgeldkonto als einen Geldmarktfonds.

Der Grund? Zu den mickrigen Renditen kommt auch noch das Risiko, dass das Cleverle von Fondsmanager sich profilieren will und ein paar Lehman- oder Portugalanleihen einkauft. »Ist doch kein Risiko. Die laufen ja nur noch drei Monate«, mag er sich im August 2008 gedacht haben …

Offene Immobilienfonds

Bitte verwechseln Sie die »offenen« Immobilienfonds nicht mit den »geschlossenen« Immobilienfonds, die als unternehmerische Beteiligung erst im letzten Abschnitt dieses Buchs zur Sprache kommen, weil sie keine Investmentfonds sind, sondern als unternehmerische Beteiligung am sogenannten »Grauen Kapitalmarkt« angeboten werden. Auch wenn 2009 so mancher offene Immobilienfonds ungewollt zum geschlossenen wurde. Ein kleiner Scherz, auf den ich gleich noch zu sprechen komme.

Offene Immobilienfonds legen das Geld ihrer Anleger schwerpunktmäßig in gewerblich genutzten Immobilien an. Das Spektrum reicht von Bürohochhäusern über Handelszentren bis hin zu Hotelkomplexen. Je nach Fonds liegt der regionale Schwerpunkt auf Deutschland, Europa oder der ganzen Welt.

Jahrzehntelang boten diese Fonds ihren Investoren eine solide und zuweilen sogar leicht überdurchschnittliche Rendite. Milliardenbeträge flossen im Lauf der Jahre in das »Betongold«, und kaum jemand machte sich darüber Gedanken, was passieren würde, wenn die Anleger scharenweise ihre Gelder wieder abziehen würden.

Anteile von offenen Immobilienfonds können nämlich wie andere Fondsanteile auch von heute auf morgen an die Fondsgesellschaft zurückgegeben werden, und diese muss dann den Anleger auszahlen. Weil jedoch schon das ganz normale Reihenhäuschen und erst recht nicht ein 50-Millionen-Euro-Büroturm von heute auf morgen verkauft werden können, halten die Fonds eine Cashreserve vor. Zu diesem Zweck wird ein Teil des Fondsvermögens nicht in Immobilien, sondern in jederzeit über die Börse verkäufliche Anleihen investiert.

Diese Reserve hat in normalen Zeiten ausgereicht, um die Auszahlungen an Anleger abzudecken. Doch mit dem Einbruch der Finanz- und Immobilienkrise waren 2008 die normalen Zeiten vorbei, und die Investoren flüchteten aus Immobilienwerten. Sechs Wochen nach der Pleite von Lehman Brothers hatten bereits mehr als ein Dutzend Fonds die Notbremse gezogen und die Rücknahme der Fondsanteile ausgesetzt. Mit dieser drastischen Maßnahme wird das Fondsvermögen eingefroren, damit keine Immobilien zu Schleuderpreisen im Notverkauf abgestoßen werden müssen. Für die Fondsgesellschaft ist dies der letzte Rettungsanker, wenn die Liquiditätsreserven aufgebraucht sind.

Somit wurde ganz schnell aus dem offenen Immobilienfonds ein geschlossener Immobilienfonds der ganz anderen Art. Das zeigt Ihnen auch ganz drastisch, wie unerwartete Marktverwerfungen plötzlich die Spielregeln verändern können, wenn man nicht gut informiert ist. Der Bankverkäufer hatte dem Anleger damals sicherlich erklärt: »Keine Sorge, Sie kommen jederzeit an Ihr Geld ran. Einen offenen Immobilienfonds kann man täglich zurückgeben.« Jetzt heißt die neue Spielregel: »Das konnte man doch nicht ahnen. Bei solchen Verwerfungen an den Märkten gelten eben eigene Regeln. Das müssen Sie verstehen.«

Nein! Ich verstehe das nicht. Ich habe diese Art von Geschäftsmodell noch nie verstanden. Schließlich gibt es die sogenannte »goldene Bankregel«, die jeder Azubi im ersten Banklehrjahr lernt: Kurzfristige Verbindlichkeiten müssen kurzfristig refinanziert werden, langfristige Verbindlichkeiten müssen langfristig refinanziert werden. Sonst gibt es irgendwann einen großen Knall. Jeder Häuslebauer nimmt für sein Reihenhaus (langfristige Investition) ein möglichst langfristiges Darlehen auf. Zehn Jahre sollen es mindestens sein. Aber die Herren Fondsanbieter haben mal wieder das eckige Rad erfunden und finanzieren ihre 50-Millionen-Einkaufsmeile mit ultrakurzfristigen Tagesgeldern. Nichts anderes ist es, wenn sie dem Anleger versprechen, er kann sein Geld täglich zurückhaben.

Natürlich gab es schon vorher Gerüchte über Fondsschließungen, und so gewann die Panik an Eigendynamik. Die Fonds erlitten ein ähnliches Schicksal wie Banken bei Pleitegerüchten: Die Anleger stürmten die Bank und hoben innerhalb kürzester Zeit so viel Geld ab, dass das Geldinstitut tatsächlich illiquide wurde.

DIE INVESTMENTFONDS-GATTUNGEN IM ÜBERBLICK

Damit zeigten die offenen Immobilienfonds ihre Achillesferse: Das langfristige und unflexible »Betoninvestment« wurde in ein Anlageprodukt gegossen, das von heute auf morgen verfügbar ist. Das geht nur gut, solange die Anleger ihre Anlagestrategie träge und gemächlich ändern. Aber bei Panik fährt der Fonds unweigerlich an die Wand.

Um die offenen Immobilienfonds wieder in ruhigeres Fahrwasser zu bringen, hat der Gesetzgeber die Zugriffsmöglichkeiten stark eingeschränkt. Für institutionelle Anleger soll der schnelle Abzug großer Summen über eine jeweils einjährige Mindesthalte- und Kündigungsfrist vereitelt werden, so dass Gelder effektiv frühestens nach zwei Jahren wieder abfließen können. Für private Anleger bleibt jedoch ein Schlupfloch offen: Zwar soll die reguläre Kündigungsfrist ein Jahr zuzüglich einer Mindesthaltedauer von ebenfalls einem Jahr betragen. Unabhängig davon können jedoch private Anleger Fondsanteile im Gegenwert bis zu 30 000 Euro pro Halbjahr ohne Fristeinhaltung an die Fondsgesellschaft zurückgeben. Allerdings nur, wenn das Fondsvermögen nicht eingefroren ist …

Für den normalen Anleger ist es überhaupt nicht nachvollziehbar, wie werthaltig die Immobilien im jeweiligen Fonds überhaupt sind. Der Wert einer solchen Immobilie berechnet sich hauptsächlich aufgrund der Mieteinnahmen. Können Sie abschätzen, ob der zugrundeliegende Mietvertrag über ein 50-stöckiges Hochhaus im Osten Japans wirklich den aktuellen Marktverhältnissen entspricht oder ob es sich um einen kurzfristigen Gefälligkeitsmietvertrag handelt, um Ihnen die Immobilie über den Fonds teuer einzureiben? Wie gut das persönliche Verhältnis zwischen dem indischen Gutachter, der die Immobilie bewertet, und dem Fondsmanagement ist, können Sie auch nur schlecht abschätzen. Sie müssen dem jeweiligen Fonds-Emittenten weitgehend blind vertrauen. Weltweit schlummern Hunderte von Milliarden Dollar an faulen Immobilienobjekten in den unterschiedlichsten

Immobilienfonds. So mancher Fondsmanager benötigt abends mehr als ein Bier, um gut einschlafen zu können. In einer solchen Phase möchte ich nicht Leuten blind vertrauen müssen, denen das Wasser finanziell bis zum Hals steht. Oder um es klarer auszudrücken: Ich muss keine Schweinefarm kaufen, während die Schweinepest im Land wütet.

TIPP Damit zählen die offenen Immobilienfonds zur Kategorie »Kann man haben, muss man aber nicht«. Den vielgepriesenen Inflationsschutz durch die angeblich so beständigen Immobilienwerte sehe ich eher skeptisch, haben doch die Jahre 2008 und 2009 gezeigt, dass auch scheinbar sichere Immobilien schneller bröcklig werden, als dem Anleger lieb ist. Geringe bis allenfalls mittelmäßige Renditen bei stark eingeschränkter Flexibilität – das ist nicht der Stoff, aus dem die Anlegerträume sind.

Mischfonds

Wenn man die wichtigste Aufgabe eines Fonds darin sieht, das Anlagekapital über möglichst viele Segmente des Kapitalmarktes zu verteilen, dann kommen Mischfonds diesem Ideal am nächsten. Sie investieren sowohl in Aktien wie auch in Anleihen, und bei manchen Fonds finden sich sogar Immobilienanteile – diese jedoch meist in Form von Anteilen an offenen Immobilienfonds.

Die bunte Mischung führt allerdings auch dazu, dass Sie als Anleger die Produkte untereinander nur eingeschränkt vergleichen können. Je nach der Verteilung zwischen Aktien und Anleihen haben die Fonds nämlich ganz unterschiedliche Risikoprofile. Wenn Sie bei der Auswahl nicht aufpassen, dann kann Ihnen der vermeintlich hochrentable Fonds in schlechten Börsenjahren böse abschmieren, weil Sie beim Kauf womöglich nicht gemerkt haben, dass er auf einen hohen Aktienanteil setzt.

Daher sollten Sie, wenn Sie sich für Mischfonds interessieren, zuallererst die vier wichtigsten Kategorien verinnerlichen:

DIE INVESTMENTFONDS-GATTUNGEN IM ÜBERBLICK

- **Defensive Mischfonds** setzten schwerpunktmäßig auf stabile Anleihen, haben beim Aktienanteil ein Maximum von 25 bis 30 Prozent und sind gegenüber fremden Währungen oft abgesichert.
- **Ausgewogene Mischfonds** verteilen ihr Kapital etwa hälftig auf Aktien und Anleihen und gehen eingeschränkte Währungsrisiken ein.
- **Aggressive Mischfonds** haben einen Aktienanteil von 70 bis 75 Prozent, sind üblicherweise international aufgestellt und können mit deutlichen Währungsschwankungen verbunden sein.
- **Flexible Mischfonds** sind kaum einschätzbar, denn sie können je nach Markteinschätzung heute voll auf Anleihen und morgen komplett auf Aktien setzen. Hier müssen Sie hoffen, dass das Fondsmanagement ein glückliches Händchen beweist. Die Erfahrung hat gezeigt: Manchmal klappt es, manchmal aber auch nicht. Timing ist zumindest an der Börse eben größtenteils Glückssache.

Kommen wir nun zur spannendsten Frage: Lohnt es sich, in Mischfonds zu investieren?

Ich bin ein Freund der klaren Verhältnisse und empfehle deshalb lieber, nach Möglichkeit das Aktiensparen und die verzinsten Anlagen zu trennen. Also: Lieber einen reinen Aktienfondssparplan fürs langfristige Sparen und einen Banksparplan für das Sparen auf Anschaffungen einrichten. Schließlich können Sie bei einem Mischfonds nicht ausschließlich den Anleihenanteil auflösen, wenn Sie Geld brauchen …

Ansonsten ist ein Mischfonds vielleicht dann sinnvoll, wenn Sie längerfristig sparen oder Geld anlegen und dabei die Schwankungen am Aktienmarkt abfedern wollen.

Für Leute, die gar kein Interesse haben, sich um ihr Geld selbst zu kümmern, kann es dennoch eine Alternative sein, frei nach dem

Motto »besser als nichts und allemal besser, als alles blind auf eine Karte zu setzen«. Aber ... wenn das Ihr Motto wäre, warum würden Sie dann dieses Buch lesen?! Also weiter im Thema.

Dachfonds

Kennen Sie die russischen Matrjoschka-Puppen? Das sind kleine Holzpüppchen, die innen ausgehöhlt sind und ineinander geschachtelt werden können. Heben Sie die obere Hälfte der sichtbaren äußeren Puppe ab, dann kommt darunter die nächste zum Vorschein.

Ähnlich funktionieren auch Dachfonds, die nicht Aktien oder Anleihen, sondern Anteile von anderen Investmentfonds kaufen. Den ersten Hype gab es schon in den sechziger Jahren, als Bernard Cornfeld unter dem Namen »Investment Overseas Services (IOS)« einen Dachfonds emittierte, bei dem das Matrjoschka-Konzept besonders kreativ ausgelegt wurde. Die Unterinvestments waren dabei so verschachtelt, dass niemand mehr genau wusste, welche konkreten Werte überhaupt im Fonds enthalten waren.

»Wenn man bei einem Geschäft nicht weiß, wer der Dumme ist, wird man es meistens selber sein«, sagte einmal die Investorenlegende Warren Buffett, und genauso war es beim IOS-Dachfonds. 1973 legte der Fonds eine spektakuläre Millionenpleite hin, bei der die Anleger einen großen Teil ihrer Investitionen verloren. Die Abwicklung der Insolvenz dauerte dann sogar bis 2006, so dass der IOS-Fonds auf der Liste der längsten Pleiten aller Zeiten einen ziemlich guten Platz erreichen dürfte.

Da es in Deutschland besonders viele IOS-Opfer gab, wurde der Vertrieb von Dachfonds in Deutschland lange Zeit verboten. Erst 1999 konnten Dachfonds wieder aufgelegt und verkauft werden – allerdings nun mit klaren Regeln: Dachfonds dürfen nicht in andere Dachfonds investieren, sondern nur in Fonds, deren Vermögen aus Aktien, Anleihen, Geldmarktguthaben oder Immobilien besteht. Eine zweite Matrjoschka-Trickserei ist seitdem ausgeschlossen.

DIE INVESTMENTFONDS-GATTUNGEN IM ÜBERBLICK

Ähnlich wie Mischfonds lassen sich Dachfonds auch in einzelne Kategorien mit unterschiedlichen Strategien und damit Schwankungsrisiken einteilen. Die Abgrenzung zu den Mischfonds erfolgt eher durch die Konstruktion des doppelten Fondsmanagements, während sich das Verhältnis von Chancen und Risiken bei einem ausgewogenen Dachfonds kaum vom ausgewogenen Mischfonds unterscheidet.

Aufgehübscht werden Dachfonds daher durch die Marketingkampagnen der Banken und Fondsgesellschaften, die den Dachfonds als »Vermögensverwaltung für Normalsparer« anpreisen. Das hat einen Hauch von Exklusivität und von Insidertipp, die der gehobene Berater dem gehobenen Kunden im diskreten Hinterzimmer der Bank zuraunt.

Mit der eigentlichen Vermögensverwaltung, bei der für jeden Kunden ein individuelles Anlagekonzept aufgebaut wird, haben Dachfonds jedoch so viel gemein wie C & A mit dem Maßschneider. Die Anlagestrategien sind von der Stange, und für den geneigten Kunden gibt es eben drei oder vier Risikovarianten. Der Anleger, der sich in der Hamburger Bankfiliale für einen bestimmten Dachfonds entscheidet, bekommt exakt dieselbe Fondsmischung wie der Dachfonds-Kunde in Süddeutschland oder Mecklenburg-Vorpommern.

Gehoben sind allenfalls die Gebühren, die der Anleger zu berappen hat – und die sind gut versteckt. Zunächst einmal sieht er nur die Verwaltungsgebühren, die vom Management des Dachfonds erhoben werden. Doch zu diesem Posten kommt ein weiterer hinzu, weil auf zwei Ebenen kassiert wird: Zu den Dachfonds-Verwaltungsgebühren kommen die Verwaltungsgebühren der Zielfonds hinzu, und dann kann ein Dachfonds schon mal doppelt so teuer sein wie ein herkömmlicher Aktienfonds.

Auch die Fondsmischung ist zuweilen in anderer Hinsicht exklusiv, als es sich der Kunde vorstellen mag. Viele Dachfondsanbieter setzen ausschließlich auf Zielfonds aus dem eigenen

Finanzkonzern und bilden damit nur einen winzigen Bruchteil des Gesamtmarktes ab. Der Werbeslogan »Die finden für Sie die besten Fonds« müsste deshalb häufig den Zusatz tragen: »... aus unserem eigenen Laden.«

TIPP Dachfonds werden vor allem deshalb gern verkauft, weil sich die Bank dabei mit einem Hauch von Objektivität schmücken kann. Doch die Chance, dass durch die doppelte Auswahlebene am Ende ein besseres Ergebnis herauskommt, ist wegen der hohen Kostenbelastung eher gering. Gut zu wissen, dass es Dachfonds gibt. Haben muss man sie nicht.

Fonds-Exoten

Nun haben wir die wichtigsten Fondskategorien durch, und Sie fragen sich womöglich, warum so viele andere Varianten unter den Tisch gefallen sind. Keine Angst: Der Rest bekommt nicht aus Vergesslichkeit keine eigene Überschrift, sondern weil es sich dabei um Anlageprodukte handelt, die mehr oder weniger überflüssig sind. Damit Sie zumindest ansatzweise wissen, was sich dahinter verbirgt, kommt hier eine kurze Liste der »Exoten«.

- **Garantiefonds**. Hier bekommen Sie am Ende der Garantiezeit zumindest eine garantierte Summe. Und von dieser Art Fonds gibt es gleich zwei Varianten: entweder den Laufzeitfonds, bei dem der Kapitalerhalt zum Ende der Anlagefrist zugesichert ist und der dann aufgelöst wird, oder als unbefristeten Fonds, bei dem zu regelmäßigen Zeitpunkten eine Garantieklausel greift. Zunächst einmal ist zu beachten, dass sich die Garantie immer nur auf bestimmte Stichtage bezieht und der Wert der Fondsanteile in der Zwischenzeit auch mal im Minus liegen kann. Und wie immer müssen Sie eine Verlustabfederung mit Einbußen bei der Rendite bezahlen,

DIE INVESTMENTFONDS-GATTUNGEN IM ÜBERBLICK

so dass Garantiefonds praktisch eine Aktienanlage mit angezogener Handbremse darstellen. Die sinnvollere Variante: Halten Sie risikobehaftete Geldanlagen, also »normale« Aktiengeschäfte, und sichere Geldanlagen wie diese hier getrennt, das ist für Sie transparenter und hat den Vorteil, dass Sie die Schwankungen der Aktieninvestments ganz gezielt auf den langfristigen Bereich legen und die sicheren Zinsanlagen fürs kurz- und mittelfristige Sparen einsetzen können.

- **Absolute-Return-Fonds.** Der Schwerpunkt der Kapitalanlage liegt bei diesen Fonds meist auf Anleihen, und das hehre Ziel ist, bei fallenden und steigenden Marktzinsen immer eine positive Rendite zu erwirtschaften. Um das umzusetzen, dürfen die Fondsmanager auch Derivate einsetzen, mit denen sie auf bestimmte Zinsentwicklungen wetten. Dumm nur, dass diese Strategie absolut nicht immer funktioniert hat: Der »Absolute Return Plus Fonds« der schweizerischen Großbank UBS brachte den Anlegern im Jahr 2008 einen Verlust von fast 24 Prozent, weil er massiv auf Papiere von finanziellen Giftmüllproduzenten wie Lehman Brothers gesetzt hatte. Dem Fondsmanagement war das wohl egal: Den Satz »Das Management der UBS Absolute Return Funds erfolgt stets mit Blick auf konkrete Renditeziele, wobei die Wertschwankungen so gering wie möglich gehalten werden sollen« ließ man in der Fondsbeschreibung trotzdem stehen.

- **130/30-Fonds.** Nein, diese Fonds haben nichts mit Tempo-30-Zone und einem Geschwindigkeitslimit auf der Autobahn zu tun. Es handelt sich um Aktienfonds, die mit einem Mix aus Derivaten aufgepeppt werden. Mit Hilfe von Börsenwetten werden Aktien, die dem Fondsmanagement besonders aussichtsreich erscheinen, um den Faktor 1,3 gehebelt. Sprich: Steigt der Aktienkurs um 10 Prozent, gewinnt der Fonds 13 Prozent – allerdings gilt bei Verlusten derselbe Faktor. Darüber hinaus können die Fondsmanager bis zu

30 Prozent des Fondvolumens verwenden, um bei Aktien mit schlechten Zukunftsaussichten auf fallende Kurse zu wetten. Das funktioniert, wenn die Manager beim Sortieren der guten und schlechten Aktien richtig liegen. Aber: Wenn das Kalkül nicht aufgeht, wirkt die Hebelkraft auch bei den Verlusten!

- **Hedgefonds.** Hedgefonds gelten in den Medien als der böse Bruder Satans. Schlimmer geht's nimmer. Doch das ist so nicht ganz richtig. »Hedgen« ist ein anderes Wort für »absichern«. Ein Hedgefonds kann beispielsweise Aktien kaufen und diese gleichzeitig durch Wetten auf fallende Kurse absichern. Eine durchaus sinnvolle Strategie. Wenn der Fondsmanager davon ausgeht, dass die Märkte demnächst stark fallen werden, kann er auch alle Aktien verkaufen und nur Wetten auf fallende Kurse abschließen. Auf diese Weise kann ein Hedgefonds sowohl bei steigenden als auch bei fallenden Märkten Geld verdienen. Etliche Hedgefonds haben ihre Freiheiten allerdings in den letzten Jahren maßlos übertrieben. So dürfen Hedgefonds auch Kredite aufnehmen, um einen sogenannten höheren »Hebel« zu erzielen. Der Fonds sammelt beispielsweise 1 Million Euro ein und nimmt zusätzlich einen Kredit über 4 Millionen Euro auf. Jetzt kann er 5 Millionen Euro an den Märkten investieren. Läuft der Markt jetzt auch nur um 10 Prozent in die falsche Richtung, ist die Hälfte des eingezahlten Geldes weg. Durch diesen Hebeleffekt können Hedgefonds außer wesentlich höhere Gewinne auch wesentlich höhere Verluste produzieren als klassische Fonds.

Eigentlich sind daher Hedgefonds, die mit millionenschweren Börsenwetten große Räder drehen, für Privatanleger zu deren eigenem Schutz nicht zugänglich. Allenfalls reiche Privatiers, die die eine oder andere Million entbehren können, zählen neben Großanlegern wie Banken und Versicherungen zum erlauchten Kundenkreis.

DIE INVESTMENTFONDS-GATTUNGEN IM ÜBERBLICK

Doch inzwischen gibt es auch in Deutschland einige Hedgefonds, die auch für Privatanleger zugelassen sind. Sie werden von der BaFin (Bundesanstalt für Finanzdienstleistungsaufsicht) kontrolliert und müssen sich besonderen Transparenzvorschriften unterwerfen. Ihre Strategien und die eingesetzten Finanzinstrumente sind aber für den Laien nur sehr schwer nachzuvollziehen. Sie würden also wieder etwas kaufen, was Sie unter Umständen nicht verstehen können. Hier also – wenn überhaupt – nur zugreifen, wenn Sie mit der Materie vertraut sind und den Fonds vollkommen verstehen.

Jetzt fragen Sie sich vermutlich, was diese Art der Hedgefonds eigentlich mit jenen Heuschrecken zu tun hat, von denen immer die Rede ist. Ganz einfach: Gar nichts! Hier haben die geneigten Herren Politiker mal wieder ein paar Sachen durcheinandergeworfen. Mit Heuschrecken meint man nicht Hedgefonds, sondern sogenannte »Private-Equity-Gesellschaften«. Die Schweinehunde unter den Private-Equity-Gesellschaften sammeln bei vermögenden Großkunden Geld ein, um damit vermeintlich unterbewertete Firmen zu kaufen. Dort werden dann jede Menge Mitarbeiter entlassen, die Firma wird in Einzelteile zerlegt, die Filetstücke an Konkurrenten verschachert und der Rest auf der Müllhalde entsorgt. Hier verdienen wenige viel Geld damit, dass sie viele andere ins Unglück stürzen und oft traditionsreiche Firmen zerstören. Hier sollte der Gesetzgeber in der Tat dringend mehrere Riegel vorschieben.

Aber Vorsicht: Nicht immer ist private equity böse. Es gibt sehr viele sehr sinnvoll Private-Equity-Firmen, die Geld einsammeln, um es dann aussichtsreichen jungen Unternehmen zur Entwicklung zur Verfügung zu stellen. Das hat mit Heuschrecken dann nun wirklich nichts mehr zu tun. Sie sehen: In den Medien, bei der Politik und natürlich an der Börse muss man manchmal sehr genau hinsehen, um Dichtung von Wahrheit zu trennen.

Die Fondsauswahl: Rating, Größe, Kosten

Wenn Sie sich für eine bestimmte Fondskategorie entschieden haben und zum Beispiel in einen Aktienfonds mit Anlageschwerpunkt Europa investieren wollen, wissen Sie immer noch nicht, ob das Fondsmanagement Ihre Erwartungen erfüllt und dank cleverer Aktienauswahl eine bessere Rendite als der Gesamtmarkt einfährt.

Zumindest ein bisschen Licht ins Dunkel wollen spezialisierte Analystenhäuser bringen, die mit sogenannten Fondsratings einzelne Fonds mit einer Qualitätsbewertung versehen. In Deutschland am breitesten aufgestellt und für Privatanleger gut und vor allem kostenlos zugänglich ist meiner Meinung nach die Fondsratingagentur Morningstar, die Sie im Internet unter www.morningstarfonds.de finden. Dort können Sie auch im Detail nachlesen, wie das Bewertungssystem von Morningstar aufgebaut ist. Im Folgenden beschränke ich mich deshalb auf die Kurzversion.

Die Ratingagentur ordnet jeden einzelnen Fonds zunächst einer bestimmten Kategorie zu wie etwa »Aktienfonds Euroländer/mittelgroße Unternehmen«. Dann wird geprüft, wie der Fonds innerhalb seiner Vergleichsgruppe in den vergangenen Jahren und Monaten abgeschnitten hat. Die kurz- bis langfristigen Ergebnisse werden dann ins Verhältnis zu den Durchschnittswerten der Vergleichsgruppe gesetzt, woraus sich am Ende die Einstufung ergibt: Für besonders überdurchschnittliche Fonds gibt es fünf Sternchen, der Durchschnitt muss sich mit drei Sternchen begnügen, und die Flop-Fonds kriegen nur ein Sternchen.

Das verleitet natürlich zu Fehlinterpretationen, und deshalb setze ich gleich mal vier Warnungen ab:

● Die Sternchen sind keine individuelle Anlageempfehlung. Ob Sie in Aktien investieren und wie hoch deren Anteil in Ihrem Vermögensmix sein soll, müssen Sie zuallererst und unabhängig von irgendwelchen Fondseinstufungen entscheiden.

DIE FONDSAUSWAHL: RATING, GRÖSSE, KOSTEN

Erst danach sollten Sie sich um die Auswahl einzelner Fonds kümmern.

- Die Analysen beziehen sich ausschließlich auf Zahlen aus der Vergangenheit. Es kann natürlich sein, dass das Fondsmanagement just in dem Moment vom Glück verlassen wird, in dem Sie Ihr Geld dort angelegt haben. Die Sternchen sagen, dass der Fonds mit einer gewissen Wahrscheinlichkeit gut weiterläuft – aber wie hoch die Wahrscheinlichkeit ist, weiß niemand. Das ist in etwa so, als wenn Sie mitten im Tunnel in den Rückspiegel schauen und sich freuen, dass Ihnen keiner entgegenkommt. Kann gutgehen, muss aber nicht.

- Die Sternchen sagen nichts über das Schwankungsrisiko des Fonds aus. Auch ein Top-Fonds der Kategorie »westaustralische Goldminenbetreiber« ist und bleibt ein Nischeninvestment mit hohem Schwankungsrisiko.

- Das Rating gibt an, wie der Fonds sich innerhalb seiner Vergleichsgruppe geschlagen hat. Wenn also alle Nepalesischen-Konservendosen-Hersteller-Fonds 70 Prozent verloren haben und der Great-Nepal-Yes-we-Can-too-absolut-no-risk-Fonds hat nur 50 Prozent verloren, dann bekommt er fünf Sterne, und der unbedarfte Sparer freut sich über den tollen Fonds, den ihm der Bankverkäufer seines Vertrauens gerade ins Depot bucht. Unter den Blinden ist der Einbeinige eben König.

So, nun haben Sie also aufgrund der Ratingeinstufungen vielleicht für sich schon ein paar Fonds eingegrenzt, die in der Vergangenheit überdurchschnittliche Gewinne erzielt haben. Als Nächstes sind jedoch noch einige weitere Kriterien zu berücksichtigen, die den langfristigen Erfolg des Fonds beeinflussen können.

Ein wichtiges Hilfsmittel ist dabei das sogenannte »Factsheet« (man könnte auch sagen: »Faktenzettel« oder »Beipackzettel«, aber dann wäre es nicht so »stylish«) des Fonds, das monatlich aktualisiert wird und wichtige Daten zu Größe, Anlageerfolg und

Vermögensaufteilung enthält. Auch Aussagen zu den Kosten sind hier teilweise enthalten. Und die sind für Sie naturgemäß ebenfalls interessant. Falls die im Factsheet enthaltenen Kosteninformationen zu schwammig formuliert sind, können Sie zusätzlich den Verkaufsprospekt des Fonds zu Rate ziehen. Factsheet und Verkaufsprospekt stellen die Fondsgesellschaften im Internet zum Herunterladen zur Verfügung.

Kommen wir zur Größe des Fonds. Natürlich sind Milliardenfonds nicht immer super und kleine Fonds nicht immer schlecht. Aber wenn ein Fonds eine gewisse Größe unterschreitet, wird es für die Fondsgesellschaft schwierig. Kommt irgendwann einmal der Punkt, an dem die Verwaltungsgebühren nicht mehr die Aufwendungen für Fondsmanagement und Wertpapieranalysen decken, dann können schnell die Männer in den grauen Anzügen mit dem großen Rotstift kommen. Jahr für Jahr werden Dutzende Fonds mangels Masse aufgelöst, und die Anleger müssen ihr Geld entweder in andere Fonds umschichten oder es sich auszahlen lassen. Möglicherweise wird dann zu einem Zeitpunkt, den Sie so nicht haben wollten, Abgeltungsteuer fällt.

Andererseits haben zu große Fonds ein Gewichtsproblem. Viele aussichtsreiche Investmentgelegenheiten bieten sich besonders bei kleineren Aktiengesellschaften. Von diesen wiederum gibt es logischerweise relativ wenige Aktien, und der Umsatz an den Börsen ist entsprechend gering. Will nun ein solcher Milliarden-Fonds-Tanker eine für ihn sinnvolle Position einkaufen, muss er die Zukäufe über viele Tage strecken und treibt dabei den eigenen Kaufpreis hoch. Oft ist es dem Management des Fonds daher gar nicht möglich, in ein bestimmtes Unternehmen oder eine Aktiengesellschaft zu investieren. Ganz zu schweigen von den Problemen, wenn der Fonds schnell aus einer Aktie aussteigen wollte. Der Kurs würde kollabieren. Daher sind die spannendsten Anlagemöglichkeiten für die Supertanker oft nicht befahrbar, was Rendite kostet. Wie aber sieht die goldene Mitte aus? Dazu habe ich einen Tipp:

DIE FONDSAUSWAHL: RATING, GRÖSSE, KOSTEN   145

TIPP Als grobe Faustregel gilt das 100-Millionen-Limit. Liegt das Fondsvolumen deutlich darunter, handelt es sich zwar nicht zwangsläufig um einen Schließungs- oder Fusionskandidaten, aber er kann schnell ein solcher werden. Bei Fonds mit zweistelligem Millionenvermögen sollten Sie zurückhaltend sein, und von Fonds mit weniger als 10 Millionen Euro im Portfolio sollten Sie die Finger lassen. Umgekehrt sollten Sie bei Fonds mit mehreren Milliarden Anlagevermögen kritisch prüfen, ob das Geld wirklich noch effizient gestreut werden kann. Bei globalen Anlagestrategien eher ja, bei der Beschränkung auf die Euro-Aktienmärkte eher nein.

Ein weiterer Aspekt ist in diesem Zusammenhang die jüngere Geschichte der Fondsgesellschaft. Wurde diese vor kurzem von einem anderen Finanzdienstleister übernommen, der ebenfalls Fonds anbietet? In der Folge kann es schon bald zu einer Bereinigung von Überschneidungen kommen, was sich für Sie nicht immer positiv auszahlen wird.

Eine nicht zu unterschätzende Rolle spielen die Gebühren, die das Fondsmanagement für sich selbst und für die Entlohnung der Verkäufer abzweigt. Beim Kauf der Fondsanteile wird der Ausgabeaufschlag fällig, der je nach Fondsgattung bei 2 bis 3 Prozent für Rentenfonds und 4 bis 6 Prozent für Aktienfonds liegt. Diesen Aufschlag kassieren die Finanzverkäufer, über die der Anleger die Anteile gekauft hat, also in der Regel die Bankfiliale, bei der Sie den Kaufauftrag unterschreiben. Noch mal zum ganz Klarmachen: Sie haben einen Aktienfonds selbst ausgesucht, indem Sie vielleicht dieses Buch gelesen und dann im Internet den für Sie passenden Fonds ausgewählt haben. Nun gehen Sie zum Bankverkäufer Ihres unendlichen Vertrauens und sagen ihm: Ich möchte bitte für 10 000 Euro den Pfefferminzia-Fonds kaufen. Dann freut der sich wie ein Schnitzel, lässt Sie eine Unterschrift machen, und die Bank bekommt dafür 500 Euro. Ohne jegliche Leistung erbracht zu haben. Wohlgemerkt: Fairness gilt für beide

Seiten. Wenn der Mann Ihnen zwei Stunden lang die Fondswelt erklärt hat und mit Ihnen gemeinsam die für Sie (wirklich) besten Produkte ausbaldowert hat, dann gebietet es die Fairness, ihm (besser gesagt seinem Arbeitgeber, der Bankverkäufer hat am wenigsten davon) auch die Provision zuzugestehen. Sozusagen als Beratungsgebühr. Es ist ja auch nicht in Ordnung, bei der Boutique an der Ecke stundenlang alle Kleider durchzuprobieren und dann das Kleid 20 Prozent billiger im Internet zu schießen. Wenn wir zu Recht Fairness von unseren Geschäftspartnern einfordern, ist es das Mindeste, dass wir sie selbst leben und nicht einfach nach dem Motto: »Die sind auch nicht besser!«, agieren. So ließe sich manches rechtfertigen.

Aber wenn Sie schon die ganze Arbeit hatten, dann sagen Sie das auch dem Bankverkäufer und bestehen Sie auf einen entsprechenden Nachlass beim Ausgabeaufschlag. Wenn er darauf nicht eingeht, verlassen Sie die Filiale und fangen es schlauer an. Denn:

TIPP Wenn Sie die Fondsanteile über eine Direktbank oder einen Fondsshop erwerben, können Sie oft den halben und manchmal sogar den kompletten Ausgabeaufschlag sparen. Zwar bekommen Sie bei diesen Finanzdienstleistern keine Beratung – aber seien wir ehrlich: Das, was Banken und Finanzvermittler als »Beratung« bezeichnen, ist sowieso meistens nur ein Verkaufsgespräch.

Damit sind noch nicht alle Kosten erfasst: Hinzu kommen noch die jährlichen Verwaltungsgebühren, die je nach Anbieter und Fondsgattung zwischen 0,5 Prozent bei günstigen Geldmarkt- oder Rentenfonds und mehr als 1,5 Prozent bei teuren Aktienfonds betragen. »Qualität kostet eben«, wird Ihnen da der hochbezahlte Fondsmanager sagen – aber ist teuer wirklich immer gut?

Ein Vermögensverwalter kann schon mit der Krawatte zu Bett gehen, wenn er langfristig den durchschnittlichen Gesamtmarkt um einen Prozentpunkt schlagen kann. Wohlgemerkt: natürlich

DIE FONDSAUSWAHL: RATING, GRÖSSE, KOSTEN 147

nach Abzug aller Gebühren netto für den Kunden. Und genau das wird umso schwieriger, je höher die fondsinternen Kosten sind. Der Manager eines besonders teuren Fonds hat es damit ungefähr genauso schwer wie der Hundertmeterläufer, der zwei Meter hinter der Startlinie lossprinten muss. Daher tun Sie gut daran, Fonds mit möglichst niedrigen jährlichen Gebühren zu bevorzugen.

Die eigentlichen Verwaltungsgebühren sind jedoch nur ein Teil des gesamten jährlichen Kostenblocks. Da gibt es auch noch Kosten für Wirtschaftsprüfer und Berichterstellung sowie die fondsinternen Depotbankgebühren und möglicherweise noch eine Gewinnbeteiligung der Fondsgesellschaft. In der Summe ausgewiesen werden die Gebühren größtenteils in der sogenannten »Total Expense Ratio« (TER). Allerdings sollten Sie das »Total« nicht überbewerten, denn manche Gebührenposten dürfen die Fondsgesellschaften ausklammern. Hier eine kleine Übersicht, was in der TER drin ist und was nicht:

Gebühr	in TER enthalten?
Managementgebühr	ja
Kosten für Wirtschaftsprüfer und Prospekte	ja
Depotbankgebühren des Fonds	ja
Transaktionsgebühren des Fonds	nein
Gewinnbeteiligung (Performance Fee)	nein

VORSICHT Seit einiger Zeit gibt es eine neue Sauerei bei der Kundenabzocke. Die sogenannte »Performance Fee« oder wie man früher mal gesagt hat, als man noch wollte, dass die Kunden einen verstehen: Gewinnbeteiligung.

Hier langen manche Anbieter ziemlich unverschämt zu. Als Maßstab dient meistens ein Aktien- oder Rentenindex. Wird dieser überschritten, kassiert die Fondsgesellschaft einen Teil der Überrendite. Besonders bitter: Solange die Verluste des Fonds geringer sind als die Rückgänge beim Vergleichsindex, zählen auch rote Zahlen als gebührenpflichtiger Erfolg, und Sie müssen Ihre Verluste auch noch bezahlen. Eine Ausnahme bilden Fonds, bei denen sich die Erhebung einer erfolgsabhängigen Gebühr auf das Überschreiten eines konkreten Wertzuwachses bezieht. Das ist also sicher ein Punkt, auf den man bei der Auswahl seines Fonds achten sollte. Wichtig ist dabei die Klausel, dass in schlechten Zeiten die Minusrenditen auf künftige Gewinnbeteiligungen angerechnet werden. Dies wird »High Water Mark« genannt, was übersetzt »Hochwassermarke« bedeutet. Generell gilt: Ein Fonds, der trotz zusätzlicher Gewinnbeteiligung keine Abstriche bei den fixen Verwaltungsgebühren macht, greift dem Anleger zusätzlich in die Tasche. Und dieses Ansinnen muss von Ihnen nicht mit einem Anteilskauf belohnt werden.

Noch mal ein Beispiel zur Erklärung: Der Dax steigt innerhalb eines Jahres um 3 Prozent. Ein Fonds gewinnt 7 Prozent im gleichen Zeitraum. Erzielt also 4 Prozent »Überrendite«, und der Fondsmanager trommelt sich zu Recht auf die Brust. In den Statuten ist eine Gewinnbeteiligung von 25 Prozent der Überrendite ausgemacht. Die Gesellschaft kassiert also 1 Prozent selbst, und beim Anleger bleiben statt 7 nur 6 Prozent hängen. Im schlimmsten Fall noch abzüglich der sonstigen Gebühren. Bis hierher könnte man für diese Vorgehensweise ja noch Verständnis aufbringen. Aber: Im nächsten Jahr fällt der Dax um 3 Prozent, und der Fonds fällt um 7 Prozent. An diesen Verlusten beteiligt sich die Fondsgesellschaft natürlich nicht. Oder einfach ausgedrückt: Gewinne werden geteilt, Verluste dürfen Sie alleine tragen. Aber es wird noch doller: Manche Fondsanbieter besitzen die Unverschämtheit, diese Erfolgsprovision vierteljährlich abzurechnen. Das bedeutet: In den ersten drei Monaten ein Übergewinn, der Fonds kassiert. In den nächsten drei Monaten bricht der Fonds gnadenlos um 20 Prozent ein, obwohl der Gesamtmarkt weiter steigt. Der Fondsmanager drückt sein Bedauern über Ihren Verlust aus. Im darauffolgenden Quartal steigt der eingebrochene Fonds um 3 Prozent, während der Gesamtmarkt stagniert, der tolle Fondsmanager hält wieder die Hand auf, dabei haben Sie den Einbruch um 20 Prozent damit noch längst nicht wieder wettgemacht. Wenn Sie das über einige Jahre hochrechnen, können Sie sich in etwa vorstellen, was für Sie übrig bleibt.

Wenn Ihnen ein Fonds mit vierteljährlicher Berechnung der Gewinnbeteiligung angeboten wird, lehnen Sie entrüstet ab.

Börsengehandelte Indexfonds als kostensparende Alternative

Rund 80 Prozent aller aktiv gemanagten Investmentfonds schaffen es nicht, den Vergleichsindex zu schlagen. Das ist eine traurige Tatsache, aus der Sie womöglich schließen, dass vier Fünftel der Fondsmanager inkompetente Trottel sind.

Lassen Sie mich an dieser Stelle in meiner Eigenschaft als Wertpapierhändler eine Lanze für die Kollegen aus dem Fondsgeschäft brechen. Selbst für Profis ist es unheimlich schwierig, auf Dauer auch nur zwei oder drei Prozentpunkte mehr Rendite herauszuholen als der Durchschnitt. »Das Geheimnis erfolgreicher Spekulanten liegt darin, dass sie zu 49 Prozent falsch und zu 51 Prozent richtig liegen«, sagte einmal der Börsen-Altstar André Kostolany. Wenn Sie als Fondsmanager ein Portfolio von 80 oder 100 Aktien zu verwalten haben, dann sind bei aller Kompetenz immer auch ein paar Fehleinschätzungen darunter.

Das größte Problem für Sie als Anleger ist dabei, wie gerade schon erwähnt, dass das Renditeplus erst dann bei Ihnen ankommt, wenn die Kostennachteile kompensiert sind. Genau hier liegt der Hund begraben: Würde man die fondsinternen Gebühren herausrechnen, dann sähe die Statistik für die Fondsmanager viel günstiger aus. Doch viele Fondsgesellschaften verpflichten aus Angst vor größeren Fehlentscheidungen ihre Fondsmanager sogar, das Fondsportfolio nicht allzu sehr vom Inhalt des Vergleichsindex abweichen zu lassen. Damit wird jedoch die Handlungsfreiheit stark eingeschränkt, und entsprechend geringer sind auch die Möglichkeiten, mit einer speziellen Gewichtung mehr Gewinn herauszuholen.

Das ändert natürlich nichts am Ergebnis. Aber sollten Sie einen Fondsmanager im Bekanntenkreis haben, hilft es Ihnen vielleicht dabei, auch in Zukunft freundlich mit ihm reden zu können.

So, und nun kommen wir zu einer Alternative, die Sie von der quälenden Frage befreit, ob Sie mit Ihrer Fondsauswahl wirklich ein Top-Produkt erwischt haben – und gemäß der Statistik lautet ja die Antwort in vier von fünf Fällen »Nein«. Die Rede ist von börsengehandelten Indexfonds, den »Exchange Traded Funds«, die unter dem Kürzel »ETF« bekannt sind.

Die Idee, die hinter diesem Anlageprodukt steckt: Man verzichtet sowohl auf die zusätzlichen Renditechancen als auch auf die Fehlentscheidungsrisiken des aktiven Fondsmanagements und bildet mit dem Fonds nur einen bestimmten Index, zum Beispiel den europäischen Stoxx-Aktienindex oder den deutschen Aktienindex Dax, ab. Dann ist der Fondsmanager durch ein Computerprogramm ersetzt, und man braucht auch keine Aktienanalysen. Das spart jede Menge Geld, und so können Indexfonds mit Verwaltungsgebühren aufwarten, die bis zu 90 Prozent unter den Gebühren herkömmlicher Fonds liegen.

Indexfonds gibt es mittlerweile in allen möglichen Varianten. Allein der weltweite Marktführer iShares bietet 380 unterschiedliche Fonds an. Darunter sind die klassischen Aktienindizes ebenso zu finden wie Anleihenindizes, Rohstoffe und Immobilienpreise. Um die meisten davon brauchen Sie sich nicht zu kümmern: Wie bei anderen Investments sollten auch bei der Indexfonds-Anlage die europäischen oder weltweiten Aktienindizes – sprich: Stoxx, EuroStoxx und MSCI-Weltaktienindex – und vielleicht noch der eine oder andere Anleihenindex im Mittelpunkt stehen. Stichwort Anleihen-Indexfonds: Diese ETFs bilden ganz einfach die durchschnittliche Wertentwicklung bestimmter Anleihensegmente wie beispielsweise europäische Staatsanleihen ab.

Kaufen und verkaufen können Sie Indexfonds über die Börse. Das funktioniert genau wie beim Aktienhandel: Sie erteilen Ihrer Bank die Kauf- oder Verkaufsorder, und dann werden die Fondsanteile in Ihr Wertpapierdepot eingebucht oder verkauft. Auch die Gebühren für den Kauf sind dieselben wie die Bankgebühren beim Kauf oder Verkauf von Aktien.

Darüber hinaus gibt es zwischen Kauf- und Verkaufskurs geringe Differenzen, was im Börsenjargon »Spread« genannt wird. Beim Verkauf bekommen Sie deshalb ein bisschen weniger Geld, als der Käufer bezahlen muss. Wie hoch der Spread ist, hängt in erster Linie vom gehandelten Volumen ab: Je mehr Anteile über die Theke des Börsenmaklers gehen, umso geringer sind die Preisdifferenzen. Bei den Index-Schwergewichten wie Euro-Stoxx oder Dax liegen sie im niedrigen Promillebereich, bei Exoten kann es hingegen schon mal mehr als 1 Prozent sein.

Weil die allermeisten Banken für Wertpapierorder feste Mindestgebühren verlangen, eignen sich Indexfonds eher für die Einmalanlage als fürs regelmäßige Sparen. Einzelne Direktbanken bieten zwar Indexfonds-Sparpläne mit niedrigen Monatsraten an, doch die Kosten sind prozentual gesehen immer noch deutlich höher als bei größeren Anlagesummen. Außerdem ist die sparplanfähige Produktpalette stark eingeschränkt.

TIPP Über einen kleinen Umweg können Sie trotzdem einen kostengünstigen Indexfonds-Sparplan einrichten. Lassen Sie Ihre monatliche Sparrate einfach auf ein Tagesgeldkonto laufen, und schichten Sie das Guthaben ein bis zwei Mal pro Jahr in Indexfonds um.
Aber Achtung: Ein sehr wichtiger Aspekt dabei ist, dass sowohl der klassische Fonds als auch der ETF »Sondervermögen« sind. Klingt ungewohnt, ist aber wirklich sehr wichtig. Denn Sondervermögen bedeutet, dass derjenige, der den Fonds auflegt (der Emittent) die

von Ihnen eingezahlten Gelder und die davon gekauften Aktien von seinem eigenen Geld »gesondert« verbucht und aufbewahrt. Das ist ganz wichtig, denn sollte der Emittent Ihres Fonds den »Lehman« machen, sind Ihr Geld und Ihre Aktien davon nicht betroffen. Der Insolvenzverwalter kann sich über die Computer, Bürostühle und Konten des Emittenten hermachen, aber an Ihr Vermögen darf er nicht heran. Es ist also ungeheuer beruhigend, dass Sie bei ETFs und Fonds das Emittentenrisiko praktisch vernachlässigen können. Bei Zertifikaten und sogenannten ETCs (börsengehandelten Rohstofffonds) sieht das leider anders aus, aber dazu später mehr.

Hier noch ein kleiner, aber feiner Unterschied, den ich gerne zur Sprache bringe. Es gibt zwei Arten von ETFs. Sogenannte Swap-basierte ETFs und voll replizierende ETFs. »Um Gottes willen, Müller, was soll das nun wieder?!« … Ich habe Ihren Protest schon im Ohr, daher nur ganz knapp das Wichtigste: Die voll replizierenden ETFs kaufen tatsächlich die Aktien aus dem zugrundeliegenden Index (z. B. Dax). Sie legen also in Ihrem Namen Aktien von Eon, Allianz, Daimler und Co. in ein Depot. Swap-basierte ETFs hingegen kaufen die Aktien des Dax gar nicht, sondern schließen mit anderen Banken nur eine Wette über den weiteren Verlauf des Dax ab. Das aber will ich nicht! Denn dann habe ich immer wieder das überflüssige Risiko, dass der Wettpartner Pleite macht und mir mein »gesondert« verbuchtes Vermögen auch nichts nutzt. Daher: ETFs sind eine super Sache, und ich würde sie immer einem klassischen Fonds vorziehen, wenn ich einfach nur in Standardwerte investieren möchte. Aber sehen Sie zu, dass Sie sogenannte »voll replizierende« oder englisch »full replication« ETFs kaufen. Das können Sie immer im jeweiligen Prospekt oder auch im Internet nachlesen. Wenn irgendwo steht »swap-basiert«, lassen Sie die Finger davon.

Gibt es überhaupt einen Grund, klassische, also aktiv gemanagte Fonds zu kaufen, wenn die doch so teuer sind und hohe Gebühren verlangen? Ja! Es macht immer dann Sinn, wenn ich in ein Spezialthema einsteige. Ghanaische Handyhersteller, vietnamesische Kronkorkenbieger oder auch internationale Firmen, die sich auf ein spezielles Zukunftsthema konzentrieren wie beispielsweise Windkraftanlagen. Hier braucht man ein Expertenteam, das sich das ganze Jahr mit diesem Thema beschäftigt. Die erkennen (im Idealfall) rechtzeitig, wer in dem Spiel das Rennen macht und wem frühzeitig die Puste ausgeht. Entsprechend können sie die Luschen aus dem Fonds werfen und die Siegeraktien aufstocken. Dazu brauche ich Experten, die sich damit auskennen, es sei denn, ich bin selbst mit einem vietnamesischen Kronkorkenbieger verschwägert, aber das dürften nun mal die wenigsten sein. Und wenn der dann doch lieber in ghanaische Handyaktien investieren würde … Aber lassen wir das.

Bringen wir's stattdessen auf den Punkt:

Sie wollen allgemein vom Trend der deutschen Aktien profitieren?
Kaufen Sie sich einen voll replizierenden ETF auf den Dax.

Sie wollen etwas Geld als spekulative Beimischung in ein Spezialthema investieren?
Kaufen Sie sich einen gut klassifizierten, mittelgroßen gemanagten Aktienfonds, und achten Sie dabei auf die Verwaltungsgebühren, die Gewinnbeteiligung und den Ausgabeaufschlag.

Aktien sind Ihnen zu riskant?
Warum haben Sie sich dann durch das Kapitel gequält?

Wie Sie bei der Fondsverwaltung Bankgebühren sparen

Hier ein paar Euro, dort ein paar Prozent – wenn man die Gebührenposten einzeln betrachtet, scheinen sie es nicht wert zu sein, dass man sich groß darum kümmert. Aber jetzt richten Sie

154   LEVEL 2: FINANZPLANUNG FÜR FORTGESCHRITTENE

vielleicht einen Fondssparplan ein, in den Sie 25 Jahre lang jeden Monat 100 Euro einzahlen wollen. Macht der Fonds im Schnitt 5 Prozent pro Jahr, so zeigt es Ihnen das Zins-Rechenprogramm, dann stehen am Ende eindrucksvolle 58 800 Euro auf Ihrem Konto.

So, jetzt kommt aber die Bank und zweigt hier und da ein bisschen was ab: 5 Prozent Ausgabeaufschlag, dazu noch 30 Euro pro Jahr für die Depotführung – und auf einmal sieht die Rechnung ganz anders aus: Wenn Sie diese Kosten von Ihren Sparraten abziehen, bleiben nur noch 54 550 Euro übrig. Die restlichen 4350 Euro hat die Bank kassiert.

Sie sehen: Es ist lohnenswert, sich mit dem Thema »Gebührensparen« zu befassen.

Beginnen wir beim Ausgabeaufschlag, den Sie – wie schon erwähnt – teilweise und manchmal sogar ganz einsparen können, indem Sie die Fondsanteile über eine Direktbank oder einen Fondsshop zeichnen. Direktbanken sind Geldinstitute, die auf Filialen und Beratung verzichten und dafür nicht nur günstige Zinsen, sondern auch im Wertpapiergeschäft niedrige Gebühren bieten können. Fondsshops sind hingegen keine Banken, sondern reine Finanzvermittlungsunternehmen. Die Fondsanteile werden dann bei einer Bank verwaltet, die als Partner des jeweiligen Fondsshops fungiert.

In der Praxis besteht der wichtigste Unterschied darin, dass es bei den Fondsshops häufig mehr Fonds mit rabattiertem Ausgabeaufschlag gibt, während bei manchen Direktbanken die Depotführung kostenlos ist. Die Partnerbanken der Fondsshops verlangen hingegen durchaus meist eine jährliche Depotführungsgebühr.

Das Einrichten eines Sparplans und die Einmalanlage sind bei beiden nicht allzu schwierig zu bewerkstelligen. Bei einer Direktbank müssen Sie das Formular für die Depoteröffnung ausfüllen, es an die Bank schicken und sich entweder beim Absenden des Antrags oder beim Erhalt der Unterlagen mit dem Personalausweis beim Postboten legitimieren – das ist das so-

WIE SIE BEI DER FONDSVERWALTUNG BANKGEBÜHREN SPAREN 155

genannte PostIdent-Verfahren, mit dem die Bank sicherstellen muss, dass es Sie wirklich gibt. Nach der Depoteröffnung können Sie dann per Online-Banking einen Fondssparplan einrichten oder Fondsanteile als Einmalanlage kaufen. Ähnlich funktioniert die Depoteröffnung auch beim Fondsshop, wo der Antrag an den Vermittler gesendet wird, der ihn wiederum an die Partnerbank weiterleitet. Ist das Depot eröffnet, können Sie über den Vermittler Ihre Investments je nach Anbieter per Internet oder telefonisch verwalten.

Es gibt aber noch einen dritten kostensparenden Weg: den Kauf und Verkauf von Fondsanteilen über die Börse. Nicht nur Indexfonds, sondern auch herkömmliche Investmentfonds können seit einigen Jahren im regulären Börsenhandel gekauft und verkauft werden. Weil es sich dabei um keine Neuzeichnung oder Rückgabe von Fondsanteilen handelt, fällt auch kein Ausgabeaufschlag an – schließlich übernimmt der Käufer die schon gezeichneten Anteile des Verkäufers. Wie beim Aktien- und Anleihenhandel fallen auch beim Handel mit Fondsanteilen die üblichen Transaktionsgebühren an. Damit gilt ähnlich wie bei Indexfonds: Je größer die Anlagesumme, umso niedriger ist die Gebührenbelastung, und im Vergleich zu Filialbanken sind Direktbanken die kostengünstigere Alternative.

Achtung: Es gibt ebenfalls eine Differenz zwischen Kauf- und Verkaufskurs, die im Vergleich zu den Indexfonds deutlich höher ist und je nach Fonds meistens zwischen 0,5 und 1,0 Prozent liegt. Das ist aber allemal besser als die 5 Prozent Ausgabeaufschlag am Bankschalter.

Noch mal zur Klarstellung: Sie können natürlich nicht direkt an die Frankfurter oder Hamburger Börse kommen und dort am Eingang Fondsanteile kaufen. Sie müssen auch diejenigen Fonds, die Sie »über die Börse« kaufen wollen, bei Ihrer Bank ordern.

Es läuft so: Sie treten vor den Bankverkäufer Ihres Vertrauens und sagen: »Ich möchte für 10 000 Euro Anteile am Pfefferminzia-Fonds kaufen.« Dann wird er noch etwas freundlicher lächeln, Ihnen die Anteile beim Emittenten kaufen und Ihnen dafür 500 Euro Provision (Ausgabeabschlag) abknöpfen.

Sagen Sie jedoch: »Ich möchte für 10 000 Euro Anteile am Pfefferminzia-Fonds über die Börse kaufen.« Dann sollte der Mann hinter dem Schalter ein klein wenig weniger freundlich schauen und Ihnen Ihren Kauf über die Börse ohne Ausgabeaufschlag seitens der Bank durchführen. Mit Börsen-, Bankgebühren und Courtage kostet Sie das vielleicht 150 Euro.

Ungefähr 350 Euro mit nur drei Wörtern verdient. Nicht schlecht, oder? (Und schon hat sich der Kauf dieses Buchs mit etwa 1500 Prozent rentiert.)

Wer es ganz auf die Spitze treiben will, der kauft die Fondsanteile über die Börse und gibt sie beim Verkauf aber über die Bank kosten- und gebührenfrei an den Emittenten zurück. Es heißt ja schließlich »Ausgabeaufschlag« und nicht »Rückgabeaufschlag«. Sie erhalten also bei der Rückgabe an den Emittenten über Ihre Bank einen etwas höheren Preis als beim Verkauf an der Börse und sparen sich die Börsengebühren, die Bankgebühren und die Courtage. Noch mal 150 Euro gespart.

Merke: Dagobert Duck würde Fondsanteile über die Bank an der Börse kaufen und über die Bank an den Emittenten zurückgeben.

TIPP Egal ob Sie den Weg über Direktbank, Fondsshop oder Börsenhandel nehmen: Es lohnt sich immer, auf die teuren Angebote von Filialbanken und Finanzvertrieben zu verzichten und bei der Fondsanlage die Nebenkosten zu minimieren. Jeder eingesparte Gebühreneuro erhöht nämlich Ihre Renditechancen, ohne dass Sie dafür zusätzliche Risiken in Kauf nehmen müssen. Wenn Sie sich jedoch ausgiebig bei Ihrer Filialbank haben beraten lassen, seien Sie bitte fair und lassen die auch was verdienen, denn Sie haben ja eine Leistung in Anspruch genommen. Leben und leben lassen.

Ihre Vorsorgestrategie: Gefördert oder nicht, konservativ oder risikobereit?

Nun kennen Sie die Produkte, die für die private oder betriebliche Altersvorsorge in Frage kommen. Die Vergleichsrechnung zwischen Riester- und Fondssparplan hat ja schon gezeigt, dass es nicht genau ein perfektes Vorsorgemodell gibt, sondern dass viele Einflussfaktoren kaum vorhersehbar sind.

Deshalb ist es ziemlich sinnlos, sich in der Gegenüberstellung hypothetischer Renditen zu verheddern. Schauen Sie lieber mit scharfem Blick zuerst auf die Kosten, und überlegen Sie ganz grundsätzlich, welche Aspekte Ihrer persönlichen Lage eher für die geförderte Vorsorge und welche für das private Fondssparen sprechen. Dabei ist es hilfreich, sich die folgenden Fragen durch den Kopf gehen zu lassen.

- *Wie viel Zeit habe ich bis zur Rente?* Je jünger Sie sind, umso flexibler können Sie Ihre Altersvorsorge gestalten. Auch Aktienfonds können dann eine größere Rolle spielen, denn die Kursschwankungen relativieren sich im Lauf der Zeit. Haben Sie hingegen die 40 schon deutlich überschritten, dann gewinnen die eher sicherheitsorientierten Produkte wie beispielsweise die Riester-Rente an Bedeutung – oder Sie fahren mit einem geringeren Aktienanteil, wenn Sie sich für das Fondssparen entscheiden.
- *Wie groß ist meine Vorsorgelücke?* Wer spät ins Berufsleben eingestiegen ist oder längere Zeit keine Einzahlungen in die gesetzliche Rentenversicherung geleistet hat, sollte sich dringend um zusätzliche Altersvorsorge kümmern. Die Vorsorgelücke ist übrigens oft weiblich, verursacht durch die Job-Pausen in der Kindererziehungszeit. Falls das auf Sie zutrifft, sollten Sie mit zusätzlicher Eigenvorsorge gegensteuern und dabei mit einem eher zurückhaltenden Aktienanteil das Schwankungsrisiko eher gering halten.

158   LEVEL 2: FINANZPLANUNG FÜR FORTGESCHRITTENE

- *Wie hoch ist mein Einkommensrisiko?* Wenn Sie auf Lebenszeit verbeamtet sind, können Sie das Vorsorgethema dank sicherem Einkommen und – zumindest heute noch – fast schon luxuriösen Pensionsaussichten entspannt betrachten. Beim Vermögensaufbau können Sie sogar einen höheren Aktienanteil einsetzen, da Sie nicht sofort mit dem Rentenbeginn auf ein zusätzliches Kapitaleinkommen angewiesen sind. Umgekehrt ist dagegen die Lage, wenn Ihr Einkommen starken Schwankungen unterliegt. Dann ist es gut, mit einem relativ niedrigen Anleihenanteil bei der Altersvorsorge die Schwankungen stärker abzufedern.

- *Wie würde die Förderung insbesondere beim Riester-Sparen aussehen?* Je nach familiärer Lage und Einkommen schwankt die Förderquote – also der Anteil, der Ihnen von der Sparrate in Form von Zulagen und Steuerersparnis »gesponsert« wird – zwischen 20 und weit über 50 Prozent. Dabei sollten Sie jedoch nicht nur das laufende Jahr berücksichtigen, sondern insbesondere im Blick auf die Kinderzulage auch einige Jahre in die Zukunft schauen. Je höher die Förderquote, umso interessanter ist das Riestern für Sie.

- *Wie halte ich es mit dem Eigenheim?* Wenn Sie auf Wohneigentum verzichten und Ihre Wohnung oder Ihr Haus lieber mieten, sollten Sie mit zusätzlicher privater Altersvorsorge – egal ob als Riester- oder Fondssparplan – dafür sorgen, dass zukünftige Mieterhöhungen mit abgedeckt werden können. Planen Sie dagegen mittelfristig den Kauf einer Immobilie oder haben Sie schon eine Baufinanzierung laufen, dann haben Eigenkapitalbildung bzw. Schuldentilgung erst mal Vorrang.

TIPP   Achten Sie darauf, dass es bei den im ersten Teil des Buchs beschriebenen Sparzielen – nämlich dem Bilden einer eisernen Reserve und dem Sparen auf die geplanten Anschaffungen – keinen Nachholbedarf gibt. Bevor Sie in größerem Stil in Ihre Altersvorsorge

IHRE VORSORGESTRATEGIE 159

investieren, sollte sichergestellt sein, dass Sie akute Investitionen ohne die Aufnahme eines teuren Ratenkredits finanzieren können.

Egal für welche Form der Altersvorsorge Sie sich entscheiden, ob Riester, Rürup oder Erna Kapulke (die Scheine unter dem Kopfkissen stapeln), fangen Sie so früh wie möglich an und legen Sie regelmäßig etwas »auf die hohe Kante«. Viel wichtiger als die beste Rendite ist die Regelmäßigkeit. Wenn Sie jeden Monat 100 Euro unters Kopfkissen wegpacken, fällt Ihnen das leichter, als am Ende des Jahres 1200 Euro auf einen Schlag. Die Kohle ist Ihnen wahrscheinlich ohnehin im Laufe der Monate durch die Finger gerieselt, und jetzt steht auch noch der Versicherungsbeitrag für das Auto an. »Aber nächstes Jahr lege ich ganz bestimmt 2400 Euro an!« Vergessen Sie's. Wenn Sie nicht dauerhaft und regelmäßig sparen, gehen Sie mit leerem Konto in den Ruhestand, und Enten füttern wird das einzige Hobby sein, das Sie sich leisten können, wenn Ihnen nicht zufällig jemand noch rechtzeitig ein Vermögen vererbt. Darauf kann man hoffen, muss man aber nicht ...

Ganz wichtig: Legen Sie Ihre Altersvorsorgebeträge möglichst so an, dass Sie so schwer wie möglich vor Renteneintritt drankommen. Sie werden mit hoher Wahrscheinlichkeit in den Jahren bis dorthin mehrmals in die Situation kommen, in der Sie sich dieses Geld ganz dringend und nur mal kurzfristig ausleihen müssen. Sei es für den nächsten Urlaub mit dem neuen Traumpartner, das geschrottete Auto oder den Freund, der dringend eine kurzfristige Unterstützung wegen seiner Scheidung benötigt. Sie werden zehn Jahre später dankbar sein, wenn Sie in diesen Situationen nicht an Ihre Altersgroschen herankommen. Alleine das spricht schon gegen das Modell »Erna Kapulke«.

Ob Sie Aktienfonds in größerem Stil in Ihr Vorsorgeprogramm einbauen können, hängt nicht nur von der Faktenlage, sprich Finanzlage, ab, sondern auch von Ihrer persönlichen Einstellung zu den Schwankungsrisiken. Wenn Sie dazu neigen, bei 20 Prozent Jahresverlust aus Enttäuschung alle Fondsanteile in Tagesgeldguthaben umzuschichten, sind Sie wahrscheinlich von vornherein nicht der ideale Aktieninvestor. Das ist kein persönliches Defizit, sondern führt im Laufe der Jahre lediglich zu einer wahrscheinlich geringeren Gesamtrendite. Doch angesichts des drohenden Verlustpotenzials aufgrund von Panik- oder Enttäuschungsverkäufen Ihrerseits sollten Sie in diesem Fall lieber von vornherein auf sichere Anlagen setzen und dafür den Preis in Form geringerer Gewinne zahlen. Wichtig ist: Schätzen Sie sich so realistisch wie möglich ein.

Das klingt leichter, als es ist. Viele Anleger, die ich treffe, halten sich für recht risikofreudig. Besonders bei steigenden Märkten erzählen sie gerne im Sportverein oder an der Theke von ihren tollen Erfolgen bei Aktien, Rohstoffen oder Edelmetallen. Spricht man sie nun darauf an, dass es auch durchaus mal zu einem größeren Rückschlag kommen kann, reagieren sie noch sehr souverän und erklären, dass es ihnen überhaupt nichts ausmachen würde, wenn der Goldpreis, sagen wir mal, um die Hälfte fällt. Der würde doch danach sowieso wieder steigen. Mag sein, aber die Erfahrung zeigt, dass die gleichen Anleger in helle Panik verfallen, wenn ihr geliebtes Produkt auch nur um 20 Prozent an Wert verliert. Denn sofort schwenken auch die Zeitungen um. Aus der Schlagzeile »Anleger im Goldrausch« wird »Goldblase platzt« oder »Gold kann man nicht essen, der Preis wird weiter fallen«. Und schon geraten die eben noch so selbstsicheren Goldanleger in größte Selbstzweifel, schlafen unruhig, bis sie, von Panik übermannt, schlussendlich ihr Gold am tiefsten Punkt seines Wertes verkaufen. Das ist ein seit Jahrhunderten immer wiederkehrendes Anlegerphänomen und resultiert aus der Selbstüberschätzung der eigenen Risikofreudigkeit.

Dazu ein paar konkrete Zahlen am Beispiel der Entwicklung des Euroland-Aktienindex EuroStoxx 50 aus den Jahren 2005 bis 2009. Von Anfang 2005 bis Ende 2006 stieg der EuroStoxx 50 um satte 42 Prozent, während er in den beiden Folgejahren um 40 Prozent einbrach. Zugegeben, das sind die Extremwerte kurz vor und kurz nach dem Ausbruch der Finanzkrise, aber eine Wiederholung ist nicht ausgeschlossen. Behalten Sie in solchen Situationen wirklich die Nerven? Hätten Sie Anfang 2009 Ihren EuroStoxx-Indexfonds frustriert verkauft, wäre Ihnen in den nächsten zwölf Monaten ein Gewinn von 18 Prozent entgangen ...

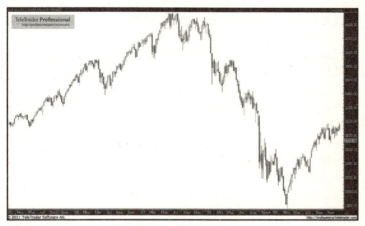

Die Entwicklung des EuroStoxx 50 Indexfonds

TIPP In den starken kurzfristigen Schwankungen liegt der wichtigste Grund dafür, dass Sie in Aktien oder Aktienfonds nur mit mindestens zehn Jahren Anlagehorizont investieren sollten. Die Statistiken zeigen klar: Je länger die Anlagedauer, umso geringer wird die Wahrscheinlichkeit, dass Sie am Ende einen Verlust verbuchen müssen. Und: umso weniger wird die Gesamtrendite vom Zeitpunkt des Ein- und Ausstiegs beeinflusst.

Was auch immer Sie für Ihre persönliche Zusatzvorsorge tun, eines sollten Sie meiden wie Graf Dracula den Knoblauch: nämlich das Sparplan-Hopping. Besonders fatal ist dies ja – denken Sie an die Zillmerung – bei Riester-Sparplänen und bei der betrieblichen Altersvorsorge. Aber auch beim Fondssparen ist es

162 LEVEL 2: FINANZPLANUNG FÜR FORTGESCHRITTENE

nicht unbedingt ratsam, alle paar Jahre das Pferd zu wechseln. Wenn Sie keinen 100-prozentigen Rabatt auf den Ausgabeaufschlag erhalten, zahlen Sie diesen mit jeder Umschichtung nochmals. Das freut den Verkäufer, killt aber Ihre Rendite.

Erste Ausnahme: Wenn ein Fonds dauerhaft schlecht läuft, dann sollten Sie irgendwann einmal eine aussichtsreichere Alternative suchen. Allerdings ist auch der beste Fondsmanager nicht davor gefeit, auch mal ein schlechtes Jahr hinzulegen. Also: Lieber locker durch die Hose atmen, denn in der Ruhe liegt die Kraft!

Zweite Ausnahme: Haben Sie schwerpunktmäßig auf Aktienfonds gesetzt, sollten Sie zehn Jahre vor dem Rentenbeginn nach und nach mit der Umschichtung in Rentenfonds oder andere Zinsanlagen beginnen. Verteilen Sie diese Aktion ruhig auf mehrere Jahre – die Wahrscheinlichkeit, dass Sie mit einer einzigen Umschichtung den optimalen Höchstkurs erwischen, ist nämlich praktisch gleich null.

Jetzt ist noch die Frage offen, welche Beträge Sie in die Altersvorsorge investieren sollten. Lieber 50 Euro, 100 Euro oder 200 Euro pro Monat? Da spielen viele Einflussfaktoren mit hinein, und einige davon können sich schnell ändern und Ihre aktuelle Vorsorgerechnung über den Haufen werfen. Wissen Sie heute schon genau, wie Ihre Familiensituation in einigen Jahren aussieht, wie Ihre berufliche Karriere verläuft und ob Sie in ein paar Jahren vielleicht doch mal einen Fünfer im Lotto haben? Sicher ist nur eins: Das Leben steckt voller Überraschungen.

Deshalb packen wir die Frage von einer anderen Seite an. Wenn Sie mit einer bescheidenen Rendite von 4 Prozent kalkulieren, bringt Ihnen ein Sparplan mit 100 Euro beim Rentenbeginn mit 65 Jahren

- 160 Euro Monatsrente, wenn Sie 20 Jahre lang sparen,
- 225 Euro Monatsrente, wenn Sie 25 Jahre lang sparen und
- 300 Euro Monatsrente, wenn Sie 30 Jahre lang sparen.

IHRE VORSORGESTRATEGIE

Bevor Sie sich zu sehr darüber freuen: Vergessen Sie die Inflation nicht! Fairerweise müssen wir die Rentenbeträge auf die heutige Kaufkraft herunterrechnen, so dass sich bei angenommenen 2 Prozent Inflation (eher verniedlichende Annahme) die folgenden Werte ergeben:

- in 20 Jahren entspricht die Rente der heutigen Kaufkraft von gut 107 Euro,
- in 25 Jahren werden aus den 225 Euro reale 137 Euro und
- in 30 Jahren sind die 300 Euro nach heutigem Maßstab 165 Euro wert.

Frauen sollten überdies bei der Monatsrente 10 Prozent Abschlag einkalkulieren, weil sie statistisch gesehen länger leben als Männer und deshalb weniger Monatsrente von einem privaten Rentenversicherer erhalten.

Das alles sind natürlich ganz grobe Näherungswerte, aus denen aber auf jeden Fall ersichtlich wird, dass Ihnen ein 50-Euro-Sparplan im Rentenalter wenig bringt. Deutlich wird hier auch der Einfluss des Zeitfaktors: Je später Sie mit der Altersvorsorge anfangen, umso mehr Geld müssen Sie reinbuttern.

TIPP Halten Sie sich an die alte Bauernregel: Viel hilft viel! Aber dennoch das Leben nicht vergessen, was nützt Ihnen eine fette Altersrente durch asketischen Lebenswandel, wenn Sie dann mit 64 vom Bus überfahren werden. Sie würden sich totärgern. Also alles mit Augenmaß, aber sowohl für die Zeit diesseits als auch die Zeit jenseits planen, ... jenseits des Renteneintrittsalters natürlich. Für das andere Jenseits helfen höchstens Karmapunkte, aber das ist ein anderes Buch.

Kleiner Exkurs:
Wenn Sie kurz vor der Rente stehen

Sollten Sie jünger als 55 Jahre sein, können Sie diesen Exkurs überspringen. Hier geht es nämlich darum, wie Sie im letzten Jahrzehnt vor dem Renteneintritt Ihre Finanzstrategie auf den Wechsel in den Ruhestand abstimmen. Die wichtigste Überlegung dabei: Bis zur Rente sind Sie mit dem Aufbau des Vermögens beschäftigt, das Ihnen im Ruhestand regelmäßige Erträge bringen soll. Damit sollten Sie bei der Anlagestrategie die Weichen von Wachstum auf Ausschüttung umstellen.

Das bedeutet konkret, dass Sie nun schrittweise den Anteil an Aktien und Aktienfonds deutlich reduzieren werden. Ganz verzichten auf Aktien müssen Rentner dagegen nicht: Solange das Geld nicht fest verplant ist oder als eiserne Reserve dient, spricht nichts gegen das Aktieninvestment im Rentenalter. Die Ertragskomponente können Sie hier integrieren, indem Sie auf Fonds mit dividendenstarken Aktien – sogenannten »Value-Aktien« – setzen, die den Dividendenertrag jährlich ausschütten. Allerdings müssen Sie damit rechnen, dass die Höhe der Dividenden Jahr für Jahr unterschiedlich sein kann.

In steuerlicher Hinsicht sollten Sie Ihre Einnahmen auf mehrere Quellen verteilen, um Freibeträge optimal ausschöpfen zu können. So können Sie bei Zins- und Dividendenerträgen den Sparerpauschbetrag nutzen, während Ihnen eine private Rentenversicherung mit sofortigem Auszahlungsbeginn parallel dazu die Vorzüge des steuerschonenden Ertragsanteils (siehe »Kosten- und Steuerkrimi« im Kapitel zur Altersvorsorge) bietet.

Auch im Rentenalter sollten Sie an eine ausreichende Liquiditätsreserve denken, um unvorhergesehene größere Anschaffungen oder Ausgaben problemlos finanzieren zu können. Mit zunehmendem Lebensalter sollte die eiserne Reserve eher großzügig ausgelegt werden, damit Sie beispielsweise bei Ausgaben

für die Gesundheit nicht allein auf die immer knausriger werdenden Leistungen der Krankenkassen angewiesen sind.

Ganz wichtig: Achten Sie darauf, dass Sie bis zum Renteneintritt schuldenfrei sind. Das gilt sowohl für die Baufinanzierung wie auch für Konsumentenkredite. Dieses Ziel kann erreicht
werden, wenn rechtzeitig vor Rentenbeginn der Schuldenabbau
beschleunigt und die Aufnahme neuer Kredite vermieden wird.
Wenn Sie ein Häuschen Ihr Eigen nennen, dann sollten Sie mit
einem kritischen Blick auf die Bausubstanz genügend Geld für
fällige Renovierungsarbeiten einplanen. Oft ist es ja so: Das Haus
altert mit dem Besitzer – allerdings mit dem Unterschied, dass
die zahlreicher werdenden Fältchen im Gesicht eine rein kosme-
tische Angelegenheit sind, während der bröckelnde Putz an der
Hausfassade über kurz oder lang zu handfesten Problemen führt.

Weshalb ein bisschen Gold und Silber nicht schadet

Der Börsianer weiß: Die Familie lieb ich sehr, Gold und Silber
noch viel mehr. Gold als Bestandteil der privaten Altersvorsorge –
das ist ein Thema, das durchaus kontrovers diskutiert wird. »Gold
bringt keine Zinsen und ist mit starken Wertschwankungen verbunden«, sagen die Gegner und haben recht. Goldfans weisen
hingegen darauf hin, dass man mit Sparbüchern und Staatsanleihen in den vergangenen 100 Jahren schon zweimal alles verloren
hat, während Gold, trotz der Preisschwankungen, seit Jahrtausenden ein sicherer Substanzwert ist.

Beim immer wieder gern genommenen Argument: »Gold kann
man nicht essen«, empfehle ich gerne einen herzhaften Biss in die
eigene Immobilie und kann Ihnen versichern, Aktien schmecken
auch sehr pampig.

LEVEL 2: FINANZPLANUNG FÜR FORTGESCHRITTENE

Vor der Überlegung, mit welcher Motivation der Kauf von Gold sinnvoll ist, sollten wir uns kurz damit befassen, was Gold kann und was es nicht kann.

Das kann Gold:

- Gold kann durch steigende Nachfrage Gewinn bringen. Noch ist die Schmuckindustrie der wichtigste Abnehmer des edlen Metalls, aber auch in der Elektronikindustrie ist Gold unverzichtbar. Im asiatischen Kulturkreis ist die Bedeutung von Gold noch größer als bei uns, so dass deren steigende Nachfrage nach Gold als Investment die Preise zusätzlich befeuert. Da die Förderung sehr schwierig und nur in geringem Volumen möglich ist, können Steigerungen bei der Nachfrage den Goldpreis steigen lassen. Je tiefer man graben muss, um an die Goldvorräte der Erde zu kommen, desto teurer wird die Goldförderung und desto teurer wird natürlich auch das Gold.

- Gold kann dauerhaften Wert bieten. Gold ist einer der wenigen Stoffe, die sich über Jahrtausende hinweg unverändert erhalten, ohne zu rosten oder sich sonst wie in seine Bestandteile aufzulösen. Gold kann eingeschmolzen, verformt oder geschnitten werden, ohne dass sich sein Wert mindert. Selbst aus den Abwasserfiltern von Zahnlabors oder Schmuckbetrieben gewinnen die Gold- und Silberscheideanstalten wieder reines Gold zurück.

- Gold kann eine Ersatzwährung sein. Wenn alles zusammenbricht und Papiergeld nichts mehr wert ist, dann schlägt die große Stunde des Goldes. Gold ist als Tausch- und Zahlungsmittel so alt wie die Idee, dass Menschen untereinander Handel treiben. Und warum? Weil es ein seltener Stoff ist, der nicht altert und damit als Wertanlage prädestiniert ist.

- Gold ist das beste Ruhekissen für Wirtschaftskrisen und die ganz persönliche Lebenskrise.

Und das kann Gold nicht:

- Gold schützt nicht vor Verlusten. Der Goldpreis wird von vielen Faktoren beeinflusst, so etwa von der Goldpolitik der Notenbanken, dem Anlageverhalten großer institutioneller Investoren oder der Angst vor einer weltweiten Finanz- und Währungskrise. Das kann natürlich auch dazu führen, dass der Goldpreis kräftig abrutscht, wenn sich die weltwirtschaftliche Lage wieder entspannt.

- Gold erwirtschaftet keine Erträge. Wenn Sie eine verzinste Geldanlage abschließen, dann erhalten Sie den Zins als Gegenleistung dafür, dass Sie Ihr Geld für produktive Zwecke ausleihen. Wenn Sie eine Aktie kaufen, dann erhalten Sie aus dem wirtschaftlichen Ertrag des Unternehmens eine Dividende und profitieren beim Unternehmenswachstum von Kursgewinnen. Bei Gold setzen Sie hingegen allein auf das Zusammenspiel von Angebot und Nachfrage – in der Hoffnung, dass die Nachfrage schneller zunimmt als das Angebot.

- Gold ist kein effizientes Zahlungsmittel. Auch wenn in den schlimmen Krisen Gold die Ersatzwährung der Wahl ist, sind damit doch einige Schwierigkeiten verbunden. Beim Kauf von Gold ist es nämlich am günstigsten, das Edelmetall in größeren Einheiten zu erwerben, weil bei kleinen Goldmünzen oder -barren die Zuschläge sehr hoch sind. Aber wer gibt Ihnen Wechselgeld, wenn Sie einen Laib Brot mit einem 1000-Euro-Goldbarren bezahlen wollen?

- Daher bietet sich ein gesunder Mix aus Gold und Silber (auch als Klimpergeld) an.

Edelmetalle sind bei aller natürlichen Härte ein wunderbares Ruhekissen. Ich empfehle sie nicht nur als Absicherung gegen die große Weltkatastrophe, sondern auch und besonders als Rettungsanker für die ganz persönlichen Krisen. Jeder von uns kennt die Geschichten von obdachlosen ehemaligen Anwälten oder Zahnärzten. Die Frau läuft davon, der Alkohol bringt Trost, und am Ende ist auch noch das Haus weg. So oder so ähnlich hat die Geschichte schon jeder einmal gehört, und wer kann von sich behaupten, nicht schon darüber nachgedacht zu haben, was ist, wenn das Schicksal bei einem selbst einmal unerbittlich zuschlägt. Gott sei es getrommelt und gepfiffen, dass das für uns alle nie Wirklichkeit werden möge, aber es ist ein unglaublich gutes Gefühl, solch düsteren Gedanken mit dem Wissen begegnen zu können, über einen goldenen Notgroschen zu verfügen, für den man im Fall der Fälle immer noch einmal mit Freunden essen gehen, einen kleinen Urlaub an der Nordsee genießen oder den Kindern das Landschulheim bezahlen kann.

Interessanterweise berichten mir besonders vermögende Menschen, die vermutlich nie in eine solche Lage kommen werden, wie beruhigend das Wissen um einen solchen Notgroschen ist, der nie wertlos wird.

Das Besondere an diesen Goldmünzen ist ihre Faszination. Wer sie einmal in der Hand hatte, tut sich sehr schwer, sie am Bankschalter wieder in Scheine zu tauschen. Das macht man nicht leichtfertig, nur weil die neuen Felgen im Schaufenster so schön locken. Es ist eben ein Notgroschen, den man erst herausrückt, wenn die Not keine andere Wahl lässt. Hoffen wir also, dass der Fall der Fälle nie eintritt und ihre Kinder und Enkel sich eines fernen Tages über diesen Familienschatz freuen können und – ist in ferner Zukunft ein Nachfahre in Not, er ihre Voraussicht zu schätzen weiß.

So weit in aller Kürze zu den grundlegenden Eigenschaften des Goldes. Wenn Sie Gold kaufen wollen, stehen Ihnen verschiedene Wege offen:

- Banken machen gerne Werbung für Anlagezertifikate auf den Goldpreis. Diese Papiere können einfach an der Börse erworben und verkauft werden, doch die Sicherheit ist begrenzt. Weil es sich – rein juristisch gesehen – um Bankenanleihen

WESHALB EIN BISSCHEN GOLD UND SILBER NICHT SCHADET 169

handelt, ist der Glanz des Goldes bei einer Emittentenpleite dahin, denn in diesem Fall greift keine Einlagensicherung. Unabhängig davon, ob Sie nun mit einer baldigen Mega-Krise rechnen oder nicht, rate ich von dieser Form des Goldinvestments ab. So etwas kann man zum kurzfristigen Zocken verwenden, aber bitte nicht zur langfristigen Absicherung.

- Barren und Münzen haben Sie buchstäblich in der Hand. Allerdings müssen Kosten für die Lagerung im Banktresor einkalkuliert werden, wenn Sie das Gold nicht zu Hause aufbewahren wollen. Und selbst die Einlagerung im Banktresor ist nicht ganz frei von Risiken: In den USA hat die Regierung im Jahr 1933 den Privatbesitz von Gold verboten und – kaum war das Gesetz verabschiedet – die Banktresore gefilzt und den verblüfften Goldbesitzern ihr Edelmetall gegen eine magere Entschädigung abgeknöpft. Dass eine Wiederholung ausgeschlossen ist, dafür kann niemand garantieren, auch wenn es derzeit eher als unwahrscheinlich einzustufen ist. Doch es mag auch Zeiten geben, in denen Sie vielleicht lieber tiefe Löcher im Garten der Schwiegermutter graben sollten. Wenn der Drache den Schatz bewacht, hat das schon fast was von einem ganz privaten Nibelungenepos.

  In normalen Zeiten empfehle ich Ihnen dringend, Ihr Edelmetall lieber im Banktresor als unter der Matratze zu parken. Die Gefahr eines bundesweiten Edelmetallverbotes ist wesentlich geringer als das Risiko, dass ihnen morgen jemand die Hütte ausräumt.

- Beim Kauf von physischen Edelmetallen sollten Sie sich an weltweit akzeptierte Standardware halten. Bei Goldmünzen wären das der südafrikanische Krügerrand, das kanadische Mapel Leaf oder etwa deutsche 20-DM-Stücke aus der Kaiserzeit. Meiden Sie exotische Münzen mit Sammlerwert. Mit einem Krügerrand können Sie im Dschungel von Madagaskar genauso bezahlen wie in der City von New York. Jeder erkennt diese Münze als das, was sie ist: eine Unze Feingold.

Auch bei Silber sollten Sie sich an bekannte Münzen halten. Aktuell bekommen Sie beim Kauf von »österreichischen Philharmonikern« das meiste Silber für Ihr Geld. Eine 1,5-Euro-Münze entspricht genau einer Unze Feinsilber.

Anlagengold ist prinzipiell steuerfrei. Auf Silberbarren sind 19 Prozent Mehrwertsteuer fällig, auf Silbermünzen nur 7 Prozent. Ein kleiner Tipp für Großanleger: Die Silberbarren der Cook-Inseln wiegen bis zu 5 Kilogramm und haben eine Münze aufgeprägt. Sie gelten dort als gesetzliches Zahlungsmittel. Ich bin auf das Gesicht des Bäckers gespannt, wenn Sie Ihr Croissant mit diesem Barren bezahlen wollen, der vermutlich nie die Cook-Inseln gesehen hat, denn die werden hier in Deutschland bei der Gold-und Silberscheideanstalt Heimerle+Meule in Pforzheim hergestellt. Verrückt? Ja, aber so ist eben Deutsches Steuerrecht.

- Börsennotierte Gold-Fonds investieren das Geld ihrer Kunden in physisches Gold, das zentral in einem Tresor gelagert wird. Weil das Fondsvermögen bei einer Pleite nicht in die Insolvenzmasse fällt, fällt das Emittentenrisiko, das Sie bei Goldzertifikaten haben, schon mal weg. Allerdings fallen für Sie wie bei ETFs auch Kosten für den Kauf und Verkauf der Fondsanteile sowie für die Depotführung an. Diese Anlageform empfiehlt sich daher, wenn Sie Gold als Investment und nicht als Absicherung für den Super-GAU betrachten. Denn: Im Bedarfsfall können Sie nicht unbedingt davon ausgehen, dass Fort Knox die Barren auch wirklich herausrückt – siehe oben.

Eine weitere Verrücktheit am Rande erwähnt: Professionellen Marktteilnehmern ist es möglich, solche edelmetallgedeckten ETFs leer zu verkaufen. Das bedeutet, sie verkaufen ETFs, die sie gar nicht haben (in der Hoffnung, sie später mal billiger irgendwo herzubekommen). Das bedeutet aber, dass irgendjemand diese ETFs gekauft hat. Es sind also mehr ETFs im

Umlauf, als tatsächlich Golddeckung dahinterliegt. Eine unglaubliche Sauerei, die selbst unter den Profis kaum bekannt ist.

VORSICHT Wenn Sie physisches Gold kaufen, sollten Sie Mini-Barren mit weniger als einer Zehntel Unze (eine Unze entspricht 31,1 Gramm) Gewicht meiden, weil hier der Aufpreis für die Kleinmenge extrem hoch ist. Besondere Vorsicht ist geboten, wenn Gold grammweise auf Verkaufspartys vertickt wird. Hier sind die Preise oftmals überhöht. Auch Medaillen, die im Gegensatz zu Münzen keine offizielle Währungsfunktion haben, sind wegen der hohen Prägeaufschläge nicht empfehlenswert. Am besten bleiben Sie bei den guten alten Goldmünzen: Maple Leaf, American Eagle, Australian Nugget oder Krügerrand. Und die am besten gestückelt in kleinere und größere Münzen.

Ich persönlich betrachte Gold in erster Linie nicht als Renditebringer, sondern als Versicherung für den Fall, dass an den globalen Finanzmärkten die Sicherungen durchbrennen. Ob und – falls ja – wann das der Fall sein wird, kann heute kein Mensch voraussagen. Aber wenn Sie von dem Geld, das für den langfristigen Vermögensaufbau und die private Altersvorsorge vorgesehen ist, etwa 10 bis 15 Prozent in Gold und Silber investieren, ist das sicherlich kein Fehler.

Versicherungen für Fortgeschrittene

Die Versicherungen, die Sie auf jeden Fall brauchen, haben wir ja bereits im ersten Teil des Buchs abgehandelt. Hier geht es nun um die »Kann«-Policen, bei denen die Sinnhaftigkeit von Ihrer persönlichen Lebenslage abhängt. Wie immer gilt dabei die Devise: Gut ist nicht, was Ihnen der Versicherungsvertreter verkaufen will, sondern das, was Sie wirklich brauchen.

Ach ja, noch eines: Falls Sie hier Ausführungen zu kapitalbilden-den Lebensversicherungen vermissen, erinnere ich Sie gerne daran, dass Sie diese Finanzprodukte gerne vergessen können – siehe dazu auch meinen Kommentar im Kapitel »Auf welche Versicherungen Sie verzichten können«. Bei Rentenversicherungen sollten Sie, falls Sie sich für eine solche entscheiden, staatliche Förderung in Form von Riester-Zulagen mitnehmen, so dass Sie die dazugehörigen Informationen im Kapitel zum Riester-Sparen finden.

Risikolebensversicherung

Im Gegensatz zur kapitalbildenden Lebensversicherung enthält die Risikolebensversicherung keinen Sparplan, was logischer-weise zu weitaus niedrigeren Beiträgen führt. So können Sie bei-spielsweise als 40-jähriger Mann eine 100 000-Euro-Lebensversi-cherung mit 20 Jahren Laufzeit bei günstigen Direktversicherern für weniger als 200 Euro pro Jahr bekommen. Allerdings zahlt die Versicherung nur, wenn Sie während der Vertragslaufzeit das Zeitliche segnen. Bleiben Sie am Leben, ist das Geld weg, was Sie nicht zu unbedachten Handlungen verleiten sollte! Eine ge-sunde Lebenseinstellung könnte lauten: »Juhu, ich habe 20 Jahre lang umsonst in eine Risikolebensversicherung eingezahlt!«

Eingesetzt wird die Risikolebensversicherung für die Absi-cherung der Familie, vor allem dann, wenn Schulden aus einer Baufinanzierung vorhanden sind. Wenn es Ihnen nur darum geht, dass Ihre Angehörigen im Fall Ihres Ablebens schuldenfrei sind, können Sie Versicherungskosten sparen, indem Sie eine Versiche-rung mit jährlich fallender Deckungssumme abschließen.

TIPP Denken Sie nicht nur an den Hauptverdiener in der Familie. Wenn Sie kleine Kinder haben, kann auch der Tod des in der Erzie-hungspause befindlichen Lebenspartners zu finanziellen Einschnitten führen, weil dann der Hauptverdiener möglicherweise seine Arbeitszeit reduzieren muss. In solchen Fällen kann es sinnvoll sein, eine soge-

VERSICHERUNGEN FÜR FORTGESCHRITTENE   173

nannte »verbundene Risikolebensversicherung« abzuschließen, bei der
beide Lebenspartner in einer Police versichert sind. Im Falle des uner-
wünschten Dahinscheidens eines Partners kann der andere sich um die
Kinder kümmern und den Abgelebten in dankbarer Erinnerung behalten.

Hausratversicherung

Was würden Sie nach einem Zimmerbrand tun? Wenn jetzt Ihre
Antwort lautet: »Dann gehe ich zu Ikea und kaufe mir ein paar
neue Möbel«, dann zählen Sie wahrscheinlich nicht zur Zielgruppe für die Hausratversicherung. Diese Versicherung ersetzt
bei Brand, Naturkatastrophen oder Einbruch zerstörte oder ge-
stohlene Einrichtungsgegenstände und wird damit umso sinnvoller, je wertvoller Ihre Wohnungseinrichtung ist.

Zum Hausrat, den die Versicherung ersetzt, zählen beispielsweise Möbel, Kleidungsstücke sowie Haushalts- und Arbeitsgeräte.
Nur eingeschränkt versichert ist im Haushalt befindliches Bargeld,
das meist nur bis zu einer Obergrenze von 1000 Euro mitversichert ist. Besonders ärgerlich für Erna Kapulke und ihren Stapel
Scheine. Ähnliches gilt für Sparurkunden oder andere Wertpapiere,
wo die Grenze üblicherweise bei 2500 Euro liegt. Wertsachen wie
Schmuck, Kunstwerke oder Sammlungen sind bis zu einer Grenze
von 20 Prozent der gesamten Versicherungssumme mitversichert.

Bei der Ermittlung der Versicherungssumme gibt es zwei
Möglichkeiten: Entweder Sie erstellen in mühseliger Kleinarbeit
eine Inventarliste, an deren Ende eine Gesamtsumme errechnet
wird, oder Sie wählen eine Quadratmeterpauschale. Die erste
Variante empfiehlt sich nur, wenn Sie besonders hochwertigen
Hausrat haben und diesen in vollem Umfang absichern wollen.
Bei der zweiten Variante werden in der Regel 650 Euro pro Quadratmeter Wohnfläche als Versicherungssumme eingesetzt, ohne
dass konkrete Einzelwerte ermittelt werden. Wichtig ist für Sie
als Kunde, dass der Versicherer Ihnen dann bestätigt, dass keine
»Unterversicherung« vorliegt.

VORSICHT Den Tatbestand der Unterversicherung sollten Sie nicht auf die leichte Schulter nehmen. Im Schadensfall kommt nämlich ein Gutachter und prüft, ob die Versicherungssumme dem tatsächlichen Wert der Einrichtung entspricht. Falls nicht, wird die Erstattung prozentual gekürzt. Konkret: Sie haben als Versicherungssumme 20 000 Euro angegeben, aber Ihr Hausrat hat einen tatsächlichen Wert von 40 000 Euro. Dann erhalten Sie bei einem Schaden von 5000 Euro nur 2500 Euro ersetzt. Wenn die Versicherung bestätigt, dass keine Unterversicherung vorliegt, darf sie solche Kürzungen nicht vornehmen und zahlt bis zum Erreichen der Deckungssumme ohne Abzug.

Wenn Sie eine Hausratversicherung abgeschlossen haben, sollten Sie Vorsicht walten lassen, um insbesondere bei Diebstahl den Versicherungsschutz nicht zu verlieren. Wenn Sie beispielsweise die Haustür nur zugezogen und nicht extra abgeschlossen haben, schauen Sie bei einem Einbruchdiebstahl meist in die Röhre. Auch wenn mitversicherte Gepäckstücke oder Fahrräder geklaut werden, lässt Sie die Versicherung genau in den typischen Situationen hängen: Wenn das Gepäck auch nur kurze Zeit unbeaufsichtigt war oder das Fahrrad beim Brötchenholen nicht abgeschlossen vor der Bäckerei stand, können Sie den Versicherungsschutz vergessen.

Rechtsschutzversicherung

Mehr als 1,5 Millionen Streitfälle landen Jahr für Jahr vor den bundesdeutschen Zivilgerichten. Rein statistisch gesehen, steht damit jeder Deutsche ein Mal in seinem Leben vor dem Kadi – sei es als Angeklagter oder als Kläger. Ob Kündigungsschutzklage, Scheidung, gestohlener Gartenzwerg oder dichtes Auffahren auf diesen elenden Mittelspurschleicher: So mancher Amtsrichter fühlt sich angesichts der Schwemme an Verfahren wie eine Henne in der Legebatterie.

Kein Wunder, dass die Rechtsschutzversicherung nicht nur »Anwalts Liebling« ist, sondern vor allem zu den Lieblingen der Versicherungsvertreter zählt. Fast jeder Verbraucher kennt irgendjemanden, der schon mal vor Gericht gestanden hat und der sich angesichts der vielen Unwägbarkeiten im Prozess an den alten Spruch halten musste: »Auf hoher See und vor Gericht bist du in Gottes Hand …«

Zumindest einen Teil dieses mulmigen Gefühls soll die Rechtsschutzversicherung dem Versicherten ersparen, denn sie übernimmt das Kostenrisiko im Prozess. Vor Gericht gilt nämlich der Grundsatz, dass der Prozessverlierer alle Anwalts- und Gerichtskosten zu tragen hat – sowohl die eigenen wie auch die des Gegners. Das kann in der Summe schon bei einem banalen Nachbarschaftshändel ordentlich in den vierstelligen Bereich gehen.

Wenn die Rechtsschutzversicherung Ihnen für einen bestimmten Prozess die Deckung zugesagt hat, übernimmt sie das Prozesskostenrisiko unabhängig davon, ob Sie am Ende gewinnen oder verlieren. So weit die gute Nachricht. Die weniger gute: Das ist nicht immer der Fall, und manche Bereiche werden von vornherein ausgeklammert.

Aber: Zurücklehnen und drauflosklagen – diese Vollkasko-Mentalität würde Sie bei der Rechtsschutzversicherung geradewegs ins Messer laufen lassen. Zuerst mal muss nämlich entweder der Anwalt oder ein Gutachter entscheiden, ob die Klage eine realistische Aussicht auf Erfolg hat. Wenn nicht, gibt es auch keine Deckungszusage der Versicherung. Außerdem ist es sinnlos, schnell noch eine Rechtsschutzversicherung abzuschließen, wenn Sie gerade eben dem Liebhaber Ihrer Frau zwei Zähne maximalinvasiv entfernt haben. Die meisten Versicherungen sind nämlich mit einer Wartezeit von drei Monaten verbunden, innerhalb der Sie keine Ansprüche anmelden dürfen.

Darüber hinaus zahlt die Rechtsschutzversicherung nicht in allen Lebenslagen. Ausschlüsse gibt es beispielsweise:

- in der Abwehr von Ansprüchen der Unfallgegner bei Verkehrs-unfällen. Wenn Sie mit dem Auto einen Unfall verursacht haben und der Geschädigte Sie verklagt, ist für die Durchsetzung Ihrer Ansprüche und die eventuelle Zahlung von Schadenersatz Ihre Kfz-Haftpflichtversicherung zuständig.
- bei Scheidung und Erbenstreit. Ausgerechnet hier, wo ein großer Teil der Gerichtsverfahren anfällt, gibt es keinen Rechtsschutz. Ein Schelm, wer Böses dabei denkt. Immerhin übernehmen manche Versicherer die Erstberatung bei einem Anwalt.
- beim Kapitalanlagerecht. Wenn Sie von einem halbseidenen Finanzverkäufer über den Tisch gezogen worden sind, machen Sie möglicherweise die herbe Erfahrung, wie knausrig die Versicherung plötzlich werden kann. Nur wenige Versicherer bieten hier umfassenden Schutz, die meisten zahlen gar nichts.
- im Baurecht. Pfusch am Bau und Architektenfehler sind häufige Streitgründe, werden aber so gut wie nie von einem Rechtsschutzanbieter abgedeckt.
- bei außergerichtlichen Verfahren. In vielen Fällen zahlt die Versicherung nicht, wenn Sie sich mit dem Gegner unter Zuhilfenahme eines Anwalts auf einen außergerichtlichen Vergleich einigen. Kein Urteil, kein Geld – und Ihren Anwalt dürfen Sie selber zahlen.

Rechtsschutzversicherungen gibt es in unterschiedlichen Paketen. Typische Deckungsbereiche wie Arbeitsrecht, Mietrecht, Verkehrs- oder Privatrecht lassen sich entweder einzeln oder in Gesamtpaketen abschließen. Die Preise und Leistungen der Versicherer driften stark auseinander, so dass es empfehlenswert ist, vor der Unterschrift einen möglichst aktuellen Anbietervergleich aus einem einschlägigen Test zu Rate zu ziehen. Je nach Umfang des Paketes müssen Sie mit jährlichen Kosten zwischen 140 und mehr als 400 Euro rechnen.

VERSICHERUNGEN FÜR FORTGESCHRITTENE   177

TIPP   Rechtsschutz ist eine typische Kann-Versicherung: Die Police kann im Bedarfsfall nützlich sein, deckt aber längst nicht alle Risiken ab und schützt Sie auch nicht vor den Kosten, die aus berechtigten Ansprüchen gegen Sie entstehen. Übrigens: Wenn Sie Mitglied einer Gewerkschaft sind, haben Sie in aller Regel bei arbeitsrechtlichem Streit eine kostenlose Rechtsvertretung. Ähnliches gilt auch für Mitglieder von Mietervereinen, wo im Mitgliedsbeitrag oft schon eine Mietrechtsschutzversicherung enthalten ist.

Was kostet ein Prozess?
Die nachfolgende Tabelle gibt einen ungefähren Anhaltspunkt, was der Verlierer bei einem Prozess in der ersten Instanz inklusive Anwaltskosten für den Gegner und Gerichtskosten zahlen muss.

Streitwert	Prozesskosten
1 000 €	700 €
5 000 €	2 200 €
10 000 €	3 500 €
20 000 €	4 800 €
50 000 €	7 600 €
100 000 €	10 700 €

(Quelle: www.rechtsanwaltsgebuehren.de)

Wenn Sie also zufällig Betreiber einer Ölplattform im Golf von Mexiko sind, würde ich Ihnen tendenziell zu einer solchen Rechtsschutzversicherung raten …

Private Krankenzusatzversicherung
Zahnsparvertrag statt Bausparvertrag? Eigentlich würde ein solches Finanzprodukt Sinn machen, denn Zahnersatz kann so richtig ins Geld gehen. Wenn Sie sich ein paar hochwertige Implantate einsetzen lassen, haben Sie schnell mal den Gegenwert eines neuen Kleinwagens im Mund – und das ganz ohne Diamantbesatz.

Von der Krankenkasse können Sie in solchen Fällen nicht viel erwarten. Bei Gesamtkosten von 3000 Euro für ein Implantat können Sie von der gesetzlichen Krankenversicherung gerade mal einen Zuschuss von maximal 375 Euro erwarten. Den Rest müssen Sie aus eigener Tasche berappen. Kein Wunder also, dass sich nicht wenige Zahnärzte mittlerweile noch als nebenberufliche Kreditvermittler betätigen: In so mancher Praxis bekommen die Patienten neben dem Kostenvoranschlag für die Behandlung gleich das Angebot für den Ratenkredit mit dazu.

Erst die Zahnlücke, dann die Finanzierungslücke – das können Sie vermeiden, indem Sie entweder ab einem gewissen Alter Geld für den künftigen Zahnersatz auf die Seite legen oder eine private Zusatzversicherung abschließen.

Warum ich gerade dieses Beispiel gewählt habe: Für die Finanzierung von Zahnersatz ist eine private Krankenzusatzversicherung sinnvoll, weil hier zu überschaubaren Kosten ein größeres Risiko abgesichert werden kann. Denken Sie an den Grundsatz beim Versichern, demzufolge Sie sich in erster Linie um die Absicherung der existenzgefährdenden Risiken kümmern sollten. Nun ist zwar die Zahnlücke nicht tödlich, aber wenn Sie sich nicht mit Kassenkrone und -brücke oder asiatischen Billigimporten bescheiden wollen, müssen Sie mit vier- bis fünfstelligen Kosten rechnen.

Allerdings sind die Versicherungen meist mit einer mehrmonatigen Wartezeit verbunden. Daher ist es ratsam, sich im Bedarfsfall ganz ohne Zahnschmerzen zu entscheiden. Wenn Sie die Versicherung erst abschließen, nachdem der Zahn schon gezogen ist, brauchen Sie nicht mehr auf die Kostenübernahme fürs Implantat zu spekulieren.

Von den Versicherern wird gerne noch die Krankenhaus-Zusatzversicherung verkauft, die Sie bei einem Klinikaufenthalt zum Privatpatienten macht, natürlich inklusive Chefarztbehandlung und Unterbringung im Ein- oder Zweibettzimmer.

Allerdings sehe ich diese Variante eher skeptisch, da bis dato zumindest die Grundversorgung durch die Krankenkasse gesichert ist und Sie keine Garantie haben, dass der Chefarzt besser operiert als sein Untergebener. Außerdem ist die Krankenhaus-Versicherung ziemlich teuer: Mit Jahresbeiträgen von 350 Euro an aufwärts zahlen Sie das Doppelte bis Dreifache dessen, was eine vernünftige Zahnersatz-Versicherung kostet. Gut, wer schon mal drei Wochen in einem Mehrbettzimmer verbracht hat, in dem die Mitbewohner mit einer großen und lebenslustigen Familie gesegnet sind, der mag daran denken, dass zerbissene Kopfkissen auch ins Geld gehen und ein gekalktes Einzelzimmer dann vor dem inneren Auge zum Hilton mit Meerblick werden kann, aber das muss wie so oft jeder selbst entscheiden. Kann man machen, muss man aber nicht …

Dann sind noch die Heilpraktiker-Zusatzversicherungen beliebt, mit denen Sie einen Teil der Kosten für Heilpraktiker-Behandlungen erstattet bekommen. Allerdings gibt es meist einen Selbstbehalt von 25 bis 50 Prozent, und die jährlichen Leistungen sind gedeckelt. Damit ist diese Police auf keinen Fall eine Heilpraktiker-Flatrate, sondern ein mehr oder weniger nützliches Gimmick für Naturheilkunde-Fans.

TIPP Bei der privaten Krankenzusatzversicherung hat die Zahnersatz-Police ganz klar den besten Nutzwert. Achten Sie beim Anbietervergleich nicht nur auf den Preis, sondern auch auf die Leistungen. Manchmal wird Rundumschutz inklusive Goldinlays und Zahnprophylaxe angeboten und manchmal nur eine Einzelleistung wie der zusätzliche Zuschuss für Zahnersatz.

Nützliche Planungshilfen für Fortgeschrittene

Checkliste zur betrieblichen Altersvorsorge

- Ist der Arbeitgeber an einen bestimmten Tarifvertrag – z. B. Metall, Chemie, Banken – gebunden?
- Sieht der Tarifvertrag eine unternehmensfinanzierte Altersvorsorge vor?
- Falls der Arbeitgeber nicht an den Tarif gebunden ist: Wird auf freiwilliger Basis eine unternehmensfinanzierte Altersvorsorge angeboten?
- Bei Gehaltsumwandlung: Welches Modell – Direktversicherung, Pensionskasse etc. – bietet der Arbeitgeber an?
- Handelt es sich dabei um ein Modell mit oder ohne die erklärte Zillmerung?
- Sollen monatlich feste Beträge oder Sonderzahlungen wie Weihnachts- und Urlaubsgeld in Vorsorgebeiträge umgewandelt werden?
- Welche Beträge sollen in die betriebliche Altersvorsorge fließen?

Checkliste zum Riester-Sparen

- Welchen staatlichen Anteil an meinen Sparraten (Förderquote) kann ich erwarten?
- Wie lange kann ich mit der Kinderzulage rechnen?
- Auf welchen Ehepartner soll der Vertrag laufen?
- Wie hoch soll die jährliche Einzahlung sein?
- Kann damit die optimale Förderung erzielt werden?
- Soll ein Versicherungs-, Fonds- oder Banksparplan zum Einsatz kommen?
- Welche Angebote sind in der entsprechenden Anlagegattung in Bezug auf Kosten und Renditechancen besonders empfehlenswert?

Online-Rechner zum Riester-Sparen

Hier finden Sie Online-Rechenprogramme, mit deren Hilfe Sie zumindest ungefähr die Zulagen, Steuererleichterungen und damit die Förderquote ermitteln können:

- www.ihre-vorsorge.de/Rubrik »Rechner & Co.« (Anbieter: Deutsche Rentenversicherung)
- www.biallo.de/Rubrik »Versicherung – Vergleiche und Rechner« (Anbieter: Biallo & Team)

Auch auf den Seiten der einzelnen Versicherungen gibt es Rechenprogramme, mit denen Sie sich Ihre individuelle Riester-Konstellation ausrechnen können. Nutzen Sie vorzugsweise die Programme, bei denen Sie die Berechnung anonym durchführen können – ansonsten hat die Versicherung und damit auch deren Vertriebstruppe Ihre Kontaktdaten, und dann wird schnell der Parkraum vor Ihrem Haus knapp.

Berechnungshilfe:
Was wird aus 100 Euro pro Monat?

Laufzeit Jahre	Jährliche Rendite			
	3 %	4 %	5 %	6 %
10	13 980,00 €	14 719,00 €	15 502,00 €	16 331,00 €
15	22 681,00 €	24 549,00 €	26 596,00 €	28 839,00 €
20	32 768,00 €	36 508,00 €	40 754,00 €	45 577,00 €
25	44 462,00 €	51 058,00 €	58 824,00 €	67 977,00 €
30	58 018,00 €	68 760,00 €	81 886,00 €	97 953,00 €

LEVEL 2: FINANZPLANUNG FÜR FORTGESCHRITTENE

Kopiervorlage Fondsvergleich

Bitte beachten: Vergleichen Sie immer nur Fonds derselben Fondsgattung, da sonst kein objektiver Vergleich möglich ist.

Fondsgattung (z. B. Aktien Europa)	Fonds 1	Fonds 2	Fonds 3
Fondsgesellschaft			
Fondsbezeichnung			
Fonds besteht seit			
Fondsvolumen			
Total Expense Ratio (TER)			
Regulärer Ausgabeaufschlag			
Mit reduziertem Ausgabe-aufschlag erhältlich bei			
Rabatt auf den Ausgabe-aufschlag			
Morningstar-Rating			
Wertzuwachs 5 Jahre			
Maximaler 12-Monats-Ver-lust in den letzten 5 Jahren			

NÜTZLICHE PLANUNGSHILFEN FÜR FORTGESCHRITTENE 183

Versicherungswaage:
Vor- und Nachteile einzelner Versicherungen

Versicherung	Vorteile	Nachteile
Risikolebens-versicherung	Absicherung der Familien-angehörigen im Todesfall. Niedrige Kosten.	Keine Absicherung bei Berufs- oder Erwerbsunfähigkeit.
Hausrat-versicherung	Absicherung von Möbeln, Kleidung und Wertsachen.	Keine Versicherungsleistung nach Diebstahl bei Unacht-samkeit.
Rechtsschutz-versicherung	Übernahme des Kostenrisi-kos bei Gerichtsprozessen.	Risikoübernahme nur bei aussichtsreichen Fällen. Oft schwer vergleichbare Leistungsunterschiede. Kein Schutz vor Straf- und Schadenersatzzahlungen. Keine Leistung bei Schei-dungsprozessen und Ärger beim Bauen. Oft keine Leistung bei außer-gerichtlichen Vergleichen.
Kranken-zusatz-versicherung	Kostenübernahme für Zahnersatz, Heilpraktiker und Privatpatienten-Status im Krankenhaus.	Komplettpakete sind teuer. Nutzwert des Privatpatienten-Status im Krankenhaus ist fraglich. Deckelung und hoher Selbst-behalt bei der Übernahme von Heilpraktikerhonoraren.

Level 3:

Finanzplanung für Profis

In diesem Abschnitt geht es in erster Linie um das Thema Baufinanzierung und um die Direktanlage von Geld in Wertpapieren. Hinsichtlich der Wertpapierfrage erwarte ich von Ihnen wenig Einspruch zur thematischen Reihenfolge hier im Buch: Inzwischen sind Sie mit Fragen der Fondsinvestments vertraut, ich habe Sie mit den Chancen und Risiken des jeweiligen Kapitalmarktsegmentes bekannt gemacht – und nun widme ich dieses Kapitel der anspruchsvolleren Frage der Direktanlage.

Warum anspruchsvoll? Nun, Sie müssen Ihren individuellen Ansprüchen bei der Auswahl der Einzeltitel Rechnung tragen. Und dafür muss man sich erst einmal auskennen …

Und warum ich gerade die Baufinanzierung erst so spät abhandle? Sie sind immerhin schon auf Level 3 angekommen, während Sie im Bekanntenkreis wahrscheinlich etliche Häuslebauer mit nicht allzu viel tiefer gehendem Finanzwissen aufzählen könnten …

Sagen wir es mal in aller Klarheit: Die Tatsache, dass jemand etwas tut, bedeutet noch lange nicht, dass er sich aller Konsequenzen auch bewusst ist. Immer wieder stelle ich fest, dass Menschen mit einer bemerkenswerten Unbekümmertheit den Schritt in die eigenen vier Wände wagen. Häufig geht das glücklicherweise gut, aber viel zu oft endet der Traum vom Eigenheim als finanzieller und sogar familiärer Alptraum.

Deshalb halte ich es für ungemein wichtig, dass beim Kauf einer Immobilie ein solider Grundstock an Allgemeinwissen zum Thema Finanzen vorhanden ist und dass die zentralen Fragen der Finanzplanung – nämlich die der Liquiditätsreserve, des Sparens auf Anschaffungen und der Altersvorsorge – geklärt sind.

Natürlich kommt in diesem Abschnitt auch zur Sprache, wie Sie mit dem sorgfältigen Vergleich von Finanzierungsangeboten viel Geld sparen können und welche Kriterien eine solide durchgeplante Baufinanzierung erfüllen sollte. Aber das ist nur ein Teil des Ganzen: Die Entscheidung für die eigenen vier Wände beeinflusst ein Leben auf Jahrzehnte hinaus, und zwar nicht nur in finanzieller Hinsicht. Und mit genau diesem Aspekt geht es los, bevor ich mich den kredittechnischen Fragen widme.

Die Mär von der eingesparten Miete

Wer sich so früh wie möglich vom Mieterdasein verabschiedet und in die eigenen vier Wände zieht, spart langfristig Geld – so behaupten es zumindest viele Anbieter aus der Immobilien- und Baufinanzierungsbranche. »Eigenheim statt Mietwohnung ist die ideale Vorsorge«, werben Banken und Bausparkassen und rechnen vor, wie viele hunderttausend Euro ein Mieter im Lauf der Jahrzehnte an den Wohnungs- oder Hauseigentümer überweist.

Um es gleich knallhart auf den Punkt zu bringen: Vergessen Sie diesen Blödsinn! Das sind nichts anderes als Werbesprüche, die man nur zu gerne glaubt, um eine Rechtfertigung für sich und meist auch den skeptischen Lebenspartner zu haben, bevor man endlich den eigenen Traum in die Realität umsetzt.

Doch der Reihe nach: Wenn Ihnen der Kauf eines Hauses billig erscheint angesichts der Tatsache, dass sich die Mietzahlungen im Lauf von 30 Jahren auf insgesamt 300 000 Euro oder noch mehr summieren können, haben Sie sich schon aufs mathematische Glatteis begeben. Bei der finanziellen Vergleichsrechnung ist nämlich entscheidend, welche Zahl am Ende herauskommt. Dabei zeigt sich, dass schon kleine Änderungen bei den verschiedenen Einflussgrößen das Pendel mal zugunsten

DIE MÄR VON DER EINGESPARTEN MIETE

des Mieters und mal zugunsten des Eigentümers ausschlagen lassen.

So sind beim Kauf eines Eigenheims die Finanzierungszinsen und die Wertentwicklung die wichtigsten Einflussgrößen. Während die Kreditzinsen auf Basis einer langen Zinsbindung verlässlich kalkuliert werden können, ist die Wertsteigerung eines Hauses mit vielen Unwägbarkeiten verbunden. Wichtig dabei: Der Wertzuwachs bezieht sich fast ausschließlich auf den Grundstückspreis und nicht auf die Bausubstanz – denn aus dem einstigen Neubau wird im Lauf der Zeit ein renovierungsbedürftiger Altbau.

Denken Sie an ein Haus, das vor 20 oder 30 Jahren nach den damals üblichen Maßstäben gebaut wurde. Wärmedämmung war eine ökologische Spinnerei, Wasserzisternen und Solaranlagen weitgehend unbekannt. Elektrische Bussysteme, automatische Rollläden und Fußbodenheizung, die heute fast zur Grundausstattung gehören, waren damals kaum ein Thema oder gänzlich unbekannt. Wenn Sie heute ein 25 Jahre altes Haus verkaufen wollen, können Sie sich schon mal auf solche Sätze des potenziellen Käufers einstellen: »Kann ich mal den Energiepass sehen? Wie? Keine zwanzig Zentimeter Wärmedämmung? Die Fenster entsprechen aber schon längst nicht mehr dem Dämmstandard. Wissen Sie, was da an Heizkosten auf mich zukommt? Da muss ich ja Zigtausende nachinvestieren. Das werde ich natürlich vom Kaufpreis abziehen, dafür haben Sie sicherlich Verständnis. Und ein Haus ohne Bussystem? Ich weiß nicht, ob ich auf diesen Standard verzichten will … Da muss es schon sehr günstig sein, Sie verstehen, was ich meine!?«

So oder so ähnlich laufen heute Verkaufsgespräche ab, bei denen es um ältere Häuser geht. Glauben Sie, dass es in 25 Jahren anders sein wird?

Aber nehmen wir an, Sie wollen das Haus in 25 Jahren gar nicht verkaufen, weil Sie genau wissen, wie Ihr Leben in 25 Jahren aussehen wird und dass Sie nicht aus beruflichen oder familiären Gründen wegziehen werden. Sie planen Ihr Haus als Alterswohnsitz. Hätten Sie sich Ihr jetziges Leben vor 25 Jahren genau so vorgestellt, wie es heute ist? Wenn nicht, sollten Sie auch nicht der Illusion unterliegen, heute erahnen zu wollen, wie Ihre Lebensumstände in 25 Jahren sein werden. Aber gehen wir davon aus, dass Ihre Vorstellung stimmt und Sie dann noch immer an Ihrer Scholle hängen. Auch Sie werden, wenn Sie in einem halbwegs ordentlichen Haus leben wollen und nicht in einer abgewohnten zugigen Bude, in der es durchs Dach tropft, regelmäßig Renovierungsarbeiten vornehmen müssen. Je älter das Haus wird, desto höher die Kosten.

Man geht allgemein davon aus, dass ein Häuslebauer im Laufe eines Immobilienlebens den kompletten Kaufpreis noch einmal in Renovierungs- und Instandhaltungskosten investiert. Tausend kleine Positionen, die nie berücksichtigt werden, gar nicht eingerechnet. Der neue Gartenzaun zum Nachbarn, der zusätzliche Geräteschuppen, alle paar Jahre neue Gartenmöbel, mehrmals jährlich neue Gartenpflanzen, weil es ja auch immer ordentlich aussehen soll. Der Rasenmäher ist schon wieder kaputt, die moosgrünen Badfliesen kann ich nicht mehr sehen usw.

Das rechnet Ihnen natürlich weder der Finanzierungsverkäufer noch der Immobilienmakler vor. Aber Sie sollten sich über diese Folgekosten im Klaren sein.

Eine eigene Immobilie ist ein Fass ohne Boden, in das Sie ständig Geld hineinwerfen werden, solange Sie dazu in der Lage sind.

Die Wertsteigerungen, die Ihnen immer vorgerechnet werden (auch in diesem Buch exemplarisch und der Vollständigkeit halber) sind äußerst zweifelhaft. Haben Sie schon mal darüber nachgedacht, dass Immobilien auch im Preis fallen können? Wer sagt denn, dass die Immobilienpreise – und dann auch noch besonders in der Gegend, wo Ihr Häusle steht – für alle Zeiten steigen werden? Diesem Irrglauben sind auch die amerikanischen, britischen und japanischen Hausbesitzer fatalerweise aufgesessen. Doch die Aufzählung könnte uns bequem einmal rund um den Globus führen. Und in Deutschland? Die Bevölkerungszahl wird in den nächsten Jahrzehnten dramatisch sinken. Das ist Fakt. Hochrechnungen gehen von einem Rückgang von aktuell 82 Millionen Einwohnern auf 68 Millionen im Jahr 2050 aus. Das sind 14 Millionen Menschen weniger, die ein Dach über dem Kopf benötigen werden. Die Anzahl der Älteren nimmt deutlich zu. Im Alter, wenn die Kinder aus dem Haus sind, wollen jedoch viele kein großes Haus, das sie gar nicht mehr pflegen können und in dem sie sich schwertun, die Wäsche vom Keller in den ersten Stock zu schaffen. Kleine Wohneinheiten in städtischer Umgebung (nahe gelegene Einkaufsmöglichkeiten, gute ärztliche Versorgung), dafür mit viel Komfort und Fahrstuhl werden gesucht. In dieser Situation versuchen nun Sie einmal, Ihr schönes Einfamilienhaus auf dem Lande gewinnbringend zu verkaufen. Viel Vergnügen bei den Verhandlungen. Bereits heute sind viele Menschen entsetzt, wenn sie ihr tolles Häuschen im Umfeld der Städte verkaufen müssen und der Makler ihnen die aktuell geltenden Preise nennt. Ich kenne da einige traurige Beispiele aus dem eigenen Bekanntenkreis. Im schlimmsten Fall reicht der Erlös noch nicht einmal, um die ausstehenden Schulden zu begleichen. Der Alptraum wird Realität.

Als Mieter mit hohem Einkommen mieten Sie sich heute ein wunderschönes Einfamilienhaus mit großem Garten für die Kinder. Wenn der Wasserhahn tropft, die Haustür nicht mehr schließt oder die Heizung ausfällt, kostet Sie das keinen Cent, Sie rufen entspannt bei Ihrem Vermieter an und gehen gemütlich mit Ihrer Familie essen. Sollten Sie sich beruflich verändern, kein Problem. Ein paar Monate Kündigungsfrist und das nächste Traumhaus in einer anderen Stadt ist gemietet. Wenn das Schicksal schlechte Laune hat und Sie längere Zeit Ihren Job nicht ausüben können, ist das ärgerlich, aber nicht der sofortige Kollaps der Lebensplanung. Sie suchen sich mit Ihrer Familie eine kleinere Wohnung, die Sie unter den neuen finanziellen Bedingungen auch stemmen können. Dann verabschieden Sie sich höflich von Ihrem Hausvermieter und können wesentlich sorgenfreier nach einer neuen Arbeit und vielleicht sogar auch nach einer kleinen Ferienwohnung an der Nordsee für die Sommerferien suchen. Sie sehen: Keine Schulden (und besonders Hausschulden) zu haben macht unbezahlbar frei!

Aber nehmen wir an, Sie haben es jetzt geschafft, Ihr Häusle ist abbezahlt, und Sie haben auch nicht die Absicht, jemals wieder auszuziehen. Ihr Haus, für das Sie insgesamt 300000 Euro bezahlt haben, ist jetzt laut Maklergutachten 450000 Euro wert. In dieser Situation gehen Sie in Rente. Wollen Sie nun den Schornstein verkaufen, um in Urlaub zu fahren? Das Wohnzimmer untervermieten, um das kaputte Auto zu ersetzen, oder den ersten Stock abreißen, weil eine aufwendige Zahnbehandlung fällig wird? Wohl nicht. Aber Moment mal: Sie wohnen ja jetzt mietfrei! Die eingesparte Miete, die auch nicht von Ihrer Rente abgeht, können Sie ja für all diese Ausgaben einsetzen! Tja, wenn nicht ausgerechnet jetzt nach 25 Jahren das Dach neu gedeckt werden müsste und die Heizung zum ungünstigsten Zeitpunkt den Geist aufgegeben hätte …

Doch genug der leider realen Horrorgeschichten. Noch drei Seiten von mir, und der Eigenheimabsatz in Deutschland bricht völlig zusammen.

Ich habe Ihnen diese Dinge aber ganz bewusst so dramatisch vor Augen geführt, damit Sie sich im Klaren sind, auf was Sie sich beim Eigenheimkauf einlassen. Und jetzt das Positive: Wenn Sie sich absolut sicher sind, dass Sie die finanziellen Folgen problemlos werden stemmen können, ohne sich die Situation schönzurechnen, dann gönnen Sie sich diesen Luxus. Ein Eigenheim ist ein wundervolles Stück Lebensqualität, das man sich durchaus gönnen darf, wenn die finanzielle Situation es zweifelsfrei zulässt. Sonst wird das Traumhaus allerdings in kürzester Zeit zum bedrückenden Gefängnis, in dem Sie die Sommermonate mit unqualifizierten Heimwerkerarbeiten und Finanzsorgen verbringen, während Ihre zur Miete wohnenden Freunde mit den Kindern auf Teneriffa planschen.

ACHTUNG Sehen Sie ein Eigenheim niemals als Kapitalanlage oder gar Altersvorsorge. Sehen Sie es als ein Luxusgut – wie ein schönes Auto oder einen besonderen Urlaub. Das darf und sollte man sich gönnen, wenn es nicht zu finanziellen Klimmzügen führt. Oder haben Sie sich Ihr Auto in der Hoffnung gekauft, dass es in 30 Jahren ein teurer und gefragter Oldtimer sein wird?

Nach dem emotionalen Teil wenden wir uns den nackten Fakten zu:

Ziehen wir mal ein Beispiel auf und gehen davon aus, dass Sie ein Haus für 275 000 Euro kaufen und Eigenkapital von 75 000 Euro mitbringen. Nun müssen Sie erst noch die Kaufnebenkosten hinzurechnen, und dann müssten Sie, damit es auch realistisch ist, ein Darlehen über 215 000 Euro aufnehmen. Bei 4,7 Prozent Festzins und geplanter Volltilgung im Lauf von 20 Jahren resultiert daraus eine monatliche Kreditrate von 1370 Euro, damit das Haus in 20 Jahren schuldenfrei ist. Hinzu kommt eine monatliche Rücklage für Reparaturen und Instandhaltung von 150 Euro, die Sie bei Ihrer Rechnung berücksichtigen sollten, so dass die monatliche Gesamtbelastung bei 1520 Euro liegt. Das können Sie stemmen? Dann können wir uns ja der nächsten Frage widmen:

Gehen wir weiter zur erhofften Wertsteigerung – und hier kommt schon die erste große Unbekannte. Wird im Kaufpreis ein Grundstückanteil von 100 000 Euro unterstellt, ist das Haus in 20 Jahren bei jährlich einem Prozent Grundstückspreissteigerung 297 000 Euro wert. Steigen die Preise jährlich um 3 Prozent, liegt der Marktwert bei 355 000 Euro.

Darf ich Sie bitten, mit mir die Seiten zu wechseln? Lassen Sie uns noch einmal einen Blick auf Ihr mögliches Dasein als Mieter werfen. Hier kommt es vor allem darauf an, wie schnell die Miete steigt und welche Vergleichszinsen bei der Geldanlage verwendet werden. Zunächst einmal kann der Mieter das in unserem Beispiel angenommene Eigenkapital in Höhe von 75 000 Euro die ganzen 20 Jahre über anlegen. Gehen wir außerdem davon aus, dass die Miete niedriger ist als die Kreditrate plus Instandhaltungsrücklage beim Hauskauf, so dass jeden Monat noch Luft für eine kleine, aber feine Sparrate bleibt.

Beispiel: Liegt die Miete am Anfang bei 1150 Euro pro Monat, können 370 Euro auf die Seite gelegt werden. Je nach Risikoneigung steht dabei die ganze Palette von Bundesschatzbriefen bis zu Aktienfonds zur Verfügung. Dieser Spielraum schwindet jedoch im Lauf der Zeit, weil Jahr für Jahr die Mietkosten größer werden.

Schon kleine Änderungen bei den Annahmen zu Zinsen und Mietsteigerung können das Ergebnis gewaltig verändern: Bei 2 Prozent jährlicher Mieterhöhung und 5 Prozent Anlagezins beträgt das Gesamtguthaben nach 20 Jahren 265 000 Euro, und das Eigenheim ist die bessere Variante. Bei 1 Prozent Mietsteigerung und 6 Prozent Zins besitzt der Mieter am Ende hingegen 363 000 Euro und ist somit finanziell bessergestellt als der Eigenheimbesitzer.

Aber bedenken Sie: Der Geldmarkt unterliegt wie der Mietmarkt Schwankungen, die sich schlecht berechnen lassen. Auch kann ein Mieter jederzeit über sein angespartes Geld verfügen und einen Teil im Fall eines finanziellen Engpasses oder für eine Anschaffung verwenden. Der Hausbesitzer hingegen kann nicht mal eben drei Fenster verkaufen, wenn es eng für ihn wird.

Nicht nur die Rechengrößen wie Wertsteigerung, Anlagezinsen und Mietpreisentwicklung liegen auf lange Sicht im Dunkeln. Auch über die Frage, wie Immobilien- oder Kapitalanlagegewinne in 15 oder 20 Jahren besteuert werden, lässt sich allenfalls spekulieren. Mögliche künftige Zwangsvorgaben seitens der Politik sind erst recht völlig unkalkulierbar. Nehmen Sie zum

DIE MÄR VON DER EINGESPARTEN MIETE

Beispiel die aktuellen Gesetze, mit denen Hausbesitzer zu zusätzlichen Wärmedämmmaßnahmen gedrängt werden. Wer weiß, was noch kommt. Rußfilteranlagen für Heizungen und Kamine, eigene Klärbecken, um die städtischen Anlagen zu entlasten, man weiß es nicht …

Das Ergebnis unseres Vergleichs von Eigenheimerwerb versus Mieterdasein ist beim tiefen Blick in die Kristallkugel ernüchternd: Sicher ist nur, dass die Wahrscheinlichkeit von langfristig gleichbleibenden Rahmenbedingungen gegen null tendiert.

Warum jedoch zeigen Studien immer wieder, dass Eigenheimbesitzer im Alter mehr Vermögen vorweisen können als Mieter? Der Grund dürfte weniger in der Rendite des Wohneigentums, als vielmehr in einem weitverbreiteten Verhaltensmuster zu suchen sein: Wer als Mieter ein gewisses Vermögen angespart hat und keinen Wohnungskauf plant, investiert das Geld womöglich lieber in ein schickes Auto als in die private Altersvorsorge. Der mit Schulden belastete Eigenheimbesitzer hat dagegen zum braven Abstottern seiner Raten keine Alternative – ihn zwingen die Schulden praktisch indirekt zum Vermögensaufbau.

Dass der Erwerb des Eigenheims in Deutschland teilweise schon fast religiöse Züge trägt, liegt sicher nicht allein an der Mentalität vor allem im Süden der Republik, wo »schaffen, sparen, Häusle bauen« ein traditionelles Lebensziel ist. Weil bei Banken, Bausparkassen und Immobilienmaklern der Traum von den eigenen vier Wänden die Provisionskassen klingeln lässt, läuft die Marketingmaschine auf Hochtouren und hält das Thema schön am Köcheln. Und vielleicht erinnert sich beim leidenschaftlichen Plädoyer für das Wohneigentum so mancher Politiker an den alten Adenauer, der einmal gesagt hat: »Hausbesitzer zetteln keine Revolution an.« Liebe Mieter, ihr wisst nun, was ihr seid – nämlich potenzielle Umstürzler!

Viele angehende Hausbesitzer argumentieren heute mit der Angst vor Inflation oder gar einer Währungsreform. »Ha, wenn eine Inflation kommt, werden meine Schulden immer weniger und mein Haus immer mehr wert.« Auch hier meine Warnung vor zu großen Hoffnungen: Bei der großen Inflation 1923 haben sich die Hausbesitzer auch zu früh gefreut. Der Staat führte eine Hauszinssteuer (genauer »Gesetz über den Geldentwertungsausgleich bei bebauten Grundstücken«) ein. Damit sollte der Ungerechtigkeit begegnet werden, dass Sparer ihr Geld verloren und Hausbesitzer die dicken Gewinner gewesen wären. Die vermeintlichen Gewinne der Hausbesitzer wurden somit eingezogen und zumindest anfangs für den staatlichen Wohnungsbau verwendet. Diese Hauszinssteuer gab es übrigens von 1924 bis 1943 …

Aber auch bei der Währungsreform 1948 war die Freude der Eigenheimbesitzer nur von kurzer Dauer. 1952 trat das »Lastenausgleichsgesetz« in Kraft, nach dem insbesondere schuldenfreie Hausbesitzer die Hälfte ihres Immobilienvermögens über 30 Jahre verteilt an den Staat überweisen mussten. Meine eigene Oma war davon betroffen und saß unzählige Nächte an der Nähmaschine, um das ehemals schuldenfreie Häuschen für sich und ihre beiden Kinder halten zu können.

Glauben Sie bitte nicht, dass dem Staat ein solch »ungerechter« Zugewinn, wie ihn ein stabiler Hauswert in Inflationszeiten darstellt, heute verborgen bliebe und er nicht Mittel und Wege fände, die »Krisengewinnler« zum »Wohle der Allgemeinheit« gebührend zur Kasse zu bitten.

Die SPD-Abgeordnete Kirsten Lühmann sprach sich im Januar 2011 in einer Ansprache vor dem Deutschen Bundestag für ein neues Lastenausgleichsgesetz sowie eine Vermögensabgabe aus. Das erst in diesen Tagen wieder eine Volkszählung mit exakten Angaben zu den Immobilienverhältnissen durchgeführt wurde, ist sicherlich nur Zufall …!?

Also stürzen Sie sich um Gottes willen nicht in die Verschuldungsorge »Hausbau« in der vagen Hoffnung, eine kommende Inflation würde Sie zum reichen Mann machen.

Was Sie zuallererst bedenken sollten

Wenn Sie dauerhaft Mieter bleiben wollen, verlieren Sie im Vergleich zum Häuslebauer langfristig kein Geld – vorausgesetzt, Sie lassen die private Altersvorsorge und den Vermögensaufbau nicht schleifen. Vergessen Sie einmal den ganzen Wertsteigerungs- und Mietersparnis-Mythos und tragen unvoreingenommen die Fakten zusammen, die für oder gegen Wohneigentum sprechen. Machen Sie sich lieber Gedanken über …

- Ihre finanzielle Belastbarkeit. Der Kauf einer Immobilie ist ein Investment, dessen Risiko massiv über den Kredit gestemmt wird. Wenn Sie 80 Prozent Ihres Hauses über einen Kredit finanzieren und das Haus 15 Prozent unter dem Einstandspreis wieder verkaufen müssen, haben Sie nicht 15 Prozent, sondern 75 Prozent Verlust gemacht. Sie müssen nämlich das Darlehen in voller Höhe zurückzahlen, während von Ihren einstmals 20 Prozent Eigenkapital 15 Prozent – also drei Viertel – weg sind. Kritisch sind beim Immobilienkauf vor allem die ersten fünf bis zehn Jahre. Hier muss die Finanzierung niet- und nagelfest sein, und Sie müssen auch nach einem finanziell nicht so rosigen Jobwechsel oder der Ankunft eines ungeplanten Kindes in der Lage sein, Ihre Schulden abzuzahlen.
- den Zeitaufwand, den die Immobilie mit sich bringt. Dabei geht es mir weniger um Ihre Eigenleistung beim Bau oder Umbau, sondern um den alltäglichen Kleinkram. Das reicht von der Teilnahme bei Eigentümerversammlungen von Mehrfamilienhäusern bis hin zu den laufenden Renovierungen, für deren Durchführung nicht einfach ein Anruf beim Vermieter genügt. Eigentum verpflichtet – und das kostet Zeit.
- die Gestaltungsfreiheit, die Sie brauchen. Wenn Ihnen das Häuschen selbst gehört, haben Sie viel mehr Freiheiten als ein Mieter. Dann müssen Sie niemanden mehr fragen, ob Sie einen

Carport aufstellen, einen Baum im Garten fällen oder der Fassade einen neuen Anstrich verpassen dürfen – so die jeweilige Rechtslage dies zulässt. Zumindest was die von außen sichtbaren Elemente wie Balkongeländer, Fassadenfarbe, Fenster und Wohnungseingangstür betrifft, müssen Sie als Eigentümer einer Wohnung allerdings im Vergleich zum Hauseigentümer jedoch schon wieder Abstriche machen.

- Ihre berufliche Situation. Wer beruflich bedingt alle paar Jahre den Wohnort wechseln muss, tut sich mit dem Kauf einer Wohnung oder eines Hauses keinen Gefallen – denn mit jedem Kauf und Verkauf sorgen Grunderwerbsteuer und Notargebühr für Verluste. In dieser Situation sind Mieter flexibler und haben weniger Kostenbelastung.

Eine kleine Anekdote am Rande: Ich schreibe an diesem Kapitel über das Für und Wider von Miete und Eigenheim in einem gemütlichen kleinen Hotel in Madseit/Hintertux, während sich meine Familie beim Skifahren vergnügt. Am Abend spricht mich ein Gast an, und wir trinken gemeinsam ein Bier an der Theke und kommen auch auf das Thema Hauseigentum zu sprechen. Der Mann ist Unternehmer aus dem Ruhrgebiet und erzählt mir lachend: »Wissen Sie, Herr Müller, ich habe mehrere vermietete Gewerbeimmobilien, aber ich selbst wohne ebenfalls zur Miete. Ich weiß, warum!«

TIPP Erst wenn alle diese Aspekte eindeutig für den Erwerb der eigenen vier Wände sprechen, sollten Sie aktiv werden. Ansonsten gilt die Devise: Auch und vielleicht vor allem Mieter können es zu Wohlstand bringen.

Wenn Sie sich jetzt entschieden haben sollten, lieber doch niemals zu bauen, dann können Sie die nächsten Seiten getrost überspringen. Mein Rat frei nach Monopoly: Gehe direkt zu »Aktien & Co.«, begib dich direkt dorthin, gehe nicht über »Baufinanzierung«.

Baufinanzierung:
Die wichtigsten Grundregeln

Klammern wir mal die Frage aus, ob Sie eher der Typ für die aufwendige Renovierung eines Altbaus, den Bau eines Fertighauses oder den Kauf einer Stadtwohnung sind. Das sind Überlegungen, bei denen es um Ihren Geschmack, Ihr handwerkliches Geschick und Ihre familiäre Situation geht.

Konzentrieren wir uns an dieser Stelle auf ein paar Grundregeln, die Ihnen dabei helfen, Ihr Vorhaben finanziell auf ein solides Fundament zu stellen. Jahr für Jahr werden in Deutschland mehr als 80 000 Immobilien zwangsversteigert. Klar: Ein guter Teil dieser Versteigerungen lässt sich auf Schicksalsschläge wie Krankheit oder Scheidung zurückführen. Aber viele, allzu viele Menschen verlieren ihr Eigenheim dadurch, dass sie sich von vornherein finanziell übernommen haben. Es mag zwar unangenehm sein, wenn man sich eingestehen muss: »Das kann ich mir nicht leisten.« Aber viel schlimmer ist es, erst hinterher zu dieser Erkenntnis zu kommen …

Genug schwarzgemalt – sehen wir es lieber positiv: Wenn Sie von Beginn an die einfachsten finanziellen Grundregeln des Immobilienkaufs beachten, können Sie Ihr Risiko ganz beachtlich senken.

Regel 1: Erst das Geld und dann die Immobilie
Sie sehen Ihr Traumhaus und beschließen: Das will ich haben! Dann fragen Sie nach dem Preis, gehen zur Bank und versuchen, ein Finanzierungsmodell zu finden, dessen monatliche Rate Sie in Ihrem Leben nicht gleich erwürgt. Aber Achtung: Das wäre genau die falsche Reihenfolge, auch wenn es häufig genau so abläuft. Besser und sicherer ist es, Sie stecken zuallererst Ihren Finanzierungsrahmen ab und befassen sich dann nur mit den Wohnungen oder Häusern, die dort auch wirklich hineinpassen.

Regel 2: Genügend Eigenkapital bilden

Je mehr Eigenkapital Sie in eine Finanzierung einbringen können, umso geringer wird das Risiko. Dabei sollten Sie beachten, dass Sie die ganzen Kaufnebenkosten – sprich: Notargebühr, Grunderwerbsteuer, Maklerprovision – aus eigenen Mitteln stemmen müssen, weil diese Posten von der Bank bei der Finanzierung nicht in den Immobilienwert eingerechnet werden. Dafür müssen Sie 5 bis 10 Prozent des Kaufpreises einplanen. Ein kleines Beispiel: Wenn Sie ein Haus für 300 000 Euro kaufen wollen und 75 000 Euro Eigenkapital haben, müssen Sie davon mindestens 15 000 Euro für die Kaufnebenkosten einkalkulieren. Ihre reale Eigenkapitalquote beträgt damit nicht 25 Prozent, sondern nur 20 Prozent.

Regel 3: Schuldenfrei in Rente gehen

Jede Finanzierungsplanung muss so ausgelegt sein, dass Sie mit 60 Jahren schuldenfrei sind. Bei allen anderen Modellen ist das Risiko zu groß, dass Sie in den Ruhestand gehen – und sei es unfreiwillig schon ein paar Jahre früher infolge von Berufsunfähigkeit oder Arbeitslosigkeit – und dann ihre magere Rente von den Raten für die Restschulden aufgefressen wird.

Regel 4: Immer schön liquide bleiben

Wenn Ihnen als Mieter die Kosten für die Wohnung zu hoch werden, können Sie jederzeit in eine kleinere und preisgünstigere Wohnung ziehen. Als Immobilieneigentümer haben Sie diese Option allenfalls in der Theorie, denn ein Verkauf kann sich oft über Jahre hinziehen. Wenn dann die Schulden schon so drücken, dass Sie sämtliche Konten überzogen haben und mit den Raten im Rückstand sind, ist es meist zu spät. Daher muss eine solide Baufinanzierung so ausgelegt sein, dass sie bei ungeplanten Anschaffungen oder Einkommensminderungen nicht gleich wie ein Kartenhaus in sich zusammenfällt. Weil das immer im Zusammenhang mit Regel Nummer 3 zu betrachten ist, heißt das möglicherweise, dass Sie lieber etwas bescheidener und dafür mit weniger finanziellem Risiko bauen sollten.

Regel 5: Keine Illusionen über den Wiederverkaufswert
Das Kalkül ist bestechend: Sie bauen ein Haus, verkaufen es kurz vor Rentenbeginn mit ordentlichem Gewinn, kaufen dann eine kleine Wohnung und legen das übrige Geld aus dem Hausverkauf für Ihre Zusatzrente an. Schön wär's – muss aber nicht immer so klappen. Ob Sie später einmal Ihre Immobilie gut verkaufen können, hängt von ganz unterschiedlichen Faktoren ab – nicht zuletzt von der Wirtschaftslage in Ihrer Region. Wo es keine Arbeitsplätze gibt, will auch niemand hinziehen, und die Immobilien werden zum Ladenhüter. Auch wird der bleibende Wert von Ausstattungs-Extras häufig überschätzt. Wer seine Räume mit edelster dunkler Eiche vertäfelt hat, wundert sich dann darüber, dass der geneigte Käufer dafür keinen Cent extra bezahlen will, weil er nach dem Kauf das teure Holz herausreißen und durch weiße Wände ersetzen wird. Oder das Schwimmbad im Keller – für den einen ist es ein hochwertiges Ausstattungsplus, für den anderen nur ein lästiger Platz- und Kostenfresser.

Die richtige Strategie bei der Eigenkapitalbildung

Vernünftigerweise fällt die Entscheidung für das Wohneigentum nicht über Nacht, sondern sie wird längerfristig und systematisch vorbereitet. Dann haben Sie nämlich auch Zeit, um bereits vorhandene Geldanlagen auf das Sparziel »Eigenheim« abzustimmen und zusätzliches Eigenkapital zu bilden.

Die Anlageprodukte, die dafür in Frage kommen, sind recht übersichtlich. Im Prinzip handelt es sich beim Sparen aufs Eigenheim um das bereits beschriebene Sparen auf Anschaffungen, nur eben im XXL-Format. Damit kommen vorrangig die folgenden Anlagemöglichkeiten in Betracht:

- Für das regelmäßige Sparen: Tagesgeldkonto, Banksparplan, Bundeswertpapiere oder Bausparvertrag – mehr zu Letzterem siehe auf den folgenden Seiten.
- Für Einmalanlagen: Tagesgeldkonto, Festgeldkonto, Sparbriefe, Bundeswertpapiere.

Klar ist: Weil Sie hier einen Anlagehorizont von meist deutlich weniger als zehn Jahren haben, sind Aktien- und Mischfonds aufgrund des Schwankungsrisikos eher ungeeignet. Und zu Renten- oder Geldmarktfonds sind die Angebote der Banken wie Tagesgeld etc. oftmals die kostengünstigere Alternative.

Bei Festgeldkonten und Sparbriefen sollten Sie eine eher kürzere Anlagedauer wählen, auch wenn es für langlaufende Festanlagen höhere Zinsen gibt. Wenn Sie Ihr Traumhaus gefunden haben, sollte nämlich das Eigenkapital schnell verfügbar sein. Ansonsten müssten Sie einen Teil des Kaufpreises mit einem kurzfristigen Kredit zwischenfinanzieren und das Festgeld- oder Sparbriefguthaben als Sicherheit abtreten. Die Differenz zwischen Kredit- und Guthabenzins kann dann den Zinsvorteil durch die längere Anlagedauer schnell zunichtemachen.

TIPP Die Ansparphase ist die ideale Gelegenheit, um Ihre finanzielle Belastbarkeit zu prüfen. Ermitteln Sie die maximal mögliche Kreditrate, ziehen Sie davon die Kaltmiete ab, und legen Sie den Rest Monat für Monat konsequent auf die Seite. Wenn Sie das über mehrere Jahre durchhalten, haben Sie nicht nur Ihre Selbstdisziplin unter Beweis gestellt, sondern auch noch ganz nebenbei das Eigenkapitalpolster vergrößert.

Lohnt sich das Bausparen?

Wer später einmal bauen will, sollte schnellstmöglich einen Bausparvertrag abschließen – und wer nicht bauen will, am besten auch. So zumindest sehen es die Vertreter der Bausparkassen. Was ist dran an dieser Empfehlung? Lassen Sie uns das Produkt »Bausparvertrag« einmal ganz nüchtern betrachten, auch wenn die Werbung dafür mit den ergreifenden Szenen vom trauten Heim hochgradig emotional aufgeladen ist.

Zunächst sollten Sie wissen: Bausparkassen bieten zwar Geldanlage und Kredite an, ticken aber vollkommen anders als herkömmliche Banken. Während die Kredit- und Anlagezinsen bei Banken je nach aktueller Situation am Zinsmarkt recht kräftig schwanken können, wirkt sich bei Bausparkassen das Auf und Ab am Zinsmarkt nur sehr gedämpft aus. Der Grund: Die Institute sind vom Zinsmarkt zumindest teilweise abgekoppelt.

Die Bausparkassen leihen sich von den Bausparern Geld zu günstigen Konditionen, indem sie für das angelegte Bausparguthaben nur einen niedrigen Zins zahlen. Dieses Geld wird wiederum zu vergleichsweise günstigen Zinsen an die Kunden in Form des Bauspardarlehens ausgeliehen. Allerdings stehen diese Mittel nur in begrenztem Umfang zur Verfügung: Eine Bausparkasse kann nur so viel an Darlehen vergeben, wie auf der anderen Seite in der Bilanz in Form von Bausparguthaben abgedeckt ist.

Bausparverträge sind in vielerlei Hinsicht anders als ein normaler Banksparplan. Sie schließen mit der Bausparkasse zunächst einmal einen Vertrag über eine bestimmte Gesamtsumme ab, dann beginnen Sie mit dem regelmäßigen Sparen, wobei auch Extra-Einzahlungen möglich sind. Je nach angesammeltem Guthaben erhöht sich Jahr für Jahr die sogenannte »Bewertungszahl«. Hat sie eine bestimmte Höhe erreicht, ist der Vertrag zuteilungsreif. Sie können sich dann die Differenz zwischen dem bereits vorhandenen Guthaben und der Vertragssumme als Darlehen auszahlen lassen.

Wann die Zuteilungsreife erreicht wird, hängt vom Tarifmodell ab. Die Tilgung des Darlehens erfolgt vergleichsweise zügig und ist üblicherweise nach zehn bis fünfzehn Jahren abgeschlossen. Deshalb müssen Sie beim Bauspardarlehen aufgrund des hohen Tilgungsanteils eine höhere monatliche Kreditrate einplanen als etwa für ein Bankdarlehen mit langsamerer Tilgung.

Die wichtigste Eigenschaft eines Bausparvertrags ist, dass sowohl die Guthaben- als auch die Kreditzinsen schon beim Abschluss des Vertrags verbindlich fixiert werden. Sie wissen damit vom ersten Tag an, welchen Zins Sie bis zur letzten Tilgungsrate zahlen.

VORSICHT Die Kehrseite des Bausparens bilden neben den niedrigen Sparzinsen die hohen Nebenkosten in Form der Abschlussgebühr von meist 1 Prozent der Vertragssumme, Gebühren bis zu 10 Euro pro Jahr für die laufende Kontoführung und bis zu 2 Prozent Darlehensgebühren – hierauf sollten Sie beim Vergleich von Bausparanbietern ein waches Auge haben.

TIPP Einen Bausparvertrag kann man haben, muss man aber nicht. Sinnvoll kann der Einsatz praktisch als »Krankenversicherung fürs Haus« sein, um für längerfristig absehbare Modernisierungsmaßnahmen frühzeitig Kapital zu bilden und dann mit Bausparguthaben und -kredit die Modernisierung zu finanzieren. Fürs Ansparen mit Blick auf den Erwerb eines Eigenheims sollten Sie einen Bausparvertrag nur dann einsetzen, wenn Sie wirklich sicher sind, dass Sie in fünf bis acht Jahren in die eigenen vier Wände ziehen werden. Abweichungen von diesem Zeitrahmen haben beim Bausparen meistens zur Folge, dass Sie entweder teure Zwischenfinanzierungen abschließen müssen oder das Geld zu Mini-Zinsen noch jahrelang auf dem Vertrag geparkt werden muss.

Arbeitnehmersparzulage, Wohnungsbauprämie und Riester-Förderung

Lassen Sie als Arbeitnehmer Ihre vermögenswirksamen Leistungen (vL) auf einen Bausparvertrag fließen, erhalten Sie auf Sparleistungen bis zu 470 Euro pro Jahr 9 Prozent Arbeitnehmersparzulage. Voraussetzung ist jedoch, dass das zu versteuernde Jahreseinkommen maximal 20000 Euro – bei Verheirateten 40000 Euro – beträgt. Darüber hinaus kann für außerhalb der vermögenswirksamen Leistungen eingezahlte weitere Sparbeiträge Wohnungsbauprämie kassiert werden. Hier gelten wiederum andere Einkommens- und Fördergrenzen. Mit 8,8 Prozent werden jährliche Einzahlungen bis 512 Euro bei Ledigen und 1024 Euro bei Verheirateten subventioniert. Die Einkommensgrenze liegt für Alleinstehende bei 25600 Euro pro Jahr und für Verheiratete bei 51200 Euro. Klingt verwirrend? Macht nichts. Vergessen Sie es einfach wieder, denn da die maximale jährliche Sparleistung gedeckelt ist, halten sich auch die Gesamtsummen in Grenzen. Selbst wenn Sie Arbeitnehmersparzulage und Wohnungsbauprämie voll ausschöpfen können, bringt Ihnen das im Laufe von fünf Jahren zwar insgesamt 662 Euro – das reicht vielleicht für eine Designer-Duscharmatur, entscheidet aber nicht über das Wohl und Wehe Ihrer Finanzierung.

Mehr Geld von Vater Staat können Sie kassieren, wenn Sie einen Riester-Bausparvertrag abschließen. Hier gelten dann bei der Förderung dieselben Spielregeln wie beim herkömmlichen Riester-Sparen, wie auf Level 1 dieses Buchs beschrieben.

Riester-Zulage gibt es sowohl in der Anspar- als auch in der Darlehensphase: Beim Ansparen sind die Sparraten förderfähig, und bei der Rückzahlung ist es der Tilgungsanteil der Raten – die Zinsen bleiben außen vor. Die geförderten Spar- und Tilgungsanteile werden auf einem fiktiven Riester-Konto angesammelt und dienen der Ermittlung des Renten-Wohnwertes. Und diesen, Sie ahnen es schon, müssen Sie dann im Rentenalter versteuern.

VORSICHT Wenn Sie später doch kein Eigenheim erwerben wollen, können Sie zwar das Riester-Bausparguthaben ohne Verlust der Förderung in einen herkömmlichen Riester-Sparvertrag umschichten. Weil aber der eigentliche Vorteil des Riester-Bausparens im günstigen Kreditzins liegt, müssen Sie sich in diesem Fall mit einer äußerst mageren Rendite begnügen. Daher sollten Sie einen Riester-Bausparvertrag nur bei einem klaren »Ja« und nicht bei einem »Schau'n mer mal« zum Eigenheim abschließen.

Für den Einsatz eines Bauspardarlehens bei der Finanzierung spricht, dass damit unter Umständen sogar dann die Finanzierungskosten gesenkt werden können, wenn der Bausparkredit etwas teurer ist als der Bankkredit. Der Grund dafür liegt im sogenannten »Beleihungsauslauf«: Je niedriger das Darlehen im Verhältnis zum Immobilienwert ist, umso günstigere Zinsen bekommt der Kunde.

Dazu legt die Bank zunächst einmal den Beleihungswert der Immobilie fest, der in der Regel aus dem Kaufpreis abzüglich eines Sicherheitsabschlags von 10 bis 20 Prozent errechnet wird. Und dann trennt die Bank die Spreu vom Weizen: Beträgt die Darlehenssumme weniger als 60 Prozent des Beleihungswertes, bieten die Banken ihren Kunden zumeist das zinsgünstige »erstrangige« Darlehen an. Bei Kreditsummen bis 80 Prozent des Beleihungswertes gilt das Darlehen als »zweitrangig«, und üblicherweise verlangen die Banken dann für den gesamten Kredit einen Zinsaufschlag von 0,1 bis 0,2 Prozentpunkten. Auch deswegen lohnt es sich, zunächst einmal anzusparen, bevor es an den Hausbau oder -kauf geht.

TIPP An dieser Grenze vom erstrangigen zum zweitrangigen Bereich kann der Einbau eines Bauspardarlehens sinnvoll sein. Denn: Die Bausparkassen gewähren ihren bei Vertragsschluss zugesicherten Festzins bis zu einer Kreditsumme von 80 Prozent des Beleihungswertes. Kann der Einsatz eines Bausparkredits die Verteuerung des Bankdarlehens verhindern, spart das Bauspardarlehen bares Geld. Vor diesem Hintergrund kann der Abschluss eines Riester-Bausparvertrags durchaus sinnvoll sein.

Was kann ich mir leisten?

Das ist die zentrale Frage: Erst wenn klar ist, wo die Grenze Ihrer Belastbarkeit liegt, können Sie Immobilien vernünftig auswählen. Dazu sind drei Schritte notwendig:

- **Schritt 1:** Sie stellen fest, wie hoch Ihre derzeitigen Einnahmen und Ausgaben sind. Das tun Sie am besten anhand eines Haushaltsbuchs, wie Sie es aus dem ersten Level dieses Buchs kennen.
- **Schritt 2:** Sie prüfen (ohne sich selbst zu behumpsen), welche Ausgabeposten nach dem Übergang vom Mieter zum Eigentümer wegfallen oder hinzukommen. Das ist wichtig, um die Höhe der möglichen Kreditrate exakt bestimmen zu können.
- **Schritt 3:** Wenn Sie die Kreditrate ermittelt haben, können Sie auf einfache Weise das Darlehen und damit das Limit beim Kaufpreis errechnen.

Wenn Sie den Traum von den eigenen vier Wänden Wirklichkeit werden lassen, fällt natürlich die Miete als Kostenfaktor weg – allerdings nur die Kaltmiete ohne die Nebenkosten. Doch im Gegenzug kommen einige Aufwendungen hinzu. So müssen Sie Gebäudeversicherung und Grundsteuer künftig ebenso aus eigener Tasche bezahlen wie die Gebühren für die Hausverwaltung, wenn Sie Wohnungseigentümer sind.

Ähnliches gilt auch für Häuslebauer, die vor allem bei den Rücklagen für spätere Renovierungen nicht zu knapp kalkulieren sollten. Auch wenn Sie die ersten zehn Jahre bei einem Neubau meistens Ruhe haben: Irgendwann fängt es irgendwo zu bröckeln an. Dann wird ein neuer Anstrich für die Fassade fällig, Bodenbeläge müssen erneuert werden, die Fenster schließen nicht mehr dicht ...

Gut, wenn Sie dann genügend Geld auf der hohen Kante haben, um die nötigen Renovierungsarbeiten bezahlen zu können. Am einfachsten ist es, wenn Sie dafür gleich nach dem Kauf im monatlichen Einnahmen- und Ausgabenbudget eine regelmäßige Rücklage einplanen.

TIPP Wie hoch die Rücklage ausfallen sollte, hängt von der Größe des Hauses und von dessen Alter ab. Bei Neubauten genügen fürs Erste rund 5 Euro pro Quadratmeter Wohnfläche und Jahr, das wären bei einem 120-Quadratmeter-Haus jährlich 600 Euro. Hat das Haus schon ein paar Jahre auf dem Buckel, sollte unabhängig von den bereits anstehenden Modernisierungsmaßnahmen die doppelte Höhe – also jährlich 10 Euro pro Quadratmeter Wohnfläche – für künftige Renovierungen eingeplant werden.

Vergessen Sie bei der Rechnerei nicht das Sparen auf Anschaffungen und eine ausreichende Liquiditätsreserve, denn das Auto rostet dem Mieter und Wohneigentümer gleichermaßen dahin.

Jetzt ziehen Sie von dem Betrag, den Sie theoretisch einsetzen könnten, etwa 10 Prozent als wichtige Finanzreserve ab. Nun können Sie zumindest näherungsweise den Darlehensbetrag ermitteln, den Sie maximal stemmen können, und wissen, wie hoch der Kreditbetrag sein darf.

Aber vergessen Sie nicht die folgenden zwei Faktoren: Ihr Alter und die aktuellen Marktzinsen.

Stichwort Alter: Je älter Sie sind, umso schneller muss die Baufinanzierung abgezahlt werden – denn bis zum Eintritt ins Rentenalter sollte Ihr Eigenheim unbedingt schuldenfrei sein. Ab

BASISWISSEN ZU DEN FINANZIERUNGSFORMEN · 207

40 sollte die anfängliche Tilgung lieber 3 Prozent statt 2 Prozent betragen, damit der Ruhestand einmal nicht zum schuldenbelasteten Unruhestand wird und Sie mit 72 noch Zeitungen bei Ihren schuldenfreien Nachbarn austragen müssen.

Die Höhe der Finanzierungszinsen wirkt sich ebenfalls auf die Gesamtdauer Ihrer Finanzierung aus. Je niedriger der Zins, umso länger dauert bei identischer anfänglicher Tilgung die Rückzahlung des Darlehens. Klingt zunächst unlogisch, ist aber eine beeindruckende Realität dieser hinterhältigen Finanzmathematik:

In Zeiten niedriger Zinsen lauert die Tilgungsfalle. Je niedriger die gesamte Monatsrate, umso langsamer wächst nämlich auch der Tilgungsanteil innerhalb der Rate. Bei einem Nominalzins von 4,0 Prozent und einer anfänglichen Tilgung von 1,0 Prozent brauchen Sie 40 Jahre, um ohne Sondertilgung Ihren Kredit abzustottern. Bei 8 Prozent Zinsen und gleicher anfänglicher Tilgung reduziert sich die gesamte Finanzierungsdauer aufgrund der insgesamt höheren Rate auf nur noch gut 27 Jahre. Deshalb ist es klüger, in Zeiten niedriger Zinsen lieber die Tilgung zu erhöhen, als die scheinbare Gunst der Stunde zu nutzen und mehr Schulden zu machen.

Jetzt müssen Sie nur noch die mögliche Darlehenssumme und Ihr Eigenkapital zusammenzählen, um auf den maximalen Kaufpreis zu kommen. Wohlgemerkt, den Kaufpreis inklusive sämtlicher Nebenkosten für Notar, Grunderwerbsteuer, Makler, eventuelle Erschließungskosten und Kosten für das Anlegen des Gartens.

Basiswissen zu den Finanzierungsformen

Hier finden Sie nun in aller Kürze einen Überblick über die wichtigsten Finanzierungsmodelle sowie Wissenswertes zu den Kreditsicherheiten, die Sie der Bank in Form einer Grundschuld zur Verfügung stellen müssen.

Die Grundschuld als Kreditsicherheit

Machen Sie sich keine Illusionen: Kein Kreditinstitut gibt Ihnen ein Baudarlehen, ohne dafür von Ihnen handfeste Sicherheiten als Pfand zu erhalten. Das ist üblicherweise die Grundschuld, die im Grundbuch zugunsten der Bank eingetragen wird.

Damit ermöglichen Sie der Bank, also dem kreditgebenden Institut, als Sicherheit für das gewährte Darlehen den Zugriff auf Ihre Immobilie. Das bedeutet in letzter Konsequenz: Wenn Sie Ihre Schulden nicht mehr begleichen können oder wollen, darf die Bank Ihre Immobilie zwangsversteigern lassen und aus dem Erlös den für die Tilgung der Schulden notwendigen Teil einbehalten.

Die Grundschuld wird zu Beginn der Finanzierung ins Grundbuch eingetragen und besteht so lange, bis sie dort gelöscht wird. Die Löschung wird gekennzeichnet, indem der entsprechende Grundschuldeintrag rot unterstrichen wird. Die Löschung erfolgt jedoch nicht automatisch, sondern erst dann, wenn die Bank zustimmt. Deshalb sind häufig in Grundbüchern auch dann noch Grundschulden zu finden, wenn die Immobilie längst schuldenfrei ist. Die Eintragung wird von Notar und Grundbuchamt teuer in Rechnung gestellt. Je nach Höhe des Grundschuldbetrags können die Kosten einige hundert bis über tausend Euro betragen.

Wenn Sie bei der Anschlussfinanzierung nach Auslaufen der Zinsbindungsfrist die kreditgebende Bank wechseln, werden die Grundschulden weitergegeben, was entweder ohne Eintrag im Grundbuch in Form einer privatschriftlichen Abtretung geschieht oder im Grundbuch vermerkt wird. Das spart Kosten: Anstatt eine teure Löschung und Neueintragung vorzunehmen, bleibt die erste Bank im Grundbuch als Grundschuldinhaber bestehen und überträgt diese Rechte an die Bank, die die neue Finanzierung durchführt.

Der Kredit muss übrigens nicht unbedingt für die Finanzierung der Immobilie bestimmt sein, auf die die dazugehörige Grundschuld eingetragen ist. Wenn Sie beispielsweise ein schuldenfreies Haus besitzen und eine vermietete Wohnung finanzieren wollen, können Sie vom lastenfreien Haus zusätzliche Grundschulden zur Verfügung stellen, um durch die höhere Absicherung bessere Konditionen für einen Kredit zu erhalten.

VORSICHT Mit der Eintragung einer Grundschuld für andere Finanzierungszwecke sollten Sie äußerst zurückhaltend sein. Mit der Grundschuld geben Sie der Bank praktisch einen Vollstreckungsbescheid, der jederzeit vollzogen werden kann. Zwar darf die Bank eine Grundschuld nicht missbrauchen, indem sie ohne Zahlungsverzug Ihr Häuschen zwangsversteigern lässt. Aber im Fall der Fälle ist kein großes gerichtliches Federlesen nötig, um die Zwangsversteigerung anzuberaumen. Vor allem Selbständige und Unternehmer müssen aufpassen und nach Möglichkeit vermeiden, der Bank private Grundschulden für betriebliche Finanzierungen zur Verfügung zu stellen.

Die unterschiedlichen »Ränge« der Grundschulden sagen einiges über die tatsächliche Sicherheit aus, denn im Falle einer Zwangsversteigerung gilt der Grundsatz: Wer zuerst seine Ansprüche verbrieft hat, bekommt als Erster sein Geld.

Dazu ein Beispiel: Ist nun ein Haus mit 150 000 Euro von Bank A, 50 000 Euro von Bank B und 50 000 Euro von Bank C belastet und es wird bei der Zwangsversteigerung ein Erlös von 225 000 Euro erzielt, kann die Bank C – sofern sie als letztes Kreditinstitut ihre Grundschuld eintragen ließ – die Hälfte ihrer Forderungen in den Wind schreiben. Deshalb sind die Banken auf die ersten Plätze im Grundbuch so scharf wie der Teufel auf die arme Seele und bieten den Kreditnehmern etwas günstigere Zinsen als bei sogenannten zwei- oder nachrangigen Darlehen.

Wie werden nun die Grundschuldränge konkret errechnet? Das funktioniert recht einfach: Bis zu 60 Prozent des Beleihungswertes gelten als erstrangig, der Bereich zwischen 60 und 80 wird als zweitrangiger Bereich bezeichnet. Zur Ermittlung des Beleihungswertes wird üblicherweise vom aktuellen Verkehrswert –

der meistens auch dem Kaufpreis entspricht – ein Risikoabschlag von 10 bis 20 Prozent abgezogen.

Die Berechnung des Beleihungswertes könnte dann beispielsweise wie folgt aussehen:

Verkehrswert eines Hauses:	280 000,– €
Risikoabschlag 15 Prozent:	42 000,– €
Beleihungswert:	238 000,– €
Erstrangiges Darlehen bis	142 800,– €
Zweitrangiges Darlehen bis	190 400,– €

TIPP   Ab welchem Grenzwert eine Bank höhere Zinsen verlangt, liegt im Ermessen der einzelnen Geldinstitute. Da kann es schon vorkommen, dass eine Bank 20 Prozent Sicherheitsabschlag bei der Bewertung vornimmt und knallhart bei der 60-Prozent-Marke den Zins erhöht, während ein anderes Kreditinstitut ohne Sicherheitsabschlag arbeitet und noch bei 65 Prozent ein Auge zudrückt. Die Aufschläge sind in der Regel gestaffelt und beginnen meist bei 0,1 Prozentpunkten für die erste Stufe bis hin zu einem ganzen Prozentpunkt oder noch mehr für die 100-Prozent-Finanzierung.

Das Bankdarlehen

Das Bankdarlehen verkörpert die klassische und am häufigsten praktizierte Form der Baufinanzierung, und in den meisten Fällen ist das für Sie als Immobilienkäufer oder Bauherr auch die beste Lösung. Dabei stellt Ihnen entweder die Bank selbst den Kredit zur Verfügung, oder sie vermittelt das Darlehen an eine Hypothekenbank weiter, die sich auf Baufinanzierungen spezialisiert hat. Als Sicherheit stellen Sie der kreditgebenden Bank eine Grundschuld zur Verfügung.

Die Rückzahlung erfolgt in monatlich gleichbleibenden Raten – auch Annuität (»Annus« – »das Jahr« – für was gibt es kein Fachwort?) genannt – mit einer anfänglichen jährlichen Tilgung von etwa 1 bis 3 Prozent des Kreditbetrags. Die Rate bleibt immer gleich hoch, während der Kreditbetrag zunächst langsam, dann immer schneller abnimmt. Dadurch erhöht sich im Lauf der Zeit der Tilgungsanteil. Dabei gilt: Je höher Ihre anfängliche Tilgung ist, desto schneller haben Sie Ihr Darlehen zurückgezahlt.

Der Darlehensvertrag zwischen Ihnen und der Bank läuft zunächst einmal bis zum Ende der sogenannten Zinsbindungsfrist. Innerhalb dieses Zeitraums darf die Bank den Zins nicht verändern, und Sie können Ihre Raten sicher und bequem im Vorhinein kalkulieren. Wenn diese Frist abläuft, haben Sie zwei Möglichkeiten: Sie können entweder das Darlehen bei derselben Bank verlängern oder mit dem Kredit zu einem günstigeren Anbieter wechseln.

Dabei stellt sich die Frage: Ist eine kürzere oder längere Zinsbindungsfrist sinnvoll? Zwar sind die Zinsen für langfristig festgeschriebene Darlehen vor allem in Niedrigzinsphasen höher als für kurzfristige, aber dafür bieten sie mehr Sicherheit. Nach zehn Jahren haben Sie bei 1,5 Prozent Anfangstilgung schon 21 Prozent Ihrer Schulden getilgt, nach 15 Jahren sind es sogar schon 38 Prozent. Wenn bis dahin die Zinsen gestiegen sind, wirkt sich das aufgrund der niedrigeren Restschuld deutlich weniger aus als bei einer kurzfristigen Zinsbindung.

Während einer historisch niedrigen Zinsphase, wie wir sie im Augenblick erleben, mit Bauzinsen um 4 Prozent, sollten Sie sich diese Zinsen so lange wie irgend möglich sichern. Auch 20 Jahre sind da sicherlich kein Fehler. Der langfristige Durchschnittszins der letzten Jahrzehnte liegt immerhin bei rund 7 Prozent. In der Spitze lagen die Bauzinsen zu Anfang der neunziger Jahre bei rund fast 10 Prozent. Stellen Sie sich vor, Sie laufen in fünf Jahren aus der supergünstigen 3,6-Prozentfinanzierung heraus, und wegen der leider so hohen Inflationsrate liegt der neue Zinssatz bei 10 Prozent. Was schätzen Sie, wie hoch bei einer solchen Entwicklung die Anzahl der Zwangsversteigerungen ansteigen wird? Bleibt nur zu hoffen, dass Ihr Gehalt im gleichen Maße mit steigt, sonst werden Sie womöglich Teil des Anstiegs bei Zwangsversteigerungen. Also: Hoffe das Beste, aber rechne mit dem Schlimmsten!

VORSICHT Es wäre unklug und riskant, wegen einiger Zehntelprozente Zinsvorteil die gesamte Baufinanzierung nur auf vier oder fünf Jahre festzuschreiben. Wenigstens zwei Drittel der Finanzierung sollten mindestens zehn Jahre Zinssicherheit bieten.

Vor dem Ende der Zinsfestschreibungsfrist können Sie keine außerplanmäßigen Tilgungen leisten – es sei denn, Ihr Vertrag enthält eine Sondertilgungsklausel. Mit solchen Vereinbarungen im Kreditvertrag sichern Sie sich die Möglichkeit, innerhalb eines bestimmten Rahmens zusätzliche Tilgungen leisten zu dürfen. Marktüblich ist, dass pro Jahr rund 5 Prozent des Kreditbetrags außerplanmäßig getilgt werden dürfen.

Das Riester-Bankdarlehen

Hier handelt es sich um ein ganz normales Bankdarlehen, für das Sie im Rahmen der Wohn-Riester-Förderung auch Grund- und Kinderzulage sowie eventuell noch Steuervorteile erhalten können. Allerdings gibt es nur wenige Banken, die diese Variante anbieten. Grund dafür ist der vergleichsweise hohe Verwaltungsaufwand für die Bank – und die Tatsache, dass sich das Riester-Darlehen nur dann für den Kunden lohnt, wenn die Tilgung zur Optimierung der Förderung flexibel an das Einkommen angepasst werden kann. Das läuft den Interessen der Banken jedoch zuwider, denen bei Immobilienkrediten eine möglichst kontinuierliche und berechenbare Tilgung am liebsten ist.

Riester-Darlehen sind meistens teurer als die üblichen Bankdarlehen und kommen deshalb nur in Frage, wenn der Zinsaufschlag so gering ist, dass Ihnen die Riester-Förderung noch immer einen deutlichen Mehrwert bietet. Ansonsten sollten Sie lieber

BASISWISSEN ZU DEN FINANZIERUNGSFORMEN

die Riester-Komplettfinanzierungen der Bausparkassen näher betrachten, die gleich im Anschluss erklärt werden.

Förderkredite

Wenn Sie ein besonders energiesparendes Haus bauen, können Sie auf zinsverbilligte Darlehen von der Kreditanstalt für Wiederaufbau (KfW) hoffen. Die 1948 gegründete öffentlich-rechtliche Bank war ursprünglich dafür zuständig, die Aufbauhilfen für die ausgebombte deutsche Wirtschaft aus dem Marshallplan an die Unternehmen weiterzureichen – daher der leicht antiquierte Name. Neben mehreren anderen staatlichen Mandaten hat die KfW heute auch die Aufgabe, die Fördergelder des Bundes für energiesparendes Bauen als Kredite auszugeben.

Wichtig zu wissen: Bei der KfW direkt bekommen Sie zwar Auskünfte über die Kreditprogramme, aber kein Geld. KfW-Kredite müssen über die Hausbank beantragt und eingereicht werden.

Mehr Informationen über die einzelnen Programme finden Sie auf der KfW-Website unter www.kfw-foerderbank.de.

Zusätzliche Möglichkeiten zinsverbilligter Darlehen bieten oftmals die landeseigenen Förderbanken. Auch hier gilt, dass die Anträge über die Hausbank einzureichen sind. Deshalb sollten Sie sich gleich im ersten Kreditgespräch bei Ihrer Bank nach staatlich verbilligten Krediten erkundigen.

VORSICHT In den allermeisten Fällen müssen Förderkredite beantragt werden, bevor Sie investieren. Das gilt vor allem auch dann, wenn Sie nur einzelne Elemente Ihres Hauses wie beispielsweise eine Fotovoltaik-Anlage mit verbilligten Darlehen finanzieren wollen. Deshalb: Kümmern Sie sich so früh wie möglich um die entsprechenden Informationen. Lassen Sie sich von Ihrer Bank hier auch nicht abwimmeln. Die hat natürlich nur wenig Interesse daran, den Verwaltungsaufwand mit der KfW für Sie zu meistern und zum Dank dafür auch noch weniger Kreditgelder selbst zu vergeben.

Der Bausparkredit

Der Bausparkredit kann in zwei Varianten eingesetzt werden: Entweder Sie haben bereits einen zuteilungsreifen Bausparvertrag angespart und können nun den Kredit in Anspruch nehmen – oder Sie schließen eine Bauspar-Komplettfinanzierung ab, bei der Sie zunächst einige Jahre im Rahmen eines Bausparvertrags Geld ansparen, bis zur Zuteilung ein tilgungsfreies Darlehen aufnehmen und danach Ihre Schulden komplett in das Bauspardarlehen umschichten.

Beginnen wir mit der einfacheren Variante: Wenn der Vertrag bereits zuteilungsreif ist oder dies in Kürze sein wird, können Sie das dazugehörige Darlehen problemlos in die Finanzierung einbauen. Das kann Ihnen einige Vorteile bringen:

● Bei der Sicherstellung des Darlehens begnügen sich die Bausparkassen mit dem zweiten Rang im Grundbuch. So müssen Sie auch bei wenig Eigenkapital keinen Zinszuschlag bezahlen.
● Je nach aktuellem Marktzins können Sie möglicherweise günstigere Konditionen als beim Bankdarlehen erhalten.
● Beim Bausparkredit sind die Zinsen über die gesamte Laufzeit festgeschrieben. Trotzdem können Sie in unbegrenzter Höhe Sondertilgungen leisten.

Allerdings ist wegen der hohen Anfangstilgung die Darlehensrate im Vergleich zu einem Bankdarlehen sehr hoch. Bei einem Kredit von 25 000 Euro (was einer Bausparsumme von rund 50 000 Euro entspricht) müssen Sie jeden Monat etwa 300 Euro zurückzahlen. Dafür können Sie jedoch die Anfangstilgung beim Bankdarlehen etwas reduzieren. Als Faustregel gilt: Bezogen auf die Gesamtfinanzierung sollte die Anfangstilgung zwischen 2 und 3 Prozent jährlich liegen.

Manche Bausparkassen bieten auch die Komplettfinanzierung an. Das funktioniert wie folgt: Sie schließen einen Bausparvertrag über die gesamte Finanzierungssumme ab und überweisen Ihre monatlichen Sparraten an die Bausparkasse. Bis zur Zuteilung des Vertrags brauchen Sie dann jedoch eine Zwischenfinanzierung, für die Sie nur Zins und keine Tilgung bezahlen. Sobald das Bauspardarlehen zugeteilt wird, lösen Sie die Zwischenfinanzierung auf und schulden auf das Bauspardarlehen um. Ihr Vorteil dabei: Sie haben einen festen Zins und eine feste Rate über die gesamte Laufzeit.

Problematisch wird es jedoch, wenn Sie diese Konstruktion mit einem Bankdarlehen vergleichen wollen. Durch das gleichzeitige Ansparen und die Zwischenfinanzierung können Sie nämlich den Effektivzins nicht richtig vergleichen. Da hilft ein einfacher Trick: Ziehen Sie zum Vergleich ein Bankdarlehen mit gleicher Auszahlungshöhe, gleicher Monatsrate und der Zinsbindung über die gesamte Darlehenslaufzeit heran. Die bessere Variante ist diejenige, mit der Sie früher schuldenfrei werden.

TIPP Eine sinnvolle Alternative ist die Bauspar-Komplettfinanzierung meist nur dann, wenn Sie Ihr Eigenheim mit Riester-Förderung finanzieren wollen. Hier haben die Bausparkassen im Vergleich zu Banken, die reine Riester-Darlehen anbieten, häufig die günstigeren Angebote. Die Stiftung Warentest führt in regelmäßigen Abständen Konditionenvergleiche zu Riester-Baufinanzierungen durch, die Sie auf www.test.de gegen einen geringen Obolus herunterladen können.

Welche Finanzierungsformen Sie meiden sollten

Mit dem klassischen Darlehen und je nach Bedarf noch dem Bausparvertrag oder mit Förderkrediten sind Sie mit allem versorgt, was Sie für die Baufinanzierung brauchen. Dass manche Finanzierungsberater noch andere Modelle anbieten, liegt weniger an Ihren Bedürfnissen – vielmehr handelt es sich meist um Koppelgeschäfte aus Geldanlage und Kredit, die dem Verkäufer die doppelte Provision bringen.

Deshalb: Lassen Sie lieber die Finger von den nachfolgend beschriebenen Finanzierungsmodellen:

- **Versicherungsdarlehen**. Hier handelt es sich um eine Kombination aus Bankdarlehen und kapitalbildender Lebensversicherung. In die monatlichen Darlehensraten ist kein Tilgungsanteil eingerechnet, sondern nur der Darlehenszins. Die eigentliche Tilgung erfolgt, indem Sie parallel zur Zinszahlung zusätzliche Beträge in eine kapitalbildende Lebensversicherung einzahlen. Nach Ablauf der Versicherung erhalten Sie die Versicherungssumme mitsamt Zinsen und Überschussanteilen. Mit dieser Summe lösen Sie auf einen Schlag nach 15, 20 oder 30 Jahren das komplette Darlehen ab. Allerdings hat die Erfahrung der letzten Jahre gezeigt, dass in Zeiten niedriger Marktzinsen so mancher Lebensversicherer massive Renditeprobleme bekommen kann. Sie sollten daher keinesfalls davon ausgehen, dass Sie mit der Lebensversicherung eine höhere Rendite erzielen, als Sie an Zinsen für Ihr Darlehen bezahlen – und damit ist dieses Modell Makulatur. Denken Sie an das böse Erwachen, wenn die Auszahlungssumme der Lebensversicherung am Ende doch wesentlich niedriger ist als das, was die Versicherungsgesellschaft zu Beginn in Aussicht gestellt hat (das nennt sich dann Beispielrechnung einer Ablaufleistung und sieht immer ganz verlockend aus). Am Ende bleiben Sie auf einem mehr oder weniger hohen Restkredit sitzen und dürfen ihn dann mit Ihrer womöglich spärlichen Rente abstottern. Also: Finger weg vom Glücksspiel, besonders wenn es ums Häusle geht.

BASISWISSEN ZU DEN FINANZIERUNGSFORMEN

- **Investmentfinanzierung.** Auch hier werden für das Darlehen nur die Zinsen fällig, eine anfängliche Tilgung wie beim klassischen Bankdarlehen muss nicht geleistet werden. Im Gegenzug zahlen Sie monatliche Raten in einen Investmentsparplan oder in eine fondsgebundene Lebensversicherung ein, das Guthaben wird als zusätzliche Sicherheit an die Bank verpfändet. Erst am Ende der Laufzeit, frühestens jedoch nach Auslaufen der Zinsbindung, können Sie Tilgungen aus dem angesparten Fondsguthaben leisten. Mit dieser Spekulation sind enorme Risiken verbunden, die im schlimmsten Fall die gesamte Finanzierung gefährden. Konkret handelt es sich um eine kreditgehebelte Aktienspekulation, bei der Sie Ihr Eigenheim als Kreditsicherheit hergeben – und damit beim nächsten Börsencrash die Zwangsversteigerung riskieren.

- **Fremdwährungsdarlehen.** Sind Ihnen die Zinsen für den Immobilienkredit zu hoch? Dann können Sie ihn ja in einer Niedrigzinswährung wie japanischem Yen oder Schweizer Franken abschließen. Das empfehlen manche Kreditvermittler allen Ernstes und jagen den Kreditnehmer ähnlich wie bei der Investmentfinanzierung in eine kreditgehebelte Spekulation. Spätestens dann, wenn die jeweilige Währung gegenüber dem Euro im Wert steigt, fliegt Ihnen die Finanzierung um die Ohren. Im günstigsten Fall haben sich nur die Kreditkosten erheblich verteuert, weil der Gegenwert des Darlehens in Euro gestiegen ist. Im schlimmsten Fall wachsen Ihnen die Schulden über den Kopf, und Sie haben Ihr Eigenheim an der Devisenbörse verspekuliert. 2010 hat die ungarische Regierung solche Baukredite in Fremdwährungen verboten, nachdem Hundertausende Häuslebauer zusammengebrochen waren, weil die ungarische Währung gegenüber dem Schweizer Franken stark gefallen war. **Achtung!** Finger weg, es sei denn, Sie sind Devisenexperte eines großen Finanzunternehmens – aber dann würden Sie ein solch unkalkulierbares Risiko erst recht nicht eingehen.

Was »Finanzierungs-Schutzbriefe« taugen

Auf der Suche nach neuen Möglichkeiten, gewinnbringende Kombi-Produkte zu verkaufen, sind einige Assekuranzen nun mit sogenannten »Finanzierungs-Schutzbriefen« fündig geworden. Dahinter verbergen sich Mischungen aus verschiedenen Einzelpolicen, mit denen Bauherren ihre Immobilienkredite versichern können.

Die Versicherer springen ein, wenn wegen längerer Krankheit, Arbeitslosigkeit oder dem unmotivierten Tod des Hauptverdieners der Rückzahlungsplan ins Wanken gerät – so zumindest verheißt es die Werbung. Doch nur allzu oft klaffen in den angepriesenen Produkten gefährliche Sicherheitslücken: Die Versicherung der großen finanziellen Lebensrisiken Tod, Berufsunfähigkeit und Arbeitslosigkeit erfolgt nämlich nur mit Einschränkungen.

Am eindeutigsten sind – sofern diese Leistung überhaupt angeboten wird – die Regelungen zur Todesfall-Absicherung. Entweder wird wie bei der herkömmlichen Risiko-Lebensversicherung eine feste Summe ausgezahlt, oder die Versicherung übernimmt die zum Zeitpunkt des Ablebens bestehende Restschuld.

Schwieriger wird es schon bei der Absicherung im Fall der Berufsunfähigkeit. Im Gegensatz zur klassischen Berufsunfähigkeitsversicherung, die oft bis zum 60. Lebensjahr läuft, ist die Versicherungsdauer bei den Baufinanzierungs-Schutzbriefen viel kürzer und häufig nur an der Zinsbindungsfrist festgemacht. Pech, wenn Sie sich entscheiden, erst danach vom Gerüst zu fallen, und Sie dann auf den Restschulden sitzenbleiben.

Nur kurzfristige Linderung bringt die private Arbeitslosen-Versicherung. Hier gilt häufig von vornherein: Gezahlt wird nur bei der sogenannten unverschuldeten Arbeitslosigkeit, beispielsweise wegen Insolvenz des Arbeitgebers oder betriebsbedingter Kündigung. Wer selbst kündigt und dann arbeitslos wird, hat keinen Anspruch auf die Versicherungsleistung. Geld gibt es auch oft erst mit Verspätung und nur für kurze Zeit. Die Versicherten bekommen das »private Arbeitslosengeld« meist erst nach mehreren Monaten, und spätestens nach zwei Jahren ist Schluss. Das mag vielleicht für eine Überbrückung zwischen zwei Jobs helfen. Aber wer länger arbeitslos ist oder einen niedriger bezahlten Job annehmen muss, guckt in die Röhre.

TIPP Verzichten Sie auf solche »Schutzbriefe«, und schließen Sie lieber eine vernünftige Kombination aus Berufsunfähigkeits- und Risikolebensversicherung ab, die im Ernstfall auch Ihre Baufinanzierung abdeckt.

Worauf Sie beim Kreditvergleich achten sollten

Keine Bank ist daran interessiert, dass Sie Baukreditangebote auf den ersten Blick vergleichen können. Dann würden Sie ja gleich sehen, wer der günstigste Anbieter ist. Also wird ein bisschen getrickst und hier mal eine etwas andere Laufzeit gewählt, dort eine Tilgungsoption herausgenommen oder ein kleiner Teil des Zinses in eine Bearbeitungsgebühr umgewandelt. Wenn Sie dieses Kasperltheater nicht mitmachen wollen, müssen Sie gleich zu Beginn eine klare Ansage machen: Sie legen die Rahmenbedingungen fest, und die Bank hat dazu ihr Zinsangebot abzugeben. Damit das funktioniert, müssen Sie jedoch wissen, was Sie wollen und brauchen. Das betrifft insbesondere die folgenden Parameter:

● Eigenkapital und Finanzierungssumme. Eigentlich sollte es selbstverständlich sein, aber zur Sicherheit sei nochmals erwähnt: Vergleichbare Angebote können Banken nur vorlegen, wenn alle Institute von Ihnen dasselbe Eigenkapital und dieselbe Finanzierungssumme diktiert bekommen.

- Zinsbindungsfrist. Auch hier sollten Sie sich schon vor dem Einholen konkreter Offerten auf eine einheitliche Vorgabe festlegen. Zehn Jahre Sicherheit sollten drin sein, in Zeiten besonders niedriger Zinsen können es auch 15 oder 20 Jahre sein. Dazu ein Tipp:

TIPP Bei mehr als zehnjähriger Zinsbindung dürfen Sie nach Ablauf von zehn Jahren das Darlehen mit einer Kündigungsfrist von sechs Monaten außerplanmäßig zurückzahlen oder umschulden, ohne dass die Bank dafür als Gegenleistung für die Kündigung während der Zinsbindungsfrist eine Vorfälligkeitsentschädigung verlangen kann. Einer der wenigen Punkte, wo Sie für sich einen Vorteil gegenüber der Bank herausholen können. Daher empfehlen Banken die langen Laufzeiten über zehn Jahre nicht gerne. Schließlich können sie diese nur schwer kalkulieren.

- Tilgungsoptionen. Eigentlich darf die Bank vom Kreditkunden verlangen, dass der Tilgungsplan bis zum Ende der Zinsbindungsfrist minutiös eingehalten wird. Doch mittlerweile sind durchaus Klauseln marktüblich, die Ihnen als dem Darlehensnehmer mehr Flexibilität einräumen. So enthält ein vernünftiges Kreditangebot die Möglichkeit, Sondertilgungen bis zu einer Höhe von 5 Prozent der Darlehenssumme pro Jahr zu leisten und wenigstens einmal während der Zinsbindungsfrist den Tilgungsanteil innerhalb der Kreditrate und damit auch die Höhe der Rate zu verändern. Dies sollten Sie von vornherein zur Vorgabe machen, damit Sie Ihre Flexibilität nicht mühsam heraushandeln müssen.

Beim Einholen der konkreten Angebote macht es wenig Sinn, 15 oder 20 Banken anzuschreiben und jedes Mal meterlange Formulare auszufüllen, um die Konditionen zu erhalten. Konzentrieren Sie sich einfach auf die wichtigsten repräsentativen Vertreter: Wenn Sie bei einer regionalen Sparkasse und Genossenschaftsbank, einer Groß- oder Direktbank und einem bankenunabhängigen

Finanzierungsvermittler anfragen, haben Sie gute Chancen, mit begrenztem Aufwand ein günstiges Angebot zu erwischen.

Beim Erhalt der Finanzierungsangebote sollten Sie unbedingt prüfen, ob die Bank Ihre Vorgabekriterien eingehalten hat. Merke: Eine Bank macht meistens, was ihr nützt, und nicht das, was der Kunde gerne hätte. Wenn sich eine Gelegenheit bietet, mit gewissen Manipulationen ein Angebot schönzurechnen, wird diese von Banken häufig auch gnadenlos genutzt. Dann ist schon mal beispielsweise eine kürzere Zinsbindungsfrist eingebaut oder Sondertilgungsoptionen sind gestrichen …

Apropos Manipulation: Selbst der Effektivzins kann in gewissem Umfang optisch gedrückt werden. Die ganze Augenwischerei können Sie vermeiden, indem Sie gleich mit dem Angebot einen Tilgungsplan anfordern, der keine Sondertilgungen enthält. Dann können Sie am Ende der Zinsbindungsfrist die Restschuld vergleichen und das preisgünstigste Angebot daran erkennen, dass am Ende der Zinsbindungsfrist der Schuldenstand am niedrigsten ist.

TIPP Wenn Sie ein Haus neu bauen oder eine Neubauwohnung kaufen, müssen Sie üblicherweise in mehreren Raten je nach Baufortschritt bezahlen. Dann sollte aber auch das Darlehen schrittweise ausgezahlt werden. Achten Sie in diesem Fall darauf, dass die Bank für die Verteilung der Darlehensauszahlung auf mehrere Raten keine Gebühren verlangt.

Wie Sie die günstigste Anschlussfinanzierung finden

Den schlimmsten Fehler bei der Anschlussfinanzierung machen Sie, wenn Sie nichts machen: Wer einfach den Kreditvertrag nach dem Auslaufen der Zinsbindung verlängert, zahlt in aller Regel viel zu hohe Zinsen. Zwischen den Standardkonditionen der Hausbank und Konkurrenzangeboten kann es unter Umständen große Unterschiede geben – eine Differenz von einem Prozentpunkt zwischen billigen und teuren Banken ist keine Seltenheit. Das bedeutet konkret: Wer 1 Prozent zu viel bezahlt, verliert bei zehnjähriger Zinsbindung und 100000 Euro Finanzierungssumme insgesamt je nach Tilgungsanteil bis zu 10000 Euro.

Dass trotzdem viele Kreditnehmer einfach den auslaufenden Kredit bei der Hausbank verlängern, ohne Konkurrenzangebote einzuholen, liegt daran, dass viele Banken auf die Bequemlichkeit des Kunden setzen und die neuen Konditionen erst kurz vor Ablauf bekanntgeben. Dagegen hilft nur eins: Ergreifen Sie acht bis zehn Wochen vor Torschluss selbst die Initiative, und holen Sie Angebote für die Weiterfinanzierung ein.

Auch wenn Sie die Bank eigenlich nicht wechseln wollen (was Sie Ihrem Kreditberater tunlichst verschweigen), können Sie Ihre Hausbank mit günstigen Angeboten von Wettbewerbern unter Druck setzen. Gerade bei einer Anschlussfinanzierung sind viele Banken zu Zugeständnissen beim Zins bereit. Dafür gibt es zwei Gründe:

- Kreditkunden, die schon über Jahre treu und zuverlässig ihre Raten bezahlt haben, stellen ein vergleichsweise geringes Ausfallrisiko dar und sind damit begehrter als in Finanzierungsfragen unerfahrene Kunden, die ihre eigene Leistungsfähigkeit nur schwer einschätzen können.
- Wegen der stetigen Tilgung nimmt im Laufe der Jahre die Restschuld immer weiter ab, so dass der Schuldenstand im Verhältnis zum Immobilienwert niedriger ist. Das bedeutet für die Bank: Sollte die Finanzierung dennoch schiefgehen, bekommt sie bei einer Zwangsversteigerung mit großer Wahrscheinlichkeit ihre Forderungen komplett zurück.

WIE SIE DIE GÜNSTIGSTE ANSCHLUSSFINANZIERUNG FINDEN   223

Wenn Sie bei der Hausbank auf Granit beißen und keine attrakti-
ven Konditionen angeboten bekommen, sollten Sie den Wechsel
der finanzierenden Bank nicht scheuen. Die Kosten halten sich in
Grenzen: Für die Abtretung der Grundschuld im Grundbuch fallen
je nach Finanzierungsvolumen 200 bis 500 Euro Gebühren an.

Forward-Darlehen

Die Vorräte auffüllen, bevor die Preise steigen – diese Strategie
funktioniert für Sie auch bei der Baufinanzierung. Wenn die Zinsbindung in nächster Zeit ausläuft und Sie mit steigenden Marktzinsen rechnen, gibt es die Möglichkeit, sich bei der Anschlussfinanzierung über ein sogenanntes Forward-Darlehen das aktuelle
Zinsniveau im Voraus zu sichern.

Damit wird der Kreditvertrag praktisch auf Vorrat geschlossen:
Der Zins wird bei Vertragsschluss festgelegt, die Auszahlung des
Kredits kann hingegen bis zu drei Jahre aufgeschoben werden. Im
Gegenzug verlangt die Bank von Ihnen einen Zinsaufschlag, der
in der Regel bei etwa 0,01 bis 0,02 Prozentpunkte pro aufgescho-
benem Monat liegt. Das bedeutet: Wird das Darlehen erst nach
zwölf Monaten ausgezahlt, steigt der Zinssatz um 0,24 Prozent.
Sind bis dahin die Marktzinsen stärker gestiegen, hat sich der
frühe Abschluss des Kreditvertrags für Sie schon gelohnt.

In der jetzigen Phase mit historisch niedrigen Zinssätzen und
einer schnell ansteigenden Inflation ist es eine Frage der Zeit, bis
die Kreditzinsen deutlich ansteigen. Wenn ein Forward-Darlehen
jetzt keinen Sinn macht, wann dann!? Die Wahrscheinlichkeit,
dass die Zinsen noch mal deutlich fallen, geht gegen null.

VORSICHT Beim Forward-Darlehen handelt es sich nicht um
eine Option, sondern um einen verbindlichen Vertrag. Wenn die Zinsen wieder sinken oder Sie ein günstigeres Angebot finden, können
Sie den Darlehensvertrag nicht mehr auflösen. Das gilt auch dann,
wenn der Kreditbetrag noch nicht ausgezahlt worden ist.

Wird die Anschlussfinanzierung in den nächsten sechs Monaten fällig, ist ein herkömmliches Bankdarlehen im Vergleich zum Forward-Darlehen häufig günstiger. Entscheidend dabei ist, wie lange Sie beim normalen Darlehen die Kreditauszahlung hinausschieben können, ohne dass die Bank einen sogenannten Bereitstellungszins verlangt. Kulante Institute lassen ihren Kunden bis zu sechs Monaten Zeit, bis sie sozuagen als »Vorratshaltungsgebühr« den Bereitstellungszins von üblicherweise 0,25 Prozent pro Monat erheben.

Vorfälligkeitsentschädigung bei vorzeitiger Kreditauflösung

Wer einen Immobilienkredit über mehrere Jahre festschreibt, will sich auf kalkulierbare Festzinsen verlassen. Aber manchmal wird die Bindung zur Handschelle – zum Beispiel dann, wenn die Zinsen kurze Zeit nach Abschluss des Kreditvertrags sinken oder wenn die Immobilie vor Ablauf der Zinsbindungsfrist wieder veräußert werden soll. Dann stehen Sie vor der Frage, wie Sie mit möglichst wenig Schaden aus einem laufenden Darlehensvertrag wieder herauskommen.

Zunächst einmal ist die finanzierende Bank nicht automatisch verpflichtet, einen Kredit innerhalb der Zinsbindungsfrist auf Verlangen des Kunden aufzulösen. Nur beim Verkauf der Immobilie oder bei der Weiterfinanzierung mit einem wesentlich höheren Darlehensbetrag haben Sie als Kreditkunde einen Rechtsanspruch auf die Auflösung des Kredits. Wer hingegen in einer Niedrigzinsphase lediglich zu günstigen Konditionen umschulden will, beißt mit seinem Ansinnen meist auf Granit – und die Bank ist mit ihrer Weigerung in einer sicheren Rechtsposition.

Dazu kommt: Selbst wenn die Bank verpflichtet ist, Sie vorzeitig aus dem Darlehensvertrag zu entlassen, lässt sie sich ihr Einlenken üppig entlohnen – nämlich in Form der Vorfälligkeitsentschädigung.

Damit stellt sie Ihnen den entgangenen Gewinn in Rechnung, denn das Kreditinstitut muss nun das Geld womöglich zu niedrigeren Konditionen verleihen.

Erst nach mehr als zehn Jahren Zinsbindung sind Sie in einer besseren Position. Ab dem Ablauf des zehnten Jahres kann der Darlehensvertrag nämlich einseitig vom Kunden gekündigt werden, auch wenn eine längere Zinsbindung vereinbart ist – so steht es im Bürgerlichen Gesetzbuch (BGB). Darlehen sind dann jederzeit und ohne Angabe von Gründen mit einer Frist von sechs Monaten kündbar, ohne dass die Bank eine Entschädigung verlangen darf. Und: Nur der Kreditnehmer darf von dem Kündigungsrecht Gebrauch machen, nicht aber die Bank.

Aktien & Co.:
Eine kurze Geschichte des Wertpapiers

Jetzt kommen wir endlich zu meinem Lieblingsthema. Ich bin seit etwa 20 Jahren an der Frankfurter Wertpapierbörse. Die Hälfte der Zeit war ich Rentenhändler (nein, ich habe nicht mit gut erhaltenen 70-Jährigen gehandelt, sondern mit Bundesstaatsanleihen), die zweite Hälfte Aktienhändler, und das sogar noch zu Zeiten, in denen man als Kursmakler amtlich zur Neutralität und Fairness vereidigt wurde. Ich habe nebenbei mit nahezu allem gehandelt, was an der Börse handelbar ist: Devisen, Optionsscheine, Futures, Fonds und was einem sonst noch so in den Sinn kommt. Am Ende steht die Erkenntnis: Die Aktie ist meines Erachtens eine der für Investoren und die Volkswirtschaft sinnvollsten, fairsten und besten Investitionsformen für Geld. Doch beginnen wir ganz von vorne – und da können wir weit zurückblicken.

Kennen Sie »Stora Kopparbergs bergslag«? Nein, das ist kein schwedischer Preiselbeerwein – hinter dem Namen verbirgt sich die vermutlich älteste Aktiengesellschaft der Welt. Auf das Jahr 1288 datiert eine hochoffizielle Urkunde, die dem Besitzer einen Anteil von 12,5 Prozent an einer Kupfermine im schwedischen Falun verbrieft, was nach heutiger Lesart nichts anderes als eine Aktie ist. Das Unternehmen gibt es übrigens heute noch, wenn auch die Firmierung anders lautet. Im Jahr 1998 fusionierte Stora Kopparbergs bergslag mit dem finnischen Konzern Enso zu Stora Enso. Das ist heute einer der größten Papierproduzenten der Welt mit fast 40 000 Mitarbeitern und einem Jahresumsatz von mehr als 12 Milliarden Euro.

Die Suche nach den Wurzeln der börsengehandelten Schuldverschreibungen führt nach Italien, wo man schon im Mittelalter erstaunliche Kreativität beim Schuldenmachen an den Tag legte. Im 12. Jahrhundert kamen findige Ratsherren in Venedig auf die Idee, wie man sich Geld leihen und dabei das kirchliche Zinsverbot umgehen konnte – in der guten alten Zeit war der Zins zu Recht noch des Teufels: Denen, die der Stadt Geld liehen, wurde statt eines Zinses ein gewisser Anteil an Steuer- oder Pachteinnahmen der Stadt versprochen. Die Schuldscheine wurden übrigens als »Montes« bezeichnet, was auf Deutsch übersetzt »Berge« heißt und angesichts der heutigen staatlichen Schuldenberge ein durchaus passender Begriff ist …

Zu Beginn wurden die Schuldscheine und Unternehmensanteile direkt von Mensch zu Mensch gehandelt. Wer seine Wertpapiere wieder in bare Münze umwandeln wollte, musste eben einen Käufer finden. Nun schlug die Stunde der geschäftstüchtigen Niederländer, die im Jahr 1612 in Amsterdam die erste Wertpapierbörse der Welt einrichteten. Mit dem Börsengang der Niederländischen Ostindien-Kompanie begann das Zeitalter des Wertpapierhandels.

Amsterdam – da war doch was? Richtig: Nur 25 Jahre später kam es in den Niederlanden zur Tulpenmanie. Die Preise für die immer begehrter werdenden Tulpenzwiebeln stiegen in schwindelerregende Höhen, und eine wachsende Zahl gieriger

Anleger kaufte und hortete Optionsscheine auf den späteren Kauf von Zwiebeln, um daraus Kapital zu schlagen. Auf dem Höhepunkt des Irrsinns kostete eine einzige Zwiebel einer seltenen Tulpensorte 10 000 Gulden, was dem Gegenwert eines Hauses in schönster Citylage an der Amsterdamer Gracht entsprach. Es kam, wie es kommen musste, und der ganze Tulpenwahn krachte in sich zusammen wie ein Kartenhaus, und so mancher vermeintlich schlaue Spekulant musste plötzlich erkennen, dass er Haus und Hof verspielt hatte. Wichtigste Tatorte waren jedoch nicht die Händlertische an der Amsterdamer Warenbörse, sondern die Wirtshäuser von Haarlem, in denen die berüchtigten »Wirtshausversteigerungen« stattfanden.

Danach sollte es bis zur ersten Aktienblase nicht mehr lange dauern – und die hatte es in sich. Anfang des 18. Jahrhunderts wurden zwei Unternehmen gegründet, denen eine goldene Zukunft vorausgesagt wurde. In Frankreich war das die Mississippi-Kompanie, die den Handel mit den französischen Kolonien in den heutigen US-Südstaaten vorantreiben sollte. In England erhielt zur selben Zeit die South Sea Company das Monopol für den Südamerika-Handel. Auf beiden Seiten des Ärmelkanals stürzten sich die Investoren wie die Lemminge auf die Aktien dieser Unternehmen. Wenige Jahre später platzten die finanziellen Seifenblasen, und die vermeintlichen Handelsgiganten gingen mit Glanz und Gloria den Bach runter. Viele Anleger waren ruiniert, der französische Staat musste eine Währungsreform durchführen, England rutschte in eine tiefe Rezession. Selbst der geniale Physiker Isaac Newton hatte 20 000 Pfund in den Sand gesetzt und musste kleinlaut zugeben: »Ich kann die Bewegung eines Körpers messen, nicht aber die menschliche Dummheit.«

Newton sollte recht behalten: In regelmäßigen Abständen ist bis heute die Geschichte der Wertpapiermärkte von grenzenloser Gier und tiefen Abstürzen begleitet. Der große Börsenkrach am Ende der Gründerzeit 1873 in Österreich und Deutschland, der

Eisenbahnaktien-Crash 1893 in Amerika, der schwarze Donners-
tag 1929, der schwarze Montag 1987, das Platzen der Dotcom-
Blase oder die Finanzkrise 2008 waren die unausweichlichen Ge-
witter, eine deutliche Folge überhitzter Märkte.

Kommen wir zur Gegenwart: Heute bieten Wertpapiere in
der bekannten Form als Aktien und Anleihen den Anlegern die
Möglichkeit, sich direkt an Unternehmen zu beteiligen oder als
Kreditgeber gegenüber Staaten und Unternehmen aufzutreten. Je
nachdem, welche Wertpapiergattung gewählt wird und wie solide
der Herausgeber ist, sind damit ganz unterschiedliche Chancen
und Risiken verbunden. Doch aus der Betrachtung der Vergangenheit lässt sich lernen, dass die Börsenkurse nur allzu oft nicht
viel mit dem wirklichen Wert der Papiere zu tun haben und die
Hoffnung auf hohe Renditen zuweilen über Nacht einen bösen
Tod stirbt. Ein kleiner Trost für gebeutelte Aktionäre: Wer sein
Geld lieber zur Bank getragen hat, schaute dafür bei der großen
Inflation anfangs der zwanziger Jahre und der Währungsreform
nach dem Zweiten Weltkrieg in die Röhre.

Wie eine Aktiengesellschaft funktioniert

Die Börse ist der Ort, an dem Leute mit tollen Ideen, aber wenig
Geld (Erfinder/Firmengründer) zusammengebracht werden mit
Leuten, die zwar Geld, aber keine Ideen haben (Investoren).
Beide Seiten tun sich zusammen, gründen eine Aktiengesell-
schaft, kaufen Maschinen und schaffen Arbeitsplätze.

Wenn es eine gute Idee war, verdienen beide Geld und bringen mit ihren Produkten, Dienstleistungen und Arbeitsplätzen die
Welt ein klein wenig weiter voran.

Wenn es eine Schnapsidee war, dann verdient keiner Geld,
oder sie verlieren sogar ihren Einsatz. Das ist fair und sinnvoll.

Wer hingegen einem Unternehmen einfach nur Geld gegen Zinsen leiht (in Form einer Unternehmensanleihe), der bekommt seine Zinsen auch dann, wenn das Unternehmen gar keinen Gewinn macht. Die Zinsen können sogar dazu führen, dass das Unternehmen gar nicht erst profitabel wird und eines Tages, wenn es Zins und Zinseszins nicht mehr stemmen kann, sogar die Pforten schließen muss, so dass die Arbeitsplätze verlorengehen. Sie sehen, die Aktie ist hier die ethisch wertvollere Variante.

Was kennzeichnet eine Aktiengesellschaft, kurz AG? Die Börsennotierung allein ist es nicht, denn es gibt viele kleine und große Aktiengesellschaften, deren Aktien nicht an der Börse gehandelt werden und deren Eigentümer diesen Schritt auch nicht planen. Die Größe allein ist es ebenso wenig, denn schon mit einem Grundkapital von 50 000 Euro kann man eine AG gründen. Auch die Haftungsbegrenzung der Eigentümer im Fall einer Pleite ist kein Alleinstellungsmerkmal der AG, denn es gibt sie auch bei der GmbH.

Aus Sicht eines Unternehmens wird die Rechtsform der AG immer dann interessant, wenn eine größere Zahl Anteilseigner vorhanden ist und die Einzelbeteiligungen ohne überbordenden juristischen Aufwand den Eigentümer wechseln können sollen. Dabei verkörpert jede Aktie einen Bruchteil des Unternehmens. Sind beispielsweise 100 000 Aktien im Umlauf, gehört jedem, der eine Aktie besitzt, ein hunderttausendstel Anteil am Unternehmen.

Ob Kauf und Verkauf über den Börsenhandel abgewickelt werden sollen, ist an dieser Stelle zunächst einmal zweitrangig. Viele Familienunternehmen firmieren als AG, ohne an der Börse notiert zu sein, weil bei ihnen über privaten Verkauf, Schenkung oder Vererbung die Übertragung von Anteilen innerhalb der Familie am einfachsten durchführbar ist. Bei einer GmbH müssen nämlich Veränderungen in der Gesellschafterstruktur stets notariell beglaubigt und in das Handelsregister eingetragen werden, was mit einem hohen finanziellen und zeitlichen Aufwand verbunden ist.

Wie die Aktien den Besitzer wechseln können, hängt nicht nur davon ab, ob dies über die Börse oder im privaten Handel abgewickelt wird. In der guten alten Zeit waren Aktien schön gedruckte Urkunden, die im Tresor aufbewahrt wurden. Wenn der Seniorchef dem Schwiegersohn ein Aktienpaket übertragen wollte, war das durchaus wörtlich zu verstehen: Ein Griff in den Tresor, ein tiefer Blick in die Augen, und dann wurde ein dickes Päckchen mit Urkunden überreicht – so einfach ging das.

Auch heute gibt es noch solche »effektiven Stücke« (Effekten). Besonders beliebt bei Sammlern ist die sehr schön gestaltete Aktie von Beate Uhse. Wie das wohl kommt?

Heutzutage ist ein Aktienhandel meistens ein bisschen komplizierter, weil die meisten Aktien leider nicht mehr als effektive Urkunden ausgegeben werden, sondern in einem einzigen Dokument, der sogenannten Globalurkunde, zusammengefasst werden. Diese wird dann bei einer Bank im Tresor aufbewahrt. Die Übertragung von Aktien findet dann in Form eine Umbuchung von einem Wertpapierdepot ins andere statt. Im Vergleich mit dem Zahlungsverkehr bedeutet das: Früher wechselten Aktienurkunden wie Bargeld den Besitzer, heute wird von Konto zu Konto überwiesen.

Ich erlaube mir für Interessierte einen kleinen Exkurs über Aktienwissen anzuschließen, alle anderen Leser bitte ich weiterzuspringen zum Kapitel: »Wo kommen die Börsenkurse her?«.

Wie anonym eine Aktie weitergegeben werden kann, hängt davon ab, ob es sich um eine Inhaber-, Namens- oder vinkulierte Namensaktie handelt. Die Unterschiede:

1. Inhaberaktien können ohne jede Einschränkung gehandelt werden, ohne dass die Aktiengesellschaft selbst darauf Einfluss hat.

2. Namensaktien können ebenfalls frei gehandelt werden, allerdings werden die Namen aller einzelnen Aktionäre erfasst

und im Unternehmensbuch – das heute meist digital geführt wird – notiert. Vorteilhaft für die Aktiengesellschaft ist nicht nur, dass die Aktionärsstruktur jederzeit nachvollziehbar ist. Werden nur Namensaktien ausgegeben, muss eine kleine Aktiengesellschaft nicht mit teuren Anzeigen in überregionalen Zeitungen zur jährlichen Hauptversammlung einladen, sondern darf die Aktionäre direkt anschreiben.

Der wichtigste Grund für Namensaktien ist allerdings: Der Vorstand weiß ganz genau, wer die Eigentümer des Unternehmens sind. Wenn jetzt plötzlich ein großer amerikanischer Name immer häufiger im Aktionärsbuch auftaucht, erkennt die Firma frühzeitig, dass etwas im Busch sein könnte und jemand vielleicht eine Übernahme des Unternehmens vorbereitet. So kann der Vorstand rechtzeitig Gegenmaßnahmen ergreifen.

3. Bei vinkulierten Namensaktien (»vinculum« ist Lateinisch für »Fessel« ... also eine »gefesselte Namensaktie« ... Damit geben Sie bei Gelegenheit bestimmt den Klugscheißer des Abends. Das weiß garantiert niemand, erst recht kein Börsenmakler!) muss das Unternehmen jeder Aktienübertragung zustimmen, sonst wird die Order annulliert. Damit kann man unliebsame Aktionäre außen vor lassen und das Risiko einer feindlichen Übernahme reduzieren. Allerdings ist dies für die Aktiengesellschaft mit ziemlich hohem Aufwand verbunden, so dass diese Aktiengattung eher selten anzutreffen ist. Zu den wenigen Ausnahmen zählt übrigens die Lufthansa, die von Gesetzes wegen vinkulierte Namensaktien ausgeben musste. Nur so kann die Airline sicherstellen, dass sie mit einem Mindestanteil von 50 Prozent inländischer Aktionäre die internationalen Luftfahrtabkommen einhält. Jenseits dieser Schwelle verweigert die Lufthansa jeden Aktienverkauf an ausländische Investoren.

Vorstand, Aufsichtsrat, Aktionär:
Wer ist wessen Boss?

Wenn die Vorstände von Großkonzernen verbal die Muskeln spielen lassen, ist der Inhalt der Botschaft klar: Ich bin der Boss, und die Dinge haben so zu laufen, wie ich es will.

So weit die Show. In Wahrheit ist der Vorstand zwar der Chef von einigen tausend Mitarbeitern, hat aber längst nicht das letzte Wort, wenn es um existenzielle Fragen geht.

Oberste Entscheidungsinstanz ist bei Aktiengesellschaften die in der Regel ein Mal pro Jahr stattfindende Hauptversammlung, auf der nicht nur über die Verwendung des Jahresgewinns und die Höhe der an die Aktionäre auszuschüttenden Dividende (das ist der an den Aktionär, also möglicherweise an Sie, ausgezahlte Anteil am Jahresgewinn) entschieden wird. Hier wird auch über die Entlastung von Vorstand und Aufsichtsrat abgestimmt – und das Ergebnis ist ein wichtiger Indikator für das Vertrauen der Aktionäre in die Arbeit von Management und Kontrolleuren.

Als Kleinaktionär haben Sie jedoch wenig zu melden, und das liegt am Stimmrecht bei Aktiengesellschaften. Pro Aktie kann nämlich eine Stimme abgegeben werden – was bedeutet: Besitzt jemand mehr als 50 Prozent des stimmberechtigten Aktienkapitals, hat er bei allen Entscheidungen die Mehrheit.

Für die regelmäßig wiederkehrenden Entscheidungen auf der Hauptversammlung ist üblicherweise eine einfache Mehrheit erforderlich. Ausschlaggebend sind hierbei nicht die abgegebenen Stimmen im Verhältnis zum Gesamtkapital, sondern im Verhältnis zu dem auf der Hauptversammlung vertretenen Kapital. Wer nicht zur Hauptversammlung kommt, dessen Aktienkapital wird bei den Abstimmungen ignoriert.

Da die meisten Anleger aber gar keine Aktien direkt kaufen, sondern Fonds, liegen die meisten Aktien also bei den Fondsgesellschaften. Wer selbst Aktien besitzt, geht meist nicht auf eine

Hauptversammlung. Die Banken schreiben die Aktieninhaber dann regelmäßig an und bitten ganz nebenbei darum, die Stimmrechte im Namen der Kunden ausüben zu dürfen. Und siehe da, auf diese Weise haben bei den meisten Aktiengesellschaften am Ende die Banken und Fondsgesellschaften (was oft das Gleiche ist) die Macht über die Vorstände und die Unternehmensentscheidungen. Das erklärt doch vieles, finden Sie nicht?

Für Entscheidungen, die das Unternehmen tiefgreifend verändern, kann eine 75-Prozent-Mehrheit notwendig werden. Dies ist beispielsweise der Fall, wenn abgestimmt wird über

- die Genehmigung einer Kapitalerhöhung oder Kapitalherabsetzung,
- den Abschluss eines Beherrschungs- oder Gewinnabführungsvertrags,
- die Verschmelzung mit einem anderen Unternehmen oder
- die Übernahme durch ein anderes Unternehmen.

Auf den Hauptversammlungen wird in regelmäßigen Abständen auch der Aufsichtsrat gewählt, der sozusagen als der verlängerte Arm der Aktionäre dem Vorstand auf die Finger schauen und ihm im Bedarfsfall auch auf dieselben klopfen sollte. Ins Tagesgeschäft darf sich ein Aufsichtsrat allerdings nicht einmischen – das ist nur bei groben Verfehlungen des Vorstandes zulässig. Bei den regelmäßig stattfindenden Aufsichtsratssitzungen wird das Kontrollgremium über die laufende Geschäftsentwicklung informiert, und wichtige Vorstandsentscheidungen werden dem Aufsichtsrat zur Genehmigung vorgelegt. Das kann große Investitionen betreffen oder die Übernahme eines anderen Unternehmens. Außerdem hat der Aufsichtsrat die Aufgabe, Vorstandsmitglieder zu bestellen und zu entlassen. Auch die Bestellung eines Vorstandsvorsitzenden innerhalb des Gesamtvorstands obliegt dem Aufsichtsrat.

In der Praxis ist von einer offensiven Kontrolle des Vorstands durch den Aufsichtsrat oft nur wenig zu spüren. Meistens geht es recht gemütlich zu, und nur selten hauen Aufsichtsräte mal richtig auf den Putz. Das mag auch am Alter liegen – immerhin ist die Tätigkeit als Aufsichtsrat ein beliebter Nebenjob für im Ruhestand lebende Ex-Vorstände. Da profitiert dann so mancher aktive Vorstand von der Altersmilde und dem Bedürfnis nach Ruhe und Frieden seiner Vorgänger. Finanziell ist der Job eines Aufsichtsratsmitglieds durchaus lohnend: Im Jahr 2010 strichen die Aufsichtsratsmitglieder der Dax-Unternehmen im Schnitt 262000 Euro pro Jahr ein – für die Teilnahme an ein paar Sitzungen in gepflegter Atmosphäre ist das ein ordentliches Salär.

Wenn dann noch ein Edelrentner acht Aufsichtsratsmandate hat und folglich acht internationale Konzerne kontrollieren soll, nebenbei sein Golfhandicap verbessert und immer braun gebrannt daherkommt, dann stellt sich schon die Frage, wie weit es mit der Aufsicht ist. Vom nötigen Fachwissen über die unterschiedlichen Firmen ganz zu schweigen. Aber vielleicht ist es den Vorständen ja nur recht, wenn ihre Kontrolleure nicht weiter mit der Materie vertraut sind.

Damit ist klar: Eigentlich sind Sie als Aktionär über den Aufsichtsrat der Boss des Vorstandes. Aber in Wirklichkeit hat der Vorstand weitgehend seine Claims abgesteckt und lässt sich nur ungern reinreden.

An dieser Stelle stellt sich die Frage, wie viel Ihnen Ihr Mitbestimmungsrecht als Kleinaktionär wert ist. Zwar ist der Besuch einer Hauptversammlung eine durchaus interessante Erfahrung, auch wenn die übliche Aktionärsverpflegung in Form von Erbsensuppe und Bockwurst den kulinarischen Mehrwert vermissen lässt. Allerdings sollten Sie sich keine Illusionen machen: Selbst wenn Sie von Ihrem Rederecht Gebrauch machen und dem Vorstand in aller Öffentlichkeit die Leviten lesen, beeindruckt das die Großaktionäre – die in aller Regel vom Aufsichtsrat sowieso über

VORSTAND, AUFSICHTSRAT, AKTIONÄR: WER IST WESSEN BOSS? 235

eventuelle Fehlentscheidungen des Vorstands auf dem Laufenden gehalten werden – nur wenig.

Wenn Sie Aktien als reine Kapitalanlage betrachten und kein Interesse am Besuch von Hauptversammlungen haben, dann können Sie bei manchen Unternehmen alternativ zu den klassischen Stammaktien auch Vorzugsaktien erwerben. Der Begriff resultiert daraus, dass deren Inhaber auf das Stimmrecht verzichten und als Ausgleich dafür mit einer im Vergleich zur Stammaktie höheren Dividende entschädigt werden. Dabei kann es unterschiedliche Varianten geben:

- Vorrangigkeit der Ausschüttung: Die Inhaber von »Vorzügen« werden bei der Dividendenausschüttung zuerst bedient. Wenn danach noch genügend Gewinn übrig ist, kommen auch die Stammaktionäre dran.
- Höhere Dividende: Die Vorzugsaktionäre erhalten immer eine Dividende, die um einen festgelegten Satz höher sein muss als die Stammaktien-Dividende.
- Ausgleich nach Verlusten: Die Inhaber von Vorzugsaktien haben das Recht, auch in Verlustjahren Ansprüche auf Dividende geltend zu machen. Die Auszahlung wird dann nachgeholt, wenn das Unternehmen wieder Gewinn erwirtschaftet.

VORSICHT Weil Vorzugsaktionäre auf der Hauptversammlung nicht mit abstimmen dürfen, droht dieser Aktionärsgruppe im Fall einer Übernahme des Unternehmens ein finanzieller Nachteil. Der Grund: Der Käufer braucht für die Genehmigung der Übernahme auf der Hauptversammlung nur die »Stämme«, die »Vorzüge« sind ihm egal. In solchen Fällen ist der Kursaufschlag auf Stammaktien oft weit höher als derjenige bei Vorzugsaktien – und dann können Stammaktionäre ihre Aktien mit hohem Gewinn verkaufen, während den Vorzugsaktionären nur das gesetzlich vorgeschriebene Mindestangebot gemacht wird.

Besonders dramatisch war das beim inzwischen legendären Fall der VW-Aktie zu beobachten. Im Oktober 2008 schoss die Stammaktie wegen schiefgegangener Spekulation im Zusammenhang mit der Übernahmeschlacht von VW-Porsche auf über 1000 Euro. Die Stammaktie hat ihren Wert binnen Tagen verdreifacht (300 Prozent). Im gleichen Zeitraum ist die VW-Vorzugsaktie jedoch um gerade einmal 30 Prozent gestiegen …

Auf solche Extremsituationen sollte man aber seine Geldanlage nicht ausrichten, so etwas kommt extrem selten vor, und im Zweifel ist man an dem Unternehmen, bei dem es passiert, sowieso nicht beteiligt. Daher macht es – sofern Sie keine feindliche Übernahme eines Dax-Unternehmens planen – absolut Sinn, auf die Bockwurst auf der Hauptversammlung zu verzichten und stattdessen eine schöne Zusatzrendite in Form von höherer Dividende einzustreichen.

Wo kommen die Börsenkurse her?

Die Börse ist ein ausgesprochen spannender Ort. Es war mein großer – damals vollkommen unrealistischer – Jugendtraum, irgendwann einmal Börsenhändler auf dem Frankfurter Börsenparkett zu sein. Durch viele unglaubliche Zufälle, Begegnungen und den unbedingten Willen, dieses Ziel zu erreichen, habe ich es dann tatsächlich 1992 geschafft. Ich betrat zum ersten Arbeitstag das Parkett der Frankfurter Börse. So schwulstig es klingen mag, aber während ich diese Zeilen schreibe, habe ich die gleiche Gänsehaut wie an diesem Tag vor immerhin fast 20 Jahren. Bud Fox aus dem Film »Wallstreet« sagte: »Das Leben entscheidet sich in wenigen Augenblicken, und dies ist einer davon!«

Die Börse hat in all den Jahren ihres Bestehens nichts an Faszination eingebüßt. Vieles hat sich verändert – zum Guten wie zum Schlechten –, aber genauso viel ist auch seit Jahrhunderten unverändert geblieben. Der Begriff »Börse« stammt vermutlich aus dem 16. Jahrhundert, als sich vor dem Hause der niederländischen Patrizierfamilie »van der Beurse« die Händler für ihre Geschäfte trafen. Seit vielen Jahrhunderten bewegen diese Geschäfte und die Aussicht auf Gewinn die Händler und Investoren. Für die sogenannte »Realwirtschaft«, also beispielsweise Fabriken oder Computerschmieden, ist eigentlich nur ein Teil wirklich von Bedeutung, nämlich die Möglichkeit, dort Geld aufzunehmen, um die eigenen Ideen zu verwirklichen. Das geschieht in der Regel beim sogenannten »Börsengang« oder Neudeutsch IPO (Initial Public Offering – erstmaliges Angebot an die Öffentlichkeit).

Ein Firmengründer geht mit Hilfe einer Bank also an die Öffentlichkeit, stellt seine mehr oder weniger geniale Geschäftsidee der Anlegergemeinde vor und wünscht sich, viele Menschen davon zu überzeugen, in der Hoffnung, dass diese sagen: »Innenbeleuchtete Vergasersysteme. Waaahhnsinn, dass ich da nicht selbst drauf gekommen bin! Das ist eine tolle Idee, mit der wird das Unternehmen Phantastilliarden verdienen, da will ich dabei sein!« Und schon kaufen die Investoren dem Firmengründer Anteile seines Unternehmens ab. Sie leihen ihm nicht nur einfach das Geld, sondern Ihnen gehört tatsächlich von da an ein kleiner Teil des Unternehmens. Mit allen Rechten und Pflichten. Sie dürfen beispielsweise in die Geschäftsführung mit reinreden. Man sollte hierfür allerdings eine gewisse Anzahl Aktien vorweisen können. Fühlen Sie sich bitte nicht berufen, eine Daimler-Aktie zu erwerben und sich anschließend bei Herrn Zetsche zum Kaffee anzumelden, um ihm mal die Grundstrukturen nachhaltiger Unternehmensführung erklären zu wollen …

Andererseits müssen Sie weder bei Schneefall das Werksgelände mit Ihrem Besen räumen noch persönlich an Aufsichtsratssitzungen teilnehmen. Ihre Pflichten beschränken sich darauf, den Kaufpreis zu entrichten und gegebenenfalls diesem hinterherzuweinen, wenn das Unternehmen doch nicht so klasse war wie gedacht. Damit hat es sich aber schon. Eine Nachschusspflicht gibt es Gott sei Dank nicht, und mehr als den Kaufpreis können Sie nicht verlieren. Ist ja aber auch schon genug.

Mit dem Börsengang ist es für das emittierende Unternehmen erst einmal getan. Jetzt beginnt die Zeit der Händler und Zocker. Eigentlich stellt sich hier die Frage: Für was braucht man diese Bande von Tagedieben überhaupt?

Der Investor stellt dem Unternehmen sein Geld zur Verfügung, der Unternehmer seine Ideen und seine Arbeitskraft. Aber der Spekulant? Er sät nicht, er erntet nicht, und die Wirtschaft ernährt ihn doch. So zumindest der erste Eindruck. Aber die Börsenhändler und auch die Spekulanten haben eine wichtige Funktion in dem ganzen Spiel. Der Investor würde sich sicherlich sehr schwertun, wenn man ihm sagen würde: Du kannst dich an der Pfefferminzia-AG mit ihrem umwerfenden neuen Produkt des nach Pfefferminz schmeckenden Motoröls beteiligen, aber du musst auf ewig mit diesem Unternehmen verbunden bleiben. Da würde mancher sagen: Ewig!? Das ist aber ganz schön lange! Was ist, wenn doch keiner das Motoröl haben will, weil Erdbeergeschmack in Mode kommt?

Wenn man einem Investor aber die Möglichkeit gibt, sich jeden Tag neu zu entscheiden und jederzeit zu einem fairen Preis seine Beteiligung zurückgeben zu können oder vielleicht das Geld in eine viel schlauere Idee zu investieren, dann fällt es ihm gleich viel leichter, auch mal auf Pfefferminz zu bauen.

Einen Teil dieser Funktion übernimmt der Börsenmakler. Wenn ich an der Frankfurter Börse beispielsweise Kursmakler für Pfefferminzia-Aktien wäre, dann würden nur bei mir Pfefferminzia-Aktien gehandelt. Bestimmt wäre an meiner Bude ganz schön was los, wenn Erna Kapulke und ihre Freundinnen vom Kaffeekränzchen »Immergrün« bei mir auflaufen würden, um jeweils zwei Pfefferminzia-Aktien zu erwerben. Daher dürfen an der Börse nur zugelassene Finanzprofis handeln, also beispielsweise geprüfte Makler und Banken. Erna Kapulke geht also zu ihrer Bank und gibt dort den Kaufauftrag. Die Bank ruft dann beim Makler an der Börse an, und der guckt, ob er jemanden findet, der bereit ist, diese zwei Aktien zu verkaufen.

In der Regel geht es natürlich um größere Stückzahlen, aber manchmal eben auch um diese zwei Aktien. Jetzt würde mich die geneigte Kollegenschaft sicherlich ins betreute Wohnen einweisen, wenn ich nun laut ausrufen würde: »Pfefferminzia, 35 Geld für zwei Stück!« (»Geld« heißt bei uns: »Ich will was kaufen«, »Brief«: »Ich möchte was verkaufen«, die 35 stehen zum Beispiel für 35 Euro. Mein Ausruf bedeutet also: »Ich will zwei Pfefferminzia-Aktien zu je 35 Euro kaufen, hat die jemand für mich?)

In der Regel werden 500, 1000 oder auch 10 000 Aktien am Stück gehandelt.

Nehmen wir an, der Wert der Pfefferminzia-Aktie liegt in der Tat bei 35 Euro. Woher kommt dieser Betrag? Hat da jemand alle Maschinen und Bürogummis gezählt und den Betrag durch die Anzahl der Aktien geteilt? Das wird tatsächlich gemacht und ergibt dann den sogenannten Buchwert der Aktie. Aber jetzt kommt ja noch die Abteilung »Glaube und Hoffnung« dazu. Nämlich die Hoffnung auf tolle Unternehmensgewinne und der Glaube an weiter steigende Preise. So ist vielleicht jemand bereit, statt des Buchwertes von 20 Euro pro Aktie eben 35 Euro zu bezahlen. Als Makler kennt man seine Papiere und weiß, was in den letzten Tagen und Monaten für eine Aktie bezahlt wurde. Dazu kommt, dass in der Regel nicht nur dieser eine Kaufauftrag über zwei Aktien von Erna Kapulke vorliegt, sondern sehr viele verschiedene »limitierte« Aufträge. Einer sagt: Och, ich würde da mal 400 Pfefferminzia-Aktien kaufen, aber mehr als 34 Euro 50 zahl ich nicht. Das notiere ich in meinem Auftragsbuch. Ein anderer würde 2000 Aktien kaufen, wenn er sie richtig günstig bei 33 Euro bekommt. Der Nächste hat welche zu verkaufen, aber verschenken will er sie auch nicht. Also würde er sich bei 36 Euro von seinen 400 Aktien trennen. Und so weiter.

240 LEVEL 3: FINANZPLANUNG FÜR PROFIS

All diese Kauf- und Verkaufwünsche notiere ich in meinem
Büchlein. Ich habe also nennenswerte Käufer, die für 34 Euro 50
Aktien von Pfefferminzia kaufen würden, und ich habe Verkäufer, die für 36 Euro verkaufen würden. Also kann ich jetzt laut
ausrufen: »Pfefferminzia! 34,50 zu 36 für 400!« oder übersetzt:
Bei mir kann man Pfefferminzia-Aktien zu 34 Euro 50 das Stück
verkaufen, oder welche mit 36 von mir erwerben. Bis zu 400 Aktien wären da im Moment drin.«

Auf diesen Ausruf reagiert ein Dritter und ruft mir zu: »35
Brief für 500!« Den hab ich also motiviert, mir 500 Aktien zu
35 Euro anzubieten. Jetzt steht's schon 34 Euro 50 für 400 Aktien zu 35 Euro für 500 Aktien. Der Käufer gibt sich einen Ruck
und sagt: 400 von dir mit 35. Ich stelle den Kurs nun offiziell
mit 35 Euro fest. Der eine verkauft mir seine 500 Aktien, dem
anderen verkaufe ich zum gleichen Preis 400 Aktien weiter. Und
die übrigen 100 Stück? Zwei davon schicke ich Oma Kapulke,
und die anderen 98 behalte ich selbst und hoffe, dass ich sie in
den nächsten Minuten oder Stunden loswerde. Wenn ich Glück
habe, vielleicht zu 35 Euro 50, wenn ich Pech habe, zu 33 Euro
glatt. Das ist mein Risiko als Makler. Für dieses Risiko bekomme
ich eine Maklergebühr, die aber sehr überschaubar ist. Im obigen
Beispiel wären das insgesamt etwa 12 Euro.

Der Makler kann sich also nicht auf der Gebühr ausruhen (die
ohnehin in diesen Tagen komplett entfällt), sondern muss sehen,
dass er zu den richtigen Zeiten kauft und verkauft. Wenn ich also
das Gespür habe, dass der Markt in den nächsten Stunden steigen wird, kaufe ich dem nächsten Verkäufer vielleicht schon mal
seine Aktien ab, ohne bereits einen Käufer zu haben. Steigt der
Markt dann tatsächlich an, habe ich erstens bereits Ware da und
muss nicht riskieren, dass der Verkäufer sich umentscheidet und
sein Angebot zurückzieht, und kann vielleicht sogar noch einen
kleinen Gewinn machen. Aber eben auch einen Verlust. Sie sehen,
es gehört schon einiges an Marktgefühl zu diesem Berufsbild.

In diesem Teil des Jobs ist der Makler nicht nur Vermittler, sondern auch gleichzeitig Spekulant.

Kommen wir also zu dieser Teilnehmergruppe am Börsenmarkt, dem reinen Spekulanten. Der Spekulant ist eigentlich der Puffer im System. Ein sinnvoller Puffer, denn nehmen wir an, es gäbe nur Investoren. Die haben sich mal beim Börsengang für eine Aktie entschieden. Jetzt meldet das Unternehmen ganz gruselige Absatzzahlen. Die Investoren verlieren das Vertrauen und wollen ihre Aktien verkaufen. Gestern stand die Aktie noch bei 35 Euro, aber nach den schlechten Nachrichten wollen alle raus. Zur Not auch mit Verlust. Aber wer soll die Aktie kaufen? Andere Investoren finden das Unternehmen jetzt auch nicht gerade sexy. Die Verkäufer geben Gas … »33?« – »Nein danke!« – »30?« »Och nö, lieber noch nicht«, sagen die anderen Investoren. Ich warte mal ab, vielleicht bekomme ich's ja noch für 25.

Und hier kommt der Spekulant ins Spiel. Der will sich nicht jahrelang an dem Unternehmen beteiligen. Doch er sagt sich: »Von 35 auf 30 Euro gefallen? Na, so schlimm ist die Meldung auch nicht gewesen. Die anderen Käufer wollen die Aktie nur billig absahnen. Ich kauf die jetzt mal mit 30, wird schon wieder steigen in den nächsten Stunden.« Er kauft die Aktie mit 30 Euro. Die anderen Investoren, die eigentlich kaufen wollten, aber einen sehr tiefen Kurs abgreifen wollten, sehen das und sagen: »Mist, wird wohl doch nicht ins Bodenlose fallen. Genau genommen ist 30 ja auch schon billig, das hat ein anderer offenkundig auch schon erkannt. Ich biete auch mal 30 Euro.« Und schon ist der Kurs stabilisiert. Der nächste Käufer sagt: »Scheibenkleister, nix mit 25. Da ist sogar schon einer, der bietet wieder 30. Ich will doch ein paar Aktien haben. Ich zahl 31!« Der Spekulant freut sich und verkauft seine mit 30 gekauften Aktien mit 31 Euro weiter. Der Kurs ist stabilisiert, die Verkäufer können zu fairen Preisen verkaufen, und der Spekulant hat auch etwas verdient. So läuft es idealerweise ab, und der Spekulant kommt seiner wichtigen Aufgabe als Puffer nach. Dennoch bestimmen die Käufe und Verkäufe der eigentlichen Investoren die Preisentwicklung.

So sollte es sein, und so wäre die Börsenwelt in Ordnung, wenn es weiterhin mehr Investoren als Spekulanten geben würde. Doch leider hat sich die Welt in den letzten Jahren verändert. Die Spekulanten (Investmentbanken, Hedgefonds, Einzelpersonen, Zockerbuden etc.) bekommen so viel billigen Kredit zur Verfügung gestellt, dass sie das x-fache Volumen dessen handeln, was die eigentlichen Investoren investieren. Und somit bestimmen nicht mehr Investoren, ob eine Aktie steigt, sondern die Interessen der Spekulanten. Das führt zu zahllosen schädlichen Verwerfungen an den Finanzmärkten, bis hin zum möglichen Kollaps des gesamten Systems. Die Spekulation an sich ist nicht schädlich, sondern erfüllt sogar einen sinnvollen Zweck. Doch wie mit den meisten Dingen im Leben: »Die Dosis macht das Gift!«

Ich habe Ihnen den Börsenhandel in der Form erläutert, in der er viele Jahre vonstattenging. Noch vor fünf Jahren war das die typische Form des Börsenhandels. Ein wildes Durcheinandergeschrei von Kauf- und Verkaufsangeboten. Das hektische Gerenne, das sich viele heute noch unter dem Börsenhandel vorstellen. Da gab es kauzige Typen, leise Gentlemen, lautstarke Marktschreier und jede Menge Spaß. Unvergessen Kollege K., der mehrmals täglich den Bohlen gab und quer übers Parkett brüllte: »Naddelllllll!!!!«, meist gefolgt von einem lautstarken: »Ich will hier raus!!!« Makler Staudacher wurde mindestens einmal täglich von allen Kollegen zur Kursfindung gerufen und zwar gleichzeitig, so dass ein Chor von tiefen und langgezogenen »Stauuuuuuudacher«-Rufen durch die heiligen Hallen dröhnte. Running Gags, Spinnereien, die aber auch für etwas anderes standen: eine Atmosphäre des unbedingten Vertrauens in die Kaufmannsehre. Wir haben Millionenbeträge auf Zuruf gehandelt, auf einen Wink hin. Ohne Notar, ohne Anwalt, ohne Unterschrift. Keiner wäre auf die Idee gekommen, nicht zu seinem Wort zu stehen. Egal, wie teuer einen eine Fehlentscheidung gekommen ist. Man hat sich blind darauf verlassen können, dass der andere sich an die Regeln hält, die oftmals nirgends festgeschrieben waren, sondern als »Usancen« wie ungeschriebene Gesetze galten. Einem Kollegen, der einen Fehler gemacht hat, dem hat man, wenn irgend möglich, aus der Klemme geholfen, auch wenn es den eigenen Profit geschmälert hat. Wenn es in seltenen Fällen ein Missverständnis gab, das sich erst am nächsten Tag durch die Abrechnungen herausgestellt hat, so war es guter Brauch, nicht die Gerichte zu bemühen, sondern nach bester hanseatischer Kaufmannsehre den Schaden zu teilen.

Es war eine eingeschworene Gemeinschaft der Kaufleute, die miteinander gehandelt und gestritten haben, um für ihre Kunden das beste Ergebnis zu erzielen, dabei aber nie unfair und nie um jeden Preis. Jeder wusste, er ist noch viele Jahre auf die Zusammenarbeit mit den anderen angewiesen – und wer sich einmal unehrenhaft zeigte, der war raus. Mit dem hat man jedes weitere Geschäft vermieden.

Das ist vielleicht die größte negative Veränderung der letzten Jahre: Durch die immer schneller werdende Spekulation (langfristigen Investoren ist egal, ob sie jetzt oder in einer Stunde kaufen) wurde der Mensch zum Störfaktor. In einer Zeit, in der Aktien und Wetten in Nanosekunden um den Globus gejagt werden, in denen Unternehmen sehr viel Geld ausgeben, damit ihre Server einen Straßenzug näher am Rechenzentrum der Börse stehen, weil das unter Umständen einen tausendstel Wimpernschlag Vorsprung vor der Order des Konkurrenten bringt, ist der Mensch, der mit dem Gegenüber noch Auge in Auge über einen Preis verhandelt, einfach zu langsam. Er wird schlichtweg überflüssig.

Und heute? Kein Gerenne mehr an der Börse, kein »30 Brief für 1000 Röhren«, kein »Naddellll!«. Aber auch keine Kaufmannsehre. Keine Hemmungen. Jeder versucht den anonymen Zockercomputer, den Gegner, irgendwo im Nebel der Elektronikwelt maximal zu übervorteilen. Die Kaufmannsehre, der Anleger, der Investor und damit auch Erna Kapulke bleiben dabei leider auf der Strecke.

Auch wenn Tag für Tag Milliardenbeträge bewegt werden und Orders von Hochleistungs-Computern innerhalb von Millisekunden abgewickelt werden, ist das grundlegende Prinzip des Börsenhandels ganz ähnlich organisiert wie ein Flohmarkt: Bei begehrten Raritäten überbieten sich die Kaufwilligen gegenseitig, Spürnasen können so manches unentdeckte Schnäppchen ergattern, die weniger begehrten Stücke werden zu Ramschpreisen verschleudert, und auf den Ladenhütern bleiben die Eigentümer am Ende des Tages sitzen.

Angebot und Nachfrage bestimmen also den Preis, und an der Börse treffen beide Seiten aufeinander. Oft folgen die Entscheidungen der Spekulanten den gleichen Argumenten wie die der Investoren, denn die Spekulanten versuchen, den Investoren einen Schritt voraus zu sein und zu bleiben. Allerdings lösen sie mit ihrer Masse und Marktmacht eine Kursentwicklung erst aus, und vor allem übertreiben sie diese ins Extrem. Um dies an einem Beispiel zu verdeutlichen, folgen Sie mir bei diesem Gedankenspiel: Die Spekulanten hören, dass es in Libyen zum Aufstand kommt, und glauben, das Öl könne in der Folge teurer werden. Weltweit kaufen jetzt diese Spekulanten mit riesigen Summen Öl (nicht in großen Tankern, sondern virtuell über die sogenannten Terminbörsen, an denen die Preise festgestellt werden, zu denen dann auch das echte Öl abgerechnet wird). Dadurch schießt der Ölpreis erst recht durch die Decke, obwohl noch gar nichts passiert ist und es noch überall genug Öl gibt. Mögliche Einflussfaktoren auf die Preisbildung sind mannigfach, und die nachfolgende Liste erhebt keinen Anspruch auf Vollständigkeit.

- Die aktuelle Lage des Unternehmens. Die momentane Gewinnsituation sowie die Vermögenswerte des Unterneh-

WO KOMMEN DIE BÖRSENKURSE HER?

mens sind ein wichtiger, aber längst nicht der einzige Aspekt bei der Kursbildung.

- Die Zukunftsaussichten des Unternehmens. Je mehr Entwicklungs- und Wachstumschancen Investoren für die Zukunft sehen, umso begehrter werden die Aktien des Unternehmens, und die Kurse steigen. Umgekehrt können bei einem momentan grundsoliden Unternehmen die Kurse fallen, wenn Umsatz- und Gewinneinbußen befürchtet werden.

- Übernahmespekulationen. Gerät ein Unternehmen ins Visier von Aufkäufern, dann beginnen die Kurse meistens zu steigen – denn um die bisherigen Aktieninhaber zum Verkauf zu bewegen, muss in aller Regel im Übernahmeangebot ein attraktiver Preisaufschlag drin sein.

- Branchentrends. Mal sind es Internet-Firmen, dann wieder Biotech-Labors, Goldminenbetreiber oder Solarmodulproduzenten: Ähnlich wie bei der Kleidung gibt es auch an der Börse Moden, die kommen und gehen und sich manchmal auch wiederholen. Und wenn der Trend vorüber ist, merkt man zuweilen, dass der Kaiser keine Kleider anhatte …

- Regionaltrends. Hier geht es um Schwellenländer, um Osteuropa oder Südostasien – sonst entwickelt sich eine Börsenspekulation samt möglicher Blase wie beim Branchentrend.

- Konjunktur. Wie das Kaninchen auf die Schlange starren Börsianer auf die News-Meldungen, sobald Konjunkturdaten oder -indikatoren veröffentlicht werden. Ob Arbeitslosenquote, ifo-Konjunkturindex oder der amerikanische Einkaufsmanagerindex: Wenn die Daten besser oder schlechter ausfallen als erwartet, gibt es oft kurzfristige Kursausschläge. Allerdings nimmt die Kursentwicklung an der Börse die tatsächliche konjunkturelle Entwicklung manchmal schon um Monate vorweg.

- Politische Großwetterlage. Ein stabiles internationales Umfeld ist der beste Dünger für Wachstum an der Börse.

Kabbelig wird es hingegen bei Regierungskrisen oder sich anbahnenden Konflikten zwischen einzelnen Ländern.

● Bedeutsame Ereignisse. Die Terroranschläge am 11. September 2001, der Beginn des Irak-Kriegs im März 2003 und die Pleite der US-Investmentbank Lehman Brothers im September 2008 – das sind drei Beispiele für einschneidende Ereignisse, die in der jüngeren Vergangenheit tiefe Spuren auch an den Aktienbörsen hinterlassen haben.

Wie sich das auf Einzelwerte auswirkt, sei exemplarisch am Aktienkurs der Deutschen Bank gezeigt, deren Bewertung an der Börse oft mehr über die Ängste und Hoffnungen der Börsianer als über den substanziellen Wert des größten deutschen Geldinstituts aussagt.

Beginnen wir im Jahr 2001, das im Umfeld der sich auflösenden Dotcom-Blase (Internetaktien) mit allgemein sinkenden Kursen startete. Einen tiefen Einschnitt gab es dann in der Folge der Terroranschläge, der Aktienkurs der Deutschen Bank wurde um fast 30 Prozent nach unten gedrückt und der Gesamtwert der Bank damit um rund 10 Milliarden Euro verringert. Die Talfahrt ging weiter, bis der Aktienkurs Anfang 2003 einen Tiefpunkt erreichte, obwohl die Bank mit einem Vorsteuergewinn von 3,5 Milliarden Euro Ende 2002 ihren Profit im Vergleich zum Vorjahr fast verdoppelt hatte.

Dann jedoch ging es mit mehreren kurzfristigen Rückschlägen über Jahre hinweg bergauf. Im Frühjahr 2007 knackte die Deutsche-Bank-Aktie die 100-Euro-Marke, so dass der Gesamtwert der Bank bei rund 65 Milliarden Euro lag. Der Jahresgewinn hatte sich von 2002 bis Ende 2006 um 125 Prozent auf 8,1 Milliarden Euro erhöht, der Aktienkurs von März 2003 bis Frühjahr 2007 hingegen um 200 Prozent.

Ab Mitte 2007 – also bereits gut ein Jahr vor der Lehman-Pleite – ging es dann steil bergab, und im Januar 2009 war die

Aktie der Deutschen Bank nicht einmal mehr ein Fünftel ihres Höchststandes wert. 50 Milliarden Euro Unternehmenswert hatten sich in Luft aufgelöst. Die Bank wies für das Geschäftsjahr 2008 einen Verlust von knapp 4 Milliarden Euro aus.

Das Beispiel zeigt, wie stark die Kursentwicklung einer Aktie nicht nur mit dem erwirtschafteten Gewinn und Verlust, sondern mit den allgemeinen Befindlichkeiten verwoben ist.

Achtung: Dass Ihr Geld an der Börse auch mit soliden Unternehmen Achterbahn fahren kann, sollte Ihnen klar sein, bevor Sie Ihre erste Aktie kaufen.

Der Aktienkurs der Deutschen Bank in den Jahren 2000 – 2010

Wie die Aktie an die Börse kommt

Eine Aktiengesellschaft kann nicht einfach an die Börse gehen und sagen: »Hallo, hier sind wir, und ab sofort gibt es unsere Aktien zu kaufen.« Vor der Aufnahme des Handels muss an die jeweilige Wertpapierbörse ein schriftlicher Antrag zur Aufnahme in eines der verschiedenen Handelssegmente gestellt werden.

Handelssegmente – das klingt ein bisschen wie die Handelsklasse beim Frühstücksei, und eine gewisse Ähnlichkeit ist nicht von der Hand zu weisen. Und analog zum Frühstücksei geht es auch hier um Größe, Qualität und Herkunft. Zu unterscheiden sind dabei der Regulierte Markt und der Freiverkehr.

Regulierter Markt und Freiverkehr

Das »Big Business« mit den großen Akteuren spielt sich im Regulierten Markt ab, denn was Rang und Namen hat, lässt sich im Top-Handelssegment der Börse listen. Ob eine Aktie für den Handel im Regulierten Markt zugelassen wird, hängt von folgenden Voraussetzungen ab:

- Das Unternehmen muss seit mindestens drei Jahren existieren.
- Der voraussichtliche Gesamtwert der Aktien beim Börsengang muss mindestens 1,25 Millionen Euro betragen. Kann der Wert nicht geschätzt werden, muss das Eigenkapital dieses Volumen aufweisen.
- In den allgemein zugänglichen Börsenhandel müssen mindestens 25 Prozent der Aktien kommen (das ist der sogenannte Streubesitz).
- Mindestens 10 000 Aktien müssen in Umlauf kommen.
- Für die Börsenzulassung müssen umfassende Geschäfts- und Lageberichte über die letzten drei Geschäftsjahre eingereicht werden.
- Die Aktiengesellschaft verpflichtet sich, den jeweils aktuellen Jahresabschluss, mindestens den Halbjahres-Zwischenbericht sowie zeitnahe Meldungen über kursrelevante Veränderungen im Unternehmen (Ad-hoc-Meldungen) zu veröffentlichen.

WIE DIE AKTIE AN DIE BÖRSE KOMMT

Sie sehen, da wird schon genau hingeschaut. Ein Anleger kann sicher sein, dass ihm im geregelten Markt keine Briefkastenfirma untergejubelt wird. Dass Unternehmen in diesem Segment jedoch immer Gewinn machen und nie pleitegehen, das garantiert Ihnen hingegen niemand!

Eine bunte Mischung aus Groß und Klein bietet der Freiverkehr, wo ebenso Mini-AGs wie ausländische Großkonzerne zu finden sind. Letztere betrachten den deutschen Börsenhandel eher als Nebenschauplatz und sparen sich die Mühe für die aufwendigen Regularien des Regulierten Marktes. Für Mittelständler, die nur wenig Geld für die Börsenregularien ausgeben wollen, stellt der Freiverkehr so etwas dar wie die »Regionalliga« des Aktienmarktes.

Für die Aufnahme in den Freiverkehr müssen die Unternehmen ein Exposé liefern, das die wichtigsten Daten und Fakten zum Unternehmen sowie einen Geschäftsbericht enthält. Mindestvorgaben zum Aktienvolumen und zum Alter des Unternehmens werden nicht gemacht, und die gelisteten Unternehmen müssen keine Ad-hoc-Meldungen veröffentlichen.

VORSICHT Dass im Freiverkehr keine Ad-hoc-Meldungen herausgegeben werden müssen, birgt für Sie als Aktionär das Risiko, dass Sie wichtige Informationen erst dann erhalten, wenn es schon zu spät ist. Deshalb sollten Sie sich in diesem Segment eher auf Aktien großer ausländischer Unternehmen beschränken, die an ihrer Heimatbörse die hohen Anforderungen hinsichtlich der Aktionärsinformation erfüllen. Von risikoreichen Kleinunternehmen, die sich mit dem Freiverkehr vor wichtigen Informationspflichten drücken wollen, sollten Sie hingegen lieber die Finger lassen – es sei denn, Sie kennen sich mit dem jeweiligen Unternehmen bis ins Detail aus.

Der Prime Standard an der Frankfurter Börse

Mit dem Prime Standard verknüpft die Frankfurter Börse noch höhere Auflagen, als sie der Regulierte Markt nach dem Gesetz fordert. Sprich: Wenn der Regulierte Markt die Bundesliga ist, dann ist der Prime Standard die Europa- oder Champions League. Zusätzlich zu den Anforderungen des Regulierten Marktes müssen die Unternehmen im Prime Standard noch folgende Bedingungen erfüllen:

- Die Veröffentlichung zeitnaher Quartalsberichte in Deutsch und Englisch
- Bilanzierung nach den internationalen Rechnungslegungs-standards IAS oder US-GAAP
- Veröffentlichung der Ad-hoc-Meldungen auch in englischer Sprache
- Durchführung einer jährlichen Analystenkonferenz

Damit will die Frankfurter Börse vor allem ausländische Großanleger wie Versicherungen, Investmentfonds und Pensionskassen ansprechen. Um die Unternehmen besser international vergleichen zu können, verlangen diese Großinvestoren in aller Regel die Rechnungslegung nach einem international üblichen Standard und umfassende Transparenz bei der Kommunikationspolitik.

Der Telefonhandel mit unnotierten Aktien

Mit dem Telefonhandel ist selbstredend nicht der Kesselflicker gemeint, der bei Ihnen ungefragt anruft und Ihnen eine schwurbelige Kupferminenaktie mit 1000 Prozent Garantiegewinn verticken möchte.

Der Telefonhandel ist vielmehr das Gegenstück des transparenten und anspruchsvollen Prime Standards, allerdings nach unten verkehrt: Was im Freiverkehr noch für ein Mindestmaß an Kontrollierbarkeit sorgt, fällt im Telefonhandel komplett weg. Hier befinden Sie sich sozusagen im Wilden Westen des Aktienhandels. Das soll jetzt zwar nicht heißen, dass die dort zu findenden Unternehmen unseriös wären. Aber das Risiko ist nicht von

WIE DIE AKTIE AN DIE BÖRSE KOMMT

der Hand zu weisen – der Markt ist heiß, und man verbrennt sich schon mal die Finger.

Die Händler sind keine Börsenmakler, sondern zumeist kleine Wertpapierhäuser, die Aktien von Unternehmen kaufen und verkaufen, die nicht an den Börsen gelistet sind. Grund dafür ist, dass das gehandelte Volumen meist so gering ist, dass sich für die Unternehmen eine offizielle Börsennotierung – selbst im vergleichsweise günstigen Freiverkehr – nicht lohnt.

Häufig locken die Händler mit günstigen Bewertungen und der Aussicht, bei einem späteren »richtigen« Börsengang hohe Gewinne erzielen zu können. Aber in Wirklichkeit ist die Verlustgefahr im außerbörslichen Handel hoch, weil es sich meist um junge, kleine und wenig transparente Unternehmen handelt.

Viele Werte dümpeln nicht nur vor sich hin, sondern werden über Wochen oder gar Monate hinweg überhaupt nicht gehandelt. Wird ein geplanter Börsengang verschoben oder gar abgesagt, können sowohl die Kurse wie auch die Umsätze in sich zusammenbrechen. Dazu kommt, dass die Gesellschaften nicht verpflichtet sind, regelmäßig Zahlen zu veröffentlichen oder über wichtige Ereignisse Auskunft zu geben. Wenn sich der jährliche Geschäftsbericht als böse Überraschung entpuppt, ist es für einen glimpflichen Ausstieg zu spät.

TIPP Die Börse ist schon in den Regulierten Märkten spannend genug, und die Aussicht, im Telefonhandel den Jackpot zu knacken, gehört eher ins Reich der Illusionen. Ganz real sind dagegen die Risiken, die sich aus der Struktur der dort zu findenden Unternehmen und der mangelnden Transparenz ergeben. Wenn Sie den Telefonhandel meiden, haben Sie folglich nichts verpasst.

ACHTUNG Wenn jemand ungefragt bei Ihnen anruft und Ihnen zum Kauf irgendwelcher Aktien (gilt auch für Staubsauger und Telefontarife!) raten möchte, vergessen Sie ausnahmsweise Ihre gute Kinderstube und bürsten den Dreistling mit Anlauf aus der Leitung. Wenn Sie anfangen, ihm zuzuhören, können Sie sich sogleich mental von Ihrem Ersparten verabschieden. Die Wahrscheinlichkeit, dass Sie bei so einem Anruf ein gutes Geschäft machen, geht gegen null. Wenn Sie etwas kaufen oder anlegen wollen, dann tun Sie das besser ausschließlich aus eigenem Antrieb und suchen sich Ihre Geschäftspartner auch selbst. Wenn jemand bei Ihnen versucht, ein Bedürfnis nach fragwürdigen Produkten zu wecken, dann seien Sie sicher: Sie haben es auch vorher nicht vermisst.

Was ein Aktienindex aussagt – und was nicht

Dax, Stoxx, Dow Jones – die Namen der großen Aktienindizes geistern Tag für Tag durch die Nachrichten, und sie werden gerne als das Stimmungsbarometer der Börse bezeichnet. In der Tat liefert ein Index, in dem die Kursentwicklung von mehreren Dutzend Unternehmen zusammengefasst wird, einen schnellen Überblick über die allgemeine Lage am Markt. Allerdings haben, wie Sie gleich erfahren werden, die Indizes auch ihre Tücken. Doch kommen wir zunächst einmal zu den Indizes, die Ihnen häufig begegnen und die Sie kennen sollten.

In Deutschland ist die Dax-Indexfamilie der dominierende Stimmungsindikator. Dax-Familie? Genau. Es gibt nicht nur den bekannten Dax, sondern auch noch M-Dax, S-Dax, Tec-Dax und so weiter. Dass ein gewisser Mr Dax ebenfalls zu den Stimmungsindikatoren zählt, halte ich für ein böses Gerücht …

Zu unterscheiden sind diese Haupt-Varianten:

● Der Dax 30 fasst die 30 größten börsennotierten Unternehmen mit Hauptsitz in Deutschland zusammen.
● Der M-Dax bildet die Unternehmen ab, die in Größe und Bedeutung von Rang 31 bis 80 liegen.

WAS EIN AKTIENINDEX AUSSAGT – UND WAS NICHT   253

- Der S-Dax enthält die 50 Unternehmen, die in der Größen-Rangfolge nach dem M-Dax kommen. Die 15 Aktien aus dem Dax, die die höchste Dividendenrendite vorweisen können, bilden den DivDax.
- Der Tec-Dax konzentriert sich auf die 30 größten Technologieunternehmen, so etwa aus den Branchen Computertechnik, Biotechnologie oder Medizintechnik.
- Die Prime-Branchenindizes fassen alle im Prime-Standard gehandelten Werte nach Branchen zusammen wie etwa Banken, Automobilzulieferer oder Pharma-Unternehmen.

Mit dem Zusammenwachsen Europas blicken immer mehr Investoren nicht auf die Kursentwicklung in den einzelnen Staaten, sondern betrachten den europäischen Aktienmarkt als ganzheitliches Gebilde. Diesem Umstand trägt die Stoxx-Indexfamilie Rechnung, die sich unter anderem in die folgenden Varianten auffächert:

- Der EuroStoxx-50 enthält die 50 bedeutendsten börsennotierten Unternehmen aus allen Euro-Ländern,
- der Stoxx-50-Index enthält ebenfalls 50 Unternehmen, aber dabei werden auch europäische Nicht-Euro-Staaten wie die Schweiz, Großbritannien oder Schweden berücksichtigt,
- dazu kommen spezielle Branchenindizes, die sich je nach Index entweder über die Euro-Länder oder über ganz Europa erstrecken.

Last but not least hier noch der eine oder andere Index, den Sie sonst noch kennen sollten:

- Den S & P 500 (heißt so, weil da 500 Aktien drin sind) und den berühmten Dow Jones Industrial Index mit den 30 größten US-Unternehmen in den USA,
- ebenfalls in den USA den Technologie-Aktienindex Nasdaq,

- in Japan den Leitindex Nikkei 225,
- den FTSE-Index in Großbritannien – Spitzname: »Footsie« –
- und natürlich den MSCI-Weltaktienindex, der einen breiten Querschnitt der wichtigsten Aktienmärkte weltweit bildet und als Messlatte für international gestreute Aktiendepots dient.

Nun sehen Sie jeden Tag die Indexkurve im Wirtschaftsteil der Tageszeitung, in den Börsennachrichten im Fernsehen oder auf Finanz-Websites – aber was sagt der Indexverlauf wirklich aus? Klar: Jeder Index spiegelt die Stimmung im jeweiligen Marktsegment wider und reduziert das komplexe Marktgeschehen auf ein schnell erfassbares Diagramm. Aber so wie die Fieberkurve am Krankenbett keine detaillierte Diagnose liefert, kann auch der Aktienindex den kritischen Blick auf einzelne Branchen und Unternehmen nicht ersetzen. Der schönste Indexverlauf nützt Ihnen wenig, wenn Sie bei Ihrer Aktienauswahl auf eine »lahme Ente« gesetzt haben, die dem Index hoffnungslos hinterherhinkt.

Dazu kommen noch ein paar spezifische Schwächen, die bei einigen Indexfamilien zu beobachten sind. So sind beispielsweise im Dax Automobilaktien mit einem Anteil von 11,7 Prozent vertreten, während im europaweiten Stoxx 50 der einzige Autohersteller Daimler ist, mit einer Gewichtung von 1,7 Prozent. Dafür fehlen Rohstoffunternehmen und Nahrungsmittelproduzenten im Dax gänzlich. Merke: Je nach regionalen Wirtschaftsschwerpunkten können Aktienindizes absolut unterschiedlich zusammengesetzt sein.

Üblicherweise repräsentiert ein Aktienindex einen sogenannten »gewichteten Durchschnitt«. Das hat nichts mit dem Gewicht der Börsenhändler im Durchschnitt zu tun, sondern heißt: Je mehr ein Unternehmen an der Börse wert ist, umso stärker wirken sich seine Kursschwankungen auf den Index aus. So hat etwa der Pharma- und Chemiemulti Bayer im Dax mit 7,9 Prozent Gewichtung einen weitaus größeren Einfluss als der Han-

WAS EIN AKTIENINDEX AUSSAGT – UND WAS NICHT

delskonzern Metro mit 1,1 Prozent Indexanteil. Wenn also ein Schwergewicht mit hohem Anteil am Index aus welchem Grund auch immer durch die Decke geht, dann zieht das den ganzen Dax nach oben, obwohl alle anderen Aktien im gleichen Zeitraum gefallen sein können. Das ist genau so passiert, als die VW-Aktie durch abenteuerliche Wetten sich mal eben binnen weniger Tage bis auf 1000 Euro verdreifacht hatte. Der Dax-Index wurde dadurch gleich um mehrere hundert Punkte nach oben verfälscht.

Solche Extreme sind natürlich die Ausnahme, aber in kleinerem Stil ist es Alltag.

Allerdings werden nicht alle Indizes nach dem Börsenwert der Unternehmen gewichtet. So zählt bei der Aufteilung des japanischen Nikkei-Index auf die Einzelunternehmen nur der Aktienkurs des Unternehmens, nicht aber sein gesamter Börsenwert. Auch beim US-amerikanischen Dow Jones wird diese Methode angewandt: Man addiert im ersten Schritt die Aktienkurse der im Index enthaltenen Unternehmen und teilt im zweiten Schritt für die Gewichtung des einzelnen Unternehmens dessen Aktienkurs durch die Gesamtsumme der Aktien. Damit hat eine Aktiengesellschaft, die eine Million Aktien für jeweils 150 Dollar im Umlauf hat, einen höheren Indexanteil als ein Unternehmen, von dem 10 Millionen Aktien für je 50 Dollar an der Börse gehandelt werden.

Auch in Bezug auf die Dividenden können Indizes unterschiedlich berechnet werden: Zu nennen sind der Kursindex und der Performanceindex. Beim Kursindex werden die Dividenden der Aktiengesellschaften nicht berücksichtigt, und die Ausschüttungen an die Aktionäre »verflüchtigen« sich in der Index-Berechnung. Der Performance-Index wird hingegen so ermittelt, als würden sämtliche Ausschüttungen eines Unternehmens sofort wieder in dessen Aktien investiert. Die Folge: Bei genau gleichem Inhalt und gleicher Gewichtung hat der Performance-Index immer eine bessere Wertentwicklung als der Kursindex.

Seit den Tiefstkursen Anfang 2009 bis zum Frühjahr 2011 ist

der Dax beispielsweise um 105 Prozent gestiegen, der Dow Jones nur um 92,5 Prozent. Wenn man aber weiß, dass hier mindestens zwei Dividendenjahre dazwischenliegen, deren Ausschüttung beim Dax eingerechnet wird, beim Dow Jones hingegen nicht, dann erklärt sich die Differenz recht einfach.

Wenn Sie direkt in Aktien investieren wollen, sind betriebswirtschaftliche Grundkenntnisse zwar nicht zwingend notwendig (Sie müssen schließlich auch kein Kfz-Ingenieur sein, um ein Auto zu fahren), aber ein paar Grundkenntnisse sind auf jeden Fall hilfreich. Ich will daher versuchen, Ihnen die wichtigsten Zahlen ein wenig aufzuschlüsseln. Wenn Sie – was ich durchaus verstehen kann – darauf überhaupt keine Lust haben, blättern Sie direkt weiter zu den goldenen Regeln der Aktienanlage. Und keine Sorge: Ich kenne etliche erfolgreiche Marktteilnehmer, die können heute noch kein KGV (Kurs-Gewinn-Verhältnis) vom KGB (sowjetischer Geheimdienst) unterscheiden. Aber es schadet gewiss nicht, wenn Sie ein wenig mehr von »Ihrer« Aktiengesellschaft verstehen wollen.

Kennzahlen, die Sie kennen sollten

Ein paar Kennzahlen sollten Sie schon kennen, bevor Sie an der Börse investieren. Vielleicht heißen die deshalb so …

Bei den Kennzahlen eines Unternehmens handelt es sich um Zahlenwerte, die auf einen Blick sagen sollen, wie es um die Finanzen des Unternehmens und seine Bewertung an der Börse bestellt ist.

Bilanzstruktur
»Traue keiner Bilanz, die du nicht selbst gefälscht hast« – nach diesem Motto haben scheinbar hochsolide und von Börsenauf-

KENNZAHLEN, DIE SIE KENNEN SOLLTEN

sicht und Ratingagenturen überwachte Unternehmen wie Enron, MCI Worldcom oder Parmalat Pleiten aufs Parkett gelegt, die jeden Scheckbetrüger vor Neid erblassen lassen. Deshalb gleich an dieser Stelle ein Wort zur Bilanz: Zwar sollen internationale Bilanzierungsstandards für ein Höchstmaß an Transparenz sorgen. Aber noch immer gibt es genügend kreativen Freiraum für »Bilanz-Designer«, um dem Zahlenwerk den letzten Feinschliff zu verpassen.

Ein häufig anzutreffendes Beispiel ist die Bilanzpolitik nach dem Abgang eines Vorstandsvorsitzenden. Im Jahr des Chefwechsels werden gerne die Abschreibungen (Abschreibungen: Verluste, die entstehen, weil irgendetwas im Besitz des Unternehmens an Wert verloren hat. Das können zum Beispiel Immobilien, Anteile an anderen Unternehmen oder einfach nur der in die Jahre gekommene PC der Vorstandssekretärin sein …) vorgezogen, um mit einem drastischen Gewinneinbruch zu verdeutlichen, welche Altlasten der scheidende Boss hinterlassen hat. Das hat für den neuen Vorstandschef den Vorteil, dass durch die vorweggenommenen Abschreibungen der Gewinn in den Folgejahren stärker ansteigt, was natürlich als unfehlbares Zeichen seiner Führungskompetenz zu interpretieren ist …

Die Bilanz eines Unternehmens umfasst im Wesentlichen zwei Seiten. Auf der linken Seite steht der ganze Besitz des Unternehmens (Aktiva), auf der rechten Seite steht, wie dieser Besitz finanziert ist (Passiva), nämlich zum Teil mit Eigenkapital, das wäre zum Beispiel das Geld der Aktionäre, und zum Teil mit Schulden wie Bankkrediten oder Anleihen, die für Investitionen aufgenommen wurden.

Ein wichtiges Kriterium beim Betrachten der Bilanz ist die Eigenkapitalquote. Also die Antwort auf die Frage: Ist der ganze Laden nur auf Pump finanziert, oder haben die auch ordentlich eigenes Geld? Die Eigenkapitalquote ist der prozentuale Anteil des Eigenkapitals an der gesamten Bilanzsumme. Dabei sollten Sie bedenken, dass das Eigenkapital die »eiserne Reserve« für schlechte Zeiten darstellt. Je üppiger dieses Polster ausfällt, umso besser kann das Unternehmen auch einmal ein schlechtes Geschäftsjahr verkraften.

Umgekehrt ist bei einem hohen Schuldenstand nicht nur die Reserve schneller aufgebraucht, sondern der Gewinn des Unternehmens ist dann auch in hohem Maße abhängig von den Kapitalmarktzinsen. Bei hoch verschuldeten Unternehmen kann eine Hochzinsphase deutliche Spuren in der Gewinnrechnung hinterlassen. Ein großer Teil des Gewinns geht dann nämlich erst mal an Geldverleiher wie Banken, bevor Sie als möglicher Aktionär (Eigenkapitalgeber) mit einer Dividende verwöhnt werden.

TIPP Eigenkapitalquote ist nicht gleich Eigenkapitalquote, denn je nach Branche des Unternehmens kann die Bilanzstruktur ganz anders gestaltet sein. So haben Dienstleister, die mit einem vergleichsweise niedrigen Kapitaleinsatz auskommen, da sie meist keine millionenteuren Maschinen oder Fabrikanlagen brauchen, oft eine sehr hohe Eigenkapitalquote. Auf der anderen Seite müssen Energieversorger, Telekommunikationsunternehmen oder Industriemultis Milliardensummen in Ausrüstung und Infrastruktur investieren, so dass dort ein höherer Bedarf an Fremdkapital vorhanden ist. Daher bitte immer die Eigenkapitalquote eines Unternehmens mit derjenigen von anderen Unternehmen aus derselben Branche vergleichen. Denken Sie an die Äpfel und die Birnen ...

Gewinn-Kennzahlen

Stellen Sie sich mal vor, Sie haben ein Monatseinkommen von 5000 Euro. Das steht Ihnen aber nicht komplett zur Verfügung, sondern Sie müssen erst mal 1500 Euro Steuern zahlen. Dann zahlen Sie noch 2000 Euro Zinsen für eine Baufinanzierung und nochmals 500 Euro Zinsen für den Autokredit. Jetzt sagt der eine: »5000 Euro im Monat? Das ist nicht schlecht.« Der andere sagt:

KENNZAHLEN, DIE SIE KENNEN SOLLTEN

»Der arme Schlucker, dem bleiben ja gerade mal 1000 Euro im Monat zum Leben.« Beide haben recht – je nachdem, wie man die Sache betrachtet. ... und nein, es ist keine Schande, wenn Sie jetzt denken ... 1000 Euro im Monat? Ich wollt, ich hätte die! ... Sie sind in guter Gesellschaft. Aber an diesem Beispiel sehen Sie, wie wenig der Bruttoverdienst über Leben und Zufriedenheit eines Menschen besagt.

Genauso ist es bei den Gewinnzahlen, die ein Unternehmen ausweist. Da kann es schon mal vorkommen, dass prächtige Gewinnzahlen verkündet werden, und erst im Kleingedruckten wird deutlich, dass nach Berücksichtigung aller Aufwendungen das Unternehmen genau genommen tiefrote Zahlen schreibt. Das zeigt erst die Gewinn- und Verlustrechnung.

Deshalb aufgepasst: Es kommt darauf an, was in die Gewinnermittlung einbezogen wird und was nicht. Nachfolgend die gängigsten Gewinnvarianten im Überblick:

- Nachsteuergewinn. Der Gewinn nach Steuern ist der Anteil, der dem Unternehmen am Ende tatsächlich bleibt.
- EBIT. Das EBIT (Earnings before Interests and Taxes – Gewinn vor Zinsen und Steuern) schließt nicht nur die lastenden Steuern, sondern auch Zinszahlungen für Bankschulden und in Umlauf befindliche Anleihen aus. Für Sie als Anleger hat das den Nachteil, dass die Kosten möglicher Fremdfinanzierung einfach unter den Tisch fallen und hoch verschuldete Unternehmen mit dem EBIT ihr Jahresergebnis schönrechnen können.
- EBITDA. Die Abkürzung steht für »Earnings before Interests, Taxes, Depriciation and Amortisation« (Gewinn vor Zinsen, Steuern, Abschreibungen und Zuschreibungen). Eine EBITDA-Angabe lässt nicht nur Fremdkapitalzinsen und Steuern außen vor, sondern auch Abschreibungen – damit ist der ausgewiesene Gewinn im Vergleich zu den anderen Varianten noch höher. Misstrauen ist angesagt.

Bei all diesen Kennzahlen wird darüber hinaus noch legal getrickst, dass es eine wahre Freude ist. Nehmen Sie zum Beispiel die kreative Erfindung namens »operativer Gewinn«. Ja klar, wenn ich all meine sonstigen Kosten nicht berücksichtige, bin ich ein reicher Mann.

Oder: Gewinn vor Sonderbelastungen. Prima Idee. Erzählen Sie Ihrer Bank mal: »Wenn ich die Urlaubsreise, das neue Auto und die an der Börse verzockten 10 000 Euro nicht reinrechne, war es finanziell ein tolles Jahr!«

Sie sehen, der Teufel steckt im Detail, und ich will es Ihnen wirklich nicht zumuten, im Abendkurs Ihren Wirtschaftsprofessor nachzumachen, nur um eine Aktie kaufen zu können. Das hier auf diesen Seiten gebündelte Wissen zeigt aber, wie viele Möglichkeiten einem Unternehmen bleiben, um die Bilanz zu schönen. Von heute an sollten Sie keiner Bilanz einfach glauben. Das ist wie mit Statistiken …

Der Cashflow

Keine offizielle Bilanzzahl, aber durchaus einen Blick von Ihnen wert ist der sogenannte »Cashflow«, was in etwa mit »Geldfluss« übersetzt werden könnte. Hier werden die Geldströme des Unternehmens unter die Lupe genommen. Dabei werden zwar Abschreibungen nicht berücksichtigt, aber andere Kosten wie etwa gezahlte Zinsen sind in dieser Kennzahl enthalten. Ein negativer Cashflow ist daher immer ein Alarmsignal, weil das betreffende Unternehmen offensichtlich von der Substanz zehrt.

Überhaupt: »Negativer Cashflow«. Warum sagt man nicht einfach: Es geht mehr Geld raus, als reinkommt?!

Ein Zeichen großer Finanzstärke ist es hingegen, wenn ein Unternehmen die jährlichen Investitionen aus dem Cashflow finanzieren kann und sich dafür nicht neu verschulden muss.

KENNZAHLEN, DIE SIE KENNEN SOLLTEN

TIPP Beim Analysieren der Gewinnzahlen eines Unternehmens ist, wie gesagt, die Gefahr groß, dass Sie Äpfel mit Birnen vergleichen. Ihr Schwerpunkt sollte deshalb ganz klar auf dem Vorsteuergewinn und dem Cashflow liegen. Denn: Je mehr Aufwendungen aus der Gewinnrechnung ausgeklammert werden, umso mehr leidet die Aussagekraft einer Bilanz.

Genug von den Bilanzschwurbeleien, schauen wir uns ein paar Aktienkurs-Bewertungszahlen an.

Kurs-Gewinn-Verhältnis (KGV)

Das Kurs-Gewinn-Verhältnis (KGV) setzt den aktuellen Marktwert des Unternehmens (… also den Preis, den Sie bezahlen müssten, wenn Sie zum heutigen Kurs alle Aktien des Unternehmens aufkaufen wollten. Dann würde Ihnen der Laden komplett gehören, und Sie hätten diesen »Marktwert« dafür bezahlt.) ins Verhältnis zum Jahresgewinn – üblicherweise dem Vorsteuergewinn. Ein KGV von 15 bedeutet beispielsweise, dass aufgrund des aktuellen Börsenkurses ein Unternehmen bei einem Gewinn von 200 Millionen Euro an der Börse mit drei Milliarden Euro bewertet wird. (200 Millionen × 15 = 3000 Millionen)

Nun gibt es Aktien, die ein KGV von 5 haben, und es gibt Aktien mit einem KGV von 50 – wobei das noch nicht einmal die extremste Spanne ist. Woher kommen diese Unterschiede?

Bei einem niedrigen KGV mögen Sie denken, dass die Aktie sehr billig zu sein scheint. Vielleicht ist die Aktie noch nicht »entdeckt« und könnte ein Schnäppchen sein? Doch Achtung: Das ist nur selten der Fall, weil sich günstige Gelegenheiten fast nirgends so schnell herumsprechen wie an der Börse.

Oft hat eine niedrige Bewertung aber einen handfesten Grund, beispielsweise einen erwarteten Gewinnrückgang. Weil das KGV den letzten Jahresgewinn, der aktuelle Kurs jedoch schon künftige Entwicklungsperspektiven beinhaltet, heißt das: Der Börsenkurs hat sich bereits nach unten bewegt, und damit sinkt das

KGV. Es ist jedoch zu erwarten, dass das KGV wieder ansteigt, weil ja der Gewinn künftig niedriger sein wird und sich damit die Relation erneut verändert.

Merke: Auch wenn die Ertragslage des Unternehmens momentan gut ist, kann sie sich schnell ändern. Dann bleiben die Käufer trotz guter Unternehmensgewinne zurückhaltend. Vor allem sogenannte »zyklische Unternehmen« wie etwa Stahlkonzerne, deren Gewinn je nach Weltkonjunktur stark schwanken kann, weisen aufgrund dieser Unsicherheit gern mal einen gewissen Bewertungsabschlag auf, also ein niedrigeres KGV, als Ihnen zunächst schlüssig erscheint.

Ein hohes KGV kann, muss aber nicht ein Indiz für eine Überbewertung des Unternehmens sein. Unternehmen mit starken Marken sind oft hoch bewertet, weil sie stetiges Wachstum generieren und der Aktienkurs schon die Wachstumshoffnung für die kommenden Jahre widerspiegelt. Kann das Unternehmen die Erwartungen erfüllen, hat sich der Kauf auch bei einem hohen KGV gelohnt. Auch Unternehmen mit hohen Investitionen in die Zukunft weisen im Verhältnis zum Aktienkurs meist einen ziemlich niedrigen Gewinn aus. Beispiele hierfür sind Computer- und Hochtechnologiefirmen. Allerdings gilt: Solche Aktien können sehr gewinnträchtig, aber auch ebenso riskant sein.

Ein hohes KGV spricht also dafür, dass die Anleger große Hoffnungen in die künftige Gewinnentwicklung setzen. Wehe, wenn das Unternehmen diese Hoffnung nicht erfüllen kann!

Die Dividendenrendite

Eine aus meiner Sicht sehr wichtige Kennziffer ist die Dividendenrendite. Erfolgreiche Unternehmen glänzen nicht nur durch immer neue Kursgewinne, sondern eben auch durch regelmäßige Dividendenzahlungen an ihre Aktionäre. Ein Teil des Jahresgewinns wird an die Eigentümer ausgeschüttet. Das macht jeder Metzgermeister in seinem Betrieb, und das sollte das Normalste auf der Welt sein.

Unterschätzen Sie solche Dividendenzahlungen nicht. Die Dividendenrendite errechnet sich, indem die zuletzt ausgeschüttete Dividende durch den aktuellen Kurs der Aktie geteilt wird. Nehmen wir an, Sie besitzen eine Aktie, bei der Ihnen jedes Jahr 5 Prozent Dividende ausgeschüttet wird. Ihr Nachbar kauft eine Aktie ohne Dividende. Nach zehn Jahren müsste seine Aktie allein um 50 Prozent gestiegen sein, damit er Ihr Ergebnis überhaupt einholen kann ... vorausgesetzt, Ihre Aktie hat sich in dieser Zeit überhaupt nicht von der Stelle bewegt. Vermutlich wird sich aber auch Ihre Aktie nach oben bewegen.

Statistiken zeigen, dass Investitionen in dividendenstarke Unternehmen langfristig wesentlich erfolgreicher sind als in Unternehmen ohne Dividendenzahlung. Nur ein langfristig erfolgreiches Unternehmen kann sich regelmäßig Dividendenzahlungen leisten. Natürlich ist die ausgewiesene Dividende immer wie ein Blick in den Rückspiegel und bedeutet nicht automatisch, dass im darauffolgenden Jahr wieder eine so schöne Ausschüttung winkt. Daher schauen Sie hier immer ein paar Jahre zurück. Unternehmen versuchen meist, eine konstante Dividendenpolitik zu fahren, um ihre Aktionäre zufriedenzustellen. Schließlich sind die Vorstände und Aufsichtsräte ja meist selbst Aktionäre und wollen auch im laufenden Jahr wieder schöne Weihnachtsgeschenke kaufen ...

Merke: Wenn ein Unternehmen über mehrere Jahre eine stabile Dividende bezahlt hat, dann muss es in den nächsten Jahren schon mächtig reinregnen, bevor es von dieser guten Sitte Abstand nimmt.

Die wichtigsten Aktienstrategien

Hier wird es wieder richtig spannend ... und ich kann verstehen, wenn Sie die letzten Seiten über Bilanzkennzahlen übersprungen haben. Hätte ich wahrscheinlich auch gemacht, wenn ich das Buch nicht geschrieben hätte. Denn buchstäblich jeder, der die ersten Gehversuche an der Börse hinter sich hat, begibt sich sehr bald unweigerlich auf die Suche nach dem Stein der Weisen, also jener magischen Formel, mit deren Hilfe man unfehlbar Gewinne macht. Die MUSS es einfach geben. Die einen sind sich sicher, dass die Formel bereits gefunden ist. Sie laufen von Guru zu Guru, zahlen Unsummen für Fachliteratur, Computerprogramme und Seminare, nur um immer wieder enttäuscht zu werden. Nach vielen Jahren und teuren Selbsthilfetherapien kommt dann die Phase, in der sie vielleicht erkennen: »Die Formel ist noch gar nicht gefunden, ICH werde sie entdecken.« Und damit beginnt eine Phase, die so manche harmonische Beziehung gefährden kann. Monate vor dem PC folgen, in denen jede noch so verquaste Formel durchprobiert wird. »Die siebte Ableitung vom Aktienkursdurchschnitt der letzten 94 Tage verknüpft mit der Bohlenvariante des MACD in Abgleichung mit der aktuellen Mondphase, aber nur, wenn die japanischen Candlesticks keine Doji in der letzten Periode vorweisen.« So oder so ähnlich klingt es dann am heimischen Küchentisch, bevor die Freundin verzweifelt ihren Kopf an die Schranktür schlägt.

Ich kann Ihnen von einem sehr guten Freund berichten, der das bereits seit 20 Jahren zelebriert. Stets berichtet er enthusiastisch, jetzt endlich das Geheimnis gelüftet zu haben, gefolgt von einer mehrminütigen Beschreibung der Ableitung und der unumstößlichen Erkenntnis, dass diese Variante im »Backtesting« (man rechnet anhand alter Kurse durch, was passiert wäre, wenn man auf diese Erleuchtung schon vor zwei Jahren gekommen wäre) ihn zum mehrfachen Millionär gemacht hätte.

Doch einige Wochen später auf diese Gelddruckformel angesprochen, muss er einlenken: »Das konnte ja nicht gehen, ich habe … vergessen zu berücksichtigen … und außerdem …« Seit 20 Jahren gefolgt von den Sätzen: »… aber diesmal weiß ich, woran's gelegen hat!« Und stets ergänzt unser gemeinsamer Freund Frank mit den

Worten: »Ich kann's abwarten ...« Um es kurz zu machen: Sparen Sie sich den Aufwand. Es gibt diese Zauberformel nicht. Es gibt auch an der Börse nur Disziplin, harte Arbeit und wenige wichtige Grundlagen, um einigermaßen erfolgreich zu sein. Diese Grundlagen sind so simpel, dass es schon fast schmerzt. Und doch ist es mir ein Vergnügen, sie Ihnen zu verraten.

Hier meine goldenen Regeln für ein erfolgreiches Handeln an der Börse, ohne sich zum seelischen Wrack zu machen:

Bevor Sie eine Aktie kaufen, machen Sie sich einen klaren Schlachtplan. Der sieht wie folgt aus:

1) Verluste rigoros begrenzen

Machen Sie sich bereits vor dem Aktienkauf klar, was Ihr maximaler Verlust sein soll. Wer mit Charts arbeitet (diese mehr oder weniger bunten Bildchen, auch »Malen nach Zahlen für Erwachsene« genannt, von denen Sie auch hier im Buch welche finden), wählt zum Beispiel einen Ausstiegskurs kurz unter dem letzten erreichten Tiefpunkt der Aktie. Sie kaufen doch, weil Sie glauben, dass diese Aktie steigt. Wenn sie stattdessen aber fällt, müssen Sie sich schnellstmöglich eingestehen, dass Sie sich geirrt haben. Der Kauf war ein Fehler! Also sofort korrigieren und die Aktie verkaufen. Der erste Verlust ist der kleinste. Wenn Sie jedoch die Augen verschließen in der Hoffnung »Die erholt sich schon wieder«, begehen Sie einen der größten Fehler eines Aktienanlegers.

Merke: Selbst eine Aktie, die 50 Prozent gefallen ist, kann weiter fallen.

Am Parkett heißt es richtigerweise: »Schluss ist erst bei null.« Eine Aktie, die 50 Prozent gefallen ist (von 100 Euro auf 50 Euro), muss um 100 Prozent steigen, um wieder auf das ursprüngliche Niveau zu kommen (von 50 Euro auf 100 Euro)! Da die Psychologie einem hier gerne einen Streich spielt und man sich vielleicht zu beruhigen sucht mit Gedanken wie »Ich warte nur noch ein kleines bisschen, die steigt bestimmt gleich wieder«, sollte man sich schon VOR dem Kauf von Aktien eine kristallklare Ausstiegsmarke setzen und diese konsequent einhalten.

Ein erfolgreicher Trade, wie in Regel 2 beschrieben, gleicht Ihnen viele kleine Fehlgeschäfte aus, bei denen Sie vielleicht auch einmal 10 Prozent des Aktienwertes verloren haben. Aber einen Riesenverlust von 90 Prozent – und es gibt nicht wenige Aktien mit einer solchen Historie – können Sie nur sehr schwer wieder wettmachen.

2) Gewinne laufen lassen (Play the trend right to the end)

Wenn Sie endlich einmal mit einer Aktie im Gewinn sind, dann verkaufen Sie sie nicht nach 10 Prozent Zuwachs mit dem Gedanken: »Dann hab ich auch endlich mal was gewonnen!« Lassen Sie einen Trend laufen, solange er anhält. Silber explodierte binnen weniger Monate von 10 US-Dollar auf 47 US-Dollar (aktueller Stand während des Schreibens). Wie hätten Sie sich geärgert, wenn Sie beim Stand von 11 US-Dollar glücklich verkauft hätten. Nehmen Sie den anfänglichen Stopp-Kurs immer wieder ein Stückchen weiter mit nach oben, am besten, indem Sie sich an neuen Chartmarken orientieren. Je weiter Sie im Gewinn liegen, umso mehr »Luft« können Sie dem Kurs auch für kleinere Korrekturen nach unten gönnen, ohne sich gleich von der Aktie zu trennen. Haben Sie einmal das Glück, einen großen Kursanstieg mitzumachen, und Ihre Aktie hat sich verdoppelt, verkaufen Sie doch einfach die Hälfte und lassen den Rest weiterlaufen. Sie können jetzt gar nichts mehr verlieren, aber jede Menge gewinnen.

3) Wählen Sie die richtige Positionsgröße

Wenn Sie morgens hektisch den Computer einschalten, bevor Sie die Kaffeemaschine bedient haben, wenn Sie im Büro alle zehn Minuten verstohlen im Internet nach Ihren Aktienkursen sehen

DIE WICHTIGSTEN AKTIENSTRATEGIEN

und sich bei einem kleinen Rückgang des Dax in den Schlaf weinen, ist Ihre Position definitiv zu groß.

Achtung: Riskieren Sie an der Börse nur so viel Geld, wie Sie sich wirklich entspannt leisten können.

Beobachten Sie Ihre Position regelmäßig – bei engagierten Aktienfans kann das ruhig täglich sein, bei entspannten Langfristinvestoren sollte es aber ruhig nur einmal pro Woche sein. Wenn Sie schon zu Beginn des Aktienkaufs Ihre Strategie und Stoppkurse festgelegt haben, kann doch gar nichts Überraschendes passieren, auf das Sie nicht vorbereitet wären, oder!?

Doch Achtung: Auch eine zu kleine Position kann falsch sein, denn es besteht die Gefahr, dass Sie die Position nicht ernst nehmen. »Wenn das Geld weg ist, isses halt weg, ich kümmere mich da gar nicht drum.« Wenn Sie so denken, heben Sie das Geld lieber ab und geben es der Dame mit der Büchse für die Bahnhofsmission.

Ihr Merkspruch: Nur wenn man eine Aktienposition konzentriert, aber ohne Emotionen wie Gier, Angst oder gar Panik steuern kann, hat man die Chance, die richtigen Entscheidungen zu treffen.

Ed Seykota (zu ihm gleich mehr) bringt es auf den Punkt: »Die Positionsgröße ist dann richtig, wenn wir viel Geld verdienen und dennoch dabei gut schlafen.« Das sind bei jedem andere Beträge, das müssen Sie für sich selbst auswürfeln.

Wenn Sie eine heiße Nachricht bekommen: Schmeißen Sie sie weg! (»Dash the flash right in the trash!«)

Wenn jemand bei Ihnen anruft und Ihnen die tolle Neuigkeit erzählt, dass Sie mit der Pfefferminzia-Aktie garantierte 1000 Prozent Gewinn machen: Legen Sie auf. Sie sind mit Sicherheit einer der Letzten, der davon erfahren hat, wenn es überhaupt stimmt.

Stattdessen verlassen Sie sich an der Börse – wie auch sonst meist in Ihrem Leben – besser auf Ihren eigenen gesunden Menschenverstand. Kaufen Sie Aktien von Unternehmen, deren Produkte Sie vielleicht sogar selbst verwenden und für gut erachten.

Kaufen Sie Aktien von Spezialthemen aus den Bereichen, in denen Sie sich auskennen und von denen Sie wissen, dass dieses oder jenes Unternehmen in Ihrer Branche einen guten Ruf hat und dem wohl bald der Durchbruch bei der Erfindung der niemals klemmenden Einkaufswagenrolle gelingen wird.

Vielleicht sind gerade deshalb Frauen oft die besseren Investoren (ja, ich schreibe das in der Hoffnung, dass meine liebe Frau diese Zeilen nicht lesen wird), da sie mehr ihrem (Bauch-)Gefühl, man könnte auch sagen: ihrem gesunden Menschenverstand vertrauen als irgendwelchen Kennziffern und Formeln.

Wenn Ihnen all das zu kompliziert ist, sind Sie mit einem guten Aktienfonds oder ETF bestens bedient. Macht Ihnen der Gedanke, an der Börse mitzumischen, aber Spaß – was wohl niemand besser verstehen kann als ich –, ist eine Aktienanlage bestimmt eine tolle Sache für Sie.

Achten Sie aber unbedingt darauf, dass die Investitionen in eine gute Idee und die riskanteren Wetten (heute heißt das Spekulation) in einem vernünftigen Verhältnis zueinander stehen. Als Richtwert sei hier mal 10:1 in den Ring geworfen.

Sie merken sich bitte folgenden Satz: Der Anteil Ihrer eher langweiligen Aktien mit langfristiger und nachhaltiger Ausrichtung und mit (hoffentlich) einer schönen Dividendenrendite sollte zehnmal so hoch sein wie der Anteil der kleinen Zockerbutzen. Mit solchen kleinen wilden Aktien wie etwa kanadische Uranminenerkunder oder chilenischen Brauereiaktien kann man sicherlich binnen weniger Wochen (manchmal Stunden) sein Geld verdoppeln, aber eben auch im gleichen Zeitraum verlieren.

Kostolany sagte einmal mit einem Augenzwinkern: »Wer viel Geld hat, kann spekulieren, wer wenig Geld hat, darf nicht spekulieren, und wer kein Geld hat, MUSS spekulieren.« Zumindest beim letzten Punkt will ich dem Altmeister dann doch widersprechen. Ein gut geplanter Vermögensaufbau sollte für Sie an erster Stelle stehen und nicht die vage Hoffnung auf einen Lottogewinn.

WARUM DIVERSIFIKATION SO WICHTIG IST

Noch mal zurück zum schon angesprochenen Ed Seykota. Ed ist ein legendärer Börsenhändler in den USA und hat schon in den Siebzigern begonnen, den Markt mittels Computerhandelssystemen (legal) zu überlisten. Am Ende kam auch er auf wenige Regeln, die ich nicht besser hätte formulieren können. Im Wesentlichen teilen wir eine Meinung zum Börsenmarkt, wie Sie in den oben genannten Punkten sehen können, die ich (zum Teil wörtlich) bei ihm abgekupfert habe, weil sie längst sprichwörtlich geworden sind. Lassen Sie diese Sprichworte doch auch in Ihren Erfahrungsschatz einfließen …

Sie können sich so schlecht Merksätze auch wirklich merken? Nun, da kann Ihnen geholfen werden. Denn Ed Seykota hat vor einigen Jahren ein wunderbares kleines Musikstück eingespielt, mit dem man sich diese Regeln auf ganz bezaubernde Weise einprägt. Ich kann nur jedem mehr oder weniger Börsenengagierten empfehlen, sich den »Whipsaw«-Song zur privaten Eröffnungshymne vor Handelsbeginn zu erklären.

TIPP The Whipsaw Song von Ed Seykota, den sie auf Youtube finden können.

Warum Diversifikation so wichtig ist

Niemals alle Eier in einen Korb legen – diese Börsenweisheit ist ebenso abgedroschen wie wahr. Schon vor gut 60 Jahren stellte der amerikanische Ökonom und spätere Nobelpreisträger Harry Markowitz seine sogenannte »Portfolio-Theorie« auf. Anleger haben demnach das beste Verhältnis von Chancen zu Risiken, wenn sie ihr Geld auf möglichst viele Anlageklassen verteilen.

Dasselbe Prinzip gilt auch innerhalb der Aktie als Anlageklasse. Erinnern Sie sich noch an die goldene Zeit des Neuen Marktes, als die Kurse durch die Decke gingen, sobald das Unternehmen auch nur im entferntesten etwas mit dem Internet zu tun hatte? Viele Anleger setzten damals alles auf eine Karte und hofften, im Dotcom-Rausch den Aktien-Jackpot zu knacken. Dass das auf Dauer nicht gutgehen kann, wenn eine Fünf-Mann-Butze unter der Leitung eines pickligen Studenten mehr wert ist als die Lufthansa mit ihrer gesamten Flotte, erkannten viele Investoren zu spät. Der ganze Irrsinn fiel in sich zusammen wie ein Kartenhaus.

Im Vergleich zu den traditionellen Standardwerten brachen in der Aktienkrise ab 2001 die Kurse von Internetunternehmen viel stärker ein, und wem die Hoffnung auf das schnelle Geld zuvor wichtiger gewesen war als die Diversifikation, der erlebte sein blaues Wunder. Wer aber sein Aktieninvestment auf die klassischen Industriebranchen verteilt hatte, konnte Verluste zumindest abfedern.

Allerdings ist die Diversifikation in Zeiten zunehmender Vernetzung und Globalisierung schwieriger geworden. Auch treten bei einer Börsenkrise manchmal Abhängigkeiten zutage, die zuvor nicht offensichtlich waren. So sorgte die Bankenkrise auch für herbe Kursverluste bei Herstellern von Luxusgütern, weil es keine Millionen-Bonuszahlungen mehr gab, die mal eben kurz in einen neuen Porsche investiert werden konnten. Und so mancher Softwarekonzern musste Millionenaufträge wieder stornieren, weil der Kunde eine Bank war, die es plötzlich nicht mehr gab.

Ebenso wichtig wie die Branchen-Diversifikation ist die Streuung des Aktieninvestments über verschiedene Regionen. Gerade wir Deutschen neigen gerne dazu, dass sich unser Denken in Sachen Aktien vor allem um den Dax dreht. Dabei könnte es je nach Markt- und Unternehmenslage gute Gründe geben, sich statt Aktien der Deutschen Telekom mal ein paar Papiere von British Telecom ins Depot zu legen oder sich mit Toyota statt mit Daimler zu befassen. Ein gut gestreutes Depot sollte die Wirtschaftsräume Europa, Nordamerika und Ostasien abdecken und je nach Gusto mit ein paar Schwellenländern garniert sein.

TIPP In diesem Zusammenhang wird häufig dazu geraten, zur Reduzierung des Risikos die in fremder Währung notierenden Aktien gegenüber dem Euro abzusichern. Ich bin kein allzu großer Freund dieser Lehre, denn die Absicherung kostet Geld, und das mindert die Rendite. Umgekehrt können Aktien außerhalb der Eurozone auch zusätzliche Devisenkursgewinne bringen, wenn der Euro schwächelt. Da Aktien ohnehin ein langfristiges Investment sind, sollte ein internationaler Währungsmix auf Dauer eher zusätzliche Stabilität als zusätzliche Risiken bringen.

Nun müssen Sie nicht befürchten, dass Sie mit 50 Einzelaktien aus aller Welt herumjonglieren müssen. Zu viel Diversifikation führt eher dazu, dass Sie den Überblick verlieren und auch mal den rechtzeitigen Ausstieg verpassen. Die ideale Depotgröße liegt irgendwo zwischen 7 und 15 Einzeltiteln – aber die sollten, wie schon erwähnt, sowohl branchenmäßig als auch regional gut gemischt sein.

Investieren im Club

Börsenfieber und Vereinstradition – das lässt sich durchaus unter einen Hut bringen. Zwar gibt es keine offiziellen Zahlen, aber bundesweit existieren nach Schätzungen der Deutschen Schutzvereinigung für Wertpapierbesitz (DSW) rund 7000 private Investmentclubs. Die Mitgliederstruktur ist so vielfältig wie die Einwohnerschaft Deutschlands: Vom Studenten bis zum Rentner, von der Hausfrau bis zum Manager finden sich ganz unterschiedliche Menschen zum gemeinsamen Investment zusammen.

Ob spekulativ oder sicherheitsorientiert investiert wird, ob lieber auf Aktien oder Anleihen gesetzt wird, ob man Gewinne weiterlaufen lässt oder schnell Kasse macht – über all diese Fragen wird in regelmäßigen Sitzungen gemeinschaftlich entschieden, die meistens ein bis zwei Mal pro Monat stattfinden. Ebenso einträchtig werden die Gewinne aufgeteilt, und auch bei missglückten Spekulationen trägt jedes Clubmitglied sein Scherflein zum Verlustausgleich bei. Mit dem gemeinsamen Investment können nicht nur ähnlich wie bei der Fondsanlage auch kleine Beträge gut diversifiziert werden. Die Verwaltung der Papiere auf einem einzigen Depot sorgt überdies dafür, dass der Nebenkostenanteil für den einzelnen Teilhaber nur gering ausfällt.

Finanziert werden die Börsengeschäfte von den regelmäßigen Mitgliedsbeiträgen. Die Verteilung von Gewinn und Verlust auf die einzelnen Mitglieder erfolgt bei professionell abrechnenden Clubs in ähnlicher Weise wie beim Aktienfonds. Mit dem Start des Investmentclubs wird festgelegt, wie vielen Anteilen eine Monatseinzahlung entspricht. Im monatlichen Rhythmus werden dann die aktuellen Kurswerte ermittelt, und Gewinne werden entsprechend ihrem Verhältnis zum alten Kontostand als neue Anteile gutgeschrieben. Vorteil dieser Vorgehensweise: Unterschiedliche Einzahlungssummen sowie Eintritt und Ausstieg von Mitgliedern können problemlos und buchhalterisch korrekt abgerechnet werden.

Clubgründer sollten nicht nur beim Abrechnungsverfahren die richtige Auswahl treffen – bei der Rechtsform des Investmentclubs kann die falsche Entscheidung zu steuerlichen Verlusten führen. Wird die Rechtsform des eingetragenen Vereins gewählt, ist mangels Gemeinnützigkeit Körperschaftsteuer fällig. Die bessere Alternative stellt die Gesellschaft des bürgerlichen Rechts (GbR) dar, wobei jedoch immer Abgeltungsteuer fällig wird.

Doch Vorsicht: Es gibt auch sogenannte Aktienclubs, die sich als einfache Interessensgruppe Gleichgesinnter tarnen und in Wirklichkeit eine ganz normale – wenn auch raffinierte – Finanzvertriebsfirma sind. Die schaffen es, dass die Kunden sogar noch Mitgliedsbeiträge bezahlen und glauben, einem Club anzugehören. Das ist in etwa so, als wenn die Deutsche Bank sich morgen zum

»Geldclub« ernennt und Ihnen neben den üblichen Gebühren noch einen monatlichen Mitgliedsbeitrag abknöpft, mit dem dann Seminare – oder besser Verkaufsveranstaltungen – für Sie organisiert werden. Also wie immer: Vorsicht ist die Mutter der Schatzkiste.

TIPP Wenn Sie einen Investmentclub gründen wollen, können Sie bei der DSW einen 80-seitigen Leitfaden bestellen. Die Bestellung kann per E-Mail über die Internetadresse www.dsw-info.de erfolgen. Sofern Sie sich nicht auf Basis einer Tabellenkalkulation eine eigene Lösung stricken wollen, brauchen Sie für die saubere Abrechnung eine spezielle Software. Ein einschlägiger Anbieter ist beispielsweise die Deutsche Wertpapier Club Beratungs AG (www.wertpapierclub.de).

Börsenweisheiten und ihr Wahrheitsgehalt

Noch ein Wort zu den vielen einschlägigen »Börsenweisheiten«: Es gibt kaum eine Marktsituation, zu der es nicht einen mehr oder weniger schlauen Börsenspruch gibt. Doch oft genug widersprechen sich die Weisheiten:

»Die Masse hat immer unrecht« gegen »The Trend is your friend!« (Der Trend ist dein Freund, oder: Stelle dich nie gegen den Trend!)

»Sell in May and go away« gegen »Die schwierigsten Börsenmonate sind: Juni, Juli und August ... andere schwierige Monate sind Januar, Februar, März ...«

Manche Sprüche sind regelrecht gemeingefährlich, etwa:

»Aktien kaufen, Schlaftablette nehmen, und wenn man aufwacht, ist man ein reicher Mann!«

Wer im Jahr 2000 Internetaktien gekauft hat, wird am liebsten die ganze Packung Schlaftabletten genommen haben, denn in diesem Leben wird er seine Einstiegskurse nicht mehr sehen ...

Andere Weisheiten haben wiederum durchaus ihre Berechtigung:

»Einer Straßenbahn und einer verpassten Börsenchance rennt man nicht hinterher. Man fällt nur auf die Schnauze, und die nächste kommt sowieso bald.«

So könnte ich Seite um Seite mit unterhaltsamen Spruchweisheiten füllen, aber ich will mich hier auf die Essenz beschränken: Halten Sie an der Börse Ihre Emotionen im Zaum, legen Sie jeden Aberglauben ab, und halten Sie sich frohen Mutes an Ihren eigenen gesunden Menschenverstand, dann kann (fast) nichts schiefgehen.

Anleihen

Um erst gar keine Missverständnisse aufkommen zu lassen: In der jetzigen Phase der weltweiten Verschuldung, in der wir nicht nur die Schuldenstreichung Griechenlands und anderer Olivenstaaten diskutieren, sondern in der auch die Zahlungsfähigkeit der USA und anderer großer Nationen zur Diskussion steht, würde ich Anleihen nicht mal mit der Kneifzange anfassen. Wer mir welche schenkt, den verklage ich. Der größte private Anleiheinvestor Pimco (eine Allianztochter) hat zu Beginn des Jahres 2011 sämtliche US-Staatsanleihen verkauft und wettet auf einen starken Einbruch dieser Anleihen. Wenn schon die größten Profis, die sich rund um die Uhr damit beschäftigen, diese Staatsanleihen raushauen, warum soll ich sie dann kaufen? Einzige Ausnahme: Wandelanleihen, aber dazu später mehr. In diesen Zeiten muss jeder ernsthaft damit rechnen, das Geld, das er einem Staat – egal welchem – leiht, in absehbarer Zeit nicht mehr zurückzubekommen. Prinzipiell gilt dieses Restrisiko immer, und über Jahrzehnte war es eben ein theoretisches Restrisiko, gegenwärtig ist es jedoch erschreckend real. In

»C(r)ashkurs« habe ich ja bereits darauf hingewiesen, doch die Gegenwart hat meine schlimmsten Befürchtungen längst eingeholt …

Dennoch möchte ich Ihnen an dieser Stelle die Anlageform der Anleihe näher erläutern. In »normalen« Zeiten, wie wir sie hoffentlich bald wieder haben, gehören Anleihen selbstverständlich zum normalen Bestand eines Anlegers dazu. Aber wir leben derzeit in nicht gerade normalen Zeiten …

Einen wichtigen Teil des Anleihenmarktes haben Sie bereits auf dem zweiten Level im Kapitel über die Bundeswertpapiere beleuchtet. Aber nicht nur die Bundesrepublik Deutschland bringt in Form von Anleihen Schulden unters Volk. Jeder halbwegs entwickelte Staat auf dieser Welt gibt Staatsanleihen heraus, und auch Unternehmen zapfen mit an der Börse handelbaren Schuldverschreibungen den Kapitalmarkt an.

Üblicherweise gibt es ein Fälligkeitsdatum, an dem der Inhaber den Nennwert zurückbekommt. Die Laufzeit kann von wenigen Monaten bis zu 30 Jahren reichen. Eine Ausnahme bilden hier die sogenannten »ewigen Anleihen«, auch »Perpetuals« genannt. Diese Anleihengattung wird erst dann zurückgezahlt, wenn sie vom Herausgeber gekündigt wird, und kann somit ohne zeitliche Begrenzung laufen. Allerdings sind diese exotischen Papiere nur wenig verbreitet.

Wenn eine Anleihe über die gesamte Laufzeit einen gleichbleibenden Festzins bietet, handelt es sich um ein festverzinsliches Wertpapier. Bei variabel verzinsten Papieren wird der Zins jedes Jahr oder quartalsweise an das marktübliche Zinsniveau angepasst. Basis für die Zinsfestsetzung ist dann immer ein sogenannter Referenzzins, beispielsweise der Zinssatz, den sich Banken untereinander berechnen, wenn sie sich über Nacht Geld leihen. Je nach Kreditwürdigkeit des Herausgebers, gibt es dann meist noch einen bestimmten Risikoaufschlag auf den Referenzzins.

Wie Rendite und Risiko für Sie als Anleger wirken, hängt von verschiedenen Einflussfaktoren ab:

- **Marktzins**. Klar: In Niedrigzinsphasen wachsen am Anleihenmarkt die Bäume nicht in den Himmel, während es in den Hochzinsphasen wie zu Beginn der neunziger Jahre selbst für grundsolide Anleihen fast 10 Prozent Zinsen gab. Doch ob diese Zeiten jemals wiederkehren?
- **Währungsraum**. Die Verzinsung der Anleihe hängt auch von der Währung ab, in der die Anleihen herausgegeben werden. So kann beispielsweise eine variabel verzinste Anleihe ein und derselben Bank mit erstklassiger Bonität in Euro 1,5 Prozent und in tunesischen Denar 10 Prozent bringen, wenn die Marktzinsen in Tunesien wegen der starken Inflation entsprechend höher sind. Allerdings müssen Sie bei Anleihen, die nicht in Euro notiert sind, das Devisenkursrisiko in Kauf nehmen.
- **Laufzeit**. Festverzinsliche Anleihen mit langer Laufzeit werden meist höher verzinst als kurzlaufende Anleihen.
- **Kreditwürdigkeit**. Je größer das Risiko eines Zahlungsausfalls, umso mehr Zinsen muss ein Staat oder Unternehmen den Gläubigern bieten, damit sie ihr Geld leihweise zur Verfügung stellen. Die Kreditwürdigkeit oder Bonität wird von sogenannten Ratingagenturen unter die Lupe genommen. Weltweit führend sind drei Rating-Häuser: Standard & Poor's, Moody's und Fitch.
  Dass Sie auf diese Ratings oft keinen Pfifferling geben können, habe ich Ihnen schon weiter vorne erläutert, zu den Hintergründen der Ratingagenturen empfehle ich Ihnen … Sie ahnen es … das Buch »C(r)ashkurs«.

Wichtig ist in jedem Fall zu verstehen, wie Ratingagenturen benoten und wie Sie für sich diese Noten interpretieren können:

ANLEIHEN

Was die Noten der Ratingagenturen bedeuten

Klartext	Rating-Note	
	Moody's	Standard & Poor's
Erstklassige Schuldner mit sehr hoher Finanzkraft und äußerst solider Finanzlage, sehr niedriges Risiko.	Aaa, Aa1, Aa2, Aa3	AAA, AA+, AA, AA–
Gute Schuldner mit solider Finanzlage, deren Kapitalkraft nur von sehr ungünstigen Marktentwicklungen beeinträchtigt werden kann. Noch relativ geringes Risiko in der unteren Kategorie des Investment-Grads.	A1, A2, A3, Baa1, Baa2, Baa3	A+, A, A–, BBB+, BBB, BBB–
Der Schuldner steht zwar momentan solide da, doch seine Finanzlage kann sich rasch negativ verändern. Hier beginnt der spekulative Bereich.	Ba1, Ba2, Ba3, B1, B2, B3	BB+, BB, BB–, B+, B, B–
Hochriskante Schuldner, bei denen die Zahlung von Zins und Tilgung bereits gefährdet ist oder die schon in Zahlungsschwierigkeiten stecken. Willkommen bei den »Junk Bonds«, was so viel bedeutet wie »Schrottanleihen«.	Caa, Ca, C	CCC+, CCC, CC, CC–, C, C–, D

Wenn Sie sich die Beschreibung unter »AAA« ansehen und sich klarmachen, dass die USA mit einem Staatsdefizit von 11 Prozent des BIP und einer Gesamtverschuldung von schöngerechneten 14 Billionen US-Dollar (100 Prozent des BIP) mit ebenjenem AAA bewertet werden, dann verstehen Sie, warum ich auf diese Ratings nicht sehr viel gebe. Noch drei Tage vor der Pleite hat S&P die US-Bank Lehman mit »A« bewertet »Guter Schuldner mit solider Finanzkraft!« ... Keine weiteren Fragen, Euer Ehren!

Doch Finanzmärkte funktionieren nun mal nicht immer logisch, so ist es auch zu erklären, warum die ganze Welt weiterhin auf ebenjene Ratings schaut wie das sprichwörtliche hypnotisierte

278 LEVEL 3: FINANZPLANUNG FÜR PROFIS

Kaninchen, und daher hat der folgende Absatz uneingeschränkt
Gültigkeit, auch wenn Sie gut daran tun, ob der obigen Erkennt-
nisse den Kopf zu schütteln ...

Bei börsengehandelten Anleihen müssen Sie mit Kursschwankungen rechnen, die nicht nur aus einer Änderung der Marktzinsen –
siehe dazu auf Level 2 das Beispiel zu den Bundesobligationen – resultieren können. Die von den Marktteilnehmern erwartete Rendite
kann auch wegen einer verschlechterten Bonität steigen. Stuft Standard & Poors beispielsweise einen Anleiheherausgeber von »AA«
auf »B« ab, dann erwarten die Investoren für das gestiegene Ausfallrisiko einen Zinsaufschlag. In diesem Fall weitet sich der Aufschlag auf die Marktrendite aus, und die Kurse reagieren genau wie
bei einem Zinsanstieg: Sie fallen.

Pfandbriefe

Eine besondere Gattung innerhalb der Anleihen stellen Pfandbriefe dar, die eine interessante Alternative zu Bankanleihen und
Bundeswertpapieren sein können. Bei ähnlichem Verlustrisiko
bieten Pfandbriefe im Vergleich zu Schuldverschreibungen des
Bundes ein kleines Renditeplus. Der Sparer muss sich nicht allein
auf die Finanzkraft der Bank verlassen, denn diese Wertpapiergattung bietet dem Gläubiger zusätzliche Sicherheit:

Die Bank steht mit ihrem »guten« Namen für die Rückzahlung
ein. Da der aber durchaus in Frage gestellt werden darf, unter-
legt die Bank den Pfandbrief – wie der Name schon sagt – mit
einem Pfand. Also zum Beispiel einem Grundbucheintrag auf
eine Immobilie. Und da auch Immobilienpreise fallen können,
darf sie zum Beispiel nur 60 Prozent des (Beleihungs-)Wertes der
Immobilie zugrunde legen. Sie sehen, das ist ein vernünftig ab-
gesichertes Produkt. Eigentlich ist es eine Form der Verbriefung
von Immobilienkrediten, aber eine, bei der die Bank zunächst Eigentümer des Immobilienkredits bleibt und das volle Risiko trägt.

Ganz im Gegensatz zu den neumodischen Verbriefungen, bei denen eine Bank schwindelige Mondscheinkredite komplett an unbedarfte Investoren weiterverkauft und somit überhaupt kein eigenes Risiko mehr trägt. Vielleicht liegt darin das Geheimnis, warum sich Pfandbriefe seit ihrer Einführung durch Friedrich den Großen 1769 in Deutschland ganz wunderbar bewährt haben und nicht umsonst »Witwen-und-Waisen-Papiere« heißen … Nein, verstehen Sie mich nicht falsch. Sie heißen nicht so, weil der Verkauf der Anleihen an unbedarfte Ehemänner die Frauen frühzeitig zu Witwen gemacht hätte, sondern weil sie als so sicher gelten, dass man das lebensnotwendige Geld von Witwen und Waisen getrost darin investieren durfte.

- Bei Hypotheken-Pfandbriefen darf die emittierende (herausgebende) Bank das Anlegerkapital aus dem Pfandbrief nur verwenden, um mit Grundschulden abgesicherte Immobiliendarlehen zu vergeben. Dabei darf die Kreditsumme maximal 60 Prozent des Beleihungswertes der Immobilie betragen. Wenn eine Hypothekenbank höhere Darlehensbeträge bewilligt, muss der über dieser Grenze liegende Betrag mit anderen Mitteln wie beispielsweise Schuldverschreibungen finanziert werden.
- Öffentliche Pfandbriefe sind mit Krediten an staatliche Körperschaften wie Städte und Kommunen hinterlegt.

Im Fall einer Bankenpleite gelten Pfandbriefe als besonders geschütztes Anlagevermögen. Die zugunsten der Bank eingetragenen Grundschulden oder Forderungen an die öffentliche Hand werden dann an die Inhaber der Pfandbriefe übertragen, so dass deren Anlagekapital durch diese Pfandrechte gedeckt ist.

VORSICHT Noch eine Warnung zum Schluss: Manche kleinen oder mittelständischen Unternehmen bieten Ihnen Anleihen ohne Börsennotierung und ohne Rating als »Direkterwerb« an. Als Privatanleger haben Sie jedoch praktisch keine Möglichkeit, die Seriosität oder Kreditwürdigkeit der Herausgeber einzuschätzen. Im Verhältnis zu den gebotenen Zinsen ist das Risiko für Sie als potenzieller Anleger daher im Allgemeinen viel zu hoch, wie einige spektakuläre Pleitefälle aus diesem Segment bewiesen haben. Die Wohnungsbaugesellschaft Leipzig-West und die DM-Beteiligungen verursachten vor einigen Jahren mit ihren Insolvenzen Anleihenausfälle in dreistelliger Millionenhöhe. ... was für ein schönes Wort »Anleihenausfall«. Nennen wir das Kind beim Namen: Ganz herbe Verluste sind gemeint.

Wandelanleihen und Genussscheine

Wandelanleihen

Wandelanleihen sind recht interessant für Sie. Denn sie sind, wie erwähnt, die einzige Form der Anleihe, die ich auch in der heutigen Situation der Weltfinanz kaufen würde.

Aktie oder Geld? Klar ist: Eine Wandelanleihe ist keine besondere Anlageform für Schlafwandler. Wie bei den meisten Geldanlagen müssen Sie als Anleger auch hier hellwach sein, aber dann können Wandelanleihen sich besonders in unsicheren Zeiten lohnen. Zunächst mal ist eine Wandelanleihe eine normale Unternehmensanleihe mit einer festen Laufzeit (meist über mehrere Jahre) und einem festgelegten jährlichen Zinssatz. Was sie allerdings so besonders macht, ist das eingebaute Wandlungsrecht: Der Anleger hat nämlich während der Laufzeit der Anleihe immer wieder die Möglichkeit, seine Anleihe in Aktien zu »wandeln«. Das kann durchaus spannend sein. Warum?

Betrachten wir einmal folgende zwei Haupt-Szenarien:

1. Wenn der Aktienkurs im Sinkflug ist, können die Inhaber der Wandelanleihe einfach abwarten, weil bei Fälligkeit der Nennwert und während der Laufzeit wenigstens die vereinbarten Zinsen gezahlt werden. Im Vergleich zur Aktienanlage eine beruhigende Sache.
2. Bei stark steigenden Kursen können Inhaber von Wandelanleihen von ihrem Umtauschrecht Gebrauch machen und profitieren somit wie Aktionäre von der Kurssteigerung.

Merke: Wenn die Aktienkurse fallen, verlieren Sie mit der Wandelanleihe weniger Geld und bekommen sogar noch Zinsen. Wenn die Aktienkurse eine positive Entwicklung verzeichnen, dann steigt die Wandelanleihe (fast) genauso im Wert wie der Aktienkurs, da man sie ja jederzeit umtauschen kann. Eine Wandelanleihe ist sozusagen eine Aktienanlage mit Fallschirm. Zugegeben, ich habe etwas vereinfacht, doch das Grundprinzip dürfte Ihnen klargeworden sein.

Hier noch ein paar Feinheiten:

- Bei nur leichten Aktienkurssteigerungen geht die Anleihe nur langsam mit. Je größer die Aktienkurssteigerungen, desto eher nimmt auch die Wandelanleihe diese Kurssteigerungen nahezu voll mit.
- In extremen Marktsituationen kann es auch bei Wandelanleihen zu irrationalen Kursabschlägen kommen, die aber meist innerhalb weniger Monate wieder ausgeglichen werden. Eine solche Situation bot sich im großen Totalausverkauf der Kapitalmärkte Ende 2008. Das war für Wandelanleihekäufer ein Eldorado, man konnte zu Ausverkaufspreisen einkaufen.
- Wenn das Unternehmen den »Lehman« macht, ist die Kohle genauso weg, als hätten Sie Aktien oder »normale« Anleihen erworben. Achten Sie also auch hier immer auf die Kreditwürdigkeit.

Achtung! Es gibt auch »Zwangswandelanleihen«, bei denen Sie am Ende der Laufzeit auf jeden Fall statt Bargeld Aktien des Unternehmens bekommen. Das kann unter Umständen ein teurer Spaß werden. Hier lieber Finger weg!

Wie bei den meisten Produkten gibt es auch Fonds, die in solche Wandelanleihen investieren. Das kann durchaus Sinn machen, wenn man zur Sicherheit eine vernünftige Streuung haben möchte und sich nicht allzu intensiv mit den Details auseinandersetzen will. Was das für Sie konkret in diesen heißen Zeiten bedeutet? Wenn Sie überhaupt überlegen, Anleihen zur Risikostreuung zu erwerben, dann denken Sie mal über einen Fonds mit Wandlern nach.

Genussscheine

Kann man kennen, muss man aber nicht haben.

Ein bisschen Aktie, ein bisschen Anleihe: Der Genussschein verbindet Elemente beider Anlageformen. Von der Anleihe kennen Sie bereits die feste Verzinsung und die Rückzahlung des Nennwertes zum Ende der Laufzeit. Allerdings ist die Verzinsung beim Genussschein nicht garantiert, sondern wird zumeist nur gezahlt, wenn der Jahresgewinn für die Zinsausschüttung ausreicht. Fährt das Unternehmen Verluste ein, kann auch die Ausschüttung vorübergehend eingestellt werden. Dies wird jedoch nicht bei allen Herausgebern einheitlich gehandhabt, denn der Gesetzgeber ermöglicht den Emittenten bei der Gestaltung große Freiräume. So gibt es Genussscheine mit garantierter Mindestverzinsung, auf die je nach Gewinnsituation ein Zuschlag gezahlt wird. Manche Unternehmen geben auch aktienähnliche Genussscheine heraus, bei der die Ausschüttung an die Dividende für die Aktionäre gekoppelt ist.

Ein zusätzlicher Risikofaktor ist die sogenannte »Nachrangigkeit«: Kommt das Unternehmen in Zahlungsschwierigkeiten, sind die Ansprüche der Genussscheininhaber zwischen denen der Kreditgeber und der Aktionäre angesiedelt. Damit erhalten Genuss-scheininhaber im Fall einer Pleite erst dann Geld, wenn Banken, Lieferanten und Anleihenbesitzer zu 100 Prozent ausgezahlt wurden – dass dann noch etwas übrig ist vom Kuchen, dürfte zumeist eine rein illusorische Vorstellung bleiben. Wie immer: Ein erhöhtes Risiko steht einer höhreren Renditemöglichkeit gegenüber: Das bei Genussscheinen erhöhte Risiko führt dazu, dass sie Ihnen eine höhere Rendite bieten als klassische Anleihen. Wie hoch der Renditeaufschlag ausfällt, hängt von der Bonität des herausgebenden Unternehmens ab. Damit eignet sich diese Anlageform für risikobewusste Anleger, die ein Renditeplus im Vergleich zu Anleihen und Bankguthaben schätzen.

Informationsquellen:
Wem kann man trauen, wem nicht?

Hier kommen wir zu einem ausgesprochen heiklen Thema. Wem trauen Sie überhaupt, wenn es um Wirtschaftsinformationen geht?

Die Politik
Ich glaube, über die »offiziellen Stellen« der Politik müssen wir an dieser Stelle nicht weiter sprechen. Dass die Politiker uns gerne mal die Hucke volllügen, dürfte hinlänglich bekannt sein, für weitere Details empfehle ich Ihnen die »C(r)ashkurs«-Lektüre mit den Hintergründen zur getürkten Arbeitslosenstatistik und anderen Nettigkeiten. Ich darf daran erinnern, dass der damalige Finanzminister Steinbrück noch im Sommer 2008 eine deutsche Rezession für vollkommen ausgeschlossen hielt und diesbezügliche Meinungen als »typisch deutsche Schwarzmalerei« abtat? Wohl dem, der seine Investitionen nicht darauf gebaut hat …

Die Wirtschaftsweisen

Die Wirtschaftsweisen müssen es doch wissen, sollte man meinen. Immerhin beraten sie die Regierung. Auf dieser Grundlage wird dann deutsche Wirtschaftspolitik gemacht. Dann kann man sich doch auf sie verlassen, oder? Weit gefehlt. Unsere führenden Wirtschaftsforschungsinstitute haben noch im Herbst 2008 eine Rezession für Deutschland und die USA für unwahrscheinlich erklärt. Wir wissen heute, dass die Rezession in den USA offiziell vom Dezember 2007 bis Juni 2009 dauerte. Das bedeutet: Unsere führenden Wirtschaftsforschungsinstitute erkennen eine Rezession noch nicht einmal dann, wenn sie bereits seit einem halben Jahr tobt. Wieso sollte ich annehmen, dass sie dann eine Ahnung von dem haben, was in einem Jahr zu erwarten sein wird?

Die Finanzmedien

Bleiben die Wirtschaftszeitungen, im Print oder online. Ja, es macht Sinn, sie zu lesen, aber bleiben Sie kritisch. Glauben Sie nichts, was nicht mit Ihrer Wahrnehmung der Dinge übereinstimmt, und hinterfragen Sie alles. Stellen Sie sich vor allem die Frage: Von wem kommt diese Information und wem nützt sie. Die meisten Verlage leiden unter dem gleichen Druck: Es werden immer weniger Zeitungen und Anzeigen verkauft, die Bürger lesen lieber kostenlos und online. Doch von irgendwas muss der Journalist ja schließlich bezahlt werden. Also werden immer mehr Stellen abgebaut, und die verbleibenden Journalisten müssen noch mehr Artikel liefern. Zeit zum Nachdenken? Ein Wahnsinn! So bleibt den Journalisten oft nichts anderes übrig, als Agenturmeldungen großer Nachrichtendienste wie DPA oder Reuters eins zu eins und ungeprüft zu übernehmen. Was glauben Sie aber, wie diese Meldungen der großen Nachrichtendienste zustande kommen? Leider werden häufig die PR-Nachrichten von Unternehmen als Nachricht ausgegeben, Werbebotschaften also, die die Unternehmen an die Nachrichtenagenturen schicken. Über

INFORMATIONSQUELLEN: WEM KANN MAN TRAUEN, WEM NICHT?

die Objektivität solcher Meldungen brauchen wir sicher nicht zu sprechen. Aber oftmals werden uns auch Analysen irgendwelcher »Forschungsinstitute« als Nachricht angepriesen. Kaum jemand hat noch die Zeit zu hinterfragen, wer welche Studie in Auftrag gegeben hat. Dabei ist das oft die interessanteste Frage: Wer hat dafür bezahlt und wer finanziert das ominöse »Institut«? Die angesehene Journalistenvereinigung »Netzwerk Recherche« weist immer wieder gebetsmühlenartig auf diese massive Beeinflussung und somit Qualitätsverschlechterung hin. So ist es bei manchem Verlag nicht unüblich, dass Großkunden, die eine teure Annonce schalten, als Zusatzleistung noch einen sehr freundlichen »redaktionellen Beitrag« erhalten, in dem die jeweilige Firma gut dargestellt wird. Nicht schön, aber leider viel zu oft Alltag. Doch solange wir immer weniger bereit sind, für guten Journalismus Geld zu bezahlen, müssen wir damit leben, dass die Meldungen von jenen finanziert werden, über die berichtet wird. Wie neutral das ist, können Sie sich vorstellen. Wir sollten in diesem Zusammenhang darüber nachdenken, was uns ein unabhängiger Journalismus – eine der wichtigsten Säulen unserer Demokratie – wert ist. Und an der Börse ist eine unbefangene Einschätzung oft Geld wert …

Börsenbriefe

Auch hier gilt es ganz besonders, die Spreu vom Weizen zu trennen. Es gibt einige gute, fundierte und seriöse Börsenbriefe, aber die Mehrzahl ist reine Geldmacherei. Besonders vorsichtig sollten Sie sein, wenn Sie kostenlose Börsenbriefe im Briefkasten oder im Maileingang finden. Was glauben Sie, warum der Herausgeber sich diese Mühe macht? Er sucht Dumme. Dumme, denen er erzählen kann, dass die Pfefferminzia-Mine in Papua-Neuguinea die Lizenz zum Gelddrucken ist. Diese völlig unterbewertete Aktie wird – wenn die Investoren erst mal draufkommen – sich mindestens verzehnfachen. Mindestens!

286 LEVEL 3: FINANZPLANUNG FÜR PROFIS

Der Schreiber selbst hat natürlich längst reichlich von diesen »unterbewerteten« Aktien eingekauft, von denen kaum welche an den Börsen umgehen, da das betreffende Unternehmen viel zu klein ist, als dass es irgendwen interessieren würde. Jetzt aber lesen Tausende deutsche Gutgläubige diese Heilsversprechungen, und wer auf 9-live Magnetarmbänder mit Rosenquarzlebenszeituhrwerk für nur 49,99 Euro kauft, der glaubt auch an diese Pfefferminzia-Mine, obwohl er von Aktien so viel Ahnung hat wie ich vom Dressurreiten.

Folglich ergießt sich eine ganze Flut von kleinen Kaufaufträgen über einen völlig vertrockneten Börsenhandel mit Pfefferminzia-Aktien. Riesen-Nachfrage, kaum Angebot, also geht der Kurs binnen Stunden und Tagen durch die Decke. Wertverdoppler oder -verdreifacher sind keine Seltenheit. In diese Welle hinein verkauft nun der liebe Börsenbriefschreiber seine eigenen Aktien ans tumbe Volk und ist mit einem Schlag Millionär. Die ohnehin wertlose Aktie fällt jedoch genauso schnell wieder dahin, wo sie hergekommen ist, nämlich ins Bodenlose. Und viele ehrliche und gutgläubige Anleger sind um etliche tausend Euro ärmer. Ja, nur ein Einziger ist um die gleiche Summe reicher.

Ja, ist so was nicht illegal? Im Prinzip ja, aber: Wenn der Briefschreiber schlau ist, hat er seinen Firmensitz auf einer Karibikinsel. Er muss sich schon ganz schön doof anstellen, um vor dem Richter zu landen. Doch selbst dann wird er mit großer Wahrscheinlichkeit mangels Beweisen oder »positivem Nachtatverhalten« freigesprochen. In dieser Hinsicht befinden wir uns auch in Deutschland leider noch immer im tiefsten Wilden Westen, und die Börsenaufsicht ist nur ein zahnloser Tiger, bei dem es nicht mal mehr zum Knurren reicht.

Solange das so ist, darf ich Ihnen raten: Bleiben Sie wachsam, und hinterfragen Sie solche vermeintlich selbstlosen Angebote. Ein hoher Preis des Börsenbriefes schützt Sie dennoch keineswegs vor Scharlatanen.

TIPP Der beste Ratgeber sind Sie selbst und Ihr Bauchgefühl! Kaufen Sie nichts, was Sie nicht wirklich verstanden haben. Hinterfragen Sie stets alles, und vertrauen Sie auf Ihre Lebenserfahrung und Ihren gesunden Menschenverstand, dann sind Sie besser dran als mit allen Expertentipps.

Wenn Sie weder Zeit noch Lust haben, sich regelmäßig mit dem sogenannten Expertenwissen auseinanderzusetzen – was ich nur zu gut verstehen könnte –, suchen Sie sich einen vertrauensvollen Berater. Aber auch den gibt es nicht für lau. Sobald Ihnen jemand eine intensive Beratung gratis anbietet (und sei es Ihre Bank), ist wieder Alarmstufe Rot angesagt. Warum machen die das? Aus ihrer menschenliebenden Grundhaltung heraus? Wohl eher aus brutalem Eigennutz. An jedem verkauften Produkt verdient die Bank oder der Vermittler ordentlich mit. An manchen (meist denen, die für Sie die besseren wären) verdient ein Banker jedoch kaum Provision, an anderen (die so schlecht sind, dass man den Vermittler mit hohen Provisionen zum Verkauf drängen muss) verdient er mehr. Was glauben Sie, was Ihnen der Berater – mit der siebenköpfgen Kinderschar – ganz großzügig und garantiert kostenlos empfehlen wird? Richtig! Und schon haben Sie einen sehr, sehr hohen Preis für die Beratung bezahlt.

Bankberater/Anlageberater/Honorarberater

Hier gestatte ich mir, von mir selbst abzukupfern. Die folgenden Zeilen stammen aus meinem Erstlingswerk »C(r)ashkurs«, gehören aber auch in dieses Buch zwingend hinein – und besser krieg ich das nicht noch mal hin, also bitte:

Zum Leidensdruck fällt mir unweigerlich eine Berufsgruppe ein, die in den vergangenen Monaten unter ganz besonderem selbigem stand. Die Bankberater. Eine der häufigsten Medienfragen der letzten zwei Jahre war: »Kann ich meinem Bankberater noch vertrauen?« Die Antwort ist klipp und klar: Jein!

288 LEVEL 3: FINANZPLANUNG FÜR PROFIS

Wenn Ihnen auf der Straße ein Rottweiler begegnet, können Sie ihm ja vertrauensvoll die Hand zwischen die Zähne stecken. Wenn Sie Glück haben, sind Sie an ein Exemplar geraten, das nur spielen will, wenn nicht, tja ...

Zunächst einmal möchte ich aber mit einer Begrifflichkeit aufräumen. Streichen Sie aus Ihrem Wortschatz jetzt sofort und ein für alle Mal das Wort »Bankberater«. Und für die ganz Unbedarften: auch »Bankbeamter«, denn das ist so ziemlich der falscheste Ausdruck, den Sie für diese Berufsgruppe verwenden können. Einigen wir uns auf den zutreffenden und keineswegs verunglimpfenden Begriff »Bank(-produkt)verkäufer«. Wenn Sie in ein Autohaus gehen, würden Sie dann nach dem »Autoberater« oder nach dem nächsten freien »Autoverkäufer« fragen? Eben.

Und hier gibt es sehr viele Parallelen zu entdecken. Der Bankverkäufer ist keineswegs der neutrale Notar, oder gar Ihr guter Freund, der nur Ihr Wohl und Ihre Rendite vor Augen hat.

Selbst wenn der arme Kerl im Privatleben tatsächlich ein guter Freund von Ihnen ist, wird er am Arbeitsplatz zwangsläufig seine Freizeitkappe ab- und den Geschäftshut aufsetzen müssen. Vorausgesetzt, er hängt an seinem Job und seiner Familie.

Warum das so ist, erkennen wir, wenn wir uns mit seinem Arbeitgeber, der Bank, beschäftigen. Welche Aufgabe hat diese private Bank? Ihre einzige Aufgabe besteht darin, Gewinn zu erwirtschaften. Gewinn für ihre Eigentümer und Aktionäre. Sie hat weder die Aufgabe, Gutes für die Gesellschaft zu tun, noch ist sie eine neutrale und staatlich finanzierte Beratungsgesellschaft für Leute, die keinen Plan von ihren Finanzen haben. In der Regel wird an der Schalterhalle auch keine warme Suppe an Obdachlose ausgegeben. Das ist keine Wohltätigkeitsinstitution, sondern ein knallhart auf Profit ausgerichtetes Wirtschaftsunternehmen. Jedes Wirtschaftsunternehmen (je größer und internationaler, desto mehr) versucht Gewinn zu erzielen, indem es mit seinen Geschäftspartnern Verträge aushandelt, die ihm möglichst große

INFORMATIONSQUELLEN: WEM KANN MAN TRAUEN, WEM NICHT?

Vorteile bringen. Und dabei geht man an die absolute Schmerzgrenze. Natürlich nicht die eigene, sondern an die Schmerzgrenze des Geschäftspartners, dorthin, wo er gerade noch bereit ist, das Geschäft zu machen, ohne zur Konkurrenz zu wechseln.

Und jetzt raten Sie mal, wer dieser Geschäftspartner Ihrer Bank ist? Richtig! Sie! Und jetzt überlegen Sie einmal, wo Ihre Schmerzgrenze liegt, was Sie sich von Ihrer Bank alles gefallen lassen, bevor Sie die Konten auflösen. Aber viel wichtiger: Selbst wenn Sie gut informiert sind und eine niedrige Schmerzgrenze haben, glauben Sie, das trifft auf die meisten Bankkunden zu? Die allermeisten haben nicht den Hauch einer Ahnung von Geldgeschäften und lassen sich von ihrer Bank ALLES erzählen. Sind das nicht ideale Voraussetzungen für eine Bank? Die meisten Geschäftspartner haben so wenig Ahnung von der Materie, dass sie fast alles blind unterschreiben, was man ihnen vorlegt. Die Uninformiertheit der Kunden liegt im ureigensten Interesse der Bank. Je mehr Informationsvorsprung die Bank dem Kunden gegenüber hat, umso bessere Verträge kann sie für sich abschließen. Wundern Sie sich jetzt noch, warum Banken in riesigen Glaspalästen sitzen? Machen Sie dem einen Strich durch die dicke Rechnung. Machen Sie sich schlau, und werden Sie zu einem kritischen Geschäftspartner für Ihre Bank. Ich bin froh, wenn ich mit diesem Buch ein wenig dazu beitragen kann.

Kommen wir jetzt wieder zu unserem Bankverkäufer. Der arme Kerl sitzt am Schalter und bekommt von seinen Vorgesetzten ganz klare Ansagen: »Die Bank hat unseren Aktionären dieses Jahr 25 Prozent Eigenkapitalrendite versprochen. Der Vorstand erwartet von Ihnen, dass Sie gefälligst alles tun, um dieses Versprechen zu halten. Daher erwarten wir von Ihnen, dass Sie Ihre Kunden anrufen und ihnen die Produkte verkaufen, mit denen wir genug verdienen, um dieses Ziel zu erreichen. Und damit Sie wissen, was wir von Ihnen erwarten, habe ich hier eine Aufstellung für Sie: Sie werden jeden Monat X Lebensversicherungen, Y Bausparver-

träge und für Z Euro Fondsanteile oder Zertifikate verkaufen. Das
schaffen Sie doch mit links, Sie sind doch ein Guter.«

So, jetzt ist der 27. des Monats, Sie kommen zu ebenjenem
Bankverkäufer an den Schalter und wollen eine Erbschaft anlegen, Ihre Altersvorsorge endlich in Angriff nehmen oder einfach
nur nach dem Weg zum Bahnhof fragen. Unglücklicherweise hat
er in den letzten Monaten eben noch nicht X Versicherungen, Y
Bausparverträge und Z Fondsanteile verkauft. Das ist ihm wegen
der zickigen Kunden oder seiner gutmütigen Art in den letzten
Monaten schon öfter passiert. Wenn seine Arbeitseinstellung
nicht bald besser wird, sagt sein Chef, wird er bei der nächsten
Kündigungswelle sicherlich besondere Wertschätzung erfahren.

Genau in diesem Moment stolpern Sie ahnungslos vor seinen
Schreibtisch und wollen eine unabhängige, neutrale Beratung
von Ihrem Freund, dem Bankberater, die ausschließlich Ihre Rendite und Risikovorstellung berücksichtigt.

Glauben Sie mir, dass die absolute Mehrheit der Bankverkäufer
liebend gerne Ihre Interessen vertreten möchte. Wenn sie dürften, würden sie vermutlich sogar auf die Gebühren verzichten, Ihr
Konto spesenfrei führen, Ihren Kindern jede Woche eine Spardose
schenken und Ihnen nur die sichersten, günstigsten und besten
Produkte verkaufen. Je länger Sie den Mann oder die Frau hinter
dem Schalter kennen und je länger derjenige befürchten muss,
Ihnen künftig über den Weg laufen zu müssen, umso ausgeprägter
ist dieser Wunsch. Aber leider darf er nicht, wie er will. Für seine
Bank soll er der knallharte Verkäufer sein, der all seinen Wissens-
vorsprung und seine Verkaufsschulungsseminare einsetzt, um an
Ihnen so viel Geld wie irgend möglich zu verdienen. Sie kommen
an seinen Schalter und verlangen von ihm, Ihr bester Freund, neutraler Notar und verschworener Geheimtippgeber zu sein.

Aus Angst, Sie als Kunden zu verlieren, wird er Sie auch in
diesem Glauben lassen. Doch was glauben Sie, was abends passiert, wenn dieser Bankverkäufer ins Bett geht? Was glauben Sie,

INFORMATIONSQUELLEN: WEM KANN MAN TRAUEN, WEM NICHT?   291

wie viele von denen sich abends in den Schlaf weinen? In diesem ganzen verlogenen System sind ebendiese Bankverkäufer die ärmsten Schweine zwischen allen Stühlen. Sie werden von Ihren Arbeitgebern in die Rolle des brutalstmöglichen Geldeintreibers gedrückt und von Ihnen gleichzeitig in die Rolle des neutralen Freunds und Anlageberaters. Manchen mag es gelingen, mit diesem Spagat zurechtzukommen, indem sie denken: »Wenn die Kunden so blöd sind, was kann ich dafür?« Auch eine Form des Selbstschutzes. Aber gehen Sie davon aus, dass die meisten große Probleme mit dieser Doppelrolle haben. Das hat mehr von Drückerkolonne als von neutraler Anlageberatung.

Die einfachste und fairste Möglichkeit, diesen Konflikt zu beenden, liegt bei Ihnen, lieber Leser. Hören Sie auf, den Bankverkäufer in die Rolle des Finanzeunuchen zu drücken. Geben Sie ihm die Rolle, die er von (Bank)Haus aus hat. Die Rolle des Bankverkäufers. Begegnen Sie ihm genau so, wie Sie einem Autoverkäufer begegnen würden. Freundlich, informiert und in dem Bewusstsein, dass der nette Kerl, der Ihnen einen Kaffee anbietet, Ihnen im nächsten Moment das verkaufen will, was vom Hof muss.

Bereiten Sie sich auf dieses Gespräch genauso vor, wie wenn Sie ein Auto kaufen wollen. Sie verbringen zuvor Wochen im Internet, kaufen sich drei bis sieben Autozeitschriften und nerven Ihre Freunde wochenlang mit Diskussionen über Drehmoment, Verbrauch und innenbeleuchtete Vergaser. Und wenn Sie genau wissen, welches Auto mit welchen Felgen Sie möchten, dann gehen Sie zu drei verschiedenen Autohäusern, um den besten Preis zu verhandeln. Wenn es dann noch die Fußmatten gratis gibt, unterschreiben Sie den Kaufvertrag. Und dennoch werden Sie danach denken: »Sicher hat der mich irgendwo übern Tisch gezogen.«

Hier ging es jetzt um den Kauf eines Autos für einige Jahre. Aber was machen die Menschen, wenn es um die Einmalanlage einer einmaligen, großen Erbschaft oder die lebenslange Altersvorsorge geht? Sie gehen in die allernächste Bankfiliale, suchen sich einen freien Bankverkäufer und sagen: »Mach mal, wird schon stimmen.« Dann gehen sie nach Hause und denken: »Das war mal ein netter Berater, das wird schon alles seine Ordnung haben, jetzt werde ich reich.«

Wachen Sie auf, kümmern Sie sich um Ihr Geld, bevor es andere tun. Sie tun damit Ihrem Bankverkäufer und vor allem sich selbst einen riesigen Gefallen.

Natürlich soll auch das mit Augenmaß erfolgen. Mein lieber Freund Frank, Einkäufer bei einer mittelständischen Brauerei, sagt stets: »Solange der noch keine Tränen in den Augen gehabt hat, war es nicht billig genug ... und ich hab da noch nichts blitzen sehen!« Ich bin der Meinung: Leben und leben lassen. Ein faires Geschäft mit gutem Gewinn für beide Seiten ist die richtige Kombination.

Solange Ihre Bank allerdings noch 1 Prozent Gebühr für jeden Aktienkauf und 5 Prozent Ausgabeaufschlag für einen Fonds nimmt, ist dieses Verhältnis sicher noch nicht hergestellt. Versuchen Sie diese Dinge ruhig mit Ihrem Bankverkäufer zu verhandeln. Sie werden erstaunt sein, wie flexibel die manchmal sein können.

Das Allerwichtigste ist jedoch: Werden Sie zu einem ernstzunehmenden Verhandlungspartner. Machen Sie sich schlau. Surfen Sie vor einer wichtigen Geldentscheidung wochenlang im Internet, kaufen Sie sich drei bis sieben Anlegerzeitungen, nerven Sie Ihre Freunde mit Diskussionen über Renditen, Sicherheiten und Provisionssätze. Und wenn Sie auf all das keine Lust haben, dann gehen Sie zu einem unabhängigen Finanzberater. Einer, der Ihnen nichts verkauft, sondern Sie nur berät. Der kostet vielleicht 100 oder 200 Euro pro Stunde, aber glauben Sie mir: Wenn Sie sich nicht selbst kümmern und keinen neutralen Finanzberater bezahlen wollen, sondern ahnungslos in Ihre Bankfiliale stolpern, werden Sie in den kommenden Jahren ein Vielfaches dieser Kosten tragen und das Schlimmste: Sie werden es vielleicht niemals merken. Aber Sie werden sich wundern, warum im Ruhestand so wenig für Sie drin ist, wo doch die Rentner in der tollen Bankwerbung immer mit der Harley und einer 20-Jährigen auf dem Sozius zum Segelboot fahren, während Sie mit dem Fahrrad und Ihrem Dackel im Fahrradkorb zur örtlichen Tafel radeln.

Also: Kümmern Sie sich, so schwer ist das nicht. Wenn Sie genauso viel Zeit wie für den Kauf eines Autos investieren, reicht das schon. Manche Menschen wenden zehnmal so viel Zeit auf, um den besten Toaster zu finden, wie sie zur Entscheidung über die richtige Altersvorsorge aufwenden. Wenn Sie darauf keine Lust haben, bezahlen Sie einen wirklich neutralen Profi dafür. Beispielsweise einen Honorarberater. Es gibt inzwischen bundesweit viele unabhängige Honorarberater, die auf Stundenbasis ihre Beratung abrechnen. Ich habe auch nicht immer Lust, meine Steuererklärung selbst zu machen, dann gebe ich es in die Hände eines Profis, der dafür Geld bekommt, ohne dass er davon profitiert, dass ich möglichst viele Steuern bezahle. Genau das tut aber ein Bankverkäufer. Er berät Sie und profitiert davon, wenn Sie möglichst hohe Provisionen bezahlen. Es liegt an Ihnen, das zu beenden.

Nebenkosten minimieren beim Wertpapierinvestment

Egal ob Sie kaufen oder verkaufen: Der Gebührenzähler tickt mit. Selbst wenn Sie überhaupt nichts tun und Ihre Wertpapiere einfach im Depot ruhen lassen, werden Sie oft noch zur Kasse gebeten.

Die Ordergebühr
Beginnen wir mit den Ordergebühren: Die meisten Banken machen die Höhe der Gebühren davon abhängig, welches Wertpapiervolumen beim betreffenden Auftrag gehandelt wird. Ab einer bestimmten Untergrenze wird eine feste Mindestgebühr fällig. Diese kann je nach Orderweg und Bank sehr unterschiedlich aus-

fallen. Günstige Direktbanken verlangen bei der Internet-Order Mindestgebühren von weniger als 5 Euro, während die Auftragserteilung in der Filialbank schon mal mehr als 25 Euro kosten kann. Bei größeren Aufträgen schwankt die Bankgebühr je nach Anbieter meist zwischen 0,25 und 1,0 Prozent des Kurswertes.

Die Börsengebühr

Unabhängig davon, über welche Bank Sie Wertpapiere handeln, kommt bei der Ausführung über die Börse noch die Börsengebühr für den Makler- oder Xetra-Handel hinzu. Diese macht jedoch nur einen Bruchteil der Gesamtgebühren aus, selbst bei größeren Orders werden nur wenige Euro verlangt. Diese Gebühren entfallen, wenn die Transaktion außerhalb der Börse im eigenen Handelssystem der Bank anfällt, sind aber ohnehin meist zu vernachlässigen.

Die Depotgebühr

Bei den Depotgebühren bieten Ihnen einzelne Banken – wie Sie wahrscheinlich zu Recht vermuten, aus dem Kreis der Direktbanken – einen echten Nulltarif an. Manchmal wird die kostenlose Depotführung davon abhängig gemacht, ob Sie wenigstens einmal pro Jahr eine Order aufgeben. Als interessierter, mündiger Anleger ist das sicher kein übertriebenes Verlangen. Das Gegenstück hierzu sind komplizierte Kostenmodelle, bei denen die Gebühr sowohl vom Depotwert als auch von der Anzahl der im Depot befindlichen unterschiedlichen Wertpapiere abhängt.

Es lohnt sich immer, die Gebühren zu vergleichen und gegebenenfalls einer kostengünstigeren Bank die Wertpapiere anzuvertrauen, und das wird in aller Regel eine Direktbank sein. Ihre Hausbank wird Ihnen zwar den Teufel an die Wand malen, weil Sie dort keine Beratung erhalten. Aber mal ganz ehrlich: Wann hat Ihr Banker zuletzt klar gesagt, dass er ganz persönlich zum Kauf einer bestimmten Aktie rät? Meistens verschanzt man sich hinter irgendwelchen Analysen von anderen Banken, und dann soll der Kunde selbst entscheiden, wem er glaubt. Da können Sie sich die Aktientipps auch selbst besorgen, auf die »Beratung« verzichten und ordentlich Gebühren sparen …

Aber auch hier wieder das Thema »Ethik«: Wenn Sie bei Ihrer Filialbank sehr zufrieden sind, viele kleine kostenfreie Serviceleistungen, Beratungen und Gefälligkeiten gerne in Anspruch nehmen, dann lassen Sie die auch etwas verdienen. Ein Geschäft ist dann fair, wenn es beiden Seiten nutzt.

TIPP Lassen Sie sich keine »Strafgebühren« gefallen, wenn Sie mit Ihrem Wertpapierdepot zu einer anderen Bank wechseln. Der Bundesgerichtshof hat die »Strafgelder« für Depotwechsler in jeder Form für unzulässig erklärt (AZ: XI ZR 200/03 und XI ZR 49/04 vom 30. 11. 2004). Dies betrifft nicht nur den Fall der Schließung des Depots und der Übertragung des gesamten Depotinhalts auf die neue Bank, sondern auch die Übertragung von einzelnen Depotposten auf die neue Bank.

Der richtige Umgang mit Wertpapieren

Sie haben genügend finanzielle Reserven auf dem Tagesgeldkonto, um größere ungeplante Ausgaben ohne Kreditaufnahme stemmen zu können? Sie haben Sparpläne eingerichtet, um mittelfristig geplante Investitionen zu finanzieren? In Sachen Altersvorsorge ist alles im grünen Bereich? Und ganz wichtig: Sie sind schuldenfrei?

Wenn Sie diese Fragen mit »Ja« beantworten können, dann nehmen Sie bitte Ihren Platz ein, legen Sie den Gurt an, und starten Sie durch in die Welt der Wertpapiere. Sollte es ab und zu Turbulenzen geben – keine Panik, die gehören dazu. Verhalten Sie sich einfach wie ein guter Pilot: Regelmäßig Daten und Fakten checken, wachsam bleiben und die Hände ruhig halten, dann kommen Sie sicher ans Ziel.

Aktien, Anleihen und andere Wertpapiere sind immer ein langfristiges Investment, das ein unternehmerisches Risiko mit sich bringt und von den Launen der weltweiten Konjunktur beeinflusst wird. Daraus lassen sich zwei Grundregeln ableiten, die Sie sich am besten bei jedem Hochfahren Ihres Computers auf dem Startbildschirm anzeigen lassen, bevor Sie Ihre Wertpapierorders raushauen.

- **Regel Nummer eins:** Wertpapiere sollten immer nur einen Teil des nicht verplanten Vermögens bilden. Kommen Sie nicht auf die Idee, Aktien fürs Sparen auf das nächste Auto oder den Immobilienkauf einzusetzen – die Idee wäre nämlich nicht gut. Sie müssen immer in der Lage sein, eine ungünstige Entwicklung über Jahre hinweg aussitzen zu können. Und wenn es hart auf hart kommt, darf der Totalausfall eines Wertpapierinvestments zwar weh tun, aber keine bleibenden Schäden in Ihrer Finanz- und Lebensplanung hinterlassen.
- **Regel Nummer zwei:** Wertpapiere kann man haben, aber man soll sie nicht brauchen. Wenn Sie unter Zeitdruck verkaufen müssen, dann riskieren Sie herbe Verluste, wenn Sie gerade ein Tief am Kapitalmarkt erwischen. Das vom Deutschen Aktien-Institut (DAI) publizierte Dax-Renditedreieck zeigt anschaulich, wie eine längere Anlagedauer das Verlustrisiko reduziert. Sobald absehbar ist, dass Sie in weniger als zehn Jahren das Geld wieder benötigen, sollten Sie mit dem Umschichten in weniger riskante Anlageformen beginnen.

Damit wird klar, dass die weitverbreitete pauschale Empfehlung, der Aktienanteil am Vermögen sollte »100 minus Lebensalter«-Prozent betragen, unsinnig ist. Wenn Sie Mühe haben, Ihre kurz- und mittelfristigen Investitionen zu finanzieren, sollten Sie auch als 30-Jähriger lieber auf Aktien verzichten. Umgekehrt muss auch der 80-jährige Rentner nicht auf sein Aktienpaket verzichten, wenn sein Lebensunterhalt gesichert und das Anlagekapital nicht anderweitig verplant ist. In diesem Fall wäre sogar die Überlegung interessant, mit einer dividendenorientierten Anlagestrategie die Ausschüttungen der Unternehmen als Zusatzeinkommen zu nutzen.

Ein Hilfsmittel von unschätzbarem Wert ist auch hier der gesunde Menschenverstand, der Ihnen ganz klar sagt, dass kurzfristige Wünsche nicht mit risikobehafteten Geldanlagen finanziert werden sollen. Vor diesem Hintergrund seien Sie auch vor der Gier gewarnt, die bekanntermaßen das Hirn frisst. Kurzfristige Traumgewinne sind allenfalls Glückssache und damit eher mit einem Zufallstreffer im Lotto als mit einer todsicheren Anlagestrategie gleichzusetzen. Ja, mit Aktien und anderen Wertpapieren lassen sich langfristig meist bessere Renditen erzielen als mit Banksparplänen. Aber fünf Jahre lang jedes Jahr 10 oder 20 Prozent Gewinn einfahren? Forget it.

Lassen Sie sich vom Nachbarn nichts anderes erzählen. Der prahlt zwar gerne an der Theke mit seinen wahnsinnigen Kursgewinnen in Boomzeiten, aber wenn die Kurse wieder den Orkus runtergehen, spricht er dann doch lieber über Fußball.

Wohngebäudeversicherung

Nachdem wir uns mit der Baufinanzierung befasst haben, bietet sich das Thema Wohngebäudeversicherung an – denn diese ist für Immobilieneigentümer ein absolutes Muss. Zwar ist diese Versicherung nicht gesetzlich vorgeschrieben, aber ohne sie würden Sie nicht weit kommen. Überhaupt genehmigen Banken nur dann ein Baudarlehen, wenn für die Immobilie eine Wohngebäudeversicherung vorhanden ist.

Der gleitende Neuwertfaktor

Allein dieser Name! Warum müssen Versicherungsdinge immer so öde klingen, ist das Thema doch gar nicht …

Aber macht der Name auch Sinn? Und die Versicherung dahinter und drum herum?

Nun, bei einer Haftpflicht- oder Risikolebensversicherung haben Sie eine klare Versicherungssumme: Die Haftpflichtversicherung zahlt den entstandenen Schaden bis zur vereinbarten Deckungsgrenze, und die Risikolebensversicherung zahlt im Todesfall die im Vertrag festgeschriebene Versicherungssumme aus. So weit, so gut.

Würde es bei der Wohngebäudeversicherung ebenfalls eine einmal festgelegte Versicherungssumme geben, hätten Sie jedoch im Ernstfall ein Problem – vor allem, wenn es sich um ein älteres Gebäude handelt. Nehmen wir mal an, Sie hätten von Ihren Eltern ein Häuschen geerbt, das 1960 erbaut wurde. Damals schaffte man es noch, mit viel eigener Muskelkraft und Sparsamkeit für 60 000 bis 80 000 Mark ein hübsches Einfamilienhaus zu bauen, und mit der entsprechenden Versicherungssumme wurde anno dazumal auch die Wohngebäude-Police abgeschlossen. Würde heute die Bude abbrennen, könnte man von der Versicherung zunächst einmal eine Auszahlung von 30 000 bis 40 000 Euro erwarten. Ich stelle mir gerade das Gesicht Ihres Immobilienmaklers vor, wenn Sie ihm erklären, dass Sie nach dem Brand nun ein schnuckeliges Einfamilienhaus suchen und auch gerne bereit wären, Ihre gesamte Versicherungsleistung auszugeben: 40 000 Euro.

Moment mal – und was ist mit den Renovierungen? Der neuen Heizung, den Isolierglasfenstern, der Wärmedämmung und allen weiteren Dingen, die nachträglich eingebaut oder gegen modernere Ausführungen ausgetauscht wurden?

Genau hier kommt der sogenannte gleitende Neuwertfaktor ins Spiel und mit ihm der ominöse 1914er-Gebäudewert. Weshalb ausgerechnet der Wert kurz vor Ausbruch des Ersten Weltkriegs als

WOHNGEBÄUDEVERSICHERUNG   299

Basis für die Berechnung des Gebäudewertes bei der Versicherung
dient, ist der späteren Marktentwicklung geschuldet. Der Erste
Weltkrieg, die Hyperinflation zu Beginn der zwanziger Jahre, die
große Depression wenige Jahre später und dann noch der Zweite
Weltkrieg haben die Immobilienpreise so verzerrt, dass als histo-
rischer Basiswert für eine Versicherung der Durchschnittswert im
Jahr 1914 noch als der verlässlichste betrachtet wird … als wenn
es bis dato keine Verwerfungen gegeben hätte … Sei's drum.

Das Bundesamt für Statistik veröffentlicht jährlich neu den
»gleitenden Neuwertfaktor«, mit dem der Gebäudewert von 1914
zu multiplizieren ist, um die aktuellen Kosten für den Wiederaufbau eines Gebäudes bei vollständiger Zerstörung zu schätzen.

Nehmen wir also mal an, Sie hätten im Jahr 2002 ein Haus gebaut, das Sie damals ohne Grundstück 150 000 Euro gekostet hat.
(Die Versicherungssumme versteht sich immer ohne Grundstück,
denn das wird nur selten durch Brand vernichtet … es sei denn,
Sie wohnen im Umkreis von 20 Kilometern um ein japanisches
Atomkraftwerk, aber lassen wir das hier besser.) Im Jahr 2002
galt ein »gleitender Neuwertfaktor« von 13,14. Um den 1914er-
Wert zu erhalten, dividieren Sie die ursprünglichen Baukosten
durch den damals geltenden Neuwertfaktor und kommen somit
auf 11 415 Goldmark – natürlich fiktive Goldmark aus dem Jahr
1914. Wenn Sie das Haus im üblichen Rahmen in Schuss gehalten haben, können Sie die aktuelle Versicherungssumme ermitteln, indem Sie den »Goldmark-Wert« Ihres Hauses mit dem heutigen gleitenden Neuwertfaktor multiplizieren. Dieser beträgt für
das Jahr 2011 auf Euro-Basis 15,4 – und daraus ergibt sich eine
Versicherungssumme von 175 800 Euro.

Siehe da, dieser dröge klingende »gleitende Neuwertfaktor«
sorgt also dafür, dass wir auch dann nicht unter die Brücke ziehen müssen, wenn unser Haus in 20 oder 30 Jahren abbrennt. So
langweilig ist der also gar nicht.

Größere Maßnahmen, die den Wohnwert des Hauses deutlich erhöhen oder zusätzlichen Wohnraum schaffen, müssen Sie trotzdem unbedingt der Gebäudeversicherung melden, weil diese Maßnahmen auch den 1914er-Wert erhöhen. Doch die üblichen Erhaltungsaufwendungen und Modernisierungen sind mit dem gleitenden Neuwertfaktor abgedeckt, so dass Sie im Ernstfall davon ausgehen können, dass die Versicherung bei einer kompletten Zerstörung des Gebäudes einen Neubau mit vergleichbarer Wohnfläche zahlt.

VORSICHT Kommen Sie lieber nicht auf die Idee, mit einer zu niedrigen Angabe von Baukosten oder Wohnfläche den 1914er-Wert und damit die Versicherungsprämie zu drücken. Schon bei kleineren Brand-, Wasser oder Unwetterschäden kommt der Versicherungsgutachter und prüft, ob die Versicherungssumme korrekt ermittelt wurde. Wenn nicht, erfolgt wegen Unterversicherung auch dann ein Abzug bei der Auszahlung, wenn die eigentliche Deckungssumme noch lange nicht erreicht ist. Das bedeutet ganz konkret: Wenn der Gutachter feststellt, dass Sie die Baukosten um 20 Prozent zu niedrig angesetzt haben, um ein paar kleine Eurinchen an der Versicherungssumme zu sparen, wird er Ihren Wasserrohrbruch mit 20 000 Euro Schaden am 400 Jahre alten Eichenparkett, das Sie extra aus einem rumänischen Schloss erworben haben, gnadenlos kürzen. Dann reicht es bei der Renovierung eben nur noch für Laminat »Hornbach«.

Die Wohngebäudeversicherung deckt alles ab, was zur Bausubstanz gehört. Die Definition ergibt sich meist aus der Frage, ob die Gegenstände fest mit dem Gemäuer verbunden sind oder nicht. So zählt beispielsweise ein Einbauschrank zur Bausubstanz, während normale Kleiderschränke nicht mitversichert sind, sondern zum Hausrat zählen. Versuchen Sie nicht zu diskutieren, dass der Kleiderschrank mangels Reinigung schon an der Wand festgekrustet war, Sie ziehen den Kürzeren. Versicherungsbedingungen sind ein gnadenloser und nicht immer logischer Dschungel.

Hier ein paar Schoten aus diesem Dschungel:

WOHNGEBÄUDEVERSICHERUNG

Versichert sind in der Standardpolice Schäden durch Brand, Blitzschlag, Sturm, Hagel und Leitungswasser. Allerdings gibt es Einschränkungen: So kommt es beim Blitzschlag darauf an, wo sich die Einschlagstelle befindet. Wurde das Haus direkt getroffen, zahlt die Versicherung durchgeschmorte Kabel oder die zerstörte Heizungssteuerung. Schlug der Blitz außerhalb des Hauses in das Leitungsnetz ein, sind die daraus entstehenden Schäden durch Überspannung nur versichert, wenn die entsprechende Klausel gegen Aufpreis in die Gebäudeversicherungspolice eingeschlossen wurde.

Versichert ist: Leitungs-, aber kein Regenwasser. So war bei mir direkt vor dem Haus ein Wassersiphonrohr gerissen und hat eine Kellerwand durchnässt. Wäre in diesen Siphon nur Regenwasser eingeleitet worden, hätte die Versicherung nichts bezahlt. Da aber auch ein Wasserhahn (Leitungswasser) zur Gartenbewässerung zu diesem Siphon ableitet, war es nun doch wieder ein Versicherungsfall. Was passiert wäre, wenn dieser Wasserhahn hingegen von einer Regenwasserzisterne gespeist worden wäre, habe ich dann lieber doch nicht mehr gefragt. Versicherungsfachleute müssen ganz besondere Menschen sein – aber das behauptet man ja auch von uns Börsianern.

Die Leitungswasser-Versicherung deckt ferner Schäden ab, die durch geplatzte Wasser- und Heizungsrohre, aber auch durch undichte Schläuche an Wasch- oder Geschirrspülmaschinen verursacht werden. Allerdings zahlt die Versicherung nur, wenn Sie nicht grob fahrlässig gehandelt haben – und das wäre beispielsweise der Fall, wenn die Geschirrspülmaschine noch läuft, während Sie bereits in den Urlaub fahren. Wenn dann aufgrund eines Defektes die Wohnung überschwemmt wird, haben Sie Pech gehabt.

Je nach Region sind die Prämien unterschiedlich hoch, weil die Versicherer bei ihren Hochrechnungen die Schäden nicht bundesweit, sondern regional umlegen. So sind beispielsweise die

Prämienanteile für die Sturmversicherung im windigen Norddeutschland höher als in Hessen oder Rheinland-Pfalz. Auch Größe und Bauqualität des Hauses fließen in die Prämienberechnung mit ein, ebenso die Bauweise des Daches und die Frage, ob das Gebäude gewerblich oder privat genutzt wird.

Nicht zur Gebäudeversicherung zählt die Deckung von Schäden durch Überschwemmung, Erdrutsch, Lawinen, Erdbeben und Hexerei. Dafür ist eine eigenständige Elementarschaden-Versicherung nötig. Ein Abschluss ist jedoch ein schwieriges Unterfangen für diejenigen, die beispielsweise in hochwassergefährdeten Gebieten wohnen. Die meisten Versicherer schließen nämlich nur einen Vertrag ab, wenn in den vergangenen zehn Jahren kein entsprechender Schaden entstanden ist oder eine Einzelfallprüfung ergeben hat, dass das Schadensrisiko vergleichsweise gering ist. Das bedeutet in der Praxis: Diejenigen, die eine Versicherung gegen Hochwasserschäden am nötigsten brauchen (Mosel-Kellerrestaurant-Besitzer), werden mit hoher Wahrscheinlichkeit abgelehnt. Hingegen dürften Sie gute Chancen haben, in Hamburg eine Versicherung gegen Lawinenschäden oder Vulkanausbrüche zu erhalten. Versicherungen sind schon oft ein Übel, wenn auch leider ein notwendiges.

TIPP Wenn Sie bauen, sollten Sie vor dem Baubeginn praktisch als Vorstufe der Gebäudeversicherung eine Rohbau-Versicherung abschließen, mit der Schäden am Bau durch Brand, Blitzschlag oder Hagel gedeckt werden. Genauso wichtig beim Bauen ist die Bauherren-Haftpflichtversicherung. Diese Versicherung springt ein, wenn einem Dritten aufgrund der Fahrlässigkeit des Grundstücksbesitzers ein Schaden entstanden ist. So zum Beispiel, wenn die Schwiegermutter sich unbedingt selbst ein Bild von der ordnungsgemäßen Ausführung der Dachsparrenverschraubung machen will oder die Nachbarskinder einfach nicht einsehen wollen, dass die über Nacht zurückgelassene Kreissäge nicht für Laubsägearbeiten taugt. Weil der Grundstückseigentümer für alle Aktivitäten auf seiner Baustelle verantwortlich ist und haftbar gemacht werden kann, ist diese Versicherung ein Muss – vor allem auch weil die normale Privathaftpflicht-Police meist nur kleine Bauvorhaben abdeckt.

Private Krankenvollversicherung

Die privaten Zusatzversicherungen, mit denen Sie die Leistungen der gesetzlichen Krankenkasse ergänzen können, habe ich ja bereits zerpflückt und in sinnvolle und unsinnige eingeteilt. Nun gibt es aber auch die Möglichkeit, unter bestimmten Voraussetzungen das gesetzliche Kassensystem komplett zu verlassen und eine private Krankenvollversicherung abzuschließen. Die Frage ist: Wer darf das tun – und lohnt es sich wirklich?

Zunächst eines vorneweg: Wir müssen absolut keine Sorge vor einer Zweiklassengesellschaft oder gar Zweiklassenmedizin haben, die ist nämlich schon längst Realität. Was sich bei manchem Arzt abspielt, könnte glatt aus einem Dokumentarfilm über Südafrikas Apartheidsregime stammen.

Ich kenne Ärzte, die haben zwei Wartezimmer. Eines mit engen Plastikstühlen und uralten Fernsehzeitschriften, ein anderes mit Ledersesseln und den dazugehörigen Fernsehern. Natürlich diskret durch schwere Vorhänge vom Pöbel getrennt. Eines für die Kassenpatienten (die einen Termin frühestens in zehn Wochen erbetteln können) und eines für die Privatpatienten (»Sie können morgen früh gleich vorbeikommen.«). Auf diese »Vergünstigungen« kann man getrost verzichten, aber auf die notwendige Behandlung nicht.

Ganz abgesehen davon, dass zahllose Ärzte inzwischen überhaupt keine Kassenpatienten mehr behandeln, steht den Kassenpatienten oft nur eine sehr eingeschränkte Auswahl von Behandlungsmethoden zur Verfügung. Manch mögliche Heilung oder Linderung bleibt der »Holzklasse« verwehrt oder muss separat bezahlt werden. Alle Menschen sind vor Gott gleich, aber nicht vor der deutschen Gesundheitsindustrie.

Wenn Sie Arbeitnehmer sind, ist der Wechsel in eine private Krankenversicherung nur möglich, wenn Ihr Einkommen über der – Achtung Beamtendeutsch! – Jahresarbeitsentgeltgrenze (JAEG) liegt. Für das Jahr 2012 liegt diese Grenze bei 50850 Euro Bruttoeinkommen pro Jahr. Selbständige können zumeist wählen, ob sie als freiwilliges Mitglied in der gesetzlichen Krankenversicherung bleiben oder sich privat versichern. Eine besondere Regelung gilt für Beamte: Für diese Berufsgruppe übernimmt der Staat im Rahmen der sogenannten Beihilfe einen großen Teil der Krankheits- oder Behandlungskosten. Für den Rest muss eine private Krankenversicherung mit einem speziellen Beamtentarif abgeschlossen werden.

Bei der Ermittlung der Höhe der Versicherungsbeiträge verwenden die privaten Krankenversicherer ein komplett anderes System als die gesetzlichen Krankenkassen. Während sich der Kassensatz auf das Einkommen bezieht – und damit die Bezieher niedriger Einkommen auch weniger Beitrag zahlen –, richtet sich der Beitrag bei privaten Versicherern unabhängig vom Einkommen nach dem Alter des Versicherten, seinen eventuellen Vorerkrankungen und dem Geschlecht. Wie sich das mit Artikel 3 des Grundgesetzes verträgt, ist ein Thema, das die Versicherungen gerade mit den Richtern diskutieren.

»Niemand darf wegen seines Geschlechtes ... benachteiligt oder bevorzugt werden. Niemand darf wegen seiner Behinderung benachteiligt werden.« Doch das nur am Rande.

Auch müssen bei den Privaten im Gegensatz zur gesetzlichen Krankenversicherung Ehepartner ohne eigene Einkünfte sowie Kinder kostenpflichtig extra versichert werden.

Auf den ersten Blick erscheinen die Angebote privater Kran-

PRIVATE KRANKENVOLLVERSICHERUNG

kenversicherungen verlockend: Beim Einstieg werden Ihnen oftmals weit günstigere Beiträge geboten als der Kassensatz, und auf der anderen Seite bekommen Sie sogar noch Extras wie Chefarztbehandlung, Einzelzimmer im Krankenhaus und Wartezimmer mit Ledersessel.

Aber wie so oft zeigt die Marketingabteilung nur die Schokoladenseite, während die Nachteile erst im Lauf der Zeit zutage treten. Wenn die Familie Zuwachs bekommt, kostet bei den Privaten jedes zusätzlich zu versichernde Familienmitglied extra. Selbst wenn Sie deutlich oberhalb der Versicherungspflichtgrenze verdienen, neigt sich häufig spätestens ab dem zweiten Kind die Waage zugunsten der gesetzlichen Kasse.

Auch müssen Sie damit rechnen, dass Sie bei bestimmten Vorerkrankungen mehr zahlen müssen als geplant. Beim Aufnahmeantrag müssen Daten und Fakten zum Gesundheitszustand offengelegt werden – wie beispielsweise chronische Krankheiten, Operationen oder Allergien. Ist das Krankheitsregister zu lang, kann die Kasse vor der Aufnahme einen Risikozuschlag verlangen oder die Aufnahme ganz verweigern. Und kommen Sie ja nicht auf die Idee, etwas zu verschweigen. Im schlimmsten Fall zahlen Sie jahrelang teure Beiträge, und wenn dann eine kostspielige Herz-, Leber- und Lungentransplantation ansteht, recherchiert die Versicherung mit hoher Wahrscheinlichkeit Ihre gesamten Krankenakten bis zum Urgroßonkel durch, ob sich nicht ein Grund finden lässt, die Zahlung wegen Versicherungsbetruges zu verweigern. Dann liegen Sie auf dem OP, und schon der Narkosearzt hält die Hand auf.

Dazu kommt, dass die privaten Policen trotz günstiger Einstiegstarife schneller teurer werden können, als es Ihnen als dem Kunden lieb ist. So hat sich nach einer Studie des Analysehauses Morgen & Morgen die private Krankenversicherung für Männer von 2006 bis 2010 im Schnitt um 27,6 Prozent verteuert.

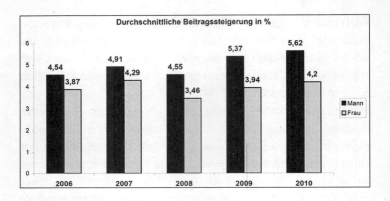

Die Beitragssteigerungen privater Krankenversicherungen

Im Schnitt verdoppeln sich die Beiträge alle zwölf Jahre. Da kommt was zusammen.

Diese Preisschübe nehmen teils dramatische Dimensionen an und übersteigen schnell die Möglichkeiten des Versicherten, dessen neues Häuschen doch schon so knapp kalkuliert war. Diese Steigerungen werden in Zukunft noch dramatischer werden. Für die Krankenversicherungen zählt nur eine Mischkalkulation. Kommen viele junge Versicherte hinzu, die einzahlen, ohne krank zu sein, kann man damit auch ein paar Alte mit ihrer Diabetes unterstützen. Aber die Jungen bleiben – auch wegen der immer geringeren Geburtenraten – zunehmend aus, und die Tarife der Alten steigen schneller und schneller. Hinzu kommt eine maßlose Pharmaindustrie, die mit immer neuen und teureren Medikamenten (oft ohne echten Zusatznutzen) an der Preisschraube dreht. Wer sich also auf die private Krankenversicherung einlässt, sollte finanziell schon recht schmerzfrei sein. Und bedenken Sie: Die Beitragssätze sinken auch nicht, wenn Sie in Rente gehen, es sei denn, Sie haben das schon früh vereinbart und dafür deutlich höhere Beiträge während Ihres Berufslebens bezahlt.

PRIVATE KRANKENVOLLVERSICHERUNG

ACHTUNG Haben Sie sich einmal für die private Krankenversicherung entschieden, kann dieser Schritt nicht ohne weiteres wieder rückgängig gemacht werden. Wenn Sie jünger als 55 Jahre sind, können Sie auf Dauer nur in die gesetzliche Kasse zurück, wenn Ihr Einkommen mindestens zwölf Monate unter die Jahresarbeitsentgeltgrenze fällt. Ab dem Alter von 55 Jahren ist die Rückkehr gesetzlich ausgeschlossen und nur noch in Ausnahmefällen möglich. Auch Selbständigen bleibt nach dem Ausstieg aus der freiwilligen gesetzlichen Versicherung der Rückweg versperrt.

Was aber tun, wenn die Kostenlast Sie erdrückt? Sie können doch die Leistungen reduzieren ... Und damit ist natürlich der eigentliche Vorteil im Vergleich zur Kassenleistung futsch.

TIPP Angesichts der Tatsache, dass die private Krankenversicherung schnell zum finanziellen Klotz am Bein werden kann und eine Rückkehr in die gesetzliche Krankenversicherung so gut wie ausgeschlossen ist, sollten Sie sich diesen Schritt besonders gut überlegen. Im Zweifelsfall ist es immer die bessere Alternative, fürs Erste höhere Kosten in Kauf zu nehmen und dafür die Flexibilität der gesetzlichen Krankenkasse in Bezug auf Beitragsbemessung und kostenlose Mitversicherung der Kinder nutzen zu können.

Nützliche Planungshilfen
zu Baufinanzierung und Wertpapieranlage

Checkliste
Renovierungskosten beim Kauf eines Altbaus

Mauerwerk	_____ €
Fassade/Wärmedämmung	_____ €
Dach/Isolierung	_____ €
Balkon/Terrasse	_____ €
Fenster	_____ €
Heizung und Heizkörper	_____ €
Bodenbeläge	_____ €
Maler- und Tapezierarbeiten	_____ €
Türen	_____ €
Elektroinstallationen	_____ €
Sanitäre Installationen	_____ €
Innenausbau (z. B. Küche, Einbaumöbel)	_____ €
Außenanlagen	_____ €
Sonstiges	_____ €
Zwischensumme	_____ €
+ Reserve (10 % – 15 %)	_____ €
Gesamtsumme	_____ **€**

PLANUNGSHILFEN ZU BAUFINANZIERUNG UND WERTPAPIERANLAGE

Checkliste Finanzierungsplanung

Kaufpreis des Hauses/der Wohnung _____ €

+ Nebenkosten (Grunderwerbsteuer, Notar, Makler) _____ €

+ Kosten für Einrichtung und Renovierung _____ €

Gesamtkosten _____ €

Eigenkapital

Sofort verfügbar (Tagesgeld, fällige Guthaben usw.) _____ €

Verfügbar ab (Datum)_____ (Festgelder etc.) _____ €

Guthaben auf bestehenden Bausparverträgen _____ €

   (Bausparsumme _____ €)

Gesamtes Eigenkapital _____ €

Vorgaben für Kreditangebot

Kreditsumme (Gesamtkosten – Eigenkapital) _____ €

Maximale Höhe der monatlichen Kreditrate _____ €

Passt die Kreditrate zur Kreditsumme? [ ] Ja / [ ] Nein

LEVEL 3: FINANZPLANUNG FÜR PROFIS

Vergleichshilfe Kreditangebote

Name der Bank			
Kreditsumme			
Zinsbindung			
Nominalzins			
Effektivzins			
Anfängliche Tilgung			
Monatsrate			
Gebühren einmalig			
Gebühren laufend			
Sondertilgungen			
Restschuld am Ende der Zinsbindung			

Vergleichshilfe Bankgebühren beim Aktieninvestment

Name der Bank			
Orderprovision %			
Mindestgebühr			
Kosten bei Order 1 000 €			
Kosten bei Order 5 000 €			
Kosten bei Order 10 000 €			
Jährliche Depotgebühr %			
Jährliche Mindest-Depotgebühr			
Gebühren für Limitsetzung			

312   LEVEL 3: FINANZPLANUNG FÜR PROFIS

Checkliste Aktienauswahl

Basisdaten:
- In welcher Branche ist das Unternehmen aktiv?
- Handelt es sich hierbei um eine defensive oder konjunktursensible Branche?
- Welche Produkte stellt das Unternehmen her, und wie stark ist seine Marktposition?
- Wie hoch ist der letzte Jahresumsatz?
- Wie viele Mitarbeiter beschäftigt das Unternehmen?
- In welchem Aktienindex ist das Unternehmen gelistet?

Kennzahlen:
- Wie hat sich der Gewinn in den vergangenen fünf Jahren entwickelt?
- Wie hat sich die Dividendenausschüttung in den vergangenen fünf Jahren entwickelt?
- Wie hoch ist die Eigenkapitalquote, und wie hat sich diese in den vergangenen fünf Jahren entwickelt?
- Kann das Unternehmen einen konstanten positiven Cashflow vorweisen?
- Wie sehen Kursentwicklung und -schwankungen im Vergleich zum Index aus?
- Mit welchem Kurs-Gewinn-Verhältnis (KGV) ist das Unternehmen momentan bewertet?

PLANUNGSHILFEN ZU BAUFINANZIERUNG UND WERTPAPIERANLAGE   313

Checkliste Unternehmens- und Staatsanleihen

Generell:
- Mit welcher Ratingnote wird die Emittentin derzeit eingestuft?
- Wie hat sich das Rating in den vergangenen fünf Jahren entwickelt?
- Findet ein liquider Handel mit den Anleihen statt?

Bei Unternehmensanleihen:
- In welcher Branche ist das Unternehmen aktiv?
- Handelt es sich hierbei um eine defensive oder konjunktursensible Branche?
- Welche Produkte stellt das Unternehmen her, und wie stark ist seine Marktposition?
- Wie hoch ist der letzte Jahresumsatz?
- Wie viele Mitarbeiter beschäftigt das Unternehmen?
- Wie hat sich der Gewinn in den vergangenen fünf Jahren entwickelt?
- Wie hoch ist die Eigenkapitalquote, und wie hat sich diese in den vergangenen fünf Jahren entwickelt?
- Kann das Unternehmen einen konstanten positiven Cashflow vorweisen?

Bei Staatsanleihen:
- Wie hat sich die Wirtschaft des betreffenden Landes entwickelt?
- Wie hoch ist die Verschuldung im Verhältnis zum Bruttosozialprodukt?
- Wie stabil sind die politischen Verhältnisse?
- Ist das Land überdurchschnittlich stark von bestimmten Einzelbranchen abhängig?

Level 4:

Gimmicks und Exoten

Die Pflicht ist durch, nun kommt die Kür. Was für die allermeisten Verbraucher in Sachen Geldanlage, Versicherungen und Finanzierung wichtig ist, haben Sie erfahren. In diesem Kapitel kommen Anlageformen zur Sprache, die für den einen oder anderen aus persönlichen Gründen interessant sein können, jedoch ein hohes Maß an spezifischem Fachwissen erfordern.

Weil es sich dabei zumeist um Kapitalanlagen außerhalb des klassischen Banken- und Wertpapierspektrums handelt, ist das Verlustrisiko entsprechend hoch: Im schlimmsten Fall müssen Sie bei einigen der hier beschriebenen Anlageformen mit dem Totalverlust rechnen. Daher sollten Sie diese Anlageprodukte nur dann in Erwägung ziehen, wenn Ihre Vermögensplanung auf solidem Fundament steht und ein Totalverlust ohne gravierende Folgen verschmerzt werden kann.

Es würde den Rahmen dieses Buchs sprengen, bei jeder Spielart der exotischen Anlageprodukte ins Detail zu gehen. Daher soll an dieser Stelle ein kompakter Überblick genügen. Wie schon gesagt: Ohne tiefgehende Kenntnisse der Materie sind die einzelnen Produkte sowieso ungeeignet – und dieses Wissen werden Sie sich im Bedarfsfall bereits aus anderen Quellen angeeignet haben.

Derivate

Oder wie der Insider sie nennt: Wetten! »Derivat« heißt grob übersetzt »Ableitung«. Wenn Sie einen Optionsschein, einen Future oder eines dieser (bei Bankvertrieblern) besonders beliebten

Zertifikate kaufen, dann kaufen Sie erst mal überhaupt nichts. Keine Aktie, kein Kupfer, kein Garnichts. Sie schließen lediglich eine Wette darüber ab, ob das Produkt, auf das Sie die Wette abgeschlossen haben, steigt oder fällt. Doch der Reihe nach:

Zertifikate

Wenn Sie beispielsweise ein Daimler-Zertifikat kaufen, dann sind Sie keineswegs Besitzer einer Daimler-Aktie. Sie haben dann lediglich mit der herausgebenden Bank eine Wette auf die Daimler-Aktie abgeschlossen. Sie haben also nicht nur das Risiko, dass der Daimler-Aktienkurs fällt, sondern obendrein das Risiko, dass die herausgebende Bank den »Lehman« macht, sprich: pleitegeht. Dann ist Ihr Wettpartner weg und mit ihm Ihr eingezahltes Spielgeld. Das ist etwas ganz anderes als ein Aktiengeschäft. Eine Aktie zählt als Sondervermögen. Diese Aktie bewahrt die Bank in Ihrem Namen für Sie auf. Wenn die Bank pleitegeht, bekommen Sie Ihre Aktie eben wieder zurück und können eine andere Bank bitten, darauf aufzupassen.

Ein Zertifikat ist hingegen rechtlich wie eine Schuldverschreibung zu sehen: Sie leihen der herausgebenden Bank Ihr eingezahltes Geld und gehen mit ihr eine Wette ein. Und noch einmal: Wenn die Bank weg ist, ist auch Ihr Geld weg. Tolle Sache, nicht wahr? Aber »Zertifikat« klingt ja so schön sicher. Genau das war auch das Problem bei den berüchtigten »Lehman-Zertifikaten«. Die amerikanische Bank Lehman hatte ganz viele solcher Wetten auf den Markt gebracht. Lehman-Zertifikate auf Aktien oder auf ganze Indizes wie den Dax. Als Lehman pleiteging, war der Buchmacher also mit dem Geld weg. Die Anleger haben alles verloren, obwohl der Dax, auf den sie eigentlich gewettet hatten, keineswegs pleite war. Nur der Buchmacher. Dass für die legale Einführung solcher Zertifikate vor vielen Jahren eigens das deutsche Glücksspielgesetz geändert werden musste, erklärt einiges.

Betrachtet man ihre Bedeutung für die »reale«, also die produzierende Wirtschaft, so sind diese Zertifikate ebenfalls verheerend. Wenn Sie und ich heute 10 000 Euro gegeneinander wetten, ob die Daimler-Aktie morgen steigt oder fällt, dann hat das Unternehmen Daimler davon überhaupt nichts. Im Gegenteil: Sie und ich müssen für diese Wette die 10 000 Euro hinterlegen, und somit steht dieses Geld nicht für sinnvolle Investitionen in die Wirtschaft zur Verfügung. Stellen Sie sich die Größenordnungen vor, da ist Geld in Milliardenbeträgen in sinnlosen Wetten gebunden. Das ist das Gegenteil vom eigentlichen Ziel des Börsenhandels. Denn kaufen Sie hingegen Aktien eines Unternehmens, dann stellen Sie diesem Unternehmen Eigenkapital zur Verfügung, mit dem es seinen Maschinenpark vergrößern und Arbeitsplätze schaffen kann.

Bleibt also die Frage, warum die Banken seit einigen Jahren mit Zertifikaten um sich werfen wie der Kölner mit Kamellen an Karneval. Dafür gibt es eine sehr einfache Erklärung: weil es sich rechnet! Warum? Wenn Sie eine Aktie kaufen, verdient die Bank daran sehr wenig, da zahlt kaum noch jemand 1 Prozent Gebühr. Auch die Ausgabeaufschläge bei Investmentfonds von offiziell 5 Prozent zahlt kaum noch jemand freiwillig, sondern verhandelt Rabatte oder wechselt zu Direktbanken mit günstigeren Konditionen.

Aber bei Zertifikaten? Die sind so komplex gestrickt, dass sich hier sehr hohe Gebühren und Provisionen schön verstecken lassen. Die herausgebende Bank macht sich damit einen richtig schlanken Fuß. Und da es so schön in der Kasse klingelt, kann man dem Vertrieb, also ihrem verehrten Bankverkäufer am Schalter, auch besonders hohe Provisionen bezahlen. Zwar müssen die Herrschaften Ihnen ihre Provisionen offenlegen, was aber bei der emittierenden Bank (Vorsicht: Häufig ist das auch gleichzeitig die beratende Bank!) an internen »Zuweisungen« entsteht, bleibt oft im Dunkeln. Daher werden Sie inzwischen regelrecht bombardiert mit den abenteuerlichsten Zertifikaten. Die Banken lassen es sich einiges kosten, Ihnen diese »Produkte« schmackhaft zu machen.

Je komplexer und undurchsichtiger ein Zertifikat, umso einfacher für die Bank.

Aber umso aufwendiger – bis unmöglich – wird es für Sie, diese Wette in vollem Umfang zu verstehen, die sie eingehen.

Um es auf den Punkt zu bringen: Auch wenn Ihnen die Bank etwas anderes erzählt, Zertifikate sind für den konservativen und unerfahrenen Investor ein vollkommen unbrauchbares Produkt. Sie benötigen ausgezeichnete Fachkenntnisse und eine Menge Zeit, um ein Ihnen angebotenes Zertifikat wirklich zu verstehen. Es gibt unendlich viele Unterschiede. Der Herausgeber kann die Wettbedingungen beliebig festlegen. Wenn Sie die Wettbedingungen nicht komplett gelesen und verstanden haben, können Sie in Teufels Küche kommen. ... in seinem Beratungszimmer sitzen Sie unter Umständen bereits.

Ich kenne Experten an der Börse, die sich seit vielen Jahren mit diesen Themen beschäftigen und dennoch immer wieder von der Ausgestaltung mancher Zertifikate überfordert sind und sie falsch einschätzen.

Wenn Sie mit einem Geschäftspartner einen Vertrag abschließen wollen, der den Vertrag selbst aufsetzt und ihn so kompliziert gestaltet, dass Sie ihn gar nicht richtig verstehen KÖNNEN, würden Sie diesen Vertrag unterschreiben? Wahrscheinlich würden Sie den Geschäftspartner fortjagen. Und genau das sollten Sie tun, wenn Ihnen jemand ein Zertifikat andrehen will, das Sie nicht bis ins Kleinste verstanden haben. Sie MÜSSEN sich vorher unbedingt den zugehörigen Verkaufsprospekt aufmerksam durchlesen. Wenn Sie dazu keine Lust haben, lassen Sie die Finger weg.

Für dennoch Interessierte hier ein kleiner Überblick über die wichtigsten Zertifikate:

Discount-Zertifikat
Klingt nach Lidl oder Aldi – und dem entspricht es auch. Hier gibt's Aktien »im Angebot«. »Daimler heute für 45 statt 50 Euro.«

DERIVATE

Wie kann das denn sein!?

Ganz einfach: Sie schließen ja nur eine Wette auf Daimler ab. Sie bekommen sogar ein bisschen Vorsprung. Die Wette läuft, sagen wir ein Jahr. Das ist die Laufzeit des Zertifikates. Daimler steht heute bei 50 Euro. Sie kaufen das Zertifikat mit einem Abschlag von 5 Euro auf den heutigen Aktienkurs zu, sagen wir, 45 Euro. Sie haben also schon gleich 5 Euro Gewinn gemacht … wenn Daimler in einem Jahr immer noch bei 50 Euro steht. Weil Sie die Daimlerwette so schön billig bekommen, will die Bank natürlich eine Gegenleistung. Sie besteht darauf, dass Sie auf einen Teil Ihrer möglichen Kursgewinne verzichten. Sagen wir mal: auf fast alle. Sie haben nämlich einem sogenannten »Cap« – einem Deckel – zugestimmt. Der liegt in unserem Beispiel bei 52 Euro. Vollkommen egal, wie stark die Daimler-Aktie im kommenden Jahr steigen wird, Sie bekommen maximal 52 Euro zurück, selbst wenn Daimler auf 130 steigt. Sie können also maximal 7 Euro verdienen. 52 Euro Cap abzüglich der bezahlten 45 Euro sind eben 7 Euro Gewinn. Wenn alles gutgeht. Aber wie sieht es aus, wenn der Kurs fällt? Dann ist der Verlust doch bestimmt auch »gedeckelt«, meinen Sie? Leider nein. Die Gewinne geben Sie an die Bank ab, die Verluste dürfen Sie alleine ausbaden, und zwar unbegrenzt. Wenn der Kurs von Daimler in einem Jahr nicht bei 50, sondern bei 20 Euro steht, dann bekommen Sie eben auch nur 20 Euro zurück. Und Schluss ist an der Börse bekanntlich bei null. Sollte Daimler pleitegehen – ich weiß, das ist nicht realistisch; doch auch bei Lehman hat man so gedacht – oder sollte Ihr Wettpartner die Pforten schließen, ist Ihre Kohle im Kamin.

Fassen wir zusammen: Bei einem Discount-Zertifikat wetten Sie auf eine Aktie, Ihre Gewinnchancen sind stark begrenzt, Ihr Verlustrisiko geht bis zum Totalverlust, und das mit doppeltem Risiko (Aktie + Emittent).

Was zum Teufel treibt Sie dazu, auf so etwas einzugehen!?

Die Zertifikatebranche kontert bei Misstrauen gern: »Das ist

320   LEVEL 4: GIMMICKS UND EXOTEN

ein tolles Produkt, wenn man glaubt, dass diese Aktie nur ein bisschen steigt. Dann kann man diese 7 Euro Gewinn machen, selbst wenn die Aktie nur um 2 Euro gestiegen ist.«

Jetzt erkläre mir bitte jemand, warum ich überhaupt in eine Aktie investieren soll, von der ich annehme, dass das Unternehmen so mittelmäßig ist, dass es im Kurs kaum steigt, aber auch nicht so schlecht, dass es crasht? Warum in drei Teufels Namen soll ich auf eine solche Aktie eine Wette abschließen?

Ach ja, was wir völlig unterschlagen haben: Sollte das Unternehmen (im Beispiel Daimler) in der Zwischenzeit eine unerwartete Dividende zahlen, sehen Sie davon natürlich auch nichts. Tolles Produkt! Verkauft sich übrigens wie geschnitten Brot an jedem Bankschalter.

Merke: Unwissen ist der Vater der Vermögensverluste.

Und das war nur die einfachste Variante des Discount-Zertifikats. Es gibt unzählige Abarten wie »Discount Plus Pro-Zertifikate«, »Reverse Discount Zertifikate« und vermutlich auch das »Von-hinten-durchs-Auge-und-durchs-Knie-wieder-zurück-Zertifikat-mit-doppeltgenähtem-Fallschirm-bei-inversen-Zinskapriolen«.

Garantie-Zertifikate (Kapitalschutz-Zertifikat)
Das klingt so schön nach: »Da kann ja nichts schiefgehen, das nehm ich!« Doch Sie würden den Kirschkern zu kurz spucken. Denn Sie wissen längst: Risiko und Rendite laufen Hand in Hand. Kein Risiko = keine Chance = keine Rendite.

Der Buchmacher (Emittent) garantiert Ihnen beim Garantie-Zertifikat, den »Emissionskurs« (der Kurs, zu dem er es ursprünglich mal aufgelegt hat) am Ende der Laufzeit zurückzuzahlen! Dazwischen nicht!

Es kann auch durchaus sein, dass Sie dieses Zertifikat für 120 Euro kaufen, der Emissionskurs aber 100 Euro war. Dann gibt es am Ende auch nur die garantierten 100. Aber das ist doch ein ganz schön großes Risiko für den Emittenten, meinen Sie? Als Anleger

DERIVATE

kann Ihnen nichts passieren, da sie (fast) nichts verlieren können? Und nach oben gibt es diesmal keinen Deckel! Korrekt, aber dennoch jede Menge Kleingedrucktes. Die Dividenden erhalten Sie nicht, die Rückzahlung berechnet sich bei manchem Anbieter aus dem Kurs an diversen Stichtagen, was das Produkt sehr unübersichtlich macht. Oft ist auch die Teilhabe an den Kursgewinnen sehr stark eingeschränkt. Bei manchem »Garantiezertifikat« ist der Anleger nur etwa mit 25 Prozent an den Kursgewinnen dabei. Sicherheit kostet. Es gibt hier durchaus das eine oder andere Garantiezertifikat, das wirklich halbwegs faire Bedingungen bietet, aber es ist ein langer Weg, um die wenigen Kirschen unter den vielen Tollkirschen zu finden.

Sie können sich ein solches Garantie-Zertifikat auch gleich selbst bauen:

Von 100 000 Euro kaufen Sie sich für 75 000 Euro verschiedene fünfjährige Pfandbriefe mit einer Rendite von ca. 3,5 Prozent. Die restlichen 25 000 Euro investieren Sie in Aktien mit hoher Dividendenrendite (5 Prozent). Fertig.

Im Idealfall erhalten Sie innerhalb der fünf Jahre 18 700 Euro Zinsen plus 6900 Euro Dividende. Zusammen also 25 600 Euro. Zuzüglich aller Kursgewinne aus dem Aktienanteil. Selbst wenn Ihre Aktien ALLE auf null fallen, wäre Ihr Kapital erhalten geblieben.

Auf diese Weise haben Sie auch Ihr Risiko deutlich verteilt. Für einen Totalverlust des Geldes müssten jetzt alle Emittenten Ihrer Pfandbriefe und gleichzeitig alle Ihre Aktiengesellschaften pleitegehen. Beim vergleichbaren Zertifikat genügt die Pleite eines Teilnehmers, des Emittenten, um alles auf einen Schlag zu verlieren.

Basket-, Express-, Bonus-, Alpha-, Knock-in-, Knock-out-, Reverse-, Airbag- und sogar Rolling-Discount-Zertifikate können Ihnen begegnen, mit unzähligen Untervarianten.

Mein pauschaler Rat: Vergessen Sie's!

Ersparen Sie sich und mir weitere Einzelheiten zu diesen Abarten. (Kommt der Begriff »abartig« eigentlich aus dem Zertifikatehandel? ... Man weiß es nicht.) Vielleicht bringe ich eines Tages einen Cashkurs-Ergänzungsband unter dem Titel: »Zertifikate – Fetisch für Finanzmasochisten« heraus. Sollte daran Interesse bestehen, bitte ich um Zuschriften.

Ganz klar: Für Profis oder solche, die sich dafür halten, sind Zertifikate eine Möglichkeit, komplexe Finanzstrategien umzusetzen. Hier haben diese Produkte ihre Berechtigung. Für den »normalen« Anleger (ist das der Gegensatz zu »abartig«!?) sind diese Zertifikate meines Erachtens überflüssig bis gefährlich.

Futures

Ebenfalls eine Form dieser Wetten, die mittlerweile die Finanzwelt dominieren. Hier geht man einen unlimitierten Vertrag auf die Zukunft ein. Man vereinbart, von seinem Vertragspartner in einigen Monaten ein beliebiges Gut (z. B. eine Daimler-Aktie) zu einem bereits heute festgelegten Preis zu erwerben. Egal, wie der wirkliche Kurs an diesem Tag sein wird. Das kann natürlich ganz schön in die Hose gehen. Wenn ich vereinbare, die Daimler-Aktie, die heute 50 Euro kostet, in einem halben Jahr für 50 Euro zu kaufen, und sie steht in einem halben Jahr nur bei 30, dann mache ich 20 Euro pro Aktie Verlust.

Noch gefährlicher ist es aber für den Verkäufer. Wenn die Daimler-Aktie zum festgelegten Zeitpunkt bei 1000 Euro steht (man erinnere sich an die Kursexplosion der VW-Aktie vor wenigen Jahren), dann muss er mir dennoch eine Aktie zu 50 Euro liefern. Und wenn er die gar nicht hat, muss er sehen, wo er sie zu diesem hohen Preis herbekommt. Beim Futurehandel ist es vollkommen üblich, dass man Dinge verkauft, die man gar nicht hat, denn man muss sie ja erst in einigen Monaten liefern. Also bleibt viel Zeit, die Aktie bis dahin zu kaufen oder eben einen neuen Vertrag abzuschließen. Jede Menge heißer Luft, die aber in den letzten Jahren die Welt aus den Angeln hebt. Die Futures seien hier nur am Rande erwähnt, denn für Nicht-Profis gilt eindeutig:

Finger weg!!! Sie riskieren Haus und Hof!! Futures gehören zu jenen Finanzprodukten, mit denen Sie mehr als alles verlieren können.

Optionsscheine

Hier kommen wir zu einem Teil der Derivate, die auch für Sie als Anleger durchaus Sinn machen können. Doch wieder gilt: Nur wenn Sie wissen, was Sie tun!

Klassische Optionsscheine (auch Verkaufsoptionsscheine oder VO) gibt es seit Jahrzehnten, und sie sind schon immer für Handelsstrategien eingesetzt worden. Ich möchte Sie hier nicht zum Zocken verleiten, daher erläutere ich Ihnen hier den sinnvollen Einsatz von Optionsscheinen als Absicherungsprodukt.

Kennen Sie jemanden, der ein Haus oder eine Wohnung besitzt, ohne diese Immobilie gegen Feuer zu versichern? Vermutlich nicht. Warum eigentlich? Neigen die mitteldeutschen Wälder alljährlich zu großflächigen Feuersbrünsten? Ist es in Deutschland an der Tagesordnung, dass ganze Stadtviertel abfackeln? Kennen Sie im näheren Freundeskreis mehrere Menschen, denen das Haus abgebrannt ist? Es ist also offenkundig ein ausgesprochen seltenes Ereignis. Dennoch käme niemand auf die Idee, sein Haus nicht gegen Feuer zu versichern. Aber auf dem Finanzmarkt fahren viele Anleger volles Risiko. Aktien, Rohstoffe, Edelmetalle werden oft in ähnlichen Größenordnungen gekauft, wie Sie auch für eine Eigentumswohnung anlegen müssten. Wird schon gutgehen. Obwohl die Wahrscheinlichkeit eines Großschadens durch Kurseinbruch wesentlich höher ist als Ihr privates Feuerrisiko. Macht es da nicht Sinn, über eine »Feuerversicherung« für Aktien oder Edelmetalle nachzudenken?

So was gibt es tatsächlich. Klassische Verkaufsoptionsscheine zählen für mich zu diesen Versicherungsprodukten. Aber der Reihe nach. Was ist ein Verkaufsoptionsschein? Ein Optionsschein gibt Ihnen das Recht, ein bestimmtes Produkt (zum Beispiel eine Aktie, eine Unze Gold oder einen ganzen Index wie den Dax) innerhalb eines bestimmten Zeitraumes (ich nehme der Einfachheit halber ein Jahr) an den Herausgeber des Optionsscheines zu einem schon heute festgelegten Preis zu verkaufen. Ganz wichtig für Sie ist, dass Sie das Recht haben, das zu tun. Wenn Sie nicht wollen, dann müssen Sie auch nicht.

Schauen wir uns ein Beispiel an:

Sie haben eine Goldmünze (Krügerrand 1 Unze), und die hat heute einen Wert von 1000 Euro. Jetzt erwerben Sie einen solchen Verkaufsoptionsschein ganz normal an der Börse, so wie Sie auch eine Aktie kaufen. Sie wählen in unserem Beispiel einen Optionsschein mit einer Laufzeit von einem Jahr, der Ihnen das Recht gibt, in dieser Zeit eine Unze Gold an die Pfefferminzia-Bank zum Preis von 1000 Euro zu verkaufen. Dieser Optionsschein kostet Sie beispielsweise 50 Euro und lungert jetzt ungerührt ein Jahr in Ihrem Depot herum.

Jetzt gibt es drei mögliche Entwicklungen. Nehmen wir an, der Goldpreis fällt in diesem Jahr sehr stark auf nur noch 300 Euro pro Unze (31,1 Gramm). Jetzt haben Sie mit Ihrer Goldmünze ja 700 Euro Verlust gemacht. Oh Schmerz, oh Pein, wie erklär ich's der Frau, wie der siebenköpfigen Kinderschar!? Aber ... Oh Glück! Sie hatten ja einen Verkaufsoptionsschein erworben, der Ihnen das Recht gibt, diese Unze Gold zu 1000 Euro an die Pfefferminzia-Bank zu verkaufen. Und die Freude wird noch größer, denn diese Optionsscheine sehen gar nicht vor, dass Sie bei der Hauptfiliale der Pfefferminzia-Bank Ihre geliebte Erbmünze abliefern müssen, um das Geld zu bekommen. Sie bekommen Ihren

DERIVATE   325

Schaden ersetzt, ohne dass Sie Ihr Gold abgeben müssen. Ist ja
bei der Feuerversicherung auch so. Da bringen Sie auch nicht die
Trümmer Ihres Hauses mit dem Tieflader zur Versicherungsgesellschaft. Sie verkaufen also einfach Ihren Optionsschein wieder
an der Börse. Denn dort ist dieses Recht ja jederzeit handelbar.
Und für das Recht, eine Unze Gold zu 1000 Euro zu verkaufen,
obwohl Gold gerade mal bei 300 Euro steht, sind die Leute an der
Börse gerne bereit, Ihnen 700 Euro zu überweisen.

Also: 700 Euro Schaden an der Goldmünze, 650 Euro mit dem
Verkaufsoptionsschein verdient. Lediglich die Versicherungsprämie (50 Euro für den Kauf des Optionsscheins) haben Sie eingebüßt. Das Schönste daran: Ihre Goldmünze haben Sie ja immer
noch. Wenn der Preis dann eines Tages wieder steigt … herzlichen Glückwunsch. Bei Ihrem Haus sollten Sie allerdings nicht
darauf hoffen, dass es sich von alleine wieder aufbaut.

Ja, aber was passiert denn, wenn Gold weiter steigt? Nochmals
herzlichen Glückwunsch, sie sind voll dabei. Denn nehmen wir
an, Gold steigt in diesem besagten Jahr auf 2000 Euro. Ihre Goldmünze hat sich im Wert verdoppelt. Und der Optionsschein? Den
lassen Sie einfach verfallen. Genauer gesagt: Sie verkaufen ihn
an einem der letzten Handelstage vor dem Auslaufen für 1 Cent,
das hat aber steuerliche Gründe. Denn: Erinnern Sie sich? Sie
haben ja das RECHT erworben, Ihr Gold zu verkaufen. Keine
VERPFLICHTUNG! Also rechnen wir zusammen: Kursgewinn
der Münze: 1000 Euro. Bezahlte Versicherungsprämie (Kaufpreis
des Optionsscheines) 50 Euro. Gewinn: 950 Euro. Oder besser
ausgedrückt: Statt 100 Prozent Gewinn haben Sie nur 95 Prozent
Gewinn gemacht und dafür einen gesunden Schlaf gehabt.

Die ungünstigste Variante wäre, dass der Goldpreis nach einem
Jahr völlig unverändert bei 1000 Euro liegt. Dann haben Sie die
Versicherungsprämie (50 Euro) umsonst bezahlt. Gut, nicht ganz
umsonst, denn Sie haben dafür einen ruhigen Schlaf genossen.

Mal ehrlich: Haben Sie am 31.12. schon mal heulend am Küchentisch gesessen mit den Worten: »So ein Mist! Ist die Hütte dieses Jahr wieder nicht abgefackelt. Hab ich die Versicherungsprämie für das Haus wieder umsonst bezahlt! Kinder, wollt ihr nicht noch mal den Christbaum anmachen?«

Aber es wird noch besser. Sie brauchen eine solche »Feuerversicherung« für Ihre Aktien oder Ihr Gold ja nicht immer und zu allen Zeiten. Wenn die Märkte ohnehin tief sind und zu steigen beginnen oder rosige Zeiten an den Märkten allgemeinen Aufschwung verheißen, muss man nicht unbedingt alles versichern. Da kann man, wenn man etwas risikofreudig ist, seine Aktien und Münzen auch mal eine Zeitlang unversichert lassen und sich die Prämie sparen.

Wenn Sie Ihre Hausversicherung anrufen, weil gerade das Waldstück neben Ihnen in hellen Flammen steht und Sie nun doch mal eine Feuerversicherung abschließen wollen, hören Sie vermutlich noch das Schenkelklopfen des Sachbearbeiters, bevor er den Hörer auflegt. Optionsscheine, diese Quasi-Versicherung Ihrer Aktien und sonstiger Anlageformen, können Sie aber selbst dann noch abschließen, wenn – im übertragenen Sinne – bereits die Gartenmöbel brennen. Selbst wenn die Märkte schon beginnen einzubrechen, können Sie noch Optionsscheine erwerben.

Wichtig: Befassen Sie sich bitte ausgiebig mit diesem Thema, bevor Sie aktiv werden. Man muss das Prinzip und die Vorgehensweise wirklich verstanden haben. Wählen Sie die Laufzeit des Optionsscheines so, dass die Zeitspanne, die Sie für besonders riskant halten, abgedeckt ist. Die Preise von Optionsscheinen hängen wie die Prämie der Feuerversicherung immer vom aktuellen Risiko ab. In ruhigen Börsenphasen mit geringen Kursschwankungen ist solch ein Optionsschein natürlich günstiger zu haben, da die Gefahr gering ist, dass der Preis der zugrundeliegenden Anlage (bei unserem Beispiel die Goldmünze) plötzlich stark fällt. In wilden Zeiten ist dieses Risiko höher, also auch gleichsam die Versicherungsprämie (der Preis des Optionsscheines). Es kann also durchaus sinnvoll sein, nach großen Kurssteigerungen, wenn man schön dick im Gewinn ist und die Börsen sich beruhigen, eine solche Absicherung vorzunehmen. Wäre doch schade, wenn der ganze schöne Gewinn wieder den Orkus hinabginge. Gut, der eine oder andere mag jetzt sagen: Dann kann ich doch die Goldmünze oder Aktie auch zu diesem hohen Kurs gleich verkaufen! Korrekt, aber wäre es nicht schade, verkauft zu haben, und dann steigt das blöde Ding noch mal um 70 Prozent weiter!?

Passen Sie aber bitte auf, dass Sie nicht eines dieser unsäglichen Zockerprodukte namens »Knock-out-Optionsschein« erwischen. Da ist der Name Programm. Kurz zur Erklärung: Die funktonieren erst mal genauso wie oben beschrieben, sind meist sogar billiger – sie würden also eine niedrigere Versicherungsprämie bezahlen – ABER: Sie haben eine sogenannte Knock-out-Schwelle. Wenn der Goldpreis eine bestimmte Marke erreicht (zum Beispiel 1300 Euro pro Unze), dann erlischt der Knock-out-Optionssschein. Er ist von dem Moment an wertlos und existiert nicht mehr.

Jetzt nehmen wir folgende durchaus realistische Entwicklung an: Der Goldpreis steigt auf 1350 Euro, der K.o.-Optionsschein geht k.o. mit den beschriebenen Folgen. Was macht das schon, mögen Sie denken, die Goldmünze ist ja im Wert entsprechend gestiegen. Doch in den nächsten Tagen setzen die Verkäufe ein. Der Kurs bricht ein und fällt auf 300 Euro. Folge: Sie bleiben komplett auf dem Schaden sitzen und haben die Versicherungsprämie obendrein gezahlt. Ganz schön riskant, nicht wahr? Deshalb: Solche K.o.-Optionsscheine sind tolle Produkte für heiße Zocker, die genau wissen, was sie tun. Die können damit durchaus erfolgreich spielen, wenn sie die richtige Entwicklung vorausahnen. Als Absicherungsprodukt für Sie als normale Anleger halte ich es für völlig ungeeignet.

Auf was Sie bei der Auswahl des passenden Verkaufsoptionsscheins achten müssen:

- Wählen Sie die Laufzeit ein oder zwei Monate länger als die Zeitspanne, die Sie eigentlich absichern wollen.
- Wählen Sie einen Emittenten (Herausgeber), von dem Sie glauben, dass er noch lange existiert. Es nutzt Ihnen die beste Versicherung nichts, wenn die Versicherungsgesellschaft den Lehman macht ...
- Wählen Sie die Anzahl der VO-Scheine entsprechend der Anzahl Ihrer Aktien/Goldunzen
  Beispiel: Wenn Sie 200 EON-Aktien absichern wollen, kaufen Sie sich 200 EON-Verkaufsoptionsscheine.
  Wichtig: Achten Sie auf das »Bezugsverhältnis«! Oft braucht man zehn Optionsscheine, um eine Aktie abzusichern. Das heißt dann: »Bezugsverhältnis = 0,1«. Wenn Sie sich also wundern, dass der Optionsschein so billig ist, kann es daran liegen.
- Alle anderen wilden Zahlen, mit denen bei Optionsscheinen herumgeaast wird (Hebel, Aufgeld, Delta, Beta, Gamma oder irgendwann noch alpha centauri ...), brauchen Sie bei Umsetzung der obigen Strategie überhaupt nicht zu interessieren. Diese Zahlen sind lediglich für die Abteilung »Zock und Spiel« interessante Parameter.

Sie sehen also, diese klassischen Verkaufsoptionsscheine können, wenn man sie richtig einsetzt, Ihr Risiko deutlich verringern. Allerdins kommt nun unsere planlose Bundespolitik ins Spiel. Dort herrscht bekanntlich nur ein sehr beschänktes Wissen über Geld und Bankprodukte vor, sonst würden sich die Damen und Herren nicht so willig von der Finanzindustrie über den Leisten ziehen lassen. Sei's drum. Diese Optionsscheine wurden ebenso wie Futures und diverse andere Derivate von der Politik als »hochspekulativ« eingestuft. Sie müssen, wenn Sie eines dieser Produkte erwerben wollen, bei Ihrer Bank eine sogenannte »Termingeschäftsfähigkeit« nachweisen. Sie müssen erklären, dass Sie geistig und finanziell in der Lage und dazu bereit sind, besonders hohe Risiken einzugehen. Das ist vollkommen schizophren. Denn Sie sind das ja gerade nicht! Sie wollen kein hohes Risiko, Sie wollen Ihr Aktien- oder Edelmetallrisiko ja verringern, deshalb wollen Sie einen klassischen Verkaufsoptionsschein als Versicherungsprodukt einsetzen. Aber erklären Sie das mal einem Finanzpolitiker ... Wenn Sie diese absolut sinnvolle Variante der Absicherung vornehmen wollen, müssen Sie das also zuerst einmal mit Ihrem Bankverkäufer ausfechten. Wenn er in seinem Beruf gut ist, wird er Sie darin unterstützen.

Die steuerlichen Aspekte habe ich bei dieser Strategie unberücksichtigt gelassen, obwohl sie durchaus mit hineinspielen. Doch ich will Sie nicht in die ganz komplexen Tiefen des Geschäfts entführen. Schließlich geht es zunächst einmal darum, diese sinnvolle Möglichkeit überhaupt kennenzulernen. Aber Optionsscheine sind kein Rundum-Sorglos-Paket ... auch wenn sie Ihnen helfen können, in schwierigen Marktphasen nicht Ihr Hab und Gut dem wilden Spiel der Märkte überlassen zu müssen.

Natürlich können und werden solche Optionsscheine häufig als Spekulationsobjekt eingesetzt. Selbst wenn Sie gar kein Gold haben, können Sie mit diesen Produkten auf fallende Goldpreise (oder eben Aktien) wetten. Und mit Kaufoptionsscheinen (dem Gegenteil von Verkaufsoptionsscheinen) können Sie mit nur geringem Kapitaleinsatz auf steigende Kurse wetten, aber dazu möchte ich Sie weder verleiten noch animieren. Dieses Buch dient der nachhaltigen Geldanlage. Vielleicht schreibe ich eines Tages ein Buch für Zocker, aber das dürfen Sie zu Recht hier nicht erwarten.

Ich mache immer wieder die Erfahrung, dass es potenziellen Anlegern schwerfällt, sich in diese ungewohnten Finanzprodukte hineinzudenken. Es ist aber gerade im Fall der Verkaufsoptionsscheine sehr lohnend. Holen Sie sich zusätzlichen Rat von Ihrem Bankverkäufer oder Ihrem Honorarberater, sollten Sie noch Fragen

330 · LEVEL 4: GIMMICKS UND EXOTEN

zu diesem Produkt haben. Denn auch hier gilt, dass Sie nichts tun sollten, was Sie nicht wirklich verstanden haben!

Beteiligungsmodelle »geschlossene Fonds«

Wollten Sie schon immer mal Flugzeuge verleasen, Schiffe verchartern oder Hochhäuser vermieten? Mit dem Erwerb eines Beteiligungsmodells können Sie das tun – zumindest ein bisschen. Diese Anlageprodukte, die auch als »geschlossene Fonds« bezeichnet werden, laufen in aller Regel nach dem folgenden Strickmuster ab:

1. Der Initiator des Beteiligungsmodells sucht sich ein Investitionsobjekt aus und legt fest, wie viel Eigenkapital von privaten Anlegern dafür eingeworben werden soll.
2. Das Akquirieren der Anleger erfolgt über Finanzvertriebe oder Banken, die für die eingeworbenen Investorengelder eine horrende Provision erhalten.
3. Wenn die Finanzvermittler genügend Anlegergelder eingesammelt haben, wird der Fonds geschlossen (daher die Bezeichnung), und es können keine neuen Investoren mehr einsteigen.
4. Das Investitionsobjekt wird über einen zuvor bestimmten Zeitraum – meist 10 bis 20 Jahre – gehalten und bringt regelmäßige Miet- oder Umsatzerträge, die nach Abzug der Kredit- und Verwaltungskosten an die Anleger ausgeschüttet werden. Während dieser Frist ist ein Ausstieg nicht möglich.
5. Am Ende der Laufzeit wird das Investitionsobjekt verkauft, und die Erlöse (wenn es denn welche gibt) werden unter den Investoren verteilt.

So weit der Plan.

Die Risiken

Jeder Unternehmer geht ein hohes finanzielles Risiko ein, und das schlägt bei solchen Beteiligungsmodellen natürlich auf die privaten Geldgeber durch. Ähnlich wie ein Aktionär geben Sie dem Unternehmen Eigenkapital – häufig als Kommanditist einer GmbH & Co. KG – und stehen damit an letzter Stelle, wenn das Projekt an die Wand fährt (ein schönes Bild bei einem Schiffsleasing, nicht wahr?) und die Gläubiger ihre Ansprüche geltend machen.

Zudem ist es üblich, dass nur ein Teil des eingesammelten Geldes auch wirklich investiert wird. Zuvor halten nämlich jede Menge Leute die Hand auf: Die Vertriebstruppen wollen ihre Provision sehen, diverse Berater berechnen üppige Honorare (da sind Millionenbeträge für Steuerberater, Spezialberater – oft befreundete Unternehmer, denen man etwas Gutes tun will) und der Initiator zweigt seinen Obolus für die Verwaltung ab. Das nennt man in der Fachsprache »Weichkosten«, und die können zuweilen erschreckende Ausmaße annehmen. Je nach Investitionsobjekt machen diese Kosten selbst bei seriösen Anbietern etwa 5 bis 15 Prozent der Anlagesumme aus. In der Praxis sind jedoch schon Fälle bekannt geworden, bei denen die Kostenquote bei mehr als 25 Prozent lag. Dass es bei solchen Selbstbedienungsläden eher unwahrscheinlich ist, dass Sie als Investor am Ende für Ihre Risikobereitschaft eine faire Rendite erhalten, versteht sich von selbst.

Ein weiterer Risikofaktor ist die Fremdfinanzierung. Häufig wird mit dem eingesammelten Eigenkapital nur ein Teil der Gesamtinvestition gestemmt, der Rest wird über Bankkredite finanziert. Damit werden Wertverluste gehebelt. Aber selbst wenn nach dem Fiasko noch Unternehmenssubstanz vorhanden ist, kann es bei den Anlegern, also den eigentlichen Kapitalgebern, noch einen Totalverlust bedeuten.

Ein Beispiel: Die Anleger zahlen 10 Millionen Euro ein. Der

Fondsanbieter nimmt bei einer Bank zusätzlich 20 Millionen als Kredit auf und ersteht nun einen Seelenverkäufer für 30 Millionen Euro. Am Ende der Laufzeit herrscht leider eine Wirtschaftskrise, und der Kahn hat gerade einmal einen Restwert von 20 Millionen Euro. Dieser Verkaufserlös geht nun komplett für den Bankkredit drauf, und Sie erhalten ziemlich genau: nichts!

Noch brisanter wird es, wenn die Kredite in fremden Niedrigzinswährungen wie etwas Schweizer Franken aufgenommen wurden – dann nämlich kann ein Devisenkursanstieg zum Verlustbringer werden, weil ja die Kreditsumme mit dem Kursanstieg zunimmt. Sie erinnern sich an das Thema Baufinanzierung: Ein langfristiges Investment mit einer Devisenwette zu verbinden ist schlichtweg Wahnsinn.

Auch beim Anblick der schönsten Ertragskalkulation sollten Sie bedenken, dass die Erträge längst nicht immer so fließen wie geplant. Selbst bei langfristigen Miet- oder Leasingverträgen kann die Bonität des Mieters oder Leasingnehmers einen dicken Strich durch die Prognoserechnung machen. Auch der prognostizierte Verkaufserlös am Ende der Laufzeit ist nichts weiter als ein Blick in die Kristallkugel. In eine seeehr neblige Kristallkugel. Meinen Sie, jemand hätte vor 15 Jahren die heutige Situation richtig vorhersagen können? Nicht mal Merlin, der weise Zauberer. Und bei ungünstigen Marktsituationen sind es oft die Anleger, die am Ende deutliche Abstriche machen müssen.

Das riskanteste am geschlossenen Fonds ist aber, dass Sie während der Laufzeit nicht aussteigen können. Während Sie eine Aktie verkaufen können, sobald Sie kein rechtes Zutrauen mehr in die Zukunft des Unternehmens haben, sind Sie im Beteiligungsmodell auf Gedeih und Verderb gefangen. Zwar gibt es sogenannte Zweitmarkt-Plattformen, auf denen »gebrauchte« Beteiligungen zum Kauf angeboten werden. Das Dumme ist nur: Gerade die Beteiligungen, die man am dringendsten loswerden möchte, will niemand haben.

BETEILIGUNGSMODELLE »GESCHLOSSENE FONDS« 333

TIPP Mit dem Abschluss eines Beteiligungsmodells geben Sie dem Fondsmanagement einen immensen Vertrauensvorschuss. Daher sollten Sie unbedingt prüfen, ob der Anbieter nicht nur Erfahrung im jeweiligen Anlagesegment hat, sondern ob er auch seine bisherigen Prognosen halten oder gar übertreffen konnte. Aufschluss darüber gibt die Leistungsbilanz, die zumeist jährlich veröffentlicht wird. Auf der Website des Verbands Geschlossene Fonds (VGF) sind unter www.vgf-online.de die Leistungsbilanzen der großen Anbieter abrufbar. Aufschlussreich sind auch Ratings von einschlägigen Analysehäusern wie Scope, G. U. B. oder Feri.

Lassen Sie sich in jedem Fall die Satzung des jeweiligen Fonds aushändigen. Hier finden Sie einen großen Teil der heimlichen Zahlungen an »Berater«, »Vermittler« und sonstige Handaufhalter. Diese Satzung rücken die Verkäufer nur sehr ungern raus. Bestehen Sie darauf und lesen Sie die Satzung genau. Das hat schon manchen Vertragsabschluss platzen lassen.

Aber die einfachste Lösung für Sie: Lassen Sie es einfach ganz.

Die Investment-Segmente bei Beteiligungsmodellen

Die Ertragschancen und Risiken eines Beteiligungsmodells hängen nicht nur von der Kompetenz der Fondsmanager ab, sondern auch vom Investitionsziel. Jedem Investor sollte klar sein, dass das Verleasen von Eisenbahnwaggons weniger Risiken mit sich bringt als die Beteiligung an hochriskanten Internet- oder Biotech-Startups. Hier nun in aller Kürze eine Übersicht über die häufigsten Beteiligungsobjekte.

Inlands-Immobilienfonds Hier investieren die Fonds in eine Büro-, Handels- oder Hotelimmobilie in Deutschland. Wohnobjekte sind eher selten zu finden, da die Mietrenditen deutlich niedriger sind als im gewerblichen Bereich. Ausschlaggebend für den Erfolg sind die Qualität der Lage, die Bauqualität und die Bonität der Mieter.

Auslands-Immobilienfonds Diese Fonds investieren sowohl im europäischen Ausland wie auch in Übersee. Anleger können davon profitieren, dass die Einkünfte nicht in Deutschland zu versteuern sind, sondern in dem Land, in dem sich die Immobilie befindet – sofern dort die Steuersätze niedriger sind als hierzulande. Liegt die Immobilie außerhalb des Euro-Raums, müssen aber Währungsschwankungen mit einkalkuliert werden. Immens wichtig ist hier die Expertise des Anbieters im jeweiligen Zielland. Investieren Sie nur bei Initiatoren, die im betreffenden Land bereits eine erfolgreiche Leistungsbilanz vorweisen können. Ich traue mir nicht zu, die Bonität zentralchinesischer Teppichverkäufer oder die Qualität peruanischer Bauunternehmer einzuschätzen, daher lasse ich die Finger von Auslands-Immobilienfonds.

Schiffsbeteiligungen Wer in See sticht, ruht in Gottes Hand und muss mit rauhem Wind rechnen – das gilt auch beim Investment in Schiffsbeteiligungen, wobei gerade in diesem Segment noch andere die Hand im Spiel haben und weit aufhalten. Finanziert werden nämlich unterschiedliche Frachtschifftypen wie Containerschiffe, Tanker oder klassische Frachter. Die Erträge sind in hohem Maß von der Entwicklung des globalen Handels abhängig, und die Frachterträge können krassen Schwankungen unterworfen sein. So sind in der Folge der Finanzkrise die Charterraten zeitweise um bis zu 80 Prozent eingebrochen, und einige Schiffsfonds rutschten in die Pleite. Das hat so manche Bank wie zum Beispiel die HSH Nordbank, die hier fleißig mitfinanziert hat, in arge Schwierigkeiten gebracht. Und bei diesen »Spezialbanken« hätte man doch annehmen sollen, dass sie sich besonders gut mit dem Metier und dem Risiko auskennen. Pustekuchen. Und wenn die schon nicht, wie sollen Sie als Kleinanleger es dann einschätzen können?

Energiebeteiligungen Hier geht es in erster Linie um regenerative Energieerzeugung mit Windenergieanlagen, Solarparks oder

BETEILIGUNGSMODELLE »GESCHLOSSENE FONDS«

Biomasse-Kraftwerken. Eine gewisse Kalkulationssicherheit geben die Einspeisevergütungen, deren Höhe gesetzlich geregelt ist. Doch auch Gesetze gelten nicht ewig. Zudem können die Erträge bei Solar- oder Windkraftwerken stark schwanken, und auch die Wartungskosten sind oft mit einem großen Fragezeichen versehen.

Flugzeugfonds Ein bisschen Höhenluft kann Ihr Geld schnuppern, wenn Sie über einen Flugzeugfonds in eine Boeing oder einen Airbus investieren. Die Flugzeuge werden nach dem Kauf an Airlines verleast – und genau hier liegt ein wichtiger Knackpunkt: Wenn die Fluggesellschaft pleitegeht und die Leasingrate nicht mehr bezahlen kann, fallen auch die Erträge für den Anleger aus.

Sonstige Leasingfonds Praktisch jedes Wirtschaftsgut lässt sich leasen – von der IT-Ausstattung des Unternehmens über den Fuhrpark bis hin zu Lokomotiven, Eisenbahnwaggons und Frachtcontainern. Immer wieder tauchen entsprechende Beteiligungsmodelle am Markt auf, mit denen der Investor zum Leasinggeber wird. Marktschwankungen lassen sich nur schwer vorhersehen.

Private Equity Fonds »Private Equity« ist der englische Fachbegriff für Beteiligungen an Unternehmen, die nicht an der Börse notiert sind. Das können beispielsweise Familienbetriebe sein, für die sich kein Nachfolger findet, oder junge Startup-Unternehmen mit vielversprechenden Innovationen und Patenten (Motoröl mit Pfefferminzgeschmack). An Nervenkitzel mangelt es bei einer Beteiligung jedenfalls nicht, denn je nach Entwicklung des Unternehmens kann es ebenso steil bergauf wie bergab gehen. Um das Risiko etwas zu dämpfen, halten viele Private Equity Fonds ein Portfolio aus mehreren Einzelunternehmen.

Infrastrukturfonds Bislang zählen diese Beteiligungsmodelle noch eher zu den Exoten. Sie als Anleger investieren dort, wo Vater

Staat im sogenannten »Public Private Partnership« Investitionen an die Privatwirtschaft auslagert und die Geldgeber dann an den Einnahmen beteiligt. Das können insbesondere größere Brücken-bau- oder Tunnelprojekte sein, deren Nutzung mautpflichtig ist.

Waldfonds »Investieren Sie in Grund und Boden, denn das Pro-dukt wird nicht mehr hergestellt«, sagte einst der amerikanische Autopionier Henry Ford. Zu den ältesten Vertretern diese Anla-geklasse gehört der Waldbesitz, der heute auch in Deutschland noch ein fester Bestandteil im Vermögensmix von Kirchen und Adelsfamilien ist. Mit Beteiligungsmodellen ist diese Anlage-klasse auch privaten Anlegern zugänglich, die nicht mal eben ein paar Quadratkilometer Wald selbst erwerben und bewirtschaften können. Forstbesitz ist ein extrem langfristiges Investment, weil die Bäume Jahrzehnte brauchen, bis sie in den Himmel wachsen. Und bis dahin kann viel passieren: Die Holzpreise schwanken von Jahr zu Jahr, die Modetrends bei den Holzarten wechseln, Wald-brände oder Klimaschäden können den Waldbestand zunichtema-chen. Überdies investieren viele Waldfonds nicht in Europa, wo die Waldflächen für eine effiziente Bewirtschaftung zu kleinteilig sind, sondern in Mittelamerika. Doch was geschieht mit Ihrem Wald, wenn dort nach einer der üblichen Revolutionen der neue Che Guevara beschließt, allen ausländischen Grundbesitz zu ver-staatlichen? Sie sehen: Die Risiken sind nicht zu verachten. Ob dreimal auf Holz klopfen da hilft ...?

Aber merke: Waldinvestment ist durchaus eine vernünftige Va-riante, wenn man einen seriösen Anbieter findet und möglichst in (ost-)deutschen Wald investiert. Da ist das politische Risiko durchaus kalkulierbar.

TIPP Geschlossene Beteiligungen KÖNNEN sehr attraktiv und sinnvoll als Beimischung besonders für Besitzer größerer Vermö-gen sein. Man sollte aber viel Aufwand betreiben, um einen seriösen

Partner zu finden. »So prüfe, wer sich ewig binde, ob sich nicht was Bessres finde ...« In kaum einem Anlagesegment werden den Drückerkolonnen der Finanzvertriebe so hohe Provisionen bezahlt wie bei geschlossenen Fonds. Daher tummeln sich hier so viele Lausbuben, dass man schon genau schauen muss, um einen ehrlichen Anbieter zu finden. Daran sollten Sie denken, wenn mal wieder eine Spam-Mail in ihrem E-Mail-Eingang aufschlägt. Denn ein seriöser Emittent schickt keine Spams. Wenn bei Ihnen mal wieder ein panamaischer Waldfonds auf dem Bildschirm erscheint: Schnell das kleine »x« drücken.

Vermietete Immobilien als Kapitalanlage

Wer über ein größeres Vermögen verfügt, wird vielleicht den Kauf einer Wohnung oder eines Mietshauses als Kapitalanlage in Erwägung ziehen. Dabei sollte von Beginn an klar sein: Eine Immobilienanlage ist immer ein langfristiges Investment, und eine Immobilienanlage will gut gepflegt sein, damit sie ihren Wert behält. Regelmäßige Abrechnungen, Kontaktpflege zu den Vermietern, Kandidatenkür bei der Neuvermietung, Erhaltung und Renovierung – all das kostet Zeit und zuweilen auch ordentlich Geld.

Deshalb sollten Sie nicht nur genügend Vermögens- und Einkommensreserven vorhalten, sondern ein ausreichendes Zeitbudget fürs Immobilienmanagement einplanen. Ihre finanziellen Reserven sollten so ausgelegt sein, dass auch ein paar Monate Leerstand ohne Probleme zu verkraften sind. Denn: Wenn Einnahmenausfälle gleich zu teuren Überziehungskrediten oder Nachfinanzierungen führen, ist nicht nur die Rendite der vermieteten Immobilie gefährdet – wenn Sie zu eng planen, riskieren Sie unter Umständen sogar die Zwangsversteigerung.

Mein Tipp: Wenn Sie sich mit Immobilien nicht besonders gut auskennen, lassen Sie die Finger davon. Eine tränenreiche Spur führt durch die Republik, gelegt von Tausenden Anlegern, die sich auf den falschen Golfplatz gewagt haben. Wenn Sie aber von Beruf Immobilienmakler, Bauträger, Sachverständiger oder auf andere Art dem Bau- und Immobiliengewerbe fachlich verbunden sind, kann es ein lohnendes Projekt werden. Gerade im Bereich der Zwangsversteigerungen lassen sich hier gute Schnäppchen machen, aber die Tretminen sind zahlreich.

In der jetzigen Phase der Unsicherheit um den Wert des Geldes an den Märkten kaufen unerfahrene Bürger alles, was zwei Backsteine übereinander hat, zu völlig überzogenen Preisen. Wer einen Immobilienmakler sieht, den erkennt man dieser Tage am breiten Grinsen, das ihm nicht mehr aus dem Gesicht will.

So mancher Spargroschen läuft völlig planlos in viel zu teure Anlageobjekte.

Eine grundlegende Methode, um einen vernünftigen Kaufpreis zu bestimmen: Multiplizieren Sie die jährliche Nettokaltmiete, die in diesem Objekt erzielt wird, mit den Jahren, in denen der Kaufpreis zurückgeflossen sein soll. Nehmen wir an, ein Mietshaus mit sechs Wohneinheiten bringt jährlich 43 200 Euro Kaltmiete in die Kasse. Dann wäre ein Kaufpreis von 432 000 Euro (zehn Jahreskaltmieten oder JKM) ein günstiges Schnäppchen. Auch 561 600 Euro (13 JKM) wären noch ein guter Preis. Wenn der Makler aber 777 600 Euro (18 JKM) verlangt, wird's unverschämt. Heute wird von Menschen berichtet, die, ohne zu zögern, 22 oder 25 Jahreskaltmieten auf den Tisch des Maklers legen, weil sie schlicht nicht wissen, was sie tun.

Das ist natürlich eine vereinfachende Betrachtung, aber sie kann Ihnen schon mal eine Richtung vorgeben.

Auswahl und Standort

Der Wurm soll nicht dem Angler schmecken, sondern dem Fisch – nach diesem Motto wählt der kluge Immobilienanleger sein Objekt aus. Während Sie das Eigenheim nach Ihren persönlichen

VERMIETETE IMMOBILIEN ALS KAPITALANLAGE

Vorlieben und Bedürfnissen auswählen, zählt bei der vermieteten Immobilie vor allem der wirtschaftliche Erfolg – denn langfristig sollte das Verhältnis von Mietertrag zu Kaufpreis möglichst gut sein. Daher sollten Sie sich vor der Kaufentscheidung gründlich über die ortsüblichen Mieten und die Situation auf dem Wohnungsmarkt informieren und möglichst dort investieren, wo Sie sich auskennen. Achten Sie dabei auf die folgenden Kriterien:

- **Standort**. Wo Kaufkraft und Arbeitsplätze vorhanden sind, stimmt auch die Nachfrage nach Mietwohnungen. Das betrifft nicht nur die großen Ballungsräume, sondern auch wirtschaftlich gesunde Mittelzentren. Wichtig ist, dass es sich um keine »Problemregion« handelt und sowohl eine gute Infrastruktur (Kultur, Einkaufen, ärztliche Versorgung) sowie eine funktionierende Anbindung an das nächstgelegene Ballungsgebiet vorhanden sind.
- **Lage**. Die Wohnung sollte sich in ruhiger, aber nicht abgelegener Lage befinden. Meiden Sie »Schlafstädte« ohne Einkaufsmöglichkeiten und kulturelle Aktivitäten, und bevorzugen Sie Wohnlagen, in denen Läden und Anbindungen an den öffentlichen Nahverkehr in gut erreichbarer Nähe sind.
- **Größe**. Die Größe hängt nicht nur von Ihren finanziellen Möglichkeiten ab, sondern auch von den Anforderungen des Immobilienmarkts. In den Zentrumslagen der Großstädte sind eher kleinere 2- bis 3-Zimmer-Wohnungen gefragt, während in ländlichen Regionen familienfreundliche 4-Zimmer-Wohnungen oder Reihenhäuser besser vermietbar sind.
- **Zuschnitt**. Egal wie groß die Wohnung ist – ein praktischer Zuschnitt und die optimale Raumausnutzung verbessern die Renditechancen für Sie als Vermieter. Meiden Sie dunkle, verwinkelte und unpraktisch aufgeteilte Wohnungen.
- **Bauqualität**. Eine Immobilie soll stets eine wertbeständige Anlage sein, was natürlich voraussetzt, dass die Bausubstanz

auf eine langjährige Nutzung ausgelegt ist. Billigbauweise kann da bald zur teuren Kostenfalle werden. Investieren Sie in eine möglichst neuwertige und solide gebaute Immobilie.

● **Preis.** Wenn der Kaufpreis zu hoch ist, geht auch die schönste Renditerechnung nicht auf. Informieren Sie sich detailliert über die ortsüblichen Immobilienpreise, und feilschen Sie hart mit dem Verkäufer. Bedenken Sie: Jeder Euro, den Sie beim Kauf eingespart haben, verbessert die nächsten Jahrzehnte Ihre Mietrendite! Wenn die Kaufpreise insgesamt zu hoch sind, dann lassen Sie eben die Finger davon.

Steuern und Finanzierung

Mieteinnahmen müssen Sie als Einkommen versteuern, wobei Sie jedoch einige Aufwendungen geltend machen können. So können Sie für die Abnutzung der Bausubstanz die sogenannte »Absetzung für Abnutzung (AfA)« geltend machen, die in steuerlicher Hinsicht Ihre Mieteinnahmen mindert. Basis ist der Kaufpreis der Wohnung abzüglich des Anteils für das Grundstück, dessen Wert sich ja logischerweise nicht durch Abnutzung vermindert. Sie beginnt bei gebrauchten Immobilien im Jahr des Erwerbs, bei Neubauten im Jahr der Fertigstellung. In der Regel – sofern Sie nicht eine kürzere Lebensdauer schlüssig nachweisen können – geht man bei Immobilien von einer Lebensdauer von 50 Jahren aus. Für das Finanzamt verliert die Bausubstanz im Lauf von 50 Jahren 100 Prozent ihres Wertes, und das ergibt eine Abschreibung von 2 Prozent pro Jahr. Diesen Prozentsatz können Sie sowohl für neue als auch für gebrauchte vermietete Immobilien ansetzen.

Auch andere, direkt mit der vermieteten Wohnung zusammenhängende Aufwendungen können Sie gegenüber dem Finanzamt steuermindernd geltend machen. Dazu zählen unter anderem Kosten für Reparaturen und Instandhaltung, die nicht vom Mieter übernommenen Wohnnebenkosten, die Grundsteuer, Anzeigenkosten bei der Mietersuche oder Fahrtkosten zu Mietergesprächen und Eigentümerversammlungen.

Ebenfalls steuermindernd wirken sich die Zinsaufwendungen aus, die Sie für die Finanzierung zahlen. Hier war bis vor einigen Jahren noch die Kombi-Finanzierung in Form eines tilgungsfreien Kredits und einer Kapitallebensversicherung populär. Während über die gesamte Finanzierungsdauer die Schuldzinsen in voller Höhe steuerlich geltend gemacht werden können, blieb der Wertzuwachs der Versicherungspolice steuerfrei. Allerdings wurden die Steuervorteile der Lebensversicherungen gestrichen, so dass sich dieses Modell nicht mehr rechnet. Ähnlich wie beim selbstgenutzten Wohneigentum ist in aller Regel das klassische Bankdarlehen mit sofort beginnender Tilgung das Mittel der Wahl.

Die richtige Vermietungsstrategie

Gute Wohnqualität und eine zinsgünstige Finanzierung sind die Voraussetzungen für den finanziellen Erfolg Ihrer vermieteten Immobilie – aber erst die richtige Vermietungsstrategie führt zu großem Erfolg. Hier sollten Sie lieber auf langfristige gute Beziehungen zum Mieter setzen, als mit einem Mietpreis am oberen Limit zu operieren. Denn: Häufige Mieterwechsel führen zu Leerstand und damit zu Einnahmeausfällen – und dazu kommen die Aufwendungen für Mietersuche und Renovierung, die ebenfalls die Rendite schmälern.

Ein weiterer Renditekiller können Problemmieter sein, die ihre Zahlungen verspätet oder überhaupt nicht leisten und unter Umständen teure Prozesskosten verursachen. Vor diesem Hintergrund sollten sich Vermieter genügend Zeit für persönliche Gespräche mit Mietinteressenten nehmen und die Rechte und Pflichten sowie wichtige Fragen zur Hausordnung gleich von vornherein klären. Ein gerüttelt Maß an Menschenkenntnis kann überdies helfen, schon frühzeitig die Spreu vom Weizen zu trennen.

Sie sehen, es macht durchaus Sinn, seine Immobilie in unmittelbarer Nähe zu haben, dann kann man schnell mal vorbeiradeln und die Probleme lösen. Wenn Sie allerdings in Castrop-Rauxel wohnen und eine tolle Immobilie an der deutsch-polnischen Grenze ersteigert haben, kommen Sie um einen Verwalter vor Ort nicht herum. Der kostet wieder extra, und Sie haben keine Ahnung, welche Kungeleien er auf Ihren Deckel mit seinem Skatbruder, dem Landschaftsgärtner, oder seinem Schwager, dem Installateur, hinter Ihrem Rücken macht.

Exotische Investments

Wem die Angebote der Beteiligungsbranche nicht außergewöhnlich genug sind, kann mit Liebhaberstücken seinem Vermögensmix eine ganz besondere Note verleihen. Klar: Für die allermeisten Leser dieses Buchs stellen die nachfolgend beschriebenen Investments keine realistische Option dar – gilt doch gerade hier mehr als bei allen anderen Anlageklassen, dass ohne exzellentes Fachwissen der Verlust vorprogrammiert ist. Aber vielleicht ist es für Sie ganz interessant zu lesen, auf welche Ideen man bei der Suche nach ausgefallenen Kapitalanlagen kommen kann.

Kunst und Antiquitäten Ob Gemälde eines hoffnungsvollen Nachwuchskünstlers oder ein gut erhaltenes Rokoko-Tischchen: Mit etwas Glück gewinnen Kunstwerke und Antiquitäten im Lauf der Zeit an Wert. Aber nur wer die Szene kennt und den unfehlbaren Blick für Qualität hat, kann die Spreu vom Weizen trennen. Schließlich leben manche Vertreter dieser Branche ganz gut davon, Werke von zweifelhaftem Wert zu hohen Preisen an Unwissende zu verkaufen. Nehmen die Kunst- und Antiquitätenanlagen einen größeren Umfang an, schießen schnell auch die Nebenkosten in die Höhe. Wer nicht riskieren will, einem Einbruch zum Opfer

EXOTISCHE INVESTMENTS   343

zu fallen, kommt irgendwann um die Installation einer Alarmanlage nicht herum. Auf dem Kunstmarkt tummeln sich mindestens ebenso viele Gauner wie an den Finanzmärkten. Da werden die Preise für grottig hässliche Gemälde auf Scheinauktionen nach oben getrieben, und der neureiche »Kunstliebhaber« sieht begeistert einen »echten Halodri – frühe Schaffensphase«. Der hat auf der letzten Auktion 40 000 Euro gebracht. Hier steht er für nur 38 000 im Schaufenster. Den muss ich haben! Und schwupps, hauen sich wieder ein paar Sachverständige auf die Schenkel vor Lachen.

Edelsteine und Schmuck   »Diamonds are a girl's best friend«, wusste schon Marilyn Monroe. Ob funkelnde Edelsteine auch der beste Freund des Anlegers sind, steht hingegen auf einem anderen Blatt. Diamanten haben nur bleibenden Wert, wenn sie über perfekten Schliff, absolute Reinheit und eine klare Farbstruktur verfügen. Bei anderen Edelsteinen spielen Modetrends eine bedeutende Rolle für die Wertentwicklung, was die Anlageentscheidung nicht unbedingt vereinfacht. Gleiches gilt für Schmuckstücke. Überdies sollten Sie bedenken, dass im Gegensatz zu Goldbarren oder -münzen der Kauf von Edelsteinen und Schmuck stets der Mehrwertsteuer unterliegt und der Händler beim Verkauf einen Abschlag für seine Gewinnmarge einkalkuliert.

VORSICHT   Hüten Sie sich vor Verkäufern, die Ihnen sogenannte »Anlagediamanten« andrehen wollen. Häufig handelt es sich hierbei um minderwertige künstliche Diamanten oder um Steine mit Reinheits- oder Farbfehlern, bei denen nicht selten gefälschte »Zertifikate« die Werthaltigkeit vorgaukeln. Die einzig sinnvolle Anlaufstelle beim Kauf von Schmuck oder Edelsteinen ist ein renommierter Juwelier, der seine Reputation nicht für windige Anlagegeschäfte aufs Spiel setzt.

Uhren   Hier geht es nicht um Uhren, die Ihnen einfach nur pünktlich die Zeit anzeigen, denn die verlieren im Lauf ebendieser Zeit wie jeder Gebrauchsgegenstand an Wert. Aber seltene Uhren von Luxusherstellern, die aus edlen Materialien wie Gold oder Platin hergestellt sind und über ein hochkompliziertes mechanisches Uhrwerk verfügen, können über die Jahre auch an Wert gewinnen. Allerdings gilt dies nur für Uhren, die bei kleiner Produktionsauflage zu fünf- bis sechsstelligen Preisen verkauft und vom Besitzer mit Hingabe gepflegt werden. Und auch hier weiß man nicht im Vorhinein, welches Meisterwerk in 25 Jahren zum begehrten Klassiker werden wird. Der Großteil der auf dem Markt befindlichen Uhren – selbst der teuersten Marken – beherbergen in ihrem Innern billigste Massenuhrwerke zu 40 Euro das Stück, doch die Uhr wird den ahnungslosen Markenfetischisten für zigtausend Euro verkauft. Sie sehen: Selbst bei vermeintlich simplen Dingen wie einer Uhr gehört viel Fachwissen dazu, bevor der finanzielle Erfolg winkt.

Wein Je älter, desto besser – nach diesem Motto lässt so mancher Weinliebhaber seinen edlen Tropfen noch ein paar Jahre reifen. Mit etwas Glück kann dann auf einer Weinauktion sogar noch eine ordentliche Rendite herausgeholt werden. Allerdings hängen die Preise für hochwertige Weine stark vom Interesse der Käufer ab, und das kann in wirtschaftlich schwierigen Zeiten abrupt nachlassen. So haben die Weinpreise während der Finanzkrise 2008/2009 immens nachgegeben, weil auf der einen Seite die zahlungskräftigen Käufer fehlten und auf der anderen Seite so mancher klamme Investmentbanker lieber den Inhalt seines Weinkellers statt seinen Maserati versilberte. Im Verlustfall bleibt zumindest als Trost, dass Sie die renditeschwache Flasche selbst trinken können, was dem Begriff »Liquidität« eine neue Facette verleiht.

Oldtimer Mit dem »Heiligen Blechle« eine goldene Nase verdienen – das ist der Traum von so manchem Oldtimer-Käufer. Und manchmal wird er sogar wahr, wie das Beispiel des Porsche 911 S aus dem Jahr 1972 zeigt: Wurde der Sportflitzer 1995 noch für 17 500 Euro gehandelt, kann ein gut erhaltenes Exemplar heute mehr als das Doppelte erzielen. Nicht in die Renditerechnung einbeziehen sollten Oldtimer-Fans jedoch die Zeit und den Aufwand für die Pflege und Wartung des Wagens, die Anschaffung der Garage und die regelmäßigen Inspektionen und Ersatzteilbeschaffungen – denn Höchstpreise gibt es für Oldtimer nur bei erstklassigem Zustand. Für Schrauber und Bastler eröffnet sich damit eine weitere Perspektive, denn der Kauf eines maroden Altautos mit anschließender Restaurierung kann Gewinn bringen. Wenn es mit der Wertsteigerung nicht so recht klappt, bleibt zumindest die ideelle Rendite, wenn die Ausfahrt an einem lauen Frühsommerabend mit dem antiken Cabrio ansteht.

Münzen und Briefmarken   Ja, es gibt sie noch, die Sammler von Briefmarken und Münzen aus aller Welt. Aber vor allem das Briefmarkensammeln hat in den vergangenen Jahren deutlich an Popularität verloren, und dementsprechend schwieriger ist es geworden, auch mit einer gut bestückten Sammlung beim Verkauf Gewinn zu erzielen. Ich sammle selbst Münzen und Briefmarken seit Kindertagen, und ich kenne viele Geschichten von Sammlern, die im Laufe der Jahre Tausende von Euro investiert haben, um endlich die komplette Sammlung »BRD postfrisch« bestaunen zu dürfen. Doch wenn dann der Verkauf ansteht, der Briefmarkenhändler mit mitleidigem Lächeln auf die Regalreihen hinter sich zeigt und fragt: »Wie viele Komplettsammlungen wollen Sie denn von MIR haben!?«, ist die Enttäuschung meist groß.

Ähnlich geht es den Sammlern von Telefonkarten (ja, die gab's mal), die in den Achtzigern kleine Vermögen in diese Plastikscheckkarten investiert haben und den Schrott heute zu einem Euro auf eBay verticken wollen … meist ohne Erfolg. Da zeigt sich wieder, wie vorübergehend solche Trends und Booms sind. Das hat mit der Amsterdamer Tulpenblase begonnen und mit den

Telefonkarten sicherlich nicht geendet. Jedes Objekt ist eben nur so viel wert, wie heute ein anderer zu zahlen bereit ist.

Wenn Sie in Münzen investieren, sollten Sie gezielt auf Goldmünzen setzen und damit einen Edelmetall-Posten im Vermögensmix aufbauen. Mehr dazu erfahren Sie im Kapitel »Weshalb ein bisschen Gold und Silber nicht schadet«.

Die Numismatik (Münzkunde) ist eine faszinierende Welt mit teilweise atemberaubenden Kurssteigerungen – für den, der sich auskennt. Ein mir sehr nahestehender Mensch hat seine Sammlung anhaltinischer Brakteaten über Jahrzehnte auf- und ausgebaut und kann sich nun neben der Freude des Sammlers noch über Wertsteigerungen von mehreren tausend Prozent freuen, da es sich oft um seltene Unikate handelt, die vor Jahren für nur 40 DM den Besitzer wechselten und heute für mehrere hundert Euro auf Auktionen gesucht werden. Aber auch hier gilt: Ohne Fachverstand bleibt's ein Lottospiel.

Spekulation mit Lebensmitteln

Hier ein Thema, das mir ganz besonders am Herzen liegt. Die Spekulation mit Lebensmitteln ist einer der größten Skandale an den Weltfinanzmärkten. Der Renditehunger der Anleger sorgt ganz direkt für den Hunger von Millionen Menschen. Wenn ein großes Investmenthaus oder auch nur der Anleger aus Castrop-Rauxel mit seinen 100 Euro im Monat in einen Rohstofffonds, in Weizen ETC's oder direkt in den Terminmarkt investiert, kauft er an der gleichen Warenterminbörse wie der Großhändler aus Indonesien. Auf diese Weise fließen Milliardenbeträge in den Rohstoffhandel, und die Preise explodieren. So geschehen im Frühjahr 2008 und ebenso 2010. Ein kleiner Rückblick, den ich aus meinem Buch »Crashkurs« zitiere:

»Was geschah 2008? Binnen weniger Wochen explodierten die Lebensmittelpreise. Der Maispreis verdoppelte sich. Dramatische Entwicklungen rund um den Globus waren die Folge. Vor dem Hintergrund des galoppierenden Preisanstiegs für Weizen, Mais, Reis und Sojabohnen warnte die Weltbank vor massiven sozialen Konflikten rund um den Globus. In Haiti gab es Unruhen und Massenproteste gegen die hohen Lebensmittelpreise. Fünf Menschen starben, Dutzende wurden verletzt. Supermärkte und Tankstellen wurden leer geräumt, der Sturm auf den Regierungssitz nur knapp verhindert. Auch in Westafrika und Ägypten kam es wegen der explodierenden Lebensmittelpreise zu heftigen Protesten und Zusammenstößen mit den Sicherheitskräften, wobei aus Ägypten tumultartige Szenen im Kampf um subventioniertes Brot zu berichten waren. Wohlgemerkt bereits 2008! Drei Jahre später sollte eine neue Preiswelle die Umstürze in Nordafrika mit angefacht haben. Gewaltsame Ausschreitungen meldeten ferner Burkina Faso, Senegal, Kamerun, Mauretanien, Mosambik und die Elfenbeinküste. Protestaktionen gab es darüber hinaus auch in Indonesien, und auf den Philippinen wurde ein Krisengipfel einberufen. Auch andere asiatische Staaten befürchteten Unruhen. In mehreren Ländern wurde ein Exportstopp für Lebensmittel verhängt, um die Versorgung der eigenen Bevölkerung sicherzustellen. Und ausgerechnet aus den USA kamen Medienberichte, wonach Supermärkte Reis rationieren würden. Von angeblichen Hamsterkäufen war die Rede. Die Signale standen auf Sturm, denn die Menschheitsgeschichte ist voll von Geschichten, in denen hohe Lebensmittelpreise zu Aufständen führten, die die jeweiligen Regierungen weggefegt haben. Auch China und Russland haben damit bereits Erfahrungen gesammelt und wissen, wie gefährlich hohe Lebensmittelpreise angesichts einer armen Bevölkerung sein können.

Binnen weniger Wochen waren die Lebensmittelpreise an den Terminmärkten außer Kontrolle geraten. Doch als nach wenigen Monaten die Spekulanten Kasse gemacht haben, kamen auch die Lebensmittelpreise plötzlich ganz schnell wieder herunter. Der Preis für Mais fiel innerhalb eines Monats um 30 Prozent, und binnen 20 Wochen war der Preis wieder auf dem Ausgangsniveau. So schnell, wie der Spuk mit den Lebensmittelpreisen kam, so schnell war er auch wieder vorbei.

In jedem Fall entlarvten die dramatischen Ereignisse die ›Experten‹ mal wieder als fürchterliche Scharlatane. Was wurde in den Monaten der hohen Lebensmittelpreise nicht alles als Grund genannt!

Expertenaussage eins: ›Die Chinesen essen jetzt so viel, weil sie mehr Wohlstand haben. Besonders Fleisch. Für die Produktion von einem Kilo Fleisch braucht man 7 Kilo Mais. Daher werden die Preise immer weiter in astronomische Höhen steigen.‹ Und jetzt? Essen die Chinesen plötzlich nichts mehr? Sind sie wegen der Tibetfrage geschlossen in den Hungerstreik getreten oder warum sind die Preise wieder eingebrochen?

Expertenaussage zwei: ›Das ist doch klar, dass die Preise so steigen, wenn Mais und Soja zu Treibstoff verarbeitet werden. Das wird sich weiter fortsetzen. Die Preise werden noch viel höher steigen.‹ Und jetzt? Haben die Raffinerien Gewissensbisse bekommen und den Mais an die arme Bevölkerung Westafrikas verteilt? Wurde die Produktion von Biodiesel plötzlich eingestellt?

Expertenaussage drei: ›Der Maispreis ist so explodiert, weil der Mississippi die ganzen amerikanischen Anbauflächen überflutet hat. Die Böden sind auf Jahre nicht mehr nutzbar!‹ Und jetzt? Gab es eine göttliche Schnellsanierung der Ackerflächen?

Erinnern Sie sich, wie aufgrund dieser Expertenaussagen alle Anlegerzeitungen für Rohstofffonds und Rohstoffzertifikate trommelten? Jede Hausfrau sollte plötzlich zum Weizenspekulanten werden. Wer braucht schon Aktien oder Festgeld? Das Glück liegt in Reiszertifikaten! Die Titelseiten überboten sich mit reißerischen Rohstoffthemen. Was ist daraus geworden? Wer auf den Hype reingefallen ist, saß wenige Monate später mit rot verweinten Augen vor seinem Bankberater. Der hatte natürlich auch ins gleiche Horn geblasen und beruhigte den Anleger jetzt mit den

EXOTISCHE INVESTMENTS 349

Worten: ›Das müssen Sie langfristig sehen. In Zukunft kann es mit den Lebensmittelpreisen nur nach oben gehen.‹ Natürlich hofft er, dass seine Kunden es langfristig sehen – mindestens so lange, bis er die Zweigstelle gewechselt hat, bevor ihnen der Kragen platzt.

Und 2010 war es dann wieder so weit. Die Preise steigen wieder ebenso steil und schnell wie 2008, und wieder sind die gleichen falschen Argumente zu lesen. Die Chinesen, der Biosprit und Missernten. Der Homo spekulatius lernt eben nicht dazu.

Ich halte es für einen der größten Skandale unserer freien Wirtschaftswelt, dass hemmungslose Spekulation mit Grundnahrungsmitteln überhaupt möglich ist. Wenn ich Aktien kaufe, stelle ich der Aktiengesellschaft Geld zur Verfügung, damit sie Ertrag erwirtschaftet und im Idealfall auch noch Arbeitsplätze schafft und die Wirtschaft insgesamt voranbringt. Das nenne ich investieren, um etwas zu schaffen und weiterzuentwickeln. Wenn ich Öl oder Gold kaufe, in der Hoffnung, dass die Preise steigen, dann ist das kein Investieren, sondern Spekulieren. Ich wette nur auf den Preisanstieg. Wenn viele Marktteilnehmer Gold kaufen, weil sie auf einen steigenden Goldpreis wetten, steigt die Nachfrage, und der Goldpreis schießt tatsächlich in die Höhe. Daraus entsteht jedoch kein großer Schaden, außer dass Gold für die Industrie teurer wird oder auch die Schmuckhersteller ihre Preise anheben müssen. Das tut niemandem wirklich weh. Aber wenn ich mit Grundnahrungsmitteln spekuliere, sieht die Sache ganz anders aus.

Stellen Sie sich folgendes Szenario vor: Wir legen alle jeweils nur 100 Euro im Monat als Sparrate in einen Rohstofffonds. Da kommen weltweit einige Milliarden zusammen. Der Rohstofffonds kauft dann am Terminmarkt Weizen oder Reis. Daraufhin steigt der Reispreis. Nicht weil ich den Reis essen will, sondern nur weil ich mir mal eben einige Tonnen virtuell in die Garage gepackt habe, um sie später zu einem höheren Preis an die Hungernden zu verkaufen. Ich kaufe also mit meinem Rohstoffinvestment an der gleichen Börse den gleichen Reis wie die Familie in

Indonesien. Für die Familie macht es der Großhändler, für mich der Fondsmanager. Das Problem der Hungernden in diesen Ländern besteht nicht darin, dass kein Reis da ist, sondern darin, dass sie ihn sich nicht leisten können, weil er zu teuer ist. Und ich bin derjenige, der den Preis mit nach oben treibt, um dann am Elend und der Not dieser Menschen zu verdienen.

Ich gebe Ihnen ein anschauliches Bild: In einer abgelegenen Gegend steht ein einziger Stand mit Lebensmitteln. Davor befindet sich eine Schlange hungriger Menschen, die darauf hoffen, dass ihre wenigen Münzen ausreichen, um die mitgebrachte Reisschale zu füllen. Da kommt der reiche Spekulant von hinten angerannt und schreit: ›Ich kaufe den ganzen Stand!‹ Danach erhöht er die Preise um 50 Prozent und freut sich diebisch über seinen Profit, während die Menschen in der Schlange enttäuscht und mit nur halb gefüllten Reisschalen zu ihren wartenden Kindern zurückgehen.

Genau das tun wir im Prinzip, wenn wir mit Grundnahrungsmitteln zocken. Daher bin ich ausdrücklich für ein striktes Verbot von Spekulationsgeschäften jeder Art mit den Grundnahrungsmitteln Weizen, Reis, Mais, Getreide und – schon mal vorsorglich für die Zukunft – Trinkwasser.

Es ist absolut nichts dagegen einzuwenden, wenn Landwirte ihre Ernte auf Termin an ihre Abnehmer verkaufen, um die Erträge frühzeitig kalkulieren zu können. Alle Vereinbarungen zwischen Lieferanten und Produzenten über jetzige und künftige Abnahmepreise sind vollkommen in Ordnung. Natürlich soll sich auch der Preis für Lebensmittel nach Angebot und Nachfrage richten. Aber nach echter Nachfrage. Nach Nachfrage von Essern. Die Milliarden von Dollar, Euro und Yen, die nur zu Spekulationszwecken in diese Märkte fließen, haben dort schlichtweg nichts verloren. Gibt es in dieser Welt mit Abertausenden von Anlagemöglichkeiten nicht auch für Sie eine Alternative zu Ihrem Investment in Grundnahrungsmittel? Bei allem Streben nach Gewinn und Rendite sollten doch Ethik und Moral auch noch eine Rolle spielen. Sonst sind wir nicht besser als die, die wir hier so hart kritisieren. Lassen Sie uns die Welt ein klein wenig besser machen, wo wir die Möglichkeit dazu haben.

Lassen Sie sich auch nicht auf das Glatteis führen, die Spekulanten würden in diesem Fall den Markt bei Übertreibungen ausgleichen. Im Gegenteil. Die Spekulanten verursachen diese Übertreibungen. Ja, durch die hohe Nachfrage aus China wird der Preis ansteigen. Ja, durch die zunehmende Nachfrage nach Biosprit und Biogas wird der Preis ansteigen (eine Sauerei an sich, Lebensmittel durch den Auspuff zu jagen, aber das ist ein anderes Thema). Doch diese Effekte treiben die Preise langsam und über die Jahre kontinuierlich nach oben und können unter Umständen durch Umstellungen der Anbauflächen kompensiert werden. Aber was macht der Spekulant? Wann kauft der Anleger? Er kauft Mais nicht, wenn von Rekordernten die Rede ist und der Landwirt tatsächlich zusätzliche Nachfrage gebrauchen könnte. Er kauft dann, wenn er liest, dass es Missernten gibt. Damit treibt er den Preis erst richtig nach oben, um von der Krise zu profitieren.

Die Spekulation mit Lebensmitteln ist keineswegs ein neuzeitliches Phänomen. Schon seit dem 16. Jahrhundert ist dieses Übel bekannt. Ich bin im Besitz eines Original-Dokumentes aus dem Jahr 1529(!), in welchem die Stadt Straßburg die Spekulation mit Lebensmitteln bei hoher Strafe verbot, was sich in etwa wie folgt liest: ›Als bisher etliche wider Gott, brüderliche Liebe und alle Billigkeit Früchte, Wein, Korn und andere Getreide, derweil die noch auf dem Felde gestanden und gewachsen sind, gekauft haben, dadurch die armen Leut im Lande zu erheblichem Schaden gebracht worden sind … da haben unsere Herren Räte erkannt, dass künftig niemand dermaßen kaufen soll bei der Strafe von 5 Pfund Pfennig …‹

Sie sehen, solche Unarten gab es zu allen Zeiten, und es stellt sich die Frage, warum unsere Politiker nicht aus den Erkenntnissen von 500 Jahren Erfahrung lernen können, wenn doch selbst die Herrschaften damals schon so weise waren.

Solange es also nicht wieder ein solch vernünftiges Verbot wie 1529 gibt, bitte ich Sie inständig: Halten Sie sich aus der Spekulation mit Lebensmitteln heraus. Wir können in Tausende von Dingen investieren, vom Öl über Aktien bis Gold. Von mir aus in gefrorene Zigarettenhülsen, aber bitte lassen Sie die Finger von Weizen, Mais, Soja, Reis und für die Zukunft schon mal Trinkwasser.

Man sollte als Anleger ohnehin nicht immer nur die Rendite im Auge haben, sondern auch die moralische Verantwortung. Fragen Sie sich immer: ›Was stellt mein Geld gerade an, während ich nicht darauf aufpasse, weil ich es irgendwo zum Arbeiten hingeschickt habe.‹ Ethik und Moral vertragen sich ausgezeichnet mit Investitionen und Rendite. Das steht in keinerlei Widerspruch.«

Beratung, Haftung und Recht

20 bis 30 Milliarden Euro verlieren Anleger allein in Deutschland Jahr für Jahr durch fehlerhafte Beratung. Die Spanne dieser Verluste reicht von überhöhten Kosten und nicht marktgerechten Zinsen bis hin zu Totalverlusten durch betrügerische Anlageprodukte. Besonders dreist trieb es ein Hedgefonds-Anbieter aus Kaiserslautern, der Anfang 2010 in Vorträgen und auf Anlegerveranstaltungen vor Finanzbetrügern warnte und Anlegern empfahl, ihm ihr Geld anzuvertrauen. Ein halbes Jahr später wurde er wegen Betrugs zu einer Gefängnisstrafe verurteilt, der Schaden für die gutgläubigen Investoren lag bei 10 Millionen Euro.

Auch diejenigen, die auf Beratung verzichten und ihre Anlageentscheidungen in Eigenregie treffen, sind nicht gegen Ärger mit Banken, Versicherungen oder anderen Finanzdienstleistern gefeit. Daher will ich Ihnen gerne Tipps geben, woran Sie gute Beratung erkennen können und wie Sie sich im Streitfall erfolgreich zur Wehr setzen.

Beratung: Die Mär vom kostenlosen Service

Banken, Versicherer und andere Finanzdienstleister stellen wie gesagt das Beratungsgespräch gerne als quasi kostenlosen Service dar, von dem der Anleger profitieren kann. Die Beratung als Wohltat am Kunden zum Nulltarif? Das ist so ziemlich die falscheste Vorstellung, die man haben kann.

»There is no such thing as a free lunch«, sagen die Amerikaner, wenn sie einem vermeintlichen Gratisangebot nicht trauen. Die Redewendung beschrieb ursprünglich einen alten Marketing-Trick der Saloons im Westen der USA: Jeder Gast durfte einen kostenlosen Imbiss zu sich nehmen – unter der Voraussetzung, dass er mindestens ein Getränk bestellte. Ganz so plump gehen die Banken und Finanzvermittler natürlich nicht vor. Aber »free lunch« gibt es ganz sicher nicht.

Die Kasse klingelt für die Bank oder den Vermittler immer dann, wenn der Kunde seine Unterschrift unter einen Vertrag setzt. Das Kalkül der Anbieter ist recht einfach: Wenn beispielsweise im Schnitt nur jedes dritte Gespräch zum Abschluss eines Vertrags führt, muss die Provision eben so hoch sein, dass die beiden erfolglos verlaufenen Gespräche mitfinanziert werden. Das Ganze wird am lukrativsten (für die Bank, nicht für den Anleger!), wenn entweder möglichst viele Gespräche mit einem Vertragsabschluss enden oder dem einzelnen Kunden möglichst viele Finanzprodukte verkauft werden.

Denken Sie immer daran: Was so gerne als »kostenlose Beratung« bezeichnet wird, ist ein Verkaufsgespräch. Punkt.

Fragen Sie den Metzger um Rat, wenn Sie sich überlegen, ob Sie Vegetarier werden sollten? Was würden Sie von einem Steuerberater halten, der keine Honorare berechnet, sondern vom Finanzamt einen prozentualen Anteil an der Steuerschuld seiner Mandanten erhält? Haben Sie schon mal einen Mercedes-Neuwagenverkäufer gesehen, der Ihnen empfiehlt, lieber einen koreanischen Kleinwagen zu kaufen und von der Ersparnis eine Weltreise zu machen?

Aber wenn der Banker behauptet, seine Kunden bekämen eine objektive Beratung, glauben das erstaunlich viele Leute.

Natürlich beteuert jeder »Berater«, dass er seine Kunden möglichst neutral berät und sich die Provisionen sozusagen zufällig ergeben. Aber glauben Sie im Ernst, dass ein Banker oder Finanzvertreter der Versuchung widerstehen kann, statt 100 Euro Provision das Zehnfache herauszuholen, wenn es der Kunde eh nicht merkt? Das ist nicht zu hoch gegriffen – hier ein paar realistische Zahlen dazu, mit welchen Anlageprodukten sich für Banken hohe Provisionseinnahmen erzielen lassen.

BERATUNG: DIE MÄR VOM KOSTENLOSEN SERVICE 355

Einmalanlage 50 000 Euro

Produkt	Provision
Kauf von Bundeswertpapieren bei der Deutschen Finanzagentur	0 Euro
Kauf von Anleihen oder Indexfonds an der Börse	ca. 125 bis 250 Euro beim Kauf + bis zu 30 Euro Depotgebühr p. a.
Kauf von Investmentfonds	ca. 1 500 bis 2 500 Euro beim Kauf (Ausgabeaufschlag) + ca. 150 bis 250 Euro Bestands-provision p. a.
Kauf von Anlagezertifikaten	bis zu 2 500 Euro beim Kauf
Zeichnung eines Beteiligungs-modells	ca. 5 000 bis 8 000 Euro bei Zeichnung

Sparplan 150 Euro pro Monat, Laufzeit 20 Jahre

Produkt	Provision
Bundeswertpapier-Sparplan bei der Deutschen Finanzagentur	0 Euro
Fondssparplan	jährlich ca. 70 bis 90 Euro, im Lauf von 20 Jahren 1 400 bis 1 800 Euro
Bausparvertrag mit 30 000 Euro Bausparsumme	ca. 300 bis 500 Euro sofort beim Abschluss
Private Rentenversicherung	ca. 1 400 Euro sofort beim Abschluss

Diese Provisionen erhält der Verkäufer, der die Anlageprodukte unters Volk bringt, natürlich nicht in voller Höhe. Wie viel er davon bekommt, hängt unter anderem davon ab, ob er angestellt oder als selbständiger Vertreter beschäftigt ist und wie viel die Bank bzw. Vertriebsgesellschaft für sich abzweigt. In der Bank sollen schließlich die Lichter leuchten – und der Chef des Hauses hat gerne einen flotten Flitzer auf dem bankeigenen Parkplatz. Man will schließlich zeigen, dass man das Metier mit dem Geldinvestment beherrscht …

Über welche Kanäle Finanzprodukte verkauft werden

Der Vertrieb von Anlageprodukten ist für die deutsche Finanzbranche wie eine riesige Geldmaschine. Allein die deutschen Lebensversicherungen und Pensionskassen haben laut der Statistik des Branchenverbandes GDV im Jahr 2009 Neuverträge mit einer Beitragssumme von rund 150 Milliarden Euro abgeschlossen. Vorsichtig geschätzt, ergeben sich daraus für die Vertriebe Provisionen in Höhe von rund 5 Milliarden Euro. Wohlgemerkt, nur für Versicherungssparverträge. Da ist so mancher Porsche bezahlt.

Mit solchen Summen lässt sich eine gut geölte Verkaufsmaschinerie finanzieren, und zuweilen entpuppt sich Vater Staat als williger Helfer: Die Einführung der Riester- und Rürup-Rente erwies sich als Goldgrube für die Finanzvertriebe, und die Ausweitung des Wohn-Riesterns auf das Bausparen hat den Bausparkassen im Jahr 2010 einen Verkaufsrekord beschert. Schauen wir uns die Kanäle einmal ein bisschen genauer an, über die Finanzprodukte an den Mann und an die Frau gebracht werden.

So viel gleich vorweg: Es gibt nicht die »Guten« und die »Bösen«. Ob Ihnen ein passendes Finanzprodukt verkauft wird, hängt in erster Linie von der Kompetenz und Charakterstärke des Verkäufers ab und weniger von dem Unternehmen, für das er arbeitet.

Banken
Längst vorbei sind die Zeiten, in denen sich Banken auf das Kredit-, Einlagen- und Wertpapiergeschäft konzentriert haben. In

ÜBER WELCHE KANÄLE FINANZPRODUKTE VERKAUFT WERDEN

den vergangenen Jahren hat brancheninternn das Schlagwort der »Vertriebsbank« an Bedeutung zugenommen, was nichts anderes bedeutet, als dass alles verkauft wird, was Geld bringt. Damit haben sich die Banken zu einem Gemischtwarenladen gewandelt, der neben den klassischen Bankprodukten auch Versicherungen, Bausparverträge und Fonds feilbietet.

Das ist per se nichts Schlechtes. Man könnte sogar sagen: Ist ja durchaus praktisch, wenn Sie als der Kunde für Ihre verschiedenen Finanzbedürfnisse eine einzige Anlaufstelle haben. Auch für die Bank macht die Diversifizierung in betriebswirtschaftlicher Hinsicht durchaus Sinn. Je mehr Quellen für die Erwirtschaftung von Erträgen angezapft werden können, umso stabiler ist die Gewinnlage der Bank.

Aber das Problem ist nicht die Vielfalt der Produkte, sondern die knallharte Vorgehensweise vieler Banken bei den Verkaufsvorgaben. »In vielen Filialen deutscher Banken herrschen Zustände wie in einer Drückerkolonne«, berichtete die »WirtschaftsWoche« schon 2008. Akribisch schreiben manche Banken ihren Mitarbeitern vor, wie viele Fondsanteile, Anlagezertifikate oder Versicherungssparverträge sie verkaufen müssen – teilweise mit wöchentlichen Verkaufszielen. Wer am Ende der Woche sein Soll nicht erfüllt hat, muss am Montagmorgen beim Abteilungsleiter vorreiten, im Wiederholungsfall wird schnell mit Abmahnung und Kündigung gedroht. Während Finanzvertriebe mit Motivationsveranstaltungen und Tschakka-Jubelevents – gerne auch in ungarischen Badehäusern – ihren Vertriebstruppen einheizen, führen manche Banken ein regelrechtes Schreckensregiment.

Dass auf solch vergiftetem Boden keine qualifizierte Beratung gedeihen kann, liegt auf der Hand. Klar: Nicht alle Institute haben sich dem Diktat der Verkaufsmaximierung unterworfen, und es gibt sie noch, die ehrenhaften und soliden Bankberater. Aber sind Sie sicher, dass der Ihrige dazu zählt?

Versicherungen

Die großen Versicherungskonzerne haben eigene Vertriebsmitarbeiter, die ihren Kunden nicht nur Versicherungen, sondern auch Investmentfonds, Bausparverträge und zuweilen sogar Bankprodukte verkaufen. In aller Regel handelt es sich dabei nicht um angestellte Vertriebsmitarbeiter, sondern um selbständige Handelsvertreter, die fast ausschließlich auf Provisionsbasis arbeiten.

Damit haben die Versicherer im Vergleich zu den Banken ein äußerst effizientes Instrument zur Vertriebssteuerung: Wer nichts verkauft, verdient auch kein Geld – und so ersetzt bei ausbleibenden Verkaufserfolgen der Schmalhans die Abmahnung oder das Mobbing von weniger erfolgreichen Kollegen.

Auch hier gilt: Weil die Versicherungsvertreter auf Provisionserträge angewiesen sind, ist das mehr oder weniger offensichtliche Ziel des Kundengesprächs immer der Abschluss eines neuen Vertrags.

Bausparkassen

Auch für Bausparkassen tingeln Handelsvertreter durch die Lande, die für jeden Vertragsabschluss eine Provision erhalten. Ähnlich wie Versicherungsvertreter bieten auch sie nicht nur eine Produktklasse an, sondern auch andere Finanzprodukte aus dem Konzernverbund.

Finanzvertriebe

Finanzvertriebe schmücken sich gerne mit klangvollen Bezeichnungen wie der »individuellen Allfinanzberatung« oder des »unabhängigen Finanzoptimierers« und suggerieren dem Anleger damit eine neutrale und objektive Beratung. Doch das ist nur die halbe Wahrheit. Zwar sind die Vertriebsorganisationen an keinen einzelnen Versicherer oder Finanzanbieter gebunden und betreiben auch selbst keine Versicherung, Bank oder Investmentgesellschaft. Doch mittlerweile haben einige der großen Vertriebsor-

ÜBER WELCHE KANÄLE FINANZPRODUKTE VERKAUFT WERDEN 359

ganisationen an Finanzkonzerne angedockt: Branchenprimus
DVAG hat den Alleinvertrieb für die Aachen-Münchener-Ver-
sicherung übernommen, der umstrittene Starverkäufer Carsten
Maschmeyer hat den AWD an die schweizerische Assekuranz
Swiss Life verkauft, und bei der OBV-Vertriebsgruppe stellen ei-
nige wenige Versicherungskonzerne wie Deutscher Ring, Signal
Iduna und Generali die Policen aus.

Aber auch ohne die Teilhaberschaft eines Versicherungskon-
zerns oder einer Bank steht hinter der vermeintlichen Unabhän-
gigkeit der Beratung ein dickes Fragezeichen. Die Abschlussprovision für die verkauften Finanzprodukte ist nämlich die einzige
Ertragsquelle für die Vertriebskonzerne, und wenn diese nicht
mehr sprudelt, sitzt das Unternehmen innerhalb kürzester Zeit
auf dem Trockenen.

In den vergangenen Jahren gab es häufig Beschwerden von
Anlegern und Verbraucherschützern über aggressive Vertriebsme-
thoden. So wurden beispielsweise die berüchtigten »Schrottim-
mobilien« – das waren überteuerte Wohnungen zumeist im Osten
der Republik – in den neunziger Jahren größtenteils von Finanzvertrieben an nichtsahnende Privatanleger vermittelt.

Die Finanzvertriebe sind oft ein großes Tummelbecken abenteu-
erlicher Gestalten. Sogenannte Strukturvertriebe – die Mitarbeiter
nennen sich selbst abschätzig »Strukkis« – werden wie Schneeball-
systeme aufgebaut. Der Höchste in der Hierarchie versucht neue
Vertriebsleute anzuwerben. Oft Menschen, die nicht den Hauch
einer Ahnung von Finanzprodukten haben. Arme Schlucker, denen
durch die drohende Arbeitslosigkeit das Wasser bis zum Hals steht.
Die werden dann mit wenigen Tagen »Crashkurs« (nein, Gott sei
Dank hat das nichts mit meinem Buch zu tun!) mit gefährlichem
Halbwissen vollgepumpt, in »Motivationsseminaren« heiß gemacht
und dann auf ihre Verwandtschaft losgeschickt. So läuft das in der
Tat: »Machen Sie eine Liste von allen Menschen, die Sie kennen,
schreiben Sie dahinter, was Sie über diese Freunde wissen, und

jetzt los ans Telefon!« Wenn Sie einen solchen Schwager in der Verwandtschaft haben, dann hilft nur freundliche Härte.

Dieses Konzept setzt auf das Vertrauen unter Freunden, Bekannten und Verwandten. Da vergisst der potenzielle Kunde schnell mal die Vorsicht, wenn der langjährige Kegelbruder es empfiehlt, kann es ja nur gutgehen. Der aber wurde durch »Seminare« auch vollkommen hirngewaschen und glaubt wirklich, dass die Produkte taugen. Er hat nur eben keinen blassen Schimmer davon, was er da eigentlich verkauft. Woher auch. Derjenige, der ihn angeworben hat, bekommt bei jedem Abschluss einen ordentlichen Teil der Provision. Ohne Arbeit! Der über ihm in der Hierarchie bekommt ebenfalls was ab, und so baut sich eine Pyramide von »Strukkis« auf. Der arme Kerl, der seine Freunde über den Leisten zieht, ohne es zu wissen, riskiert mehr als ein blaues Auge und den Verlust seiner sämtlichen sozialen Kontakte, während die ganz oben in der Pyramide sich die dicken Autos von den Erträgen ihrer »Indianer« leisten.

Vor vielen Jahren, als mich noch nicht jeder auf der Straße erkannte, habe ich mich in Wallraffscher Manier von einem solchen Strukturvertrieb auf der Straße anwerben lassen und habe das erste Seminar besucht, weil ich wissen wollte, wie so etwas aufgezogen wird. Eine faszinierende Welt von lauten Jungstrukkis in billigen Anzügen, das Haar à la Guttenberg nach hinten gegelt, die entweder in Nebenzimmern von Gaststätten oder – gehobener – in ultramodern eingerichteten »Konzernzentralen« ihre Opfer in Gruppentherapiesitzungen bequatschen. Als ich es nicht mehr ertragen konnte und die Veranstaltung mit klaren Statements und entlarvenden Fragen gesprengt habe, hat man mich zum Bezirksleiter gebeten. Der meinte doch wirklich allen Ernstes: »Ja, Sie haben unser System durchschaut. Genau solche Leute wie Sie brauchen wir als Führungskraft. Indianer haben wir jede Menge, aber eben nur wenige Häuptlinge, die verstehen, wie das Spiel gespielt wird. Wie sieht's aus?«

Ich habe ihm das Kriegsbeil an den Kopf geworfen und, wie Sie sehen, bis heute nicht mehr begraben.

Fazit: Von den Vertretern dieses Segments sollten Sie keine unabhängige Beratung erwarten. Das Risiko, ein unpassendes Finanzprodukt angedreht zu bekommen, steigt mit dem Druck, der auf dem Vermittler lastet. Schließlich verdient dieser sich seinen Lebensunterhalt allein mit Provisionen ...

Versicherungsmakler und Vermittler ohne feste Bindung

Zu guter Letzt gibt es noch die »Einzelkämpfer«, die sich keinem Finanz- oder Vertriebskonzern angeschlossen haben. Zu unterscheiden sind hierbei Versicherungsmakler und Finanzvermittler.

Versicherungsmakler haben im Unterschied zu Versicherungsvertretern von Gesetzes wegen einen besonderen Status: Sie leben zwar von den Provisionen der Versicherungsgesellschafter, müssen jedoch in erster Linie die Interessen der Versicherungsnehmer vertreten – so zumindest hat es der Bundesgerichtshof bereits in den achtziger Jahren in einem Präzedenzurteil formuliert. Der Makler ist an keine bestimmte Versicherung gebunden und muss durch die sorgfältige Anbieterauswahl dafür sorgen, dass sein Kunde den gewünschten Versicherungsschutz zu einem möglichst guten Preis-Leistungs-Verhältnis erhält. Dabei muss der Makler jedoch nicht zwangsläufig immer die billigste Police anbieten, sondern kann Mehrkosten auch mit einem umfassenderen Versicherungsschutz oder großzügigeren Versicherungsbedingungen begründen.

Wer Versicherungsmakler werden will, muss einen Sachkundenachweis erbringen, eine ausreichend hohe Vermögensschaden-Haftpflichtversicherung vorweisen und sich bei der IHK registrieren lassen.

Finanzvermittler ohne feste Bindung dürfen sich hingegen nicht als Versicherungsmakler bezeichnen, auch wenn sie Policen für unterschiedliche Versicherungen vermitteln. Ähnlich wie die Finanzvertriebe argumentieren Vertreter dieses Segments damit, dass sie für den Kunden die Rosinen herauspicken können. Doch die wirklich günstigsten Lösungen für den Anleger bringen dem Finanzvermittler nicht die höchsten Provisionen ...

Honorarberatung: Nischenmarkt mit Zukunft

»Wes Brot ich ess, des Lied ich sing« – getreu diesem alten Sprichwort ist bei obenstehenden Beratern problematisch, dass sie von den Finanzanbietern bezahlt werden. Dass es auch anders geht, zeigt die Beratung auf Honorarbasis, wie sie von spezialisierten Fachleuten und Verbraucherzentralen angeboten wird.

Hier zahlen Sie ähnlich wie beim Steuerberater oder Rechtsanwalt ein Honorar, dessen Höhe sich nach dem Zeitaufwand richtet, der beim Berater für die Analyse der Finanzen seines Kunden anfällt. Im Gegenzug darf vom Berater erwartet werden, dass ausschließlich Ihre Interessen im Mittelpunkt stehen, hohe Fachkompetenz vorhanden ist und Provisionsdenken in der Beratung nichts zu suchen hat.

VORSICHT Genau hier findet sich aber derzeit noch ein wichtiger Knackpunkt. Bislang ist der Begriff »Honorarberater« nicht gesetzlich geschützt – und damit ist weder ein verbindlicher Ehrenkodex noch ein Mindestmaß an fachlicher Qualifikation vorgeschrieben. Selbst das heimliche Kassieren von Provisionen hat keine gravierenden Konsequenzen. Die einzelnen Berater sind in unterschiedlichen Verbänden organisiert, die mehr oder weniger strenge Maßstäbe anlegen. Die Situation ist also unübersichtlich, und allein die Tätigkeitsbezeichnung »Honorarberater« bürgt noch nicht für Qualität.

Relativ sicher können Sie sein, wenn Ihnen der Honorarberater eine Beratung gegen Stundenlohn gibt, Ihnen aber keine Produkte verkauft. Er schickt Sie im Idealfall zu einer Direktbank, wo Sie seinen Rat umsetzen sollen. So ist garantiert, dass er keinerlei Provision oder »Kick-Back« (für den Anleger so etwas Ähnliches wie ein »Kick-in-the-ass«) hinter Ihrem Rücken kassiert und Sie auch noch dafür Stundenlohn bezahlen lässt.

Die Gebühren sind hier sehr unterschiedlich. Zwischen 150 und 250 Euro pro Stunde sind durchaus üblich, aber wenn Sie sich die obigen Provisionstabellen ansehen, erkennen Sie schnell, dass Sie woanders ein Vielfaches dieser Honorarberatung bezahlen und dabei noch nicht einmal sicher sein können, ob Sie das für Sie richtige Produkt bekommen haben.

Das Fehlen eines einheitlichen Berufsstandards ist wohl einer der wichtigsten Gründe dafür, dass die Anlageberatung auf Honorarbasis bis dato nur eine kleine Marktnische besetzt. Solange es für Otto Normalanleger schwierig ist, die Fachkompetenz und Vertrauenswürdigkeit eines Honorarberaters verlässlich einzuschätzen, wird sich die Bereitschaft in Grenzen halten, für ein Beratungsgespräch Geld in die Hand zu nehmen. Dazu kommt der psychologische Faktor: Der Honorarberater schreibt eine Rechnung und kassiert bares Geld, während die Provisionskosten in den Anlageprodukten gut versteckt sind und sich »nur« in Form geringerer Renditen bemerkbar machen. Für die Kleinkind-Strategie »Was ich nicht sehe, gibt es auch nicht« sind wir Erwachsene auch in Finanzangelegenheiten anfälliger, als wir es wahrhaben wollen.

Dennoch hat die Honorarberatung Zukunft – allerdings unter der Voraussetzung, dass es ähnlich wie bei Anwälten oder Steuerberatern klare Qualifikationsvoraussetzungen und einen Ehrenkodex inklusive Sanktionen bei Verstoß gibt. Auch wenn die Beratung zunächst einmal Geld kostet, zahlt sie sich in aller Regel aus, weil die Honorare durch eingesparte Kosten oder bessere Zinsen oft schon innerhalb kurzer Zeit wieder hereingeholt werden.

Dass es so lange dauert, eine einheitliche Regelung für diesen Berufsstand festzulegen, könnte schlicht daran liegen, dass die mächtige Finanzindustrie an einer solch neutralen Beratungsinstanz natürlich überhaupt kein Interesse hat. Es geht schließlich um einen Milliarden-Provisionsmarkt.

Haftung und Schadenersatz

Ärger mit Banken, Versicherungen und Finanzdienstleistern ist ein weitverbreitetes Phänomen. Ob windige Steuersparmodelle, geplatzte Anlagezertifikate der Pleitebank Lehman Brothers oder falsche Zinsberechnungsmethoden bei Sparverträgen – in regelmäßigen Abständen gehen Berichte über Anlegerprozesse durch die Medien. Allein infolge der Pleite von Lehman Brothers haben in Deutschland nach einer Studie der Deutschen Schutzvereinigung für Wertpapierbesitz (DSW) rund 50 000 Anleger Geld verloren. In solchen Fällen stehen die Betroffenen vor der Frage: Gibt es eine realistische Chance, das verlorene Geld wieder zurückzubekommen?

Beraterhaftung

Mit der Bank oder einem anderen Finanzdienstleister schließen Sie nicht erst dann einen Vertrag, wenn Sie ein Formular unterschreiben. In dem Moment, in dem das Beratungsgespräch beginnt, tritt ein Beratungsvertrag in Kraft – unabhängig davon, ob Sie für die Beratung Geld bezahlen oder nicht. Dabei sind Sie als Anleger auf der sicheren Seite: Eine Verletzung des Beratervertrags kann praktisch nur durch den Berater stattfinden, und dann macht er sich unter Umständen schadenersatzpflichtig.

Wie ein Beratungsvertrag ordentlich zu erfüllen ist, haben die Richter des Bundesgerichtshofs in einigen Präzedenzurteilen festgelegt. So ist der Berater zunächst einmal verpflichtet, die finanziellen Verhältnisse des Kunden zu berücksichtigen und ihm Anlageprodukte anzubieten, die zu seinem persönlichen Bedarf passen. Außerdem muss er prüfen, ob die angebotenen Kapitalanlagen zu der Risikobereitschaft des Kunden passen – das nennen die Juristen die »anlegergerechte Beratung«. Darüber hinaus muss der Berater seinen Kunden umfassend und verständlich über die Risiken informieren, die mit der Kapitalanlage verbunden sind – das ist die »anlagegerechte Beratung«.

Wenn die Beratung nicht anlage- oder anlegergerecht erfolgt, dann ist sie mangelhaft und kann dazu führen, dass der Berater dem Anleger gegenüber bei Verlusten schadenersatzpflichtig wird. Das kann vor allem dann der Fall sein, wenn eine Anlage als »absolut bombensicher« verkauft wurde und sich hinterher als hochriskanter Verlustbringer entpuppt.

Kein Grund für eine Schadenersatzforderung sind hingegen finanzielle Einbußen bei einer Anlageform, die der Berater zutreffend und verständlich als riskant beschrieben hat. Hat Ihnen beispielsweise der Berater gezeigt, auf welche Weise die Aktienkurse in schlechten Börsenphasen in den Keller purzeln können, dann sind Sie für die Verluste Ihrer Aktien oder Aktienfonds selbst verantwortlich.

VORSICHT Banken müssen Beratungsgespräche protokollieren und die Dokumentation dem Kunden aushändigen. Das dient aber nicht immer dem Schutz des Kunden, sondern zuweilen auch dem Schutz der Bank. Seien Sie vorsichtig, wenn beispielsweise darin steht, dass der Abschluss »auf ausdrücklichen Wunsch des Kunden« geschieht, obwohl Ihnen der Berater das Finanzprodukt wärmstens empfohlen hat. Lesen Sie das Protokoll vor der Unterschrift sorgfältig durch, und verlangen Sie eine Korrektur, wenn die Darstellung nicht vollkommen den Tatsachen entspricht. Oft sind diese Dokumentationen, die wegen des Aufwands bei den Banken verhasst sind, nur Alibizettel ohne Wert. Achten Sie hier genau auf die Formulierungen. Diese Protokolle führen auch dazu, dass die Banken zunehmend den »sicheren Weg« wählen und erst gar keine beratungsintensiven Produkte wie Aktien oder Fonds mehr im Gespräch anbieten, sondern auf renditearme Standardprodukte mit dennoch hoher Provision abzielen. Diese Protokolle sind also auch durchaus kritisch zu sehen.

Stellt ein Gericht fest, dass wegen schwerwiegender Fehler bei der Beratung eine Haftung des Beraters vorliegt, muss dieser üblicherweise den Anleger so stellen, als hätte er die Kapitalanlage nicht abgeschlossen. Im Gegenzug bekommt der Berater das strittige Anlageprodukt übertragen.

Dazu ein Beispiel: Ein Anleger hat 20 000 Euro von einem sicheren Tagesgeldkonto abgehoben und in ein Beteiligungsmodell investiert, das nach Aussage des Beraters bei gleicher Sicherheit viel mehr Gewinn bringt. Zwei Jahre später fährt das Projekt an die Wand, und der Anleger verklagt den Berater. Stellt das Gericht nun fest, dass der Berater haften muss, wird der Berater dazu verurteilt, dem Anleger 20 000 Euro plus Tagesgeldzinsen zu zahlen, und erhält im Tausch dafür das marode Beteiligungsmodell, was immer es auch noch wert sein mag.

Allerdings können geschädigte Anleger ihre Ansprüche aus der Beraterhaftung nicht unbegrenzt geltend machen. Denn: Die Verjährungsfrist beträgt bei Beratungsfehlern drei Jahre, wobei die Frist in dem Moment beginnt, in dem der Anleger vom Schaden erfahren hat. Hat der Anleger keine Kenntnis über den entstandenen Schaden, verjähren die Ansprüche spätestens nach zehn Jahren.

Dennoch ist die Beweisführung ausgesprochen schwierig, und ein Urteil wird nur selten zugunsten des Kunden ausfallen. Es bleibt Ihnen also nicht erspart, im Vorfeld selbst genau aufzupassen.

Prospekthaftung

Wenn Kapitalanlagen wie Aktien, Anleihen, Anlagezertifikate, Fonds oder Beteiligungsmodelle auf den Markt gebracht werden, dann muss der Emittent einen Emissions- oder Verkaufsprospekt veröffentlichen und diesen den Anlegern vor dem Abschluss zur

Verfügung stellen. In einem solchen Prospekt sollten – entgegen den gleichnamigen Faltblättern diverser Elektromärkte – alle wichtigen Informationen zum jeweiligen Anlageobjekt enthalten sein. Bei größeren Anlagesummen sollten Sie sich in jedem Fall diesen Prospekt gründlich durchlesen. Auch wenn Ihnen der Bankverkäufer Ihres Vertrauens nicht alle Fallstricke verraten hat: Im Prospekt sollten sie aufgeführt sein.

Werden hier wichtige Risiken unterschlagen oder Unternehmensdaten falsch dargestellt, kann daraus ein Haftungsanspruch gegenüber dem Prospektherausgeber resultieren. In der Praxis ist das Durchsetzen solcher Ansprüche vor Gericht jedoch schwierig: Der Prospektmangel muss entweder grob fahrlässig oder sogar vorsätzlich herbeigeführt worden sein – und weisen Sie das mal einem Emittenten nach, bei dem ein ganzes Team von ausgefuchsten Anwälten den Prospekt genau so hingebogen hat, dass die Ansprüche ins Leere laufen. Dazu kommt, dass die schlimmsten Verluste dann eintreten, wenn der Prospektherausgeber Pleite gemacht hat und bei ihm sowieso nichts mehr zu holen ist.

Bei der Verjährung gelten zwei verschiedene Fristen. Handelt es sich um einen Emissionsprospekt zu einem Börsengang, dann gibt es nur dann eine Prospekthaftung, wenn die Aktien maximal sechs Monate nach dem Börsengang gekauft worden sind. Bei einem Verkaufsprospekt zu außerbörslichen Beteiligungen endet die Frist drei Jahre nach dem Erwerb der Anteile.

Anlaufstellen beim Streit mit Finanzdienstleistern

Auf hoher See und vor Gericht ist man in Gottes Hand: Diese Unwägbarkeit sollten Sie bedenken, bevor Sie Ihren Banker vor den Kadi zitieren. Auch für Banken, Investmentgesellschaften und Versicherungen gilt hierzulande die Unschuldsvermutung, und so muss im Streitfall der Anleger nachweisen, dass der Berater einen Fehler gemacht hat. Wer den Prozess verliert, muss nicht nur die eigenen Prozesskosten bezahlen, sondern auch den Anwalt des Gegners – und dann haben Sie womöglich nicht nur den Schaden, sondern auch noch zusätzliche Kosten.

Deshalb sollten Sie nicht gleich dem nächstbesten Anwalt ein Mandat erteilen, wenn Sie sich falsch beraten fühlen, sondern zunächst die Möglichkeiten ausloten, die auch mit geringerem Kostenrisiko zum Ziel führen können. Dabei stehen Ihnen unterschiedliche Wege offen und bieten sich Ihnen verschiedene Gesprächspartner an.

Ombudsleute

Der Begriff des Ombudsmannes – der natürlich auch eine Frau sein kann – stammt ursprünglich aus Skandinavien, wo die Beilegung von Streitigkeiten mit Hilfe eines neutralen und außergerichtlichen Schlichters schon seit Jahrhunderten Tradition hat. Angesichts hoffnungslos überlasteter Amtsrichter soll das Motto »Schlichten statt Richten« zu mehr außergerichtlichen Einigungen und niedrigeren Aktenstapeln auf den Schreibtischen der Richter führen.

Zu den Vorreitern des außergerichtlichen Schlichtungsverfahrens zählen die privaten Banken, die bereits im Jahr 1992 eine Stelle für den unabhängigen Ombudsmann eingerichtet haben. Der damalige Präsident des Bayerischen Verfassungsgerichtes Leo Parsch erklärte sich bereit, die bis dato in Deutschland unbekannte Aufgabe anzupacken. Bis auf weiteres ist die ehemalige Vizepräsidentin des Bundesgerichtshofs Gerda Müller als Ombudsfrau für die privaten Banken tätig. Um keine Missverständnisse aufkommen zu lassen: Das sind natürlich nur die Leiter der jeweiligen Abteilung. Frau Müller wird nicht jede Anfrage selbst und alleine beantworten müssen.

Allerdings: Wenn ein außergerichtliches Schlichtungssystem

ANLAUFSTELLEN BEIM STREIT MIT FINANZDIENSTLEISTERN 369

von den geschädigten Kunden akzeptiert werden soll, müssen klare Spielregeln aufgestellt werden. So ist das Verfahren beim Ombudsmann für die Kunden privater Banken stets kostenlos – lediglich die Aufwendungen für Porto oder Telefongespräche müssen aus eigener Tasche bezahlt werden. Kommt der Schlichter zu einem Ergebnis, ist sein Spruch bei Streitwerten bis 5000 Euro für die Bank bindend. Der Kunde hat hingegen die Möglichkeit, in der Hoffnung auf ein vorteilhafteres Urteil doch noch vor Gericht zu ziehen.

Andere Regeln gelten hingegen für die Kunden von Sparkassen oder Volks- und Raiffeisenbanken. Die Zuständigkeit für Sparkassenkunden hängt davon ab, in welcher Region sich die Sparkasse befindet. Für einige Bundesländer ist eine zentrale Schlichtungsstelle beim Deutschen Sparkassen- und Giroverband zuständig, in anderen Bundesländern gibt es ebenfalls auf Verbandsebene regionale Schiedsstellen. Im Gegensatz zum Verfahren bei privaten Banken ist der Schlichtungsvorschlag unabhängig vom Streitwert weder für den Kunden noch für das Geldinstitut verbindlich. Für die genossenschaftliche Bankengruppe fungiert derzeit der ehemalige BGH-Richter Alfons van Gelder beim Bundesverband der deutschen Volks- und Raiffeisenbanken (BVR) als Ombudsmann. Wie bei den Sparkassen ist auch sein Schlichtungsvorschlag weder für die Bank noch für den Kunden bindend.

Auch die Versicherungen haben eine eigene Schlichtungsstelle eingerichtet, deren Vorsitz Günter Hirsch hat, der von 2000 bis 2008 Präsident des Bundesgerichtshofs war. Wie bei den privaten Banken ist auch hier der Schlichterspruch für die Versicherer bindend, wobei die Grenze des Streitwerts bei 10 000 Euro liegt.

TIPP Die Statistik zeigt, dass sich der Gang zur Schiedsstelle durchaus lohnen kann. Immerhin wurde bei den privaten Banken mehr als die Hälfte der Streitfälle zugunsten der Kunden entschieden. Fällt der Schlichterspruch nicht zu Ihrer Zufriedenheit aus, können

Sie immer noch einen Anwalt konsultieren und den juristischen Weg beschreiten.

Im Internet finden Sie weitergehende Informationen, wie genau Sie sich an die Schiedsstelle der privaten Banken richten können. Sogar ein Musterformular ist erhältlich unter www.bankenombudsmann.de

Näheres zum Ombudsmann der Volks- und Raiffeisenbanken finden Sie unter der Internetadresse www.bvr.de

Die Adresse für die öffentlichen Banken: http://www.voeb.de/de/ ueber_uns/ombudsmann/

banken verband
BUNDESVERBAND DEUTSCHER BANKEN

	2006	2007	2008	2009 [2]	2010 [3]
Gesamtanzahl der Beschwerden	3.753	3.610	4.837	6.514	5.664
Von Kunden nicht weiterverfolgte Beschwerden	607	617	744	1.029	879
Nach der Verfahrensordnung unzulässige / ungeeignete [1] Beschwerden	598	385	743	1.032	374
Nach der Verfahrensordnung zulässige Beschwerden	2.548	2.608	3.350	4.453	4.411
Ausgang zugunsten des Kunden (auch teilweise)	1.423	1.403	1.824	2.181	1.146
Vergleich durch Ombudsmann angeregt	51	68	89	197	91
Ausgang zugunsten der Bank	1.074	1.137	1.437	1.687	431

Ombudsmannverfahren der privaten Banken im Fünfjahresvergleich
Stand: 30. November 2010

Verbraucherzentralen

Mit bundesweit rund 200 Beratungsstellen sind die Verbraucherzentralen die traditionelle Anlaufstelle für den Bürger, wenn es um Ärger mit Herstellern, Händlern oder Dienstleistern geht. Ob Lebensmittel, Telekom-Verträge oder Geldanlage: Die Verbraucherzentralen haben zu praktisch allen Lebensbereichen Beratungsangebote und versuchen auch, über Medien und Lobbyarbeit ihren Einfluss im Interesse der Konsumenten geltend zu machen.

Im Finanzbereich können sich Verbraucher zu unterschiedlichen Themen wie Altersvorsorge, Baufinanzierung und Versicherungen beraten lassen oder im Schadensfall ihre Chancen auf Berater- und Prospekthaftung prüfen lassen. Die Honorare sind recht moderat. So gibt die Verbraucherzentrale Nordrhein-Westfalen für ihre Leistungen die folgenden Preise an (Stand Januar 2011):

- Beratung Altersvorsorge 1,5 Stunden: 150 Euro
- Beratung Baufinanzierung 1,5 Stunden: 150 Euro
- Beratung Geldanlage 1,5 Stunden: 150 Euro
- Beratung rund ums Girokonto: kostenlos
- Beratung bei Kreditproblemen: kostenlos
- Erstberatung im Schadensfall bei der Geldanlage 45 Minuten: 60 Euro

Rechtsanwälte

Wenn es keine Chance auf eine gütliche Einigung außer Gericht gibt und realistische Erfolgsaussichten vorhanden sind, dann muss der Anwalt ran. Dabei sollten Sie beachten, dass Anwalt und Anwalt nicht dasselbe sind. Ein Anwalt, der für Sie im Arbeitsrecht die maximale Abfindung herausholen kann, ist möglicherweise eine absolute Niete, wenn er Sie im Streit um Ihr missglücktes Aktieninvestment gegen eine Bank vertreten soll.

Klar: Ein seriöser Jurist wird Ihnen von vornherein sagen, ob Kapitalanlagerecht zu seiner Domäne zählt oder nicht, und wird Sie gegebenenfalls an eine befreundete Fachkanzlei weiterverweisen. Aber es gibt auch den Feld-Wald-Wiesen-Anwalt, der alles nimmt, was kommt, und dabei die Prozesse zuweilen mehr schlecht als recht über die Bühne bringt.

Wer sich als Anwalt auf ein bestimmtes Rechtsgebiet spezialisiert, erwirbt in aller Regel über individuelle Lehrgänge den Status eines Fachanwalts. So gibt es auch Fachanwälte für Bank- und Kapitalmarktrecht, die unter anderem besondere Qualifikationen in Bankvertragsrecht, Zahlungsverkehrsrecht, Kredit- und Aktienrecht vorweisen können.

Ein großer Teil dieser Fachanwälte ist in der »Arbeitsgemeinschaft Bank- und Kapitalmarktrecht« im Deutschen Anwaltsverein (DAV) organisiert. Auf der Website der Arbeitsgemeinschaft gibt es unter www.bankundkapitalmarkt.de auch eine Suchfunktion, mit deren Hilfe Sie einen Fachanwalt in Ihrer Nähe finden können.

Sollten Sie über eine Rechtsschutzversicherung verfügen, dann kommt es darauf an, ob es sich um eine ältere oder eher neue Police handelt. Bei Altverträgen ist in den Versicherungsbedingungen häufig nur der Ausschluss von Streitfällen wegen Termin- und Spekulationsgeschäften zu finden, so dass Ärger mit der Bank wegen konservativer Anlageformen abgedeckt werden kann. Ist die Police jedoch neueren Datums, sind in aller Regel Streitigkeiten wegen Kapitalanlagen komplett ausgeschlossen.

Daher überlegen Sie es sich gegebenenfalls gut, ob Sie wegen ein paar Euro, die Sie vielleicht am Beitrag sparen, Ihre alte Rechtsschutzversicherung wechseln wollen …

Nützliche Internetseiten rund um die Finanzen

Zum Abschluss finden Sie hier noch eine Sammlung nützlicher Internetadressen zu verschiedenen Finanzbereichen. Natürlich ohne Anspruch auf Vollständigkeit und zum Stand Ende Januar 2011.

Finanzmedien
Handelsblatt www.handelsblatt.com
Financial Times Deutschland www.ftd.de
Börsen-Zeitung www.boersen-zeitung.de
Börse Online www.boerse-online.de
WirtschaftsWoche www.wiwo.de

Und last, but not least natürlich meine eigene Seite, auf der ich alle Themen rund um Geld, Börse und Weltgeschehen gemeinsam mit ausgesuchten, erfahrenen und vor allem unabhängigen Experten gerne auch provozierend und stets aktuell angehe.
www.cashkurs.com

Bankenvergleich Geldanlage und Finanzierung
www.vergleich.de Das Vergleichsportal ist eine Tochtergesellschaft des in Lübeck ansässigen Finanzierungsmaklers Dr. Klein AG.

www.biallo.de Das Online-Portal zu Geldanlage und Finanzierung der Finanzpresseagentur Biallo.

www.arbeitsgemeinschaft-finanzen.de Ein großes Online-Portal unter anderem mit Vergleichsmöglichkeiten für Tagesgeld, Festgeld, Sparbriefe, Raten- und Immobilienkredite.

www.fmh.de Das Vergleichsportal des Finanzberaters Max Herbst, eines Urgesteins der bankenunabhängigen Finanzierungsberatung. Inhalt: Zinsvergleiche unter anderem für Tagesgeld, Festgeld, Sparbriefe, Ratenkredite, Baudarlehen.

TIPP Seien Sie auch bei Online-Vergleichen vorsichtig. Sehr oft bekommt der Betreiber der Internetseite eine Provision vom jeweiligen Unternehmen, sobald über ihn ein Vertrag zustande kommt. Da kann man wieder eifrig spekulieren, ob die Versicherung mit der besonders hohen Provision nicht doch ein bisschen weiter oben auf der Empfehlungsliste steht. Es ist leider nahezu unmöglich, hier schwarze von weißen Schafen zu trennen.

Börsenkurse und Trading

www.finanzen.net Das Kurs- und News-Portal von den Finanzmagazinen »Euro« und »Euro am Sonntag«.

www.onvista.de Großes Portal mit Börsenkursen und Online-Tools.

www.ariva.de Auch hier gibt es jede Menge Börsenkurse.

www.godmode-trader.de Eines der wichtigsten Online-Portale für Trader mit Börsenkursen und Tools für die Chartanalyse.

Investmentfonds-News und Analysen

www.morningstarfonds.de Die Website der Fondsratingagentur Morningstar mit vielen nützlichen Hilfen zum Fondsvergleich, einer riesigen Fonds-Datenbank und aktuellen News aus der Fondsszene.

www.fondsprofessionell.de Online-Fachmagazin vor allem für Fondsberater mit News aus der Branche.

Verbraucherschutz und Warnung vor unseriösen Anbietern

www.test.de Online-Portal der Stiftung Warentest mit den Inhalten aus »test« und »Finanztest«. Analysen und Anbietervergleiche sind teilweise kostenpflichtig.

www.verbraucherzentrale.de Gemeinsame Website der Verbraucherzentralen in Deutschland.

www.graumarktinfo.de Informationsdienst von »Börse Online« zu fragwürdigen Angeboten des grauen Kapitalmarktes.

NÜTZLICHE INTERNETSEITEN RUND UM DIE FINANZEN

Expertensuche

www.berater-lotse.de Online-Datenbank mit Anwälten, Steuerberatern und Honorarberatern.

www.anwaltauskunft.de Adressverzeichnis des Deutschen Anwaltsvereins mit der Möglichkeit, Anwälte nach Postleitzahl und Fachgebiet zu suchen.

www.bankundkapitalmarkt.de Internetseite der Arbeitsgemeinschaft Bank- und Kapitalmarktrecht mit der Möglichkeit, Mitgliedsanwälte nach Postleitzahl zu suchen.

Schlusswort

Liebe Leser,

Sie haben sich einen Überblick über die Finanzmärkte – und vielleicht auch einen Überblick über Ihre eigenen Finanzen verschafft. Ein großes Kompliment dafür, dass Sie bis zum Ende durchgehalten haben. Ich bedanke mich ganz herzlich bei Ihnen für den Kauf dieses Buchs – und nicht weniger herzlich bei meinem Mitautor Thomas Hammer, der mich bei der Aufarbeitung vieler Themen unterstützt hat. Wir haben unser beider Fachwissen zusammengetragen und gemeinsam mit meiner ganz eigenen Sicht auf die Dinge in diese etwas ungewöhnliche Form des Ratgebers gegossen. Ich hoffe, dass Sie ein wenig Spaß an dieser anderen Art der »Anlageberatung« hatten und dass Sie viele Anregungen bei Ihrer eigenen Vermögensplanung umsetzen können.

… und bei all den Anlageformen, die hier im Buch beschrieben sind, will ich die beiden wichtig(st?)en nicht vergessen:

Der Altmeister Andre Kostolany sagte einmal: »Investieren Sie in die Ausbildung Ihrer Kinder!« Diesem Rat möchte ich mich mit Freude anschließen und ihn noch um eine weitere »Anlageklasse« erweitern: Investieren Sie in Erinnerungen! Was nutzt Ihnen die beste Vorsorge, wenn Sie im Alter die Erträge Ihrer Investitionen vielleicht gar nicht mehr genießen können? Mein Tipp: Investieren Sie frühzeitig einen Teil Ihres übrigen Geldes in Erinnerungen. Ein romantischer Abend mit der lieben Frau, ein Traumurlaub oder eine Feier mit guten Freunden. Wie Sie diese Investitionen tätigen, bleibt dabei vollständig Ihnen und Ihrer Phantasie überlassen. Doch solche Investitionen sind unvergänglich, niemand kann sie pfänden, und Sie können bis ins hohe Alter davon zehren. Achten Sie darauf, dass Sie regelmäßig in diesen »Sparplan der Erinnerungen« investieren.

Mit den besten Wünschen für eine erfolgreiche und vor allem glückliche Zukunft

Ihr Dirk Müller

PS: Ich würde mich freuen, Sie auf meiner Internetseite www.cashkurs.com zu treffen, wo ich Sie mit der Unterstützung weiterer namhafter Autoren gerne weiterhin auf unkonventionelle Weise über die spannenden Entwicklungen rund um Börse, Geld und Wirtschaft auf dem Laufenden halte.

Vijay Govindarajan, Chris Trimble

Die Schaf-Strategie

Wie Innovation zum Erfolg führt

Die Welt ändert sich, und damit müssen wir umgehen. Die Tiere auf der Windsor Farm machen uns vor, wie man gemeinsam schwierige Situationen bewältigt. Über vier Generationen haben sie in Eigenregie ihren Hof erfolgreich führen können, doch nun droht der Bankrott. Sehr anschaulich und mit feinem Humor schildern Vijay Govindarajan und Chris Trimble, wie die Hoftiere – angeleitet durch das schlaue Schaf Stella – eine zukunftsfähige Innovationsidee umsetzen. Und hierbei müssen sie personell und organisatorisch umdenken, optimale Produktionsprozesse entwickeln und den Finanzrahmen im Auge behalten. Dank effektiver Managementfähigkeiten und unerschütterlichem Teamgeist wird schließlich der Bestand des Gemeinwesens gerettet. Diese Geschichte lehrt uns, wie wir in prekärer Lage Mut zu Neuem fassen und mit unkonventionellen Maßnahmen unsere Ziele erreichen.

Droemer

Dan Ariely

Die halbe Wahrheit ist die beste Lüge

Wie wir andere täuschen – und uns selbst am meisten

Jeder schätzt sich als ehrlich ein, doch in Wahrheit ist es keiner. Unternehmen und Banken fördern unredliches Verhalten. Teamarbeit verleitet zum Betrug – überall wird getrickst und gelogen. Dan Ariely zeigt, dass man dabei wider Erwarten gar nicht so berechnend vorgeht, sondern eher von irrationalen Kräften geleitet wird. Und das hat überraschende Auswirkungen.

»Dan Ariely ist einer der originellsten und interessantesten Sozialwissenschaftler, die ich kenne.«

Daniel Kahneman, Nobelpreis für Wirtschaft, Autor des Bestsellers Schnelles Denken, langsames Denken

Droemer